教育部哲学社会科学系列发展报告
MOE Serial Reports on Developments in Humanities and Social Sciences

中国文化产业年度发展报告2018

The Annual Development Report of Chinese Cultural Industries 2018

叶朗 主编

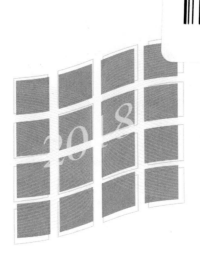

北京大学出版社
PEKING UNIVERSITY PRESS

图书在版编目(CIP)数据

中国文化产业年度发展报告.2018/叶朗主编.—北京:北京大学出版社,2019.4
(教育部哲学社会科学系列发展报告)
ISBN 978-7-301-30481-5

Ⅰ.①中… Ⅱ.①叶… Ⅲ.①文化产业—研究报告—中国—2018 Ⅳ.①G124

中国版本图书馆 CIP 数据核字(2019)第 084425 号

书　　　名	中国文化产业年度发展报告 2018
	ZHONGGUO WENHUA CHANYE NIANDU FAZHAN BAOGAO 2018
著作责任者	叶　朗　主编
责 任 编 辑	胡利国
标 准 书 号	ISBN 978-7-301-30481-5
出 版 发 行	北京大学出版社
地　　　址	北京市海淀区成府路 205 号　100871
网　　　址	http://www.pup.cn　新浪微博:@北京大学出版社
电 子 信 箱	ss@pup.pku.edu.cn
电　　　话	邮购部 010-62752015　发行部 010-62750672　编辑部 010-62753121
印 刷 者	河北滦县鑫华书刊印刷厂
经 销 者	新华书店
	730 毫米×980 毫米　16 开本　24.25 印张　448 千字
	2019 年 4 月第 1 版　2019 年 4 月第 1 次印刷
定　　　价	72.00 元

未经许可,不得以任何方式复制或抄袭本书之部分或全部内容。
版权所有,侵权必究
举报电话:010-62752024　电子信箱:fd@pup.pku.edu.cn
图书如有印装质量问题,请与出版部联系,电话:010-62756370

总　　序

　　哲学社会科学的发展水平,体现着一个国家和民族的思维能力、精神状态和文明素质,反映了一个国家的综合国力和国际竞争力。在社会发展历史进程中,哲学社会科学往往是社会变革、制度创新的理论先导,特别是在社会发展的关键时期,哲学社会科学的地位和作用就更加突出。在我国从大国走向强国的过程中,繁荣发展哲学社会科学,不仅关系到我国经济、政治、文化、社会建设以及生态文明建设的全面协调发展,而且关系到社会主义核心价值体系的构建,关系到全民族的思想道德素质和科学文化素质的提高,关系到国家文化软实力的增强。

　　党的十六大以来,以胡锦涛同志为总书记的党中央高度重视哲学社会科学,从中国特色社会主义发展全局的战略高度,把繁荣发展哲学社会科学作为重大而紧迫的任务进行谋划部署。2004年,中共中央下发《关于进一步繁荣发展哲学社会科学的意见》,明确了新世纪繁荣发展哲学社会科学的指导方针、总体目标和主要任务。党的十七大报告明确指出:"繁荣发展哲学社会科学,推进学科体系、学术观点、科研方法创新,鼓励哲学社会科学界为党和人民事业发挥思想库作用,推动我国哲学社会科学优秀成果和优秀人才走向世界。"2011年,党的十七届六中全会审议通过的《中共中央关于深化文化体制改革、推动社会主义文化大发展大繁荣若干重大问题的决定》,把繁荣发展哲学社会科学作为推动社会主义文化大发展大繁荣、建设社会主义文化强国的一项重要内容,深刻阐述了繁荣发展哲学社会科学一系列带有方向性、根本性、战略性的问题。这些重要思想和论断,集中体现了我们党对哲学社会科学工作的高度重视,为哲学社会科学的繁荣发展指明了方向,提供了根本保证和强大动力。

　　为学习贯彻党的十七届六中全会精神,教育部于2011年11月17日在北京召开全国高等学校哲学社会科学工作会议。中共中央办公厅、国务院办公厅转发《教育部关于深入推进高等学校哲学社会科学繁荣发展的意见》,明确提出到2020年基本建成高校哲学社会科学创新体系的奋斗目标。教育部、财政部联合印发《高等学校哲学社会科学繁荣计划(2011—2020年)》,教育部下发《关于进一步改进高等学校哲学社会科学研究评价的意见》《高等学校哲学社会科学"走出去"计划》《高等学校人文社会科学重点研究基地建设计划》等系列文件,启动了新一轮"高校哲学社会科学繁荣计划"。未来十年,高校哲学社会科学将着力构建九大体系,即学科和教材体系、创新平台体系、科研项目体系、社会服务体系、条件支撑体系、人才队伍体系、现代科研管理体系和学风建设工作体系,同时,大力实施高校哲学社会科学"走出去"计划,提升国际学术影响力和话语权。

当今世界正处在大发展大变革大调整时期,我国已进入全面建设小康社会的关键时期和深化改革开放、加快转变经济发展方式的攻坚时期。站在新的历史起点上,高校哲学社会科学面临着难得的发展机遇和有利的发展条件。高等学校作为我国哲学社会科学事业的主力军,必须充分发挥人才密集、力量雄厚、学科齐全等优势,坚持马克思主义立场观点方法,以重大理论和实际问题为主攻方向,立足中国特色社会主义伟大实践进行新的理论创造,形成中国方案和中国建议,为国家发展提供战略性、前瞻性、全局性的政策咨询、理论依据和精神动力。

自2010年始,教育部启动哲学社会科学研究发展报告资助项目。发展报告项目以服务国家战略、满足社会需求为导向,以数据库建设为支撑,以推进协同创新为手段,通过组建跨学科研究团队,与各级政府部门、企事业单位、校内外科研机构等建立学术战略联盟,围绕改革开放和社会主义现代化建设的重点领域和重大问题开展长期跟踪研究,努力推出一批具有重要咨询作用的对策性、前瞻性研究成果。发展报告必须扎根社会实践、立足实际问题,对所研究对象的发展状况、发展趋势等进行持续研究,强化数据采集分析,重视定量研究,力求有总结、有分析、有预测。发展报告按照"统一标识、统一封面、统一版式、统一标准"纳入"教育部哲学社会科学发展报告文库"集中出版。计划经过五年左右,最终稳定支持百余种发展报告,有力支撑"高校哲学社会科学社会服务体系"建设。

展望未来,夺取全面建设小康社会新胜利、谱写人民美好生活新篇章的宏伟目标和崇高使命,呼唤着每一位高校哲学社会科学工作者的热情和智慧。我们要不断增强使命感和责任感,立足新实践,适应新要求,以建设具有中国特色、中国风格、中国气派的哲学社会科学为根本任务,大力推进学科体系、学术观点、科研方法创新,加快建设高校哲学社会科学创新体系,更好地发挥哲学社会科学认识世界、传承文明、创新理论、咨政育人、服务社会的重要功能,为全面建设小康社会、推进社会主义现代化、实现中华民族伟大复兴作出新的更大的贡献。

教育部社会科学司
2012 年 7 月

编写说明

《中国文化产业年度发展报告 2018》（以下简称本年度报告）是以北京大学文化产业研究院和国家文化产业创新与发展研究基地为主发起人，联合国内文化产业领域内的众多文化产业研究学者和企业家共同编撰而成的年度报告。本年度报告秉承以往年度报告的编撰原则，继续以文化产业各行业领域发展脉络及其相关案例为关注重点，特别注意考察那些充满创新精神与进取意识的文化企业和企业家的经营行为。此外，为了全面反映我国文化产业的发展现状和发展趋势，我们还在报告中重点探讨我国文化产业领域在 2017 年度比较有代表性的创新行为和商业模式。同时，报告也对相关文化产业的政策体系进行了系统的考察和分析。

我们希望本年度报告不仅能够作为学术界和政府管理部门的参考工具，而且可以成为企业进行文化产业投资决策的重要依据。

1. 报告的研究对象

我们本着突出核心内容产业、兼顾外围文化产业，突出核心内容生产环节、兼顾外围产业环节的原则，继续围绕着文化产业的几大主要门类进行分析论述。这些门类包括出版发行业、广播电视业、电影业、演艺业、文化旅游业、艺术品业、工艺美术业、节庆会展业、创意设计业、网络文化业、动漫业、游戏业、艺术培训业、体育休闲业等 14 个行业。本年度报告不仅可以反映出我国文化产业的发展现状和发展趋势，还可以在一定程度上反映出我国文化产业和相关政策的发展轨迹。

由于本年度报告是产业的年度发展报告，因此我们不仅要在报告中体现出对我国的文化产业进行年度盘点的特色，还应该体现出对我国的文化产业进行跟踪研究和系统研究的特点。为此，我们专辟研究板块对年度文化产业热点案例或现象进行了微观细化研究和专题深度研究，这样有助于读者对年度文化产业发展进行全方位、多维度的了解和把握。

此外，各个区域的文化产业发展状况也是我们关注的对象。在本书的区域文化产业年度发展报告中，我们分别考察了北京、雄安、深圳、香港、台湾等地 2017 年的文化产业发展成就和最近发展动向。

2. 报告的数据来源

为了更加准确和全面地反映我国文化产业的发展现状和发展趋势,我们在本年度的报告编撰过程中引入了更为多样化的数据采集渠道。此外,间接方式中除了公众公司的各类定期报告外,还包括了非公众公司网站上所披露的数据以及2017年内各种图书、报纸和期刊中的相关数据。此外,本年度报告在编撰过程中还更多地采用了北京大学图书馆的各类专业数据库。由于截稿时还有一些领域尚无法获得截至2017年年底的最终统计数据,从而多少会给我们的分析和考察带来一定的影响。以下为行业分类方法:

文化产业行业分类(参见表1),此方法将文化产业所涉及行业按不同产业侧重分为"内容""互动""设计""策划"及"传统"五大类,试图兼顾或解决行业分类中内容与渠道交错的问题。

表1 文化产业行业类别内容及渠道分布矩阵图

渠道＼内容	内容—视觉,声音			互动	设计		策划			传统	
纸媒	图书报刊				广告	设计					
现场	电影	演出		音乐			旅游	会展	节庆	教育	体育
播出		电视	动漫	广播							
发行							艺术品经营				
网络/手机				游戏		网络/手机					
独立媒介											

从横向看,"内容"类包括"视觉"与"声音"两大部类,其核心在于内容原创的能力,即讲故事的能力;"互动"类的核心在于渠道运营、盈利模式创建;"设计"类包括广告和设计,核心在于创意;"策划"类的主要考量核心是其项目创意与流程控制中的运作管理;"传统"类的主要考量核心在于对传统产业的延伸与资源的整合。

从纵向看,主要归纳了各个部类下各行业的不同实现渠道的运用,由此对应考察产业链环节的运作情况。如从表1中可了解"电影"行业通过"现场""播出""发行"与"网络/手机"几个多元实现渠道进行产业链环节的运作,而相对传统的"图书报刊"则通过"纸媒"这一主要实现渠道进产业运作。

3. 上市文化公司的年度数据来源

随着经营业绩的不断改善,很多文化产业类公众公司都在本年度报告截稿时公布了自己的年度数据。因此,本课题组在报告中引用的公众公司的年度数据将尽量采用其经过审计的年度报表中的数据。当涉及多家公众公司之间的比较时,如果尚有比较对象还没有公布其年度数据时,我们将依然采用上一年度报告中所采用的年度数据计算公式,也就是,该公司的年度数据是根据该公司半年度报告和第三季度报告计算出来的加权数据。这种加权计算方法为:年度加权数据=(1—6月的数据×2+7—9月的数据×4)/2。当然,这种计算方法将不可避免地带来一定的误差。

4. 产业政策的选取依据

由于本年度报告的考察具备一定的连续性,因此,我们在本年度报告的编撰过程中将不再对特定行业的产业政策进行回顾式的分析和考察,而是将分析重点放在2017年内出台的,同时又是全国性的且对整个产业的发展起着重大影响和作用的法律和规章。如果要对某一特定门类的产业政策进行历史比较的话,读者可以参阅以前年度的报告,从而能对该产业内的政策有一个全景式的认识。

5. 报告的编撰团队

在本年度报告的编撰过程中,既得到了来自国家文化和旅游部的领导以及文化产业司的领导的大力支持,也得到了众多顾问和专家的帮助和指导(请参见本年度报告的编委会名单)。在本年度报告的编撰过程中,课题组采取的分工程序为:总报告、行业报告、专题报告、区域报告和案例报告由执行主编负责的课题组内的子团队分工负责调研,然后通过六次集中研讨,在团队通力合作的基础上完成各部分的编撰,最后由北京大学文化产业研究院相关研究人员完成相关部分的修改、统稿和编辑工作。

本年度报告是在许多相关研究成果的基础上完成的,报告大量引用了相关研究机构、研究人员和业内机构的数据和研究成果,在此对相关机构和人员表示感谢。限于编写人员的水平和编写时间仓促,本年度报告的不足之处还望读者多多指正,以利于在以后年度报告的编写工作中进一步改进和提高。此外,由于篇幅较大和引用的资料、数据繁多,引用标注如有差错和遗漏之处,还望有关人士批评指正。

中国文化产业年度发展报告 2018 编委会

一、指导单位

文化和旅游部文化产业司
教育部社会科学司
北京大学社会科学部

二、编辑单位

北京大学文化产业研究院
国家文化产业创新与发展研究基地

三、顾问团队

项兆伦（中华人民共和国文化和旅游部副部长）
赵　雯（文化和旅游部文化产业司司长）
王　博（北京大学副校长）

四、专家委员会

王一川（北京大学）
彭　锋（北京大学）
熊澄宇（清华大学）
金元浦（中国人民大学）
花　建（上海社会科学院）
肖永亮（北京师范大学）
单世联（上海交通大学）
张胜冰（中国海洋大学）
范　周（中国传媒大学）
魏鹏举（中央财经大学）

李　炎（云南大学）
李向民（南京艺术学院）
顾　江（南京大学）
贾旭东（中国社会科学院）
祁述裕（国家行政学院）
王向华（香港大学）
徐秀菊（澳门理工学院）
李天铎（台湾实践大学）
李永求（韩国外国语大学）
金时范（韩国国立安东大学）

五、编委会

主编

叶　朗

副主编

向　勇　陈少峰

执行主编：

唐璐璐

编委

| 王齐国 | 王国华 | 邓丽丽 | 刘结成 | 李晓唱 | 汪　卷 | 沈望舒 | 陈　刚 |
| 范　颖 | 林　一 | 周庆山 | 周城雄 | 钮沭联 | 唐金楠 | 唐璐璐 | 葛丽英 |

撰稿

于国华	于悠悠	王　乐	王国华	卢正源	田文聪	朱垚颖	向　勇
刘宇初	安　铮	阮　嵘	孙孺傲	李　壆	李安琪	李晓唱	杨玉娟
肖怀德	吴承忠	何文义	余　清	沈晓平	张　慧	张京成	范青青
范斯欣	林国伟	郁顺尧	封　英	赵菲菲	皇甫晓涛		秦　晴
贾利坤	高敬涵	郭　彬	唐璐璐	黄　斌	黄楠楠	渠性怡	韩　强
韩聿琳	蔡晓璐	潘　罡					

目　录
Contents

总报告 ... 1

总报告 ... 3

行业报告 ... 13

行业报告一　出版发行业年度发展报告 ... 15
行业报告二　广播电视业年度发展报告 ... 30
行业报告三　电影业年度发展报告 ... 42
行业报告四　演艺业年度发展报告 ... 55
行业报告五　文化旅游业年度发展报告 ... 66
行业报告六　艺术品业年度发展报告 ... 77
行业报告七　工艺美术业年度发展报告 ... 96
行业报告八　节庆会展业年度发展报告 ... 110
行业报告九　创意设计业年度发展报告 ... 125
行业报告十　网络文化业发展年度报告 ... 139
行业报告十一　动漫业年度发展报告 ... 169
行业报告十二　游戏业年度发展报告 ... 184
行业报告十三　艺术培训业年度发展报告 ... 198
行业报告十四　体育休闲业年度发展报告 ... 208

专题报告 ... 223

专题报告一　新时代我国文化产业政策发展的新思路 ... 225

专题报告二	数字创意产业的基本内涵、发展逻辑和主要趋势	236
专题报告三	加快发展新时代中国特色工业文化　助力制造强国崛起	251
专题报告四	我国文化创意企业投贷联动融资模式研究	264
专题报告五	中日韩内容消费市场比较研究	273

区域与案例报告　　　　　　　　　　　　　　　　　291

区域报告一	北京地区文化产业发展报告	293
区域报告二	雄安新区文化产业发展报告	308
区域报告三	深圳地区文化创意产业发展报告	321
区域报告四	香港地区文化产业发展报告	337
区域报告五	台湾地区文化产业发展报告	349
案例报告一	《王者荣耀》的品牌塑造与文创生态	361
案例报告二	由《战狼Ⅱ》看中国电影产业的发展	372

总报告

总 报 告

向 勇 唐璐璐[*]

一、宏观环境

2017年,党的十九大明确了社会主义文化建设的新战略与新征程,我国的文化建设与产业发展进入历史发展的新时代。在总结过去五年的工作和历史性变革时,习近平总书记对我国文化产业发展给予充分肯定,指出"公共文化服务水平不断提高,文艺创作持续繁荣,文化事业和文化产业蓬勃发展,互联网建设管理运用不断完善,全民健身和竞技体育全面发展"。同时,习近平总书记提出:"中国特色社会主义进入新时代,我国社会主要矛盾已经转化为人民日益增长的美好生活需要和不平衡不充分的发展之间的矛盾。"当前阶段我国社会主要矛盾的变化,为文化产业的发展提出了更高的要求,既是机遇也是挑战。为此,我们必须加快推动文化事业与文化产业的发展,创造多元文化产业满足人民的文化需求。从现在到2020年,是我国全面建成小康社会的决胜期。我国将深化供给侧结构性改革,加快建设创新型国家,实施乡村振兴战略,实施区域协调发展战略,加快完善社会主义市场经济体制,推动形成全面开放新格局。这些举措都将成为拉动文化产业快速持续发展的新引擎。

党的十九大报告对文化事业和文化产业的发展提出了新要求。报告指出,满足人民过上美好生活的新期待,必须提供丰富的精神食粮。要深化文化体制改革,完善文化管理体制,加快构建把社会效益放在首位、社会效益和经济效益相统一的体制机制。完善公共文化服务体系,深入实施文化惠民工程,丰富群众性文化活动。加强文物保护利用和文化遗产保护传承。健全现代文化产业体系和市场体

---

[*] 向勇,北京大学文化产业研究院副院长,北京大学艺术学院教授;唐璐璐,北京大学艺术学(艺术管理与文化产业研究方向)博士,北京外国语大学艺术研究院讲师。

系,创新生产经营机制,完善文化经济政策,培育新型文化业态。广泛开展全民健身活动,加快推进体育强国建设,筹办好北京冬奥会、冬残奥会。加强中外人文交流,以我为主、兼收并蓄。推进国际传播能力建设,讲好中国故事,展现真实、立体、全面的中国,提高国家文化软实力。我们要树立坚定的文化自信,正如报告所说,文化是一个国家、一个民族的灵魂。文化兴则国运兴,文化强则民族强。没有高度的文化自信,没有文化的繁荣兴盛,就没有中华民族伟大复兴。要坚持中国特色社会主义文化发展道路,激发全民族文化创新创造活力,建设社会主义文化强国。

总体而言,党的十九大报告明确了新时代文化建设新的方向与目标。2017年也是我国实施"十三五"规划的重要一年,文化产业领域也出台了相关规划,为"十三五"时期文化建设指明方向。2017年5月,为加快文化发展改革,建设社会主义文化强国,中共中央办公厅、国务院办公厅印发了《国家"十三五"时期文化发展改革规划纲要》,从宏观上定准基调。同时,版权工作、文化遗产、文化科技、文化旅游、新闻出版广播影视等各细分领域均有相应规划出台。例如,2017年1月,国务院发布《"十三五"国家知识产权保护和运用规划》;2月,科技部、文化部等联合发布《国家"十三五"文化遗产保护与公共文化服务科技创新规划》;3月,国家发改委、文化部等单位联合发布《"十三五"时期文化旅游提升工程实施方案》;2017年3月,文化部、财政部等联合发布《中国传统工艺振兴计划》;4月,文化部发布《关于推动数字文化产业创新发展的指导意见》;8月,工信部、财政部联合发布《关于推动中小企业公共服务平台网络有效运营的指导意见》;9月,国家新闻出版广电总局发布《新闻出版广播影视"十三五"发展规划》,等等。

同时,我们可以看到,"一带一路"倡议重点关注的五大领域:政策沟通、设施联通、贸易畅通、资金融通、民心相通,也为我国文化产业上的发展与国际合作提供了新的机遇。趁此东风,政策沟通,可以促进政府间多层次宏观政策沟通机制的建立,加强沿线各国在文化产业上的发展战略对接;设施联通,有助于构建各国间的基础设施网络,提升文化产业的合作效率与质量;贸易畅通,为文化贸易自由化和便利化、实现产业协同发展带来动能;资金融通,有助于建立多元投融资体系,有力支持各国文化产业的发展;民心相通,则有利于拉近各国民众感情,搭建国际人文交流合作平台,深化文化、教育等领域的合作。2017年5月11日,《文化部"一带一路"文化发展行动计划(2016—2020年)》印发下达,中国进一步加强与"一带一路"沿线国家和地区的文明互鉴与民心相通。

二、年度特征

伴随国家战略引领、具体政策的扶持与文化治理的加强,文化产业在2017年

实现持续增长,成为我国经济转型发展的新动能。本年度的文化产业发展主要体现出以下特征:

1. 整体实力提升,发展速度稳定,结构优化

2016年,文化及相关产业增加值30785亿元,比上年增长13%;占国内生产总值的比重为4.14%,比上年提高0.19个百分点。① 2017年,我国文化产业的发展保持着良好的势头。整体规模实力、文化核心领域的竞争力、影响力进一步提升。据国家统计局测算,2017年文化及相关产业增加值35462亿元,占GDP比重4.29%,比2016年占比增加0.15个百分点,继续向国民经济支柱性产业迈进。②

2017年,在全国规模以上文化及相关产业的5.5万家企业中,共实现营业收入91950亿元,比上年增长10.8%(名义增长,未扣除价格因素),增速提高3.3个百分点,继续保持较快增长。③ 同时,我们可以看到,文化及相关产业的10个行业的营业收入均实现了增长。还有4个行业实现了两位数增长,包括:以"互联网+"为主要形式的文化信息传输服务业营业收入7990亿元,增长34.6%;文化艺术服务业434亿元,增长17.1%;文化休闲娱乐服务业1545亿元,增长14.7%;文化用品的生产33665亿元,增长11.4%。④ 从区域上分布上看,东部地区规模以上文化及相关产业企业实现营业收入68710亿元,占全国的74.7%,仍然占据了全国营业收入的"半壁江山";中部、西部和东北地区的营业收入分别为14853亿元、7400亿元和988亿元,占全国比重分别为16.2%、8%和1.1%。从增长速度来看,西部地区增长12.3%,中部地区增长11.1%,东部地区增长10.7%,东北地区下降0.9%,但降幅比上年收窄12.1个百分点。⑤

2. 推进文化立法,加强监管力度,深化文化体制改革

我国在文化领域的首部基本法《公共文化服务保障法》于2017年3月1日起正式颁布施行。这是我国公共文化服务领域法律逐步完善的标志,也将成为政府提供公共文化服务、社会力量参与公共文化服务等方面的重要基础。文化产业领域的首部法律《中华人民共和国电影产业促进法》也于2017年3月1日起正式施行,将为规范电影市场秩序、促进电影产业健康与繁荣发展提供法律基础。《中华

---

① 国家统计局:《中华人民共和国2017年国民经济和社会发展统计公报》,http://www.stats.gov.cn/tjsj/zxfb/201802/t20180228_1585631.html。
② 《2017文化产业最新"成绩单":增速保持两位数增长》,《光明日报》2018年5月30日第10版。
③ 国家统计局:《2017年全国规模以上文化及相关产业企业营业收入增长10.8%》,http://www.stats.gov.cn/tjsj/zxfb/201801/t20180131_1579206.html。
④ 同上。
⑤ 同上。

人民共和国公共图书馆法》在2017年11月4日获得通过,并于2018年1月1日起正式施行。这既明确了我国公共图书馆的发展方向与基本目标,也开拓了图书馆服务创新和可持续发展的新空间。立法工作的推进,为文化产业的发展奠定了有力的法律基础。

同时,国家层面加强了对于文化领域新兴业态的监管模式。对点播影院、点播院线、演出票务市场、迷你歌咏市场、网络视听节目等领域出台相关规定,促进新业态的秩序规范,不再"野蛮生长"。

2017年,文化体制改革的脚步依旧在前进。"文化央企"成为文化体制改革的重中之重。7月,财政部《关于中央文化企业国有资产评估管理的补充通知》提出,以"管资本"为主加强中央文化企业的国有资产评估监督管理工作,进一步提高国有资本运营和配置效率;10月,财政部印发《关于进一步规范中央文化企业国有资产交易管理的通知》,要求中央文化企业在2017年12月底前建立完善内部国有资产交易管理制度。这些举措都标志着,随着文化体制改革全面推进,中央文化企业的国有资产管理进一步走向规范化、制度化,为打造文化企业的领航者铺垫基础。同年5月,中共中央办公厅、国务院办公厅印发了《关于加强文化领域行业组织建设的指导意见》,旨在明确文化领域各类行业组织的职能定位,促进规范管理。9月,中宣部、文化部等7部门联合印发了《关于深入推进公共文化机构法人治理结构改革的实施方案》,开始注重引入社会力量参与,这标志着我国公共文化体制机制改革迈出新步伐。

3. 传统文化热度不减,持续受到高度重视

2017年年初,中共中央办公厅、国务院办公厅印发了《关于实施中华优秀传统文化传承发展工程的意见》。该意见提出:"文化是民族的血脉,是人民的精神家园。文化自信是更基本、更深层、更持久的力量。中华文化独一无二的理念、智慧、气度、神韵,增添了中国人民和中华民族内心深处的自信和自豪。"该意见也是首次以中央文件形式,专门阐述中华优秀传统文化的传承发展工作,充分发挥政府主导作用和市场积极作用,鼓励和引导社会力量广泛参与,推动形成有利于传承发展中华优秀传统文化的体制机制和社会环境。3月,由文化部、工信部、财政部联合制订与发布《中国传统工艺振兴计划》,明确了未来几年我国振兴传统工艺的重要意义、总体要求、主要任务和保障措施。除此之外,中央文化产业发展专项资金也新增了支持中华优秀传统文化传承发展项目。

戏曲成为2017年推动传统文化保护的"重头戏"。5月,中宣部、文化部、教育部、财政部联合印发了《关于新形势下加强戏曲教育工作的意见》;6月,中宣部、文化部、财政部联合印发《关于戏曲进乡村的实施方案》;8月,中宣部、教育部、财政

部、文化部联合发布《关于戏曲进校园的实施意见》；10月，文化部办公厅发布《关于进一步做好戏曲进校园工作的通知》。

传统文化是我们提升文化自信的源泉与动力。习总书记在十九大报告中指出，要深入挖掘中华优秀传统文化蕴含的思想观念、人文精神、道德规范，结合时代要求继承创新，让中华文化展现出永久魅力和时代风采。从2017年年初的《中国诗词大会》到年末的《国家宝藏》，各种文化类综艺节目往往成为"现象级"的"爆款节目"，这种崛起的速度和"吸粉"的程度，恰好反映了广大人民群众对传统文化的热爱。除此之外，例如《百心百匠》《非凡匠心》等多档文化综艺都聚焦于非物质文化遗产传承中的"匠人"。这既揭示了传承"非遗"的意义和"非遗"传承人的重要地位，也能提升大众对"非遗"的关注度，以吸引更多年轻人学习传统技艺。

当然，深入挖掘中华优秀传统文化，并不是故步自封，满足现状；而是"不忘本来、吸收外来、面向未来"，推动中华优秀传统文化的创造性转化与创新性发展。

4. 新文化消费爆发推动供给侧改革

正如十九大报告所指出的，进入新时代，我国社会主要矛盾已经转化为人民日益增长的美好生活需要和不平衡不充分的发展之间的矛盾。在文化产业领域，人民对美好生活的需求，则反映为对优质、多元、跨界融合文化产品的需求。

2015年，故宫博物院推出的包括《清明上河图》等藏品在内的"石渠宝笈特展"催生了一个新词汇——"故宫跑"，来表达社会青年大众对故宫传统文化艺术精品的喜爱。两年后的2017年，当"千里江山——历代青绿山水画特展"在故宫博物院展出时，"故宫跑"便再现了。即使故宫实行了分时段发号参观的措施，也无法阻挡人们对《千里江山图》的热情。无论是《清明上河图》还是《千里江山图》，都是人们对高品质文化产品需求的反映。当然，不只故宫博物院遇此情况。2017年年底，中国美术馆推出了典藏精品特展，精选了齐白石、傅抱石、徐悲鸿、吴冠中等近现代名家大师的经典作品200余件。这种高水平的展览迅速成为现象级，引发了持续的排长队。而北京人艺的《窝头会馆》更是引发了彻夜排队的现象。在电影业，《战狼Ⅱ》无疑是2017年的爆品，56.8亿元的票房打破了国产电影票房的各项纪录，显示了国内电影市场的巨大空间。

艺术展览、演出、电影的高人气文化产品，凸显了正在爆发的文化消费市场。在市场的两端，一端是高品质、高人气的文化产品，另一端是排长队的盛况。这既说明了文化产品的巨大市场潜力，也说明了对于已经崛起的民众的文化消费需求仍未充分满足。这种矛盾，将倒逼文化产业供给侧改革。文化产业的供应端应进一步拓展：消除地域上的不平衡，扩展文化精品的覆盖范围；丰富文化产品的类型，打造体验型、知识型等适应当代消费者需求的优质文化产品。文化产业的发展，应该深入地向社会渗透,向经济渗透,与我国的经济产业转型相结合,促进战略升级。

5. 特色小镇注重因地制宜、特色鲜明

2016年7月,住房和城乡建设部、国家发改委与财政部联合发布的《关于开展特色小镇培育工作的通知》中提出,到2020年,培育1000个左右各具特色、富有活力的休闲旅游、商贸物流、现代制造、教育科技、传统文化、美丽宜居等特色小镇,引领带动全国小城镇建设,不断提高建设水平和发展质量。

具有乡村风貌、民俗风情、传统建筑、历史文化的特色小镇不仅承接了城乡互动的功能,还拥有宜居宜游的天然优势。特色小镇的建设,是我国经济融合和共享发展的需求。因此,在政策的鼓励下,特色小镇的建设在全国如火如荼地展开。但由于特色小镇的培育处于起步阶段,部分地方存在不注重特色的问题,没有坚持按照绿色发展的要求逐步推进。因此,2017年也是在政策上规范和治理特色小镇建设的重要年份。7月,住房和城乡建设部发布了《关于保持和彰显特色小镇特色若干问题的通知》,提出了建设特色小镇的基本准则,包括:尊重小镇现有格局、不盲目拆老街区;保持小镇宜居尺度、不盲目盖高楼;传承小镇传统文化、不盲目照搬抄袭外来文化。年底,为了及时纠正特色小镇建设中概念不清、定位不准、急于求成、盲目发展和市场化不足等问题,以及有些地区存在的政府债务风险加剧和房地产化的苗头,国家发改委、国土资源部、环保部、住建部四部委联合发布《关于规范推进特色小镇和特色小城镇建设的若干意见》,提出要把特色小镇和小城镇建设作为供给侧结构性改革的重要平台,因地制宜、改革创新,发展产业特色鲜明、服务便捷高效、文化浓郁深厚、环境美丽宜人、体制机制灵活的特色小镇和小城镇,促进新型城镇化建设和经济转型升级。

6. 业态融合推动传统文化产业转型

为强化顶层部署,构建文化科技创新体系,切实推动科技创新引领文化发展,文化部于2017年4月编制了《文化部"十三五"时期文化科技创新规划》。该规划提出力争在2020年,文化科技自主创新能力得到较大提升,文化科技支撑实力进一步增强,文化重点领域关键技术攻关取得重要进展,文化行业标准体系相对完备,文化科技基础条件明显改善,有效服务于文化事业和文化产业发展,基本形成以市场为导向,以需求为牵引,以应用为驱动,以文化科技企业为技术创新主体,以协同创新、研发攻关、成果转化、区域统筹、人才培养等为主要构成的文化科技创新体系。

规划突出了文化企业作为市场主体和技术创新主体的地位,以全面提升文化企业科技创新能力。我们可以看到文化企业的这一代表,腾讯与故宫博物院联合成立"故宫博物院—腾讯集团联合创新实验室",秉承人文精神,运用科技方法,以传承传统文化为己任,探索先进数字技术在文化遗产保护、研究和展示领域的应用范式,开发创制具有前瞻性和示范性的数字技术应用实例。①

"文化+科技"的模式,为文化产业的行业转型和多业态融合提供了更多的可能。例如,人工智能技术正加速进入新闻出版业,在出版发行、印刷物流、数据加工、数字阅读、数字教育等领域得以应用。

为完善文化科技体系建设,促进文化与科技融合,在2014年认定首批6家重点实验室的基础上,文化部也于2017年年初公布了第二批重点实验室名单,"书画保护"等12个重点实验室入选。至此,两批共有18个重点实验室涵盖了文化艺术资源保护与开发、文化艺术生产和创作、文化装备设计与研发、文化科技基础性工作、传统工艺研究与利用、文化传播与服务等文化科技各个领域。这些重点实验室将成为培养优秀科技人才、组织科学技术开发、开展学术交流的重要载体;同时也将成为解决文化发展的关键科技问题的研发基地。②

同时,伴随网络技术的发展,我们看到,"互联网+"成为一股不可逆转的趋势,带动了互联网的创新与文化产业的创意相结合,也在改变着文化产业的组织方式和产业链构成。"互联网+"语境下的文化产业,愈发凸显了推动创新、促进转型的重要作用。网络文学、网络音乐、网络游戏等类型在此驱动下成为投资风口、消费热点和人才集聚的高地。党的十九大报告提出,健全现代文化产业体系和市场体系,创新生产经营机制,完善文化经济政策,培育新型文化业态。而这为网络文化产业的发展提供了重大机遇,也提出了更高要求。而"互联网+"将打破传统文化产业在创作者、资源等方面的壁垒,不断彰显新的技术优势,推动文化产业在创作、载体、发行渠道等环节全面实现数字化,促进大量新产品、新业态的产生。③

早在2016年年底,国务院公布的《"十三五"国家战略性新兴产业发展规划》就将数字创意产业纳入了国家战略性新兴产业发展规划。2017年4月,《文化部关于推动数字文化产业创新发展的指导意见》出台,力争到2020年,形成导向正确、技术先进、消费活跃、效益良好的数字文化产业发展格局,使数字文化产业领域处于国际领先地位。未来将着力发展的数字文化产业重点领域包括动漫产业的提质升级、游戏产业的健康发展,数字艺术展示产业等。

---

① 《腾讯与故宫博物院成立联合创新实验室,推动科技+文化融合》,http://www.techweb.com.cn/internet/2017-11-29/2612599.shtml,检索日期:2018年2月7日。
② 《"文化+科技",生活更美好》,《中国文化报》,http://www.bj.xinhuanet.com/2018-01/18/c_1122277038.htm,检索日期:2018年2月7日。
③ 尹航、张莉:《创造性构建网络文化产业链》,《人民日报》2018年6月28日第7版。

三、"一带一路"带动文化产业扬帆起航

总的来说,2017年,我国文化产业继续升级、转型与优化;同时,面对国际风云变幻的局势,仍存在着不少挑战与机遇。

《文化部"一带一路"文化发展行动计划(2016—2020年)》,为"十三五"期间"一带一路"文化发展指明了方向。该计划旨在建立和完善文化产业国际合作机制,以文化旅游、演艺娱乐、工艺美术、创意设计、数字文化为重点领域,支持"一带一路"沿线地区根据地域特色和民族特点实施特色文化产业项目,加强与"一带一路"国家在文化资源数字化保护与开发中的合作,积极利用"一带一路"文化交流合作平台推介文化创意产品。顺应"互联网+"发展趋势,推进互联网与文化产业融合发展,鼓励和引导社会资本投入"一带一路"文化产业带建设。

在此发展行动计划的指引下,"一带一路"成为2017年度文化产业的焦点。以出版行业为例,在北京国际图书博览会(BIBF)上,28个"一带一路"沿线国家和地区集中亮相,这些国家也成为版权输出的重点地区。但我们应看到的挑战是,"一带一路"沿线国家主要是发展中国家。一方面,它们拥有巨大的文化市场潜力;另一方面,各国经济社会发展水平、社会环境、自然条件等情况存在较大的差异,也缺乏较为健全的文化产业体系。

1. 合作实践亟待学术研究的理论支持

伴随着政府与业界在"一带一路"文化产业领域的合作实践活动增多,急需学术研究进行指导。第一,随着2017年5月"一带一路"国际合作高峰论坛的举办,100多个国家和国际组织积极响应,50多个国家已经与中国签署相关合作协议,在"一带一路"沿线的65个国家中,已经有20多个国家和我国建立了56个经贸合作区。更多的国际共识,更多的项目推进,更多的合作空间的挖掘和共赢机制的建立,国际合作的增多,倒逼学界积极投身于"一带一路"理论支撑的完善提升以及沿线国家文化产业合作路径的探索。第二,沿线国家民众的文化消费需求迫切与区域内文化产业不发达间的矛盾突出。"一带一路"沿线国家经济发展水平存在差异,产业分工不合理,资源分配不均衡。第三,区域内不同国家间现实的多元文化冲突、宗教信仰矛盾、政治互信缺失、跨区域治理乏力等结构性难题,成为"一带一路"倡议推进中的发展瓶颈,这就要求我们对这些国家文化产业合作的可能性和可行性进行反思,实现"互利共赢"的发展目标。

因此,在"一带一路"倡议推进过程中,愈发强劲的实际诉求要求学术研究也跟上步伐,相关理论要成为实施路径和政策建议的决策依据,突显理论指导的实践价值。

2. 协同构建"一带一路"文化产业发展五要素

文化资源、高新技术、金融资本、物质材料、人力资源、信息资源等文化产业要素的合理组合，决定了文化产业的结构优化和产业升级。而政策、资金、人才、资源、技术这五要素也可以为"一带一路"的文化产业发展提供战略对接。

第一，政策方面。主要通过政策沟通，推动沿线各国的发展战略与"一带一路"倡议相融合，促成沿线国家形成趋向基本一致的文化发展决策、政策和规则，更好实现文化产业全产业链的通力合作；加强文化贸易政策集成，给予企业和金融机构一定政策性支持，包括税收减免、投资补贴、项目资助等，拉动社会资本进入丝路文化产业发展建设中，在投资与获利的双向环流中实现互惠互利。

第二，资金方面。目前"一带一路"文化发展的资金来源包括银行借款、政府投资、民间投资、基金、赞助资金等。亚洲基础设施投资银行、丝路基金、金砖国家新开发银行、欧洲复兴开发银行、公私合作（PPP）模式等是主要金融支撑。但对于"一带一路"沿线经济发展落后的国家来说，资金匮乏是文化产业难以发展的藩篱。加强沿线国家金融合作机制的建设，建立统一的规范，开辟融资新模式，设立创新资金筹措机制，如文化产业产权基金、产业投资基金、股权投资基金、并购基金、中长线的开发投资基金等，可以使文化企业更好地借助金融市场进行资金优化配置。

第三，人才方面。"一带一路"沿线部分区域文化落后，文创人才少，质量水平有待提高，良好的文化环境缺乏，如无版权意识下的肆意盗版行为，也会打压文化人才积极性，抑制文创生产人才的加盟、文创管理人才的参与和规划。同时，在跨区域文创合作时，文化壁垒和文化例外的制约也需要文化传播人才。因此，建立"丝绸之路"经济带人才培养机制，引导文化艺术专业技术人才和复合型经营管理人才投身于丝路文化产业，是亟待开展的策略研究。

第四，资源方面。"一带一路"沿线区域文化资源历史悠久、丰富各异，对其类型、内涵、性质、特点进行归纳，建立丝路文化资源价值评估体系，分析文化资源的价值状态，可以更好地设计合理的开发模式，促进历史性非物质文化遗产的现实性开发，静态文化资源的动态文化产业转化。同时，可根据文化产业行业细分、地缘环境和文化市场格局，因地制宜地划分出不同发展合作圈层，也是带动丝路资源禀赋高效融合、促进生产要素正确流动的有效策略。

第五，技术方面。在信息技术的推动下，"互联网+""一带一路"的发展模式越发受到重视。跨境电商产业交易链的建设可以实现各国跨境自由贸易，促进产业结构升级，拓宽沿线国家贸易渠道。但是数字"丝绸之路"的贸易合作模式也存在一些问题，如监管制度、通关制约等，因此建立"一带一路"跨境电子商务国际合作平台和机制,利用科技创新资源开创"数字丝绸之路、空中丝绸之路"发展新局面,有利于丝路沿线国家借技术之力,更有效地传播丝路文化、共享丝路资源、开辟更广阔的丝路贸易合作带。

"一带一路"沿线国家文化共同体的建设与合作,具有深远的文化意义;以文化先行带动经济发展,使沿线各国成为利益共同体,在合作中实现利益共赢,具有不可忽略的经济意义;对该领域的深入研究可以有助于培育丝路文创人才,传播丝路文化,传承弘扬"和平合作、开放包容、互学互鉴、互利共赢"的"丝绸之路"精神,具有重要的社会价值和经济效益。

行业报告

行业报告一

出版发行业年度发展报告

阮 嵘*

"十三五"时期(2016—2020年)是中国全面建成小康社会的决胜阶段,是落实"四个全面"战略布局、实现"两个一百年"宏伟目标的关键时期。为推动社会主义文化繁荣发展,进一步提升我国文化软实力,实现"文明古国""文化大国"向"文化强国"的转变,出版发行作为文化内容生产和传播的重要业态,得到了党和国家以及各相关部门的重视。2017年是"十三五"规划实施的第二年,是供给侧改革的深化之年,在2016年稳扎稳打的基础之上,出版发行业各项工作取得了新的进展。

第一节 行业发展宏观环境及政策条件

一、出版发行成为国家文化政策关注的重点领域

2017年1月,国家版权局印发《版权工作"十三五"规划》,在完善版权法律制度体系、完善版权行政管理体系、完善版权社会服务体系、完善版权涉外工作体系4个方面提出了12项重点任务,并从组织领导、队伍建设、财政政策、社会力量、人才储备5方面提出了保障措施。

同月,中共中央办公厅、国务院办公厅印发《关于实施中华优秀传统文化传承发展工程的意见》,提出深入阐发文化精髓、贯穿国民教育始终、保护传承文化遗产、滋养文艺创作、融入生产生活、加强宣传教育力度、推动中外交流互鉴等7项主要任务。文件中多处强调出版工作,提出要加强中华文化典籍整理编纂、做好少数民族经典文献互译出版工作;实施中华民族音乐传承出版工程、中国民间文学大系出版工程;加强中国出版物国际推广与传播、扶持汉学家和海外出版机构翻译出版

---

* 阮嵘,北京大学艺术学院艺术管理与文化产业方向硕士研究生。

中国图书等要求。

3月,国务院印发《"十三五"推进基本公共服务均等化规划》,强调新闻出版的重点任务是:推动全民阅读,加强残疾人等特殊群体的基本阅读权益保障;扶持实体书店发展,加快推进实体书店或各类图书代销代购网点覆盖全国所有乡镇;完善农家书屋出版物补充更新工作;加强"三农"出版物出版发行;推动少数民族语言文字及双语出版物出版发行、数字化传播和少数民族语言文字作品创作。同时,新闻出版服务体系建设作为重要保障措施,需要做到:举办"书香中国"系列活动,充分利用现有设施,统筹建设社区阅读中心、数字农家书屋、公共数字阅读终端等设施;合理规划建设农村和中小城市出版物发行网点,建设城乡阅报栏(屏),支持革命老区、民族地区、边疆地区、贫困地区公共阅读设施建设;实施少数民族新闻出版东风工程、盲文出版工程、儿童阅读书报发放计划、市民阅读发放计划。

4月,文化部发布《"十三五"时期文化产业发展规划》,明确了"十三五"时期文化产业发展的总体要求、主要任务、重点行业和保障措施,并以8个专栏列出22项重大工程和项目,着力增强可操作性,是指导"十三五"时期文化产业工作的总体规划。

5月,中共中央办公厅、国务院办公厅印发《国家"十三五"时期文化发展改革规划纲要》,分十三个章节论述了新时期文化产业发展的总体目标和各方面要求,提出要出版一批通俗理论读物;扶持哲学社会科学优秀著作出版;将现行新闻出版法律规范延伸覆盖到网络媒体管理;发挥国家艺术基金、国家出版基金的积极作用;引导和规范出版物推荐活动;加强城乡出版物发行网点建设;规范出版物市场价格行为;加快发展数字出版等新兴产业,推动出版发行等传统产业转型升级;加强中华优秀传统文化典籍整理和出版,推进文化典籍资源数字化;加大公益性出版社等主流媒体扶持力度;在坚持出版权、播出权特许经营前提下,允许制作和出版、制作和播出分开;加强新闻出版传媒领域高层次人才培养;支持出版发行等文化企业发展的相关政策。

7月,中共中央总书记、国家主席、中央军委主席习近平主持中央全面深化改革领导小组会议,审议通过了《关于加强和改进中外人文交流工作的若干意见》。指出要加强中外人文交流综合传播能力建设,推动中外广播影视、出版机构、新闻媒体开展联合制作、联合采访、合作出版,促进中外影视节目互播交流,实施图书、影视、文艺演出等领域的专项交流项目和计划,丰富人文交流的文学艺术内容和载体;做大做强"互联网+人文交流",实现实体与虚拟交流平台的相互补充和良性互动。通过丰富媒体交流形式、打造具有国际影响力的全媒体和文化传播机构等举措,讲好中国故事,传播中国声音,阐释中国道路,增强中国文化形象的亲近感。

9月,国家新闻出版广电总局印发《新闻出版广播影视"十三五"发展规划》,到2020年的发展目标是实现:舆论传播力、引导力、影响力、公信力大幅提升;公共文化服务全面升级;对经济的拉动作用显著增强;"智慧广电"战略和新闻出版数字化转型升级行动全面推进;保障国家文化安全的能力显著提高;传播中国声音、提升中国形象、产品服务走出去的成效和作用更加凸显。同时,规划还提出了11项主要任务和6项保障措施。

11月,全国人民代表大会常务委员会通过《中华人民共和国公共图书馆法》,着力促进公共图书馆事业发展,发挥图书馆功能,保障公民基本文化权益,提高公民科学文化素质和社会文明程度,传承人类文明,坚定文化自信。

二、出版发行业在相关部门监管下健康发展

2017年2月,文化部、新闻出版广电总局、体育总局、发展和改革委员会、财政部联合发布《关于推进县级文化馆图书馆总分馆制建设的指导意见》,推动有效整合公共文化资源、提高公共文化效能、促进优质资源向基层倾斜和延伸。

同月,国家新闻出版广电总局印发《出版物进口备案管理办法》,对进口的图书、报纸、期刊、音像制品(成品)及电子出版物(成品)、数字文献数据库等出版物进行备案管理。

3月,国务院法制办就《全民阅读促进条例》公开征求意见。

6月,国家新闻出版广电总局印发《网络文学出版服务单位社会效益评估实行办法》,要求网络文学出版服务单位坚持以人民为中心的创作出版导向,始终把社会效益放在首位,努力实现社会效益和经济效益的统一。

同月,国家版权局下发《关于规范电子版作品登记证书的通知》,就促进当前电子版作品等级证书出具、制发过程中的不规范问题的解决,为网络条件下制作、出具电子版作品登记证书提供便利和保障。

8月,《国家新闻出版广电总局关于规范报刊单位及其所办新媒体采编管理的通知》发布,切实维护健康的传播秩序,维护人民群众利益。

10月,国家新闻出版广电总局、全国古籍整理出版规划领导小组发布《关于申报2018年度国家古籍整理出版资助项目的通知》。

第二节 出版发行业发展概况

一、整体情况和技术条件

1. 整体情况

2016年,全国出版、印刷和发行服务实现营业收入23595.8亿元,较2015年增长9%;利润总额1792亿元,增长7.8%;不包括数字出版的资产总额为22070.3亿元,增长6.2%;所有者权益(净资产)为11245.5亿元,增长6.1%。①

图1-1-1是2011—2016年全国出版、印刷和发行服务营业收入和利润总额的比较。2015—2016年,营业收入和利润总额保持增长,增量的绝对值增加,增速有所放缓。截至2018年1月31日,2017年出版发行业相关数据尚未公布,保守预测,2017年全国出版、印刷和发行服务营业收入将突破25000亿元,利润额将突破1900亿元。

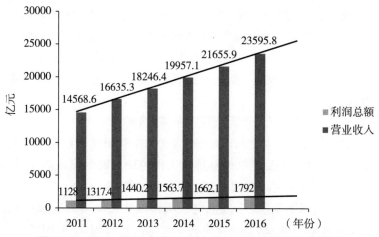

图1-1-1 2011—2016年全国出版、印刷和发行服务发展概况

数据来源:国家新闻出版广电总局2012—2017年发布的新闻出版产业分析报告。

2. 技术条件

技术进步不断为出版发行业制造着机遇和挑战。首先,新千年以来,数字化大潮不断冲击着传统出版业,在线阅读、电子书、手机阅读等新型阅读方式对人们的阅读习惯产生了重大影响,以互联网技术为基础的数字出版正在改变着整个产业

---

① 国家新闻广电出版总局:《2016年新闻出版产业分析报告》,2017年7月24日。

格局。2009年,中国数字出版总产值首次超过传统出版,并逐年大幅度地拉开差距,引领着出版发行业的数字化转型。其次,大数据、虚拟现实(VR)、增强现实(AR)等新技术的出现和加强,改变着出版产业的内容策划方式和表现形式,为行业的发展提供了广阔的空间和可能性。最后,融媒体成为近年来文化产业发展的关键词之一,出版发行和广播、电视、游戏等其他媒体的融合是重要的技术发展方向。

2017年,中国出版发行业在技术应用中取得了突破。例如,辽宁科学技术出版社与西班牙派拉蒙出版集团合资成立AR新技术公司,助推新技术在出版领域的融合与创新。双方合作出版的第一部《小王子》AR图书实现了16个语种的共版合作,全球发行数量超过10万册。与新技术融合、具有丰富阅读体验的一系列少儿AR、VR新模式图书,受到世界各国出版商的关注,其中《爱丽丝梦游仙境》更是同时应用AR和VR技术的图书,做到了在全球出版界具有引领性意义的创新。

二、出版物出版情况

国家新闻出版广电总局在统计出版物出版情况时主要分为图书、期刊、报纸、音像制品、电子出版物和数字出版六个门类。

图1-1-2是2011—2016年六大门类利润总额的变化情况。具体来看,六年来,第一位的数字出版一枝独秀,发展迅猛,与其他门类的利润差额逐年扩大。2011年,图书、数字出版、报纸共同处于第一梯队,利润总额相近。经过五年的发展,2016年,数字出版利润总额已经约是第二位(图书)的3.2倍。图书出版发展态势平稳。而原本与图书相近的报纸,2015年和2016年利润总额下降严重,2016年利润总额接近期刊。期刊五年来发展稳定,与报纸形成第三梯队。而音像制品和电子出版物稳居五六,利润总额与其他门类有着较大差距。初步预测,2017年数字出版利润额或将超过500亿元,图书将突破140亿元,报纸或将跌至期刊之下,音像制品和电子出版物将保持稳定。

图1-1-3和图1-1-4清楚地展示了出版发行业六门类2015年和2016年在当年营业收入和利润总额中的比重。对比2015年和2016年各项数据,数字出版在营业收入中的占比由74.6%上升到了82.4%,在行业发展中的优势地位明显;而报纸的利润总额明显下降,期刊的营业收入和利润总额也均有所下滑。初步预测,2017年数字出版在各门类营业收入和利润总额中所占比重将继续升高,其他门类变化不明显。

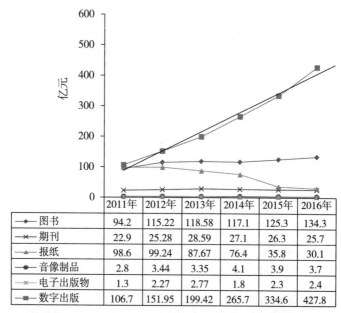

图 1-1-2　2011—2016 年出版物各门类利润总额变化情况

数据来源：国家新闻出版广电总局 2012—2017 年发布的新闻出版产业分析报告。

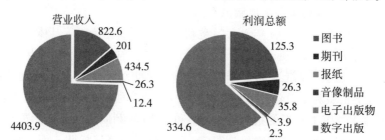

图 1-1-3　2015 年出版物各门类营业收入和利润总额示意图（单位：亿元）

数据来源：国家新闻出版广电总局：《2015 年新闻出版产业分析报告》。

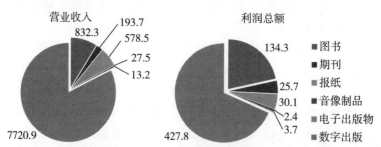

图 1-1-4　2016 年出版物各门类营业收入和利润总额示意图（单位：亿元）

数据来源：国家新闻出版广电总局：《2016 年新闻出版产业分析报告》。

三、出版物发行

2016年,全国共有出版物发行网点163102处,较2015年降低0.3%;出版物发行实现营业收入3426.6亿元,增长6%;利润总额282.0亿元,增长8.6%。①

图1-1-5展示了2011—2016年全国出版物发行的营业收入和利润总额变化,两项数值均呈稳步上升态势。初步预测,2017年全国出版物发行营业收入将超过3500亿元,利润额超过300亿元。

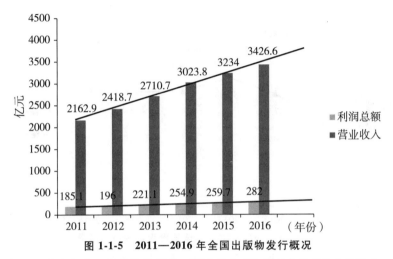

图1-1-5　2011—2016年全国出版物发行概况

数据来源:国家新闻出版广电总局2012—2017年发布的新闻出版产业分析报告。

四、出版物进出口

2016年,全国累计出口图书、报纸、期刊、音像制品、电子出版物、数字出版物数量2181.69万册(份、盒、张),较2015年增长2.7%;金额11010.77万美元,增长5%。其中,数字出版物出口3055.3万美元,增长29.1%;全国出版物进出口经营单位累计出口数量1766.9万册(份、盒、张),增长13.7%;金额6043.1万美元,增长3.1%。全国累计进口图书、报纸、期刊、音像制品、电子出版物、数字出版物数量约3119万册(份、盒、张),增长10.5%;金额55911.11万美元,增长2.1%。进出口总额66921.88万美元。其中,全国出版物进出口经营单位进出口总额61954.2万美元,增长2.2%。全国出版物进出口经营单位实现营业收入91.5亿元,增长8.7%;

---

① 国家新闻出版广电总局:《2016年新闻出版产业分析报告》,2017年7月24日。

利润总额 3.3 亿元,增长 41.5%。①

图 1-1-6 和图 1-1-7 分别反映了 2011 年至 2016 年全国出版物进出口数量和金额的变化。数量方面,经历了 2013 年前后的波动后,2015—2016 年出版物进口数量保持大幅增长,出口数量则较为稳定,进出口差距拉大。金额方面,相对前几年增长较缓,出版物进口 2015 年出现了一个较为明显的增长并于 2016 年继续提升这一数值;而出口方面则保持平稳有所增长,进出口长期存在大额逆差。初步预测,2017 年全国累计进出口数量和金额将保持增长,进出口逆差将有小幅增加。

图 1-1-6　2011—2016 年全国出版物进出口数量

数据来源:国家新闻出版广电总局 2012—2017 年发布的新闻出版产业分析报告。

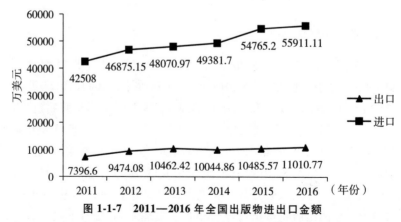

图 1-1-7　2011—2016 年全国出版物进出口金额

数据来源:国家新闻出版广电总局 2012—2017 年发布的新闻出版产业分析报告。

---

① 　国家新闻出版广电总局:《2016 年新闻出版产业分析报告》,2017 年 7 月 24 日。

在出版物的六个统计门类中,音像制品、电子出版物在进出口中占比较低,因此,图 1-1-8 和图 1-1-9 摘取全国出版物进出口经营单位 2011—2016 年图书、期刊、报纸、数字出版物四个门类的累计进出口数据做对比。图书和期刊作为我国出版物进出口的重要传统门类,其进口贸易金额相对稳定,两项共计占比 50% 左右。而位居第一的数字出版物的进口额则逐年增长,经历了 2015 年的又一次大幅提升,2016 年数字出版物已经占到当年整个出版物进口总额的近 50%。从全国出版物进出口经营单位出版物出口情况的统计中可以看到,图书是我国出版物进出口经营单位出口的绝对主力,出口数值稳定。数字出版物位居第二,年均增速超过 20%。初步预测,2017 年数字出版物依然是出版物进出口的主要增长点,其进出口金额和占比将进一步提升。

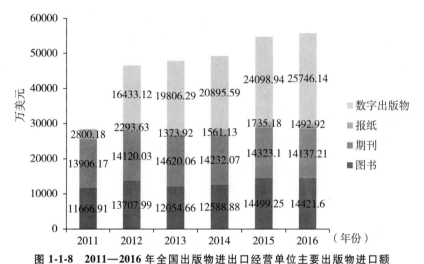

图 1-1-8　2011—2016 年全国出版物进出口经营单位主要出版物进口额

数据来源:国家新闻出版广电总局 2011—2017 年发布的全国新闻出版业基本情况。

五、版权贸易

2016 年,全国共输出版权 11133 种(其中输出出版物版权 9811 种),较 2015 年增长 6.3%(其中输出出版物版权增长 10.7%);共引进版权 17252 种(其中引进出版物版权 17174 种),增长 4.8%(其中引进出版物版权增长 7.5%)。电子出版物版权贸易实现大幅顺差,净输出 1047 种,增长 192.5%,输出品种数量为引进品种数量的 5.8 倍。①

---

① 国家新闻出版广电总局:《2016 年新闻出版产业分析报告》,2017 年 7 月 24 日。

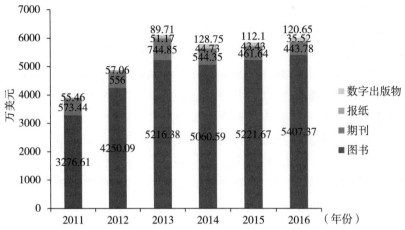

图 1-1-9 2011—2016 年全国出版物进出口经营单位主要出版物出口额

数据来源:国家新闻出版广电总局 2011—2017 年发布的全国新闻出版业基本情况。

图 1-1-10 展现了 2011—2016 年版权贸易情况。总的来说,版权输入相对平稳,且出版物版权输入占绝对主流。版权输出呈上升态势,且除出版物版权外,其他版权输出占据一定份额。初步预测,2017 年版权输出和输入将保持增长,输出品种与引进品种比例稳定在 1∶1.55 左右。

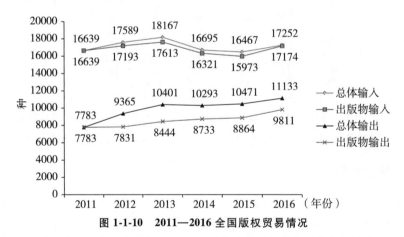

图 1-1-10 2011—2016 全国版权贸易情况

数据来源:国家新闻出版广电总局 2011—2017 年发布的新闻出版产业分析报告。

同时,相关统计信息显示,2016 年,全国图书版权引进地前三名是:美国、英国、日本。图书版权输出地前三名是:中国台湾地区、美国、韩国。[1]

---

[1] 参见国家新闻出版广电总局:《2016 年全国出版业基本情况》,2017 年 9 月 27 日。

六、国际交流形势

1. 国际书展是中国出版与世界交流的重要平台

2017年,中国出版代表团参加了包括伦敦书展、美国书展、法兰克福书展等大型书展在内的诸多国际书展,表现突出,不仅促进了中国出版与世界交流,还推动了中国文化的世界传播。

第46届伦敦书展上,主办方将"国际卓越奖年度版权人大奖"颁给了中国外语教学与研究出版社的侯慧女士,以表彰她"致力于建立创造性的国际合作关系,把中国的文字以纸媒或电子书形式带到国际市场的卓越成就",这是国际出版业对中国出版人专业能力的重要肯定。这次展览上,东西方出版领域的专家还就"探究移动阅读背景下的读者行为""英国出版业如何布局中国出版市场"等议题进行了讨论。另外,在第69届法兰克福书展上,人民文学出版社针对不同作家作品匹配推广模式,作家贾平凹、阿乙的小说引发了海外书评界的讨论;知名出版公司布卢姆斯伯里宣布成立中国分机构,将进行全球组稿、邀请汉学家翻译推介中国图书。

除了传统的大型书展,中国出版代表团也积极参与到了世界更广泛地区的图书交流活动中。例如中东规模和影响力最大的国际书展之一、近年来备受关注的阿布扎比国际书展。在第27届阿布扎比国际书展上,中国作为主宾国参展,受到了热烈欢迎,阿布扎比图书市场对中国图书特别是阐释中国改革经验和历史进程的图书,以及汉语教学类图书表现出极大兴趣和需求。又如第30届意大利都灵国际图书沙龙上,中国图书首次亮相,扩大和意大利出版界的交流,同时为2018年意大利博洛尼亚国际儿童书展中国主宾国活动预热。通过这些书展中优秀图书和特色文化展示和交流,中国出版企业拓展了世界市场与合作,提升了中国图书在更大范围内的影响力。

2. "一带一路"成为中国出版"走出去"新契机

2017年,中国出版发行业更加重视与"一带一路"沿线国家的交流。"一带一路"沿线国家对中国政治、经济、文化的关注给了中国出版机构一个难得的"走出去"的契机。① 例如,北京出版集团在尼泊尔加德满都中国西藏书店设立"十月"图书专柜,展示精品出版物300余种,涵盖了世界人文历史、中华优秀传统文化、北京文化艺术特色和少儿科普常识等内容,让更多尼泊尔民众了解中国,加深两国民众之间的情感联系;由中国外文局等编撰、编译的多文种图书《中国关键词:"一带一路"篇》发布,以多文种、关键词的形式,向国际社会阐释以习近平同志为核心的党

---

① 《你真的了解海外书展吗?》,http://www.chinabookinternational.org/2017/0830/156547.shtml。

中央治国理政的新理念新思想新战略,解读中国政策和中国的发展道路;由现代出版社主办的"3D 打印一带一路"丛书合作出版计划在北京签约,计划用 3 年左右时间,按"一带一路"的"北线""中线""南线"分别对应草原丝路、沙漠丝路、海上丝路进行组稿、开发,推出 60 本图书。

同时,国家"丝路书香工程"项目——第一届东南亚中国图书巡回展于 2017 年 11 月 8 日起在泰国、老挝、柬埔寨、缅甸四国举办。这是中国出版界第一次自主构建书展平台大规模跨国办展,规模大、影响广。参展图书涵盖"十九大"及中国主题、美丽中国、文化中国、经典中国、科技中国、追梦中国、中文教学等七大板块,共展出图书 1 万余种、5 万余册。巡回展期间,还举办了各类展销活动、出版社对接交流、文化展演等配套活动 30 余项,获得了中外出版业界、主流媒体及民众读者的高度认可与一致好评。这些项目是中国出版在"一带一路"上的有益探索,拓宽了中国出版"走出去"的思路。

第三节　行业问题、对策与发展趋势

一、网络文学的发展

延续过去几年的网络文学热,2017 年网络文学的发展进一步向资本化和国际化方向发展。国内网络文学两大巨头——掌阅科技、阅文集团先后于 9 月和 11 月上市,在资本市场上有着不俗的表现。与此同时,两家公司更是进一步深入到 2015 年开始兴起的"网文出海"大潮中,依靠自身强 IP 资源,进行新一轮全球战略布局和运作,在更多国家推动中国网络文学交流。海外最大的网络文学翻译网站 Wuxiaworld 也不断地与国内大 IP 方合作,发展势头不减。网络文学作为中国文化走出去的一支奇兵,在未来的发展值得期待。以 IP 为核心,动漫、影视、游戏等文化产业形态也有机会结伴走出国门。

然而,无论是在国内还是在国际上,网络文学的发展始终伴随着争议和挑战。首先,网络文学往往追求通俗流行,不免存在语言文字粗糙、品质良莠不齐的问题,辨别精品具有一定难度。其次,与在国内的发展相似,网络文学在这轮"走出去"过程中能在多大程度上获得主流价值认同,是其必然要接受的质疑和考验。最后,在对外传播的过程中,网络文学能够多大程度上代表中华文明和价值,需要被持续关注和探讨。为此,国家需要不断完善政策规范网络文学的出版发行;网络文学企业必须坚持以发掘和推荐优秀作品为发展导向;网络文学从业者应当自律,同时需要国家给予更多的关注和培训。

二、发行渠道的梳理

经历了不景气和大规模萎缩后,"过去一年,我国实体书店蓬勃发展,在政府相关政策指引和指导下,实体书店转型升级力度加大、步伐加快,大到文化综合体、小到个性化特色小书店渐次涌现、遍地开花。与此同时,图书电商巨头从线上走向线下,推出了实体门店,改变着传统实体书店的经营格局与赢利模式……融合发展将成为未来实体书店发展的总基调。"[1]转型和获得新生后的实体书店在图书销售功能外,更多地发挥了文化的聚集和传播的作用。未来,出版发行的线下实体渠道不仅会直接带来经济收益,间接推动线上销售,更将成为倡导全民阅读、塑造城市文化氛围的重要落脚点。

随着线下渠道的复苏,2017年,出版发行的线上渠道遭到了质疑和挑战。"6月18日,是一场电商的狂欢,低至1.0折,却是中国出版界无法承受的痛。电商平台频繁的打折活动,出版社以'参加是找死,不参加是等死'呼之。有些出版社和电商平台的实际结算价格已经低于成本,供销关系被严重扭曲。"[2]电商在实现其发行商的身份时,过分强调商业逻辑和经济效益,其主要盈利方式已经不是传统的图书销售,而在于引流带来的广告等其他收入。价格战使得在网络渠道成本高的好书可能需要让位于成本低的书,阻碍了出版发行业的健康发展。出版发行关乎国家精神文明建设和文化传播,政府部门需要肩负起宏观调控和监督的职责,帮助和督促行业建立起健康可持续的销售体系。

三、人才队伍的优化

在出版数字化转型、融媒体发展的背景下,出版发行业人才需求越发多样化,不仅需要传统的编辑、发行人员,更需要多样的文化创意、经营管理类人才。2017年,国家新闻出版广电总局启动"数字出版千人培养计划",培养面向未来的复合型领军人才,"以强化忠诚意识、拓展世界眼光、提高战略思维、增强创新精神、锻造优秀品行为重点,加快构建和完善新闻出版复合型战略人才队伍,为新闻出版业培养出更多具有远见卓识、才能超群的优秀领军人才,在深化出版业的转型升级过程中,充分发挥领军人才的引领作用和示范作用,以自身实践推动行业发展,加速传统出版与新兴出版的转型升级和融合发展,讲品位、讲格调、讲责任,自觉抵制低

---

[1] 《实体书店复苏 鲁苏浙大书城数量居前三》,http://www.chinabookinternational.org/2017/1226/163853.shtml。

[2] 《2017年中国出版的几件大事》,http://www.qstheory.cn/books/2018-01/09/c_1122209044.htm。

俗、庸俗、媚俗,推动新时代数字出版为引领的新型出版业态取得更大的社会效益和经济效益。"①人才队伍的建设是出版发行业发展过程中始终需要重视的问题。

需要特别指出的是,中国出版发行业长期需要优秀的翻译工作者。近年来,越来越多的汉学家加入到了策划和翻译工作中来,很好地帮助了中国出版"走出去"。这提示了行业在培养专业翻译人才的同时,可以更多地拓宽思路,在国际上广泛发掘技能和素质匹配的人才。另外,随着中国与"一带一路"沿线国家的文化交流加深,小语种翻译的缺乏是出版发行业急需解决的问题,"'一带一路'涉及的语言非常多,而我国外语教学小语种非常少,这不利于我国出版'走出去'。比如,阿拉伯、南亚等地区的小语种很多,可是我们根本找不到这方面的语言人才,更不要说以当地语言来编辑。通常情况下双方都只能借助英语交流,这不是一个长久之计。"②未来,无论是通过高校教育培养,还是在各国努力发掘,翻译人才将在很长一段时间需要应对结构优化的压力。

四、科学技术的应用

科学技术的发展对出版发行业产生了巨大影响。首先,出版发行业是版权产业的重要组成部分,版权保护是出版发行业得以发展的前提。信息技术的飞速发展不仅给人们的生活带来了便捷,也使得盗版等侵权行为频发。无论是纸本书还是电子书,国内销售还是国际传播,其版权问题都是行业的关注点。版权保护技术的应用是出版发行业发展的重要保障。2016年年末,国家新闻出版广电总局新闻出版重大科技项目——数字版权保护技术研发工程竣工,实现了以"科技+版权"的技术运用,有利于推动出版发行业的升级和融合发展。

其次,AR、VR 等新技术与出版物的结合日渐增多,"国内已经有近百家出版企业纷纷试水 AR 图书的生产和制作,许多出版社已经开始布局用财政项目资金从事 AR 图书出版平台的研发和构建,进而在数字出版的道路上再次向科技与出版融合的目标靠近一步。"③2017 年,更是出现了同时应用 AR、VR 技术的图书产品。虽然在技术上已经可以实现,但 AR、VR 等新技术在出版发行业的大规模应用与相关硬件的完善和升级密切相关,并且需要接受市场的长时间检验。

最后,智能策划、智能编辑、智能审校、智能印刷、智能发行等人工智能技术即将更新整个出版发行业,在内容生产、流程管理和发行传播中发挥作用。在这个机

---

① 张宏森:《在"数字出版千人培养计划"试点培训启动会上的讲话》,《出版科学》2018 年第 1 期。
② 聂震宁:《"文化走出去":出版人的责任和使命》,《出版广角》2016 年 12 月(上)。
③ 郭玉洁、龙振宇、张新新:《AR 出版的现状及趋势分析》,《科技与出版》2017 年第 8 期。

遇与挑战并存的时机,出版发行业"需要积极尝试和应用各种新型人工智能技术,主动促进人工智能和人类智能的分工与协作。在人工智能更擅长的数据处理和分析领域,充分发挥人工智能技术的优势,把记者和编辑从这些活动中解放出来,让他们把更多时间和精力投入人类智能更擅长的领域。"[1]科学技术改变着出版发行的外在形态,也将助力其内容生产,但人的创造性是不可替代的行业本质。

---

[1] 王亮:《人工智能技术环境下的新闻出版业运作模式创新》,《出版参考》2017年9月。

行业报告二

广播电视业年度发展报告

孙孺傲*

2017年,广播电视业的政策体制、市场格局等发生了重大变化。《国家"十三五"时期文化发展改革规划纲要》等相关文件的出台,进一步深化了广播电视业的体制改革,对产业的规范更加明确,监管力度更大。随着互联网等技术的不断发展,广播电视媒体的融合也得到加速推进。在内容制作上精品内容不断涌现,在传播渠道上呈现多元化的发展趋势。但同时广播电视业也存在着一些问题,如市场主体不够成熟、现代企业制度不够完善、健全的现代广电市场体系还有待建设和完善。

第一节 广播电视产业政策解读

一、"十三五"规划贯彻落实

为深入贯彻落实党的十八大精神,加快文化发展改革,建设社会主义文化强国,中共中央办公厅、国务院办公厅于2017年5月印发了《国家"十三五"时期文化发展改革规划纲要》(以下简称《纲要》)。

《纲要》对公共文化服务的建设提出了要求:推动基层综合文化服务中心建设(包括广播、电影电视放映等功能);实现广播电视节目无线数字化覆盖;基本实现数字广播电视户户通。针对老少边贫地区,要加强边境地区的广播电视覆盖,让当地群众收听收看高质量境内广播电视节目。针对现代文化市场和产业体系,《纲要》提出要促进产业结构化升级,提高规模化、集约化、专业化水平。首先,发展壮大文化市场主体,体现在实现广电网络资源的整合,建立互联互通、安全可控的全

---

* 孙孺傲,北京大学艺术学院2016级艺术管理与文化产业方向硕士研究生。

国性数字化文化传播渠道；其次，推进文化市场建设，包括办好北京国际广播电影电视设备展览会等重点文化会展；再次，优化文化产业结构布局，全面提升广播电视节目制作和传播水平。此外，强化文化科技支持，推进广播电视台的数字化建设，加快建设下一代广播电视网。①

而针对新闻出版广播影视行业，国家新闻出版广电总局于同年9月印发了《新闻出版广播影视"十三五"发展规划》（以下简称《规划》）。《规划》中明确提出2020年前争取实现的目标：第一，舆论传播力、引导力、影响力、公信力大幅提升；第二，公共文化服务全面升级；第三，对经济的拉动作用显著增强；第四，"智慧广电"战略和新闻出版数字化转型升级行动全面推进；第五，保障国家文化安全的能力显著提高；第六，传播中国声音、提升中国形象、产品服务走出去的成效和作用更加凸显。②

"十三五"时期是推动我国由新闻出版广播影视大国向强国迈进的关键时期。《国家"十三五"时期文化发展改革规划纲要》和《新闻出版广播影视"十三五"发展规划》明确了广播电视行业的发展目标和主要任务，通过组织、法治、技术、政策、人才等方面来保障广播电视行业的繁荣发展，从而促进整个社会的文化繁荣，实现中华民族的伟大复兴。

二、广电网络监管进一步加强

为规范网络视听节目内容审核工作，服务网络视听节目创作，促进网络视听节目行业健康发展，2017年年中，中国网络视听节目服务协会审议通过了《网络视听节目内容审核通则》（以下简称《通则》）。《通则》中明确网络视听节目的范围、审核原则、导向要求、节目内容审核标准以及罚则等。其中，对节目内容审核标准通过节目导向、内容情节、专业细节和特殊题材等方面，进行了详细且明确的规范。尤其是针对专业类网络视听节目，《通则》提出了更高的要求：要体现高雅健康的审美情趣和文化品位，引导人们树立正确的世界观、人生观、价值观。③

2017年10月，国家新闻出版广电总局下发文件《关于加强广播电视节目网络

---

① 《国家"十三五"时期文化发展改革规划纲要》，人民网，http://politics.people.com.cn/n1/2017/0508/c1001-29259304.html，检索日期：2017年8月20日。
② 《国家新闻出版广电总局关于印发〈新闻出版广播影视"十三五"发展规划〉的通知》，http://www.sapprft.gov.cn/sapprft/govpublic/6673/1756.shtml，检索日期：2017年8月20日。
③ 《网络视听节目内容审核通则》（全文），慧聪广电网，http://info.broadcast.hc360.com/2017/07/030929738534.shtml，检索日期：2017年10月25日。

传播管理的通知》(以下简称《通知》),规定了广播电视节目在网络上传播相关管理政策。《通知》中主要涉及四方面内容,包括:(1)全面清查在网络上播出的节目;(2)规范各平台对网络节目的管理,确立严格、统一的审核标准;(3)加强主持人及嘉宾的培训管理;(4)落实属地管理责任,各省级广电部门负责指导、督促辖区内的广电机构及网络机构。该《通知》明确了各级广播电视播出机构的主体责任,即谁授权谁负责。同时,对于问题节目的处罚也更为严厉,问题严重的节目将会全平台封杀下架。此外,线上线下采用同一标准、同一尺度,强调未通过审核、电视台不允许播出的节目,也不允许在网上传播。①

2017年网络平台对广播电视节目的监管愈发严格,众多影视综艺节目因相关问题下架整改。由此可见,对于广播电视节目本身而言,只有把握住正确的节目政治导向、价值导向和审美导向,才能使网络节目以更规范的姿态成长,营造出更加健康的网络视听环境。

三、支持节目内容建设

为鼓励优秀网络视听节目生产传播、加快推动我国网络视听行业健康繁荣发展,国家新闻出版广电总局于2017年3月发出《关于2017年度网络视听节目内容建设专项资金扶持项目申请事项的通知》。通知中规定了扶持项目评审的若干工作细节,同时指出将对扶持项目给予专项资金的补助。② 同样,针对电视剧,国家新闻出版广电总局于同年9月发出《关于支持电视剧繁荣发展若干政策的通知》。此项通知中细化了对优秀电视剧繁荣发展的支持政策,包括加强创作规划和剧本扶持,建立和完善科学合理的电视剧投入、分配机制,完善电视剧播出结构,规范电视剧收视调查和管理等。③

两项通知都旨在引导和鼓励优秀的广播电视节目的生产传播,同时促进传统媒体和新兴网络的积极融合,从而不断提升广播电视节目的内容品质,最终形成推动广播电视领域健康且可持续发展的良性机制。

---

① 《广电总局:问题节目必须下架 禁止一切途径播出》,慧聪广电网,http://info.broadcast.hc360.com/2017/10/200915754314.shtml,检索日期:2017年11月22日。

② 《国家新闻出版广电总局关于2017年度网络视听节目内容建设专项资金扶持项目申请事项的通知》,http://www.carft.cn/2017-03-15/dcb59869-86a0-891e-31b8-beb8892a332d.html,检索日期:2017年11月22日。

③ 《关于支持电视剧繁荣发展若干政策的通知》,http://www.sapprft.gov.cn/sapprft/govpublic/6684/1624.shtml,检索日期:2017年11月22日。

第二节 广播电视产业发展概况

一、广播产业产品和服务

（一）传统广播

截至 2017 年年底,在听众构成方面,男性听众收听率高于女性,年龄较大的听众收听率相对较高,听众月收入在 2000 元至 3000 元的收听率较高,且随着收入的不断增加收听率逐渐减少。在广播收听的情景方面,在家中收听广播依旧占据主力,收听量占比 52%,在车上收听以 32% 的占比紧随其后,在工作/学习场所和其他场所的收听量占比分别为 8% 和 6%。在收听电台方面,本地电台因地域优势相对国家级电台领先当地市场份额,其中省级电台和市县级电台分别在省会城市和非省会城市占据较高的市场份额,且绝大部分地区有超过 80% 的份额。在频率类型方面,交通、新闻、音乐类以 73.8% 的总份额依旧占据市场主体,其中交通类以 28.1% 的份额领先,紧随其后的是占比 24.6% 的新闻类和 21.1% 的音乐类。在收听时段方面,新闻类和交通类节目占据了早上 07:00—09:00 的收听高峰时期,而夜间 20:00—21:00 的收听高峰主要是由谈话类节目所形成。①

（二）移动电台

2017 年上半年,移动电台领域的活跃用户达 6557.27 万人,启动次数 317369.74 万次,使用时长 38256.33 万小时;日均活跃用户达 1400 万,每日使用 1.2 亿次,日均累计使用时长 4.3 亿分钟。② 其中,移动电台人均单日启动次数和人均单日使用时长稳步上升。至 6 月份,人均单日启动次数已达 4.85 次,人均单日使用时长达 35.11 分钟。

在移动电台的使用用户性别方面,男性用户占据主要比例,约为 79%,女性用户仅为 21%;而在用户地域方面,一线城市的用户量遥遥领先,比例达 43.40%;在年龄层上,以 36 岁至 40 岁的用户居多,占 35.27%,24 岁到 30 岁紧随其后,占 29.26%;在消费能力上,移动电台用户主要集中在中高消费者上,比例达 46.25%。③ （见图 1-2-1、图 1-2-2、图 1-2-3）

---

① CSM 媒介研究:《2017 年广播收听市场概况》,http://https://mp.weixin.qq.com/s/3dUSemp5vR656U4BkxVC_w,检索日期:2017 年 12 月 10 日。

② 中国网络视听节目服务协会:《2017 中国网络视听发展研究报告》,http://www.useit.com.cn/thread-17402-1-1.html,检索日期:2017 年 12 月 10 日。

③ 易观:《中国移动电台市场上半年市场监测盘点分析 2017》,https://www.analysys.cn/analysis/8/detail/1000880/,检索日期:2017 年 12 月 10 日。

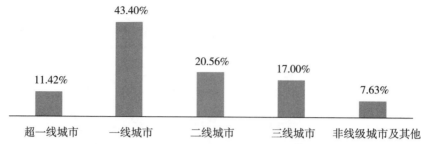

图 1-2-1　2017 年上半年移动电台用户地域分布

数据来源：Analysys 易观。

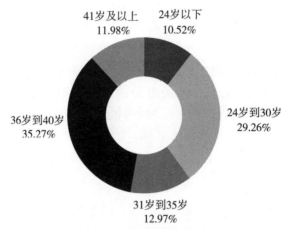

图 1-2-2　2017 年上半年移动电台用户年龄分布

数据来源：Analysys 易观。

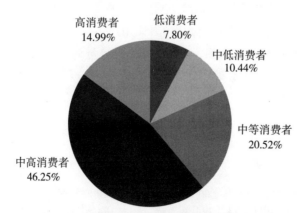

图 1-2-3　2017 年上半年移动电台用户消费能力

数据来源：Analysys 易观。

数据显示，喜马拉雅FM、蜻蜓FM和荔枝FM三款应用成为上半年具有较高搜索关注度的主流移动电台应用。尤其是喜马拉雅FM，凭借5128.62万的用户量遥遥领先其他电台应用。截至2017年6月，喜马拉雅FM应用的月活跃用户达3546.31万，日均活跃用户达869.85万，人均单日启动次数达5.44次，人均单日使用时长42.42分钟，领域渗透率为54.08%。①

二、电视产业产品和服务

1. 智能电视终端

截至2017年第三季度，在收视份额上，有线电视以55.7%的份额占据第一，其次是直播卫星（27.96%），第三位是IPTV（25.06%），第四位是OTT TV（20.13%），最后一位是地面无线（9.74%）。在使用用户上，我国家庭电视用户达4.47亿户。其中，有线电视用户总量达24898.2万户，有线电视智能终端的用户为1042.7万户，渗透率达4.2%；直播卫星用户总量为12527.9万户；IPTV用户总数达941.4万户，OTT TV用户总数为8954万户。② 在使用终端上，互联网电视累计覆盖终端达2.55亿台，激活终端1.56亿台。其中一体机覆盖终端达1.81亿台，OTT机顶盒覆盖终端达0.74亿台。③

据尼尔森研究报告显示，DTV（数字电视）、IPTV、OTT三个主要电视终端的使用用户的平均年龄在35—38岁之间，学历多集中在大学专科及以上学历（比例分别为57%、61.9%、59%）。其中IPTV和OTT的用户的收入和家庭平均月收入较高。三个电视终端的屏幕共享属性较为明显，2人以上一起观看的比例分别达85.1%、79.9%、82%。

表1-2-1　电视终端使用用户群像

终端	平均年龄	个人月收入	家庭平均月收入	共同收视人数
DTV	38岁	4739元	10408元	2.5人
IPTV	36岁	5116元	12784元	2.42人
OTT	35岁	5171元	12251元	2.46人

数据来源：尼尔森。

---

① 《中国移动电台市场上半年市场监测盘点分析2017》，易观，https://www.analysys.cn/analysis/8/detail/1000880/，检索日期：2017年11月25日。

② 《2017年第三季度有线电视行业发展公报》，格兰研究，http://www.sohu.com/a/201802842_451230，检索日期：2017年11月25日。

③ 《2017中国网络视听发展研究报告》，中国网络视听节目服务协会，http://www.useit.com.cn/thread-17402-1-1.html，检索日期：2017年11月25日。

2. 电视节目内容

（1）电视连续剧

据《2017腾讯娱乐白皮书》显示，2017年各省级卫视台播出电视剧132部，平均收视率破1的有22部；破2的有2部，为《那年花开月正圆》（东方卫视）、《因为遇见你》（湖南卫视）；破3的1部，即《人民的名义》（湖南卫视）。其中，都市、谍战抗战以及古装题材的电视剧数量占据前3名，分别有62、28、13部。在电视剧的网络渠道播放量上，《楚乔传》以457.75亿次的播放量占据榜首，紧随其后的是《三生三世十里桃花》（430.92亿次）和《欢乐颂》第二季（315.98亿次）。在电视剧的网络口碑上，《白鹿原》以8.8的平均分成为豆瓣平台上2017年评分最高的中国电视剧集，《大秦帝国之崛起》和《人民的名义》分别以8.5和8.3分名列第2、第3位。①

2017年全网上线的网络剧达213部，网络播放量破40亿次的有5部，分别为《热血长安》（两季）、《白夜追凶》《鬼吹灯之精绝古城》《大话西游之爱你一万年》《双世宠妃》。其中《热血长安》（两季）更是以106.02亿次的网络播放量成为唯一一部破百亿次的网络剧。在网络剧的播出类型上，都市、古装、悬疑惊悚题材成为2017年的热门类型，分别有74、27、26部。在网络剧的口碑评分上，《白夜追凶》以9.0的平均分占据中国网络剧集的榜首，这也是目前为止唯一一部豆瓣评分上9分的中国网络剧。紧随其后的是《一起同过窗》（第二季）和《你好，旧时光》分别获8.9和8.6的豆瓣网络评分。

（2）综艺节目

据《2017腾讯娱乐白皮书》，2017年各省级卫视台播出的综艺节目共105档，平均收视率破1的共25档，破2的有2档，为《奔跑吧》（平均收视率为2.643）和《中国新歌声2》（平均收视率为2.004）。在综艺类型上，2017年多集中在音乐、竞技和表演类型上，分别有21、18和13档。卫视综艺在网络渠道的播放上，《奔跑吧》以106.543亿次的播放量占据榜首，紧随其后的是《王牌对王牌2》（50.192亿次）、《极限挑战3》（44.802亿次）。在网络口碑上，年底播出的《国家宝藏》以9.2分的豆瓣网络评分成为2017年最受关注的电视综艺节目。

2017年网络平台自制综艺节目共103档，网络播放量超过10亿次的有13档，超过20亿次的4档，分别为《明日之子》（腾讯视频）、《中国有嘻哈》（爱奇艺）、《爸爸去哪儿5》（芒果TV、优酷）、《明星大侦探2》（芒果TV）。其中《明日之子》以41.41亿次的播放量成为唯一破40亿次的网络自制综艺节目。在类型上，脱口

---

① 数据来源：《2017豆瓣年度电影榜单》，https://movie.douban.com/annual/2017?source=navigation#29，检索日期：2018年7月10日。

秀节目以 29 档的数量遥遥领先其他类型的网络综艺节目。在网络口碑上,《中国有嘻哈》成为豆瓣平台上 2017 年最受关注的网络综艺节目,评分为 7.2,紧随其后的是《明星大侦探》第三季(9.3 分)和《奇葩说》第四季(7.8 分)。

调查发现,女性、大专学历、40 岁以上大龄用户是网络剧的主要观看群体;女性、大专和本科学历、30 岁以下用户的网络综艺节目观看比例明显较高。①

第三节 广播电视业发展特点及趋势

一、移动音频市场格局基本确立

2017 年整个移动音频产业基本确定了"移动电台+有声阅读"的市场格局,内容制作和平台运营也成为整个移动音频产业链的核心。

内容上,特色化和多样化的特征更加明显。厂商们并不局限于传统的音乐、新闻和评书等内容形式,而是不断扩充自身的音频元素和种类,更加多元化和个性化的内容成为平台的突破口。越来越多的平台通过深耕特定领域来明确自我的特色和优势,进而避免同质化竞争。

运营上,逐渐呈现纵向一体化的产业链整合趋势。平台向上游与文字内容授权方及有声内容制作方建立合作关系,产出个性化内容来满足听众的多样化需求;向下游与服务的支撑方深度结合,如与音响的硬件制造商合作生产定制音响,将音频深入渗透到用户的生活中去。

二、智能电视终端互相渗透

随着通信技术及互联网技术的飞速发展,家用智能电视机终端突破原有的传输系统、技术平台之间的壁垒,向着以用户为核心的智能一体化方向演进。尤其是 DTV 的使用用户持续的负增长,而 IPTV 和 OTT 电视机等智能终端 2017 年以来在家庭用户中迅速渗透。同时,在整个互联网电视集成服务牌照的准则下,行业规范愈发明确,监管力度也越来越大,最终,在我国城镇地区,电视终端形成了 DTV、IPTV 和 OTT 三足鼎立的市场格局。但截至 2017 年的第三季度,DTV 的覆盖率依旧最大。

在家庭用户规模稳定的情况下,三类电视终端保有量达到一定规模后,DTV、IPTV 和 OTT 之间的互相渗透重叠是一定的,这也增加了电视终端之间在服务、体验优化上的竞争压力。值得注意的是,OTT 端不仅延续了传统电视的大屏幕、合家

---

① 中国网络视听节目服务协会:《2017 中国网络视听发展研究报告》,http://www.useit.com.cn/thread-17402-1-1.html,检索日期:2018 年 1 月 15 日。

欢属性,而且发挥了互联网在内容和时效等方面的优势,成为三大电视终端中渗透率最高的终端,极具商业价值。

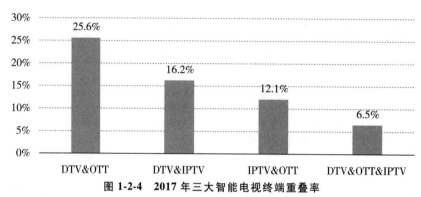

图1-2-4 2017年三大智能电视终端重叠率

数据来源:尼尔森。

三、网络自制节目走向精品化

2017年1月1日至10月31日,在国家新闻出版广电总局备案的网络剧达555部,6921集;专业类节目(包括综艺、娱乐、财经、体育、教育)2725档。2017年第1至3季度的网络剧季度总播放量分别为165亿次、47亿次和322亿次。尤其以第三季度表现极为突出,网络剧首次季度总播放量超过300亿次。自2017年以来,网络剧市场中前十名的流量占比就一直维持在70%以上,开始出现网络剧市场中的"二八效应"。特别是2017年的第3季度,TOP10的流量占比首次达到80%,"二八效应"显著加强。[①]

究其原因,一方面,相关的国家主管部门对网络节目的管控更为严格,出台了一系列的政策法规,如《关于促进移动互联网健康有序发展的意见》《关于进一步加强网络视听节目创作播出管理的通知》等。线上线下统一监管的标准使得整个网络视听环境有了健康发展的保证,也使得整个行业的格局朝着健康有序的方向前进。另一方面,随着众多精品网络剧的不断涌现,爆款网络剧与其他网络剧形成鲜明的差距,观众的选择更为明确,也使得整个市场的集中度更高。伴随而来的是爆款网络剧对其他网络剧所形成的长尾市场更为严重的挤压。因此,越来越多的爆款网络剧不仅在流量上取得了优秀的成绩,也赢得了较好的网络口碑和评价。如《白夜追凶》流量、口碑表现都较为出色,截至2017年9月30日已取得15.2亿

---

① 《2017三季度网络剧盘点》,艺恩,http://www.useit.com.cn/thread-17181-1-1.html,检索日期:2018年1月15日。

次的播放量,豆瓣评分达9.1,是目前网络评分最高的网络剧。

四、广播电视媒体融合发展

随着5G、人工智能等媒体传播新技术的不断涌现,广播电视媒体的融合也呈现出新的发展趋势。

一方面,一次采集、多元生成、多端传播的新兴模式,使得传统媒体与新媒体之间的界限愈发模糊,广播电视与互联网向着业务融合的方向发展。在产业链的上游,制作生产环节的一体化使得整个媒体资源的共享更加方便、快捷,同时效率也进一步提高。而下游的传播分发环节中,多类型产品满足消费者的个性化需求,多元渠道也尽可能覆盖更多的消费群体。

另一方面,大数据、云技术的不断成熟成为支持广播电视媒体融合的基础。新兴技术的出现和应用,使得广播电视媒体能够基于大数据平台对节目、用户等进行数据分析和信息的整合,从而及时挖掘和追踪用户关注热点,生产出更为优质和个性化的内容。与此同时,它们还能基于用户历史行为进行群体分类,实现精准营销,降低服务成本,最终实现闭环运营。

第四节 行业问题及解决对策

一、面临的问题

第一,媒介机械叠加,难以真正融合。

虽然传统广电行业一直在积极引入新媒体技术,拓展更多平台和渠道,但由于体制限制、传统观念落后等原因,广电媒体在媒介融合时遭遇诸多瓶颈。在转型思路上,大部分广电媒体的媒介融合仅仅是将技术和传统广电平台机械地叠加,并未从新媒体技术的特色和优势出发考虑节目制作,缺乏互联网思维。另外,传统的体制管理难以适应媒介融合的发展需求,使得创新性的节目制作难以进行,并造成媒体人缺乏成就感和归属感,人才不断流失。

第二,创新能力不足,精品节目匮乏。

2017年虽然出现了诸如《白夜追凶》等爆款作品,但纵观整个行业,优质的广播电视节目数量寥寥无几。一方面,在内容制作上缺乏创新,同质化现象严重,尤其以综艺节目问题最为突出。这主要是由于大量国内综艺节目,诸如《奔跑吧》等,都是借鉴国外成功节目的模式。而大量重复性模式的节目轰炸,难免会造成观众的审美疲劳,这样一来,对节目的创新性要求必将越来越高。国内制作团队直接复制国外经过市场考验的成功节目模式,在一定程度上可以避免失败的风险,可是这种节目模式从一开始就并非针对中国本土观众而打造,易出现"水土不服"的情况。另一方面,明星"天价"片酬引发了巨大的市场泡沫,致使节目制作经费中演员片酬占据大部分,留给编剧、后期等其他制作部分的费用极低。过多对明星效应的关注,使得节目制作对内容生产本身不够重视,引发恶性循环,也不利于行业的健康可持续发展。

第三,前期支出高昂,企业融资受限。

广播电视行业作为高投入高风险的行业,在产品制作前期需要对硬件设备、内容制作、人才培养等投入大量的资金。然而大部分广播电视公司都是小微文化企业,不具有雄厚的经济实力进行前期的资金垫付,只能通过各种渠道进行融资。而广播电视企业的核心资产是以知识产权为主要表现形式的无形资产,传统的企业资产评估方法对此类企业进行评估时,缺乏对其无形资产的考量,难以体现企业的真正价值。这使得广播电视企业在通过银行贷款时,企业价值被低估,融资渠道受限。

二、解决对策

第一,创新管理体制,树立互联网思维。

首先,传统的广电媒体不应再局限于内容生产,而应着手于制片、营销、播出等产业链上的各个环节。通过纵向整合产业链,从而占据较大的资源优势,重新构造广播电视行业的商业模式。这需要传统广电媒体建立起创新的管理体制,通过有效的激励和考核体系来刺激内容创新,生产出具有高影响力的优质节目。其次,树立起互联网思维。将全新平台和服务类型整合到产品中,将专业技术、主流价值观注入新的网络领域。这需要广电媒体以观众、用户的需求为价值导向,整合多方资源,不断优化节目,拓展广电节目的渠道外延。

第二,植根本土生活,注重内容创新。

内容是广播电视行业最具有核心竞争力的战略立足点。面对外部战略环境变化,广播电视行业要以"内容生产"为根本。在现今媒介融合的有利背景下,传统广播电视媒体要意识到自身的独特优势,通过平台影响力和了解民生,对本土观众的生活习惯进行研究,并借助合适的节目模式进行定向研发,找准突破口,从而打造优质的本土化内容。同时,还应辅以新媒体等技术与观众互动,增强内容的可看性。

此外,要解决资本过快流入广播电视行业所导致的市场畸形问题,归根结底,还是要提高内容生产的质量。一方面可以提高投资门槛,从而限制资本过快流入,避免出现节目制作公司只追求"热钱"的现象；另一方面，还可以改变演员的片酬机制，通过签署分账协议，让演员对作品本身的内容更加重视。实际上对演员而言，他们也需要好的作品来助力自己未来的职业发展。

第三，健全无形资产评估体系，拓宽企业融资途径。

无形资产的评估可以真实且完整地体现广播电视企业的价值。对此，国家和相关组织应该根据广播电视行业的特殊性建立和完善无形资产的评估体系，进一步明确无形资产的评估指标、健全无形资产的评估方法。同时，国家要采取相关的措施，鼓励金融机构辅助广电媒体企业融资，从而消除广播电视企业在进行融资时所面临的障碍，拓宽其融资渠道。

行业报告三

电影业年度发展报告

安　铮*

经历了2016年的理性调整后,我国电影产业在2017年保持了良好发展态势:电影总票房、观影人次再创新高;现象级优质影片频出;《中华人民共和国电影产业促进法》顺利实施,"放管服"改革为市场带来更多活力。在互联网深度渗透、内容供给多元化、观众影商(欣赏水平)提升等多重市场环境影响下,我国电影产业的发展呈现出诸多新特点。

第一节　电影业政策环境分析

电影产业的稳定快速发展离不开国家出台的各项扶持政策。近年来,国家和电影主管部门通过政策手段,在促进电影艺术质量提升、完善电影管理体制、促进电影市场化改革等方面均取得了重大成就。2017年,国家和电影主管部门从总体规划、制片生产、渠道建设和政策规范等方面继续发力,为我国电影产业的持续发展提供了坚实的政策保障。

首先,在总体规划和法律建设方面,2017年3月1日,《电影产业促进法》正式实施,对电影创作、摄制、发行、放映、产业支持、法律责任等分别做了详细的规定。其中,电影审批的简政放权、保护电影知识产权、整治电影票房"注水"、规范电影投融资服务等内容的提出,都具有重要的意义。《电影产业促进法》的实施为今后中国电影的持续健康发展提供了法制保障。2017年9月,《新闻出版广播电视"十三五"发展规划》正式颁布。《规划》明确了新闻出版广播影视行业的发展目标和主要任务。从促进影视内容精品化生产、推动电影技术创新、培育市场发展主体、促进产业集群化发展、加快构建现代市场体系、深化新闻出版广播影视改革等方面

---

* 安铮,北京大学艺术学院艺术管理与文化产业方向硕士研究生。

提出了清晰明确的指导意见,体现了国家对新闻出版广播影视业发展的高瞻远瞩,对于未来五年内我国电影产业的发展具有重要的指导意义。

其次,在制片生产方面,2017年9月,《关于支持电视剧繁荣发展若干政策的通知》《关于电视剧网络剧制作成本配置比例的意见》等相继颁布实施。尽管这两个文件是针对电视剧制作领域,但明确提出了规范明星片酬的问题同样将对电影制作产生影响,要求各影视制作机构把演员片酬的比例限定在合理的制作成本范围内,全部演员的总片酬不超过制作总成本的40%。此政策的出台,有利于引导制作企业合理安排分配制作成本,促进行业健康发展。但是,鉴于在当前的产业实践中已经出现与明星成立合资公司、以股权代片酬等形式,因此,此项措施的颁布是否"滞后"仍待观察。

再次,从渠道建设方面,针对点播影院和点播院线等主体和新业态,主管部门进行了积极探索和审慎包容的监管。2017年4月,国家新闻出版广电总局发布了《关于规范点播影院、点播院线经营管理工作的通知》,其中明确规定,从事点播影院、点播院线电影放映、发行服务,要依法去电影主管部门办理许可证。2017年9月,电影局下发通知要求进一步加强影院放映技术管理、提高电影放映质量,确保以精湛的放映技术点亮银幕、以最美影像服务广大电影观众。2017年12月,国家电影资金办发布《关于奖励放映国产影片成绩突出影院的通知》,规定全年放映国产影片票房收入占票房总收入55%以上的影院即可获得奖励,奖励共分为三档。此项措施的颁布,有利于增加国产影片在市场上的排片份额,对于促进国内影院和银幕的建设同样具有巨大的促进作用。

最后,从政策规范方面,一方面,已取得成效的扶持政策继续贯彻执行,如电影精品专项基金补贴申报、文化产业发展专项基金重大项目申报等工作始终得以贯彻实施;另一方面,为贯彻落实国务院简政放权、放管结合、优化服务改革措施,国家新闻出版广电总局对有关规章和规范性文件进行了清理。对《中外合作摄制电影片管理规定》中"中国制片单位"的资格条件进行进一步规范,同时宣布《国产影片发行放映考核奖励办法》《国产影片出口奖励暂行办法》等文件失效。这对于规范和建立完善的电影产业政策具有重要的意义。

第二节 电影产业发展概况

2017年,全国生产电影故事片798部、动画电影32部、科教电影68部、纪录电影44部、特种电影28部,总计970部。故事片数量和影片总量分别较2016年的

772部和944部,增长了3.37%和2.75%。① 可见,从2014年以来,我国故事片产量和电影生产总量呈持续增长的趋势,但是增长幅度较前两年相比,明显下降。2017年,共367部电影进入院线放映,约占电影生产总量的37.8%;2016年,共376部国产电影进入院线放映,约占电影生产总量的40%。② 二者相比,国内电影院线放映渠道对国产电影的消化能力基本平稳,国产电影的产量供给明显超出院线放映需求成为常态。这同时也表明,尽管电影票房持续增长,但对于参与其中的电影产品而言,市场竞争十分激烈。从这一角度也可说明,国内电影市场的日益成熟和规范正在倒逼生产端内容和质量的提升。

图1-3-1　2012—2017年我国故事片产量

数据来源:国家新闻出版广电总局。

一、电影票房分析

2017年,全国电影总票房为559.11亿元,较去年增长13.45%,在经过2016年的降温后,增速回归"快车道"。与北美地区2017年电影总票房100.29亿美元相比,尽管尚有差距,但差距在不断缩小。全年共有474部影片上映,其中票房过亿元影片92部(其中国产电影51部),有3部影片(其中2部国产影片)票房收入20亿元以上,票房收入10亿—20亿元的影片12部(其中4部国产影片);有60%的影片票房不足1000万元,但较2016年69%的数据相比,比例有所下降。国产电影海外收入42.53亿元,较去年增长11.19%。我国已经成为拉动全球电影市场规模

---

① 国家新闻出版广电总局,http://www.sapprft.gov.cn/sapprft/govpublic/6951/356916.shtml,检索日期:2017年12月10日。

② 猫眼专业版数据库。

扩张的强力引擎。①

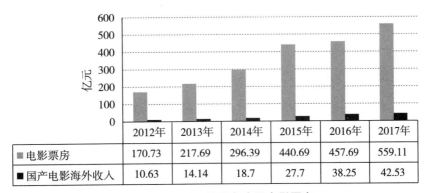

图 1-3-2　2012—2017 年中国电影票房

数据来源：国家新闻出版广电总局。

通过对全年电影票房的数据分析可以看到，2017 年的电影市场呈现出以下三个特点：

第一，国产片票房占比继续保持领先，批片成为 2017 年电影市场一大亮点。

2017 年，国产电影票房 301.04 亿元，占票房总额的 53.84%，较 2016 年占比有所下降。国外电影票房 258.07 亿元，占票房总额的 46.16%，其中分账片占票房总额的 34.16%，批片占票房总额的 12%。②

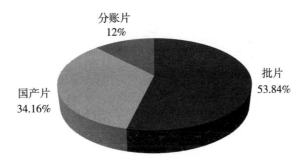

图 1-3-3　2017 年不同属性的影片票房占比

数据来源：国家新闻出版广电总局。

值得特别注意的是，在进口影片中，批片表现尤为亮眼。继《你的名字。》大获

---

① 国家新闻出版广电总局，http://www.sapprft.gov.cn/sapprft/govpublic/6951/356916.shtml，检索日期：2017 年 12 月 19 日。

② 国家新闻出版广电总局，http://www.sapprft.gov.cn/sapprft/govpublic/6951/356916.shtml，检索日期：2017 年 12 月 19 日。

成功之后,印度的《摔跤吧!爸爸》、西班牙的《看不见的客人》、泰国的《天才枪手》等批片,均在中国取得了超过其本土市场的票房成绩。这表明,我国电影市场是世界各国电影都不可或缺的重要市场,正成为世界电影文化多样性的重要载体。同时,这些高质量的国外电影在院线市场中唤醒和弥补了中国消费者的潜在需求。有分析认为,在国产电影的进度速度难以满足国内观众对内容升级和多元化的需求的情况下,批片将有极大的机会填补这一空白,进而对电影市场的票房结构产生影响。①

第二,国产电影质量不断提升,黑马激增,电影类型更加多样化。

2017年是中国电影"质量促进年",优质内容驱动成为市场发展的重要特点。一方面,国产影片《战狼Ⅱ》《羞羞的铁拳》《芳华》以及国外影片《速度与激情8》《摔跤吧!爸爸》《寻梦环游记》等一系列内容质量过硬的优质影片均取得了亮眼的票房成绩;另一方面,《忠爱无言》《刚仁波齐》《二十二》《七十七天》等影片也凭借其优质的内容实现逆袭。从影片类型来看,动画片、艺术片和纪录片等小众影片更易成为黑马,也意味着我国电影观众的影商不断提高。从影片来源来看,批片更易成为黑马,或与批片的前期宣传效果不佳有关。

表1-3-1　2017年十大电影票房黑马　　　　　　　　　（单位:元）

影片	首日票房	最终票房	最终/首日票房	影片类型
《忠爱无言》	11万	2555万	232	剧情、家庭
《寻梦环游记》	1193万	12.12亿	101	动画、家庭、冒险
《摔跤吧!爸爸》	1466万	12.91亿	88	喜剧、动作、家庭
《战狼Ⅱ》	9606万	56.82亿	59	动作、战争
《刚仁波齐》	175.2万	1亿	57	剧情
《二十二》	336万	1.7亿	51	纪录片
《地球:神奇的一天》	133万	4778万	36	纪录片
《一条狗的使命》	2449.2万	6.1亿	25	剧情、喜剧、家庭
《看不见的客人》	702万	1.7亿	24	犯罪、悬疑、惊悚

数据来源:猫眼专业版数据库。

第三,单片票房纪录创新高,票房两极分化增强,头部效应显著。

---

① 秦泉:《"批片"的升级与陷阱:也许它们才是国产电影最现实的竞争对手》,https://piaofang.maoyan.com/feed/news/14284,检索日期:2017年12月15日。

2017年票房达10亿元以上的影片进一步增多,达到15部,有3部电影票房达到20亿元以上,其中包含《战狼Ⅱ》和《羞羞的铁拳》两部国产影片。《战狼Ⅱ》更是以56.82亿元的票房成绩刷新了国内电影票房纪录。与此同时,影片票房的两极分化更加明显。2017年共有474部电影登陆院线,其中15部票房10亿元以上的电影票房总和高达272.74亿元,占全年总票房的48.8%;若加上17部票房5亿—10亿元的电影票房成绩,则票房5亿元以上的电影票房总和为371.01亿元,占全年总票房的66%,而其数量仅占全年上映量的6.75%。而将近60%的影片票房不足1000万元。①

此外,2017年我国电影市场中的头部集中趋势更为明显,在电影票房前十名中有5部国产电影,这5部国产电影的票房总和约为127.17亿元,占国产电影票房总和的42.2%。而这一情况也存在于批片市场中,票房较高的《摔跤吧!爸爸》《生化危机:终章》及《一条狗的使命》超过批片票房收入的一半。

二、电影观众分析

2017年,全国城市院线观影人次达16.2亿,较去年增长18%,继2016年观影规模首次超过北美后,两者之间的差距进一步扩大,比北美观影人次多出3.8亿人次。从全国范围来看,排名前5位的省份为广东省(21650万人次)、江苏省(15599万人次)、浙江省(12196万人次)、四川省(9279万人次)和上海市(8134万人次)。南方省份观影人次占全国总数的67.77%。同时中西部和三、四线城市迎来了高速增长。②

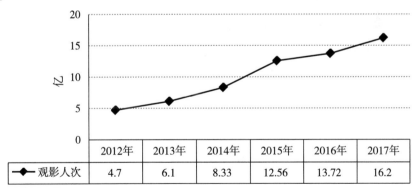

图1-3-4 2012—2017年国内观影人次趋势

数据来源:国家新闻出版广电总局。

---

① 根据猫眼专业版数据库整理。
② 猫眼专业版数据库。

综合本年度电影市场上的消费表现,从消费端的电影观众角度主要呈现出以下三个特点:

第一,年轻观众始终占据主导地位,全国总票房增长主要来自于新增影院建设,而非人均观影频次的增加。

从观众年龄来看,35 岁以下的年轻受众是主要观影人群,占到 80%,而 2017 年 18 岁以下新生代观影群体增长迅速。① 从观影频次来看,虽然京沪两地人均观影次数超过 3 次,列全国前两位,但若以 2017 年城镇常住人口 8.13 亿人来计算,全国城镇人群平均观影次数为 2 次,与 2016 年的人均观影频次相比,几乎没有变化。

表 1-3-2 2017 年中国电影市场相关数据

年份	票房(亿元)	场次(万场)	人次(万人)	平均票价(元)
2015	441	5438.3	126020	34.8
2016	454	7459.5	137048	33.1
2017	559	9473.8	162237	34.4

数据来源:猫眼专业版数据库。

而综合电影市场总票房、场次、人次、平均票价等数据可以发现,与 2016 年相比,2017 年平均票价虽有小幅增长,但涨幅不大,几乎处于平稳状态。在平均观影频次不变、平均票价基本平稳的情况下,2017 年的电影市场规模扩大、电影总票房增长的主要原因并不是由于观影人群的消费频次和票价的提高,而是由于观影人次的增加直接导致的。而观影人次的增加主要源自于放映场次的增加,即新建影院数量、放映厅数量及银幕数量的增加。因此,目前我国电影市场规模扩大的主要原因还是影院等放映设施建设,而非观影人群消费习惯的改变。

第二,观众注意力更加分散,口碑成为重要的决策因素。口碑对票房影响越来越明显,观众影商和判断力日渐成熟。

据猫眼研究院对猫眼购票平台的数据分析,认为 2017 年观众在映前对电影的关注度较去年有所降低。② 而由于购票端和自媒体天然聚集,口碑成为影响观众消费决策的重要因素。当同期三部以上影片上映时,便会造成口碑排名较后的影片的失焦,而影片的好坏将直接对当日或次日的上座率、场均人数等造成影响,进而加剧发行和营销市场的比拼。

---

① 猫眼专业版数据库。
② 猫眼研究院:《2017 中国电影市场数据洞察》,https://piaofang.maoyan.com/feed/news/14342,检索日期:2018 年 3 月 31 日。

同时,与往年常出现"票房和口碑不平衡"的状况不同,2017年呈现出票房与口碑齐飞的状态,《战狼Ⅱ》《羞羞的铁拳》等在取得高票房的同时,也收获了良好的口碑。此外,随着我国电影市场分众化趋势的不断发展,观众对于电影内容多元化的需求和高标准的要求越来越高。相应地,观众整体素质的不断提高,也为不同类型、不同定位的电影提供了市场机遇,例如《冈仁波齐》《二十二》等小众佳作,均凭借良好的口碑实现了票房佳绩。

第三,电影在线购票作为一种消费行为渐渐成为用户习惯,在线购票率显著上升。

图1-3-5　2012—2017年全国在线售票份额

数据来源:姬政鹏:《2017电影在线票务市场:格局重划,寡头趋势明显》,《中国电影报》2018年1月12日。

随着互联网深度融入电影市场,以及互联网售票平台的快速崛起,在线购票已经成为电影观众的一种消费习惯。2017年,全国在线售票份额进一步增加,也意味着我国电影市场真正实现了"互联网+"。2017年9月,猫眼和微影的合并更是对在线票务市场的重新划定,合并后的猫眼微影的市场占有率超过50%,而保留淘票票的市场占有率也超过了20%,寡头割据的趋势日益明显。国家新闻出版广电总局电影局副局长李国奇评价,在线票务这个新业态为广大观众购票提供了便利,为电影营销开辟了新途径,为扩大电影的观众群发挥了积极作用,同时数据分析功能为产业发展提供了有效的数据资源和决策参考。

三、电影发行与放映分析

2017年全国新增影院1519家,累计数量达9370家。新增银幕9597块,银幕总数高达50776块,较上年增长23.3%,稳居世界第一位,平均日增20块银幕左右,年均增长率为33.11%。银幕数字化水平全球领先,其中3D银幕数达到43788块,占比为87.5%,远高于北美地区,巨幕数量达到730余块,大中小城市影院结构布局相对合理,县级影院银幕数已达19000余块,占比约为38%。[1]

纵观我国发行放映体系的宏观表现,2017年主要呈现出以下三个特点:

第一,院线整合步伐加快,市场集中度仍有提升可能,自主科技创新成果得到广泛应用。

表1-3-3　电影院线票房收入年度前十

排名	院线公司	累计票房(亿元)	人次(万)	场次(万)
1	万达电影	68.41	18106.05	724.65
2	大地院线	44.95	14978.58	919.65
3	上海联和	42.13	12253.64	553.14
4	中影南方新干线	38.2	11762.29	706.87
5	中影数字	37.98	12230.74	789.87
6	中影星美	37.35	11298.59	577.61
7	金逸院线	28.18	8540.41	420.14
8	横店影视	22.72	7577.25	430.49
9	华夏联合	17.67	5733.13	351.95
10	幸福蓝海	16.87	5460.88	275.33

数据来源:张锐、许妍:《2017年中国电影产业发展报告》,《中国电影市场》2018年第2期,第18页。

从院线票房表现来看,2017年万达电影仍以68.41亿元票房成绩稳居第一位,但市场份额出现下滑,大地院线、上海联合正逐渐与其缩小差距。排名在前五位的院线,市场份额占比48.11%,院线集中度略有下滑。与北美三大院线公司市场份额占比51%相比,我国院线市场集中度仍有提升可能。2017年,院线市场并购仍在继续,大地院线收购橙天嘉禾内地区域影城、保利影业收购星星文化等院线巨头收购小规模院线事件频出,如大地院线收购橙天嘉禾内地区域影城、保利影业收购星星文化等。在影院建设的市场红利逐渐平稳后,院线整合步伐将会加快。[2]

同时,我国自主科技创新成果得到广泛应用,中欧巨幕已在140多个城市落地,中影光峰的ALPD激光放映技术已在全球8800套数字放映设备中得到应用。

---

[1] 国家新闻出版广电总局,http://www.sapprft.gov.cn/sapprft/govpublic/6951/356916.shtml,检索日期:2018年2月18日。

[2] 张锐、许妍:《2017年中国电影产业发展报告》,《中国电影市场》2018年第2期,第18页。

中国多维声、芜湖影星银幕等民族电影品牌都为影院建设发挥了积极作用。①

第二,放映发行体系更有活力,形成了较好的竞争发展格局。

表 1-3-4　2017 年国产电影民营发行公司基本情况

排名	公司名称	主发影片票房（亿元）	主发影片数量	主发过亿元影片数量	主发票房最高影片
1	影联传媒	64.1	10	5	《战狼Ⅱ》
2	博纳影业	28	9	4	《乘风破浪》
3	猫眼影业	26.2	6	2	《羞羞的铁拳》
4	光线传媒	23.3	6	5	《大闹天竺》
5	和和影业	17.9	4	1	《西游伏妖篇》
6	耀莱影视	17.5	1	1	《功夫瑜伽》
7	华谊兄弟	17.4	9	3	《芳华》
8	新丽传媒	17.2	3	3	《悟空传》
9	五洲电影发行	13.9	11	5	《英伦对决》
10	乐视影业	11.5	8	3	《熊出没之奇幻空间》

数据来源:艺恩电影智库。

从 2017 年国产影片主控发行市场排名来看,影联传媒以 64.1 亿元的成绩居于首位,其中现象级影片《战狼Ⅱ》对其贡献占比达到了 89%,博纳影业凭借《乘风破浪》《追龙》等作品的优质表现成为亚军,猫眼影业则主要依靠国庆档强势发力的《羞羞的铁拳》居于第三位。从主发影片数量来看,五洲电影发行、影联传媒均主发超过 10 部,而博纳影业、华谊兄弟则主发 9 部,乐视影业主发 8 部。从主发影片的单片票房来看,影联传媒、光线传媒和五洲电影发行主发的票房过亿影片数量最多,均为 5 部。②

第三,新型影院逐渐兴起,艺术院线取得开门开门红。

以点播影院为代表的新型影院逐渐兴起,点播影院和点播院线是近年来出现的放映形式。在经历了数年的野蛮生长后,2017 年国家新闻出版广电总局相继出

---

① 姬政鹏:《全国银幕数突破 5 万块,电影局对明年发行放映工作作出 5 点部署》,《中国电影报》2017 年 12 月 12 日。

② 《2017 年国产电影发行市场盘点》,艺恩网,https://piaofang.maoyan.com/feed/news/16950,检索日期:2018 年 3 月 12 日。

台了《国家新闻出版广电总局关于规范点播影院、点播院线经营管理工作的通知》《〈关于点播影院、点播院线管理暂行规定(征求意见稿)〉公开征求意见的通知》等规定。国家电影数字节目管理中心召开"DMCC点播院线示范现场会"等活动。随着政策的相继出台,点播院线市场将逐渐走向规范化,有望作为二级市场的补充渠道,为院线电影的发行提供更多途径。

此外,全国艺术电影放映联盟在2016年成立后,2017年8月,《海边的曼彻斯特》成为该联盟上映的第一部海外电影,影片在66个主要城市、180家影院、270块银幕专线放映。影片上映8天累计票房508万元。影片密钥有效期长达三个月,对艺联试水分线发行而言是个不错的开端。

第三节　电影产业投融资分析

近年来,我国电影市场取得的成绩吸引了资本市场的重点关注。伴随2016年电影市场的整体表现以及国家相关规范政策的影响,2017年在政策调控和市场杠杆的双重引导下,我国电影产业在资本领域方面呈现出了新特点。

首先,投资并购依然是电影企业进行全产业链布局的重要手段。博纳影业以2.5亿元入股韩寒的亭东影业,获得12.5%的股权,同时以8108.07万元的价格获得拥有韩寒、李继宏、冯唐等明星作者的果麦文化约7.05%的股权,以此方式获得更多的文学IP来源,参与更多明星作家的项目。华人文化成功收购UME影院,至此华人文化正式补齐了其在影视板块的最后一块短板,完成了从上游制作到中游宣发、网络票务再到下游影院的产业布局。幸福蓝海以7.2亿元收购重庆笛女传媒80%股权,以此提升公司电视剧业务的规模及竞争力。除此之外,最引人瞩目的当属微影时代和猫眼两大电子票房平台的合并。合并后的新公司猫眼微影将拥有猫眼、娱票儿、格瓦拉等多个票务品牌,同时拥有腾讯、新美大的入口流量,成为中国最大的娱乐票务平台。随后,腾讯又在11月对猫眼微影注资10亿元,也使得猫眼微影的估值达到了200亿元的新高。有分析认为,在腾讯的资金和光线的业内资源的双重帮助下,猫眼的泛娱乐生态布局将更加便捷和迅速,而获得注资的猫眼也将对腾讯自身在泛娱乐生态环境闭环建构中形成巨大的帮助。[①]

其次,IPO市场整体火爆,但影视行业却表现低迷,海外上市或成新趋势。2017年共有428家公司完成IPO,约为2016年的2倍。但在影视行业领域,仅有3

---

① 《腾讯对猫眼注资10亿背后,如何读懂猫眼发展新思路?》,https://piaofang.maoyan.com/feed/news/9287,检索日期:2018年3月12日。

家影视公司 IPO 成功,其余影视公司的 IPO 处境也不甚理想。其中,横店影视、金逸影视都是民营的影院公司,而中广天择则是国有控股的视频内容制作公司。有分析认为,相比一般的影视制作类公司,影院公司受益于中国电影票房的不断攀升和公司本身业绩的稳步增长,IPO 过会的概率更大。同时,与横店影视等 3 家新上市的公司相比,其余的影视公司的 IPO 之路仍显艰难。一方面,与公司的自身问题有关,如时代院线虽然既是国企又是过会率相对较高的院线公司,但由于其自身存在净利润大幅下滑、分账比例低于业内平均水平等问题,最终也未能成功上市。另一方面,日益收紧的审核政策也使得影视公司的上市之路日益艰难。2017 年 10 月,新一届发审委就任后,IPO 的审核越来越严格。11 月,证监会主席表示,发审委委员必须严把质量关,防止问题企业带病申报。因此,在未来的一段时间内,影视公司的上市之路依然不容乐观。但是,由于影视公司对于资金的需求强烈,同时其背后的投资机构也急需退出渠道,因此有分析认为,海外上市或成国内影视公司解决当下困境的新出路。①

最后,受我国对外投资政策的影响,2017 年中国电影企业的海外投资略显低迷。2017 年 8 月,《关于进一步引导和规范境外投资方向的指导意见》颁布,《意见》明确指出限制房地产、酒店、影城、娱乐业、体育俱乐部等境外投资。受此影响,此前在海外投资方面动作频频的万达也暂时搁置了相关行动,而泛海集团、华策集团也分别向万达出售了手中的传奇影业股权。此外,2017 年 1 月,派拉蒙公司与中国上海电影集团和华桦传媒达成协议,后者将向派拉蒙注资 10 亿美元,同时两家中国公司还享有延长协议期限的权利。但是,受政策影响,双方于 11 月同意提前终止本协议。

第四节　电影产业发展趋势、问题与对策

从总体上来说,我国电影产业的发展充满活力,潜力巨大,但依然应该时刻坚持问题导向,准确把握发展形势,保障我国电影产业持续健康发展。

第一,我国电影市场规模仍将持续增长。目前的增长主要是由影院数量、银幕数量等供给端的进步带来的,与消费群体本身的成长关系不大。我们仍需进一步培育消费市场,培养及引导观众自觉自愿地进入影院进行观影消费,提高人均观影频次。与此同时,随着观众影商的不断提高,制作单位不断提升制作水准,创作出

---

① 杨柳青:《2017,仅 3 家影视公司在 A 股 IPO,明年将迎"海外上市新高潮"?》,https://piaofang.maoyan.com/feed/news/14345,检索日期:2018 年 3 月 12 日。

优质的电影内容来满足观众多元化的需求,仍将是今后一段时间内的重要方向。

第二,批片在未来一段时间内将成为业内竞相追逐的对象,进而对我国电影市场的票房结构产生影响。业内企业应该注意到,水涨船高的版权费、政策流程产生的上映延时、档期的不确定,以及市场本身存在的高风险等因素,均意味着批片虽有市场机会,但同时存在极大的市场风险。因此,参与企业更要谨慎判断,科学论证,切忌盲目跟风。

第三,影院服务升级和行业兼并将成为新潮。目前,我国大部分影院面临着同质化经营的问题。在此背景下,深耕经营能力、增强用户黏性成为影院提升竞争实力的关键。目前正在经历的"体验经济"的消费升级为现代化影院建设开拓了全新的思路。超越单纯的观影功能,用极致的体验为观众提供关于电影的更多元化的服务正在成为影院发展的共识和行业全新的增长点。

第四,在消费者闲暇时间有限的情况下,电影与其他娱乐替代产品之间的竞争将更加激烈。随着互联网的不断深入,优质娱乐产品的类型也日益丰富,网剧、网络综艺,甚至是《王者荣耀》、短视频 APP 等替代产品使得电影市场的外部竞争也十分激烈,如何吸引观众走进影院观影消费是未来业内工作者需要重点思考和解决的问题。从制作角度说,制作单位需创作出具有独特视听感受的电影产品;从放映角度说,影院需提供更为多元化的体验服务。这样才能在竞争激烈的娱乐产品市场中让观众走入影院。

行业报告四

演艺业年度发展报告

李晓唱*

作为世界第二大经济体和最大的贸易国,我国在2017年仍然对世界经济的稳定做出不容忽视的贡献。同时,我国文化产业的发展动向既关系到本国利益,也牵动着世界文化产业的发展走向。2017年,演艺业在原有市场规模不断扩大、市场主体愈加成熟、政策法规逐步完善、产业链结构不断优化的基础上,在"一带一路"倡议的指导下,对外交流推广也呈现出强劲的发展势头。

第一节 行业发展宏观环境及政策条件

从世界范围来看,文化产业的发展较多依赖于资源的开发、资本的推动以及技术的革新,而我国文化产业的发展又离不开政治环境的深刻影响。2017年是重要政治事件集中发生的一年,也是经济、文化、科技突飞猛进的一年。

1."一带一路"倡议为演艺业繁荣发展创机遇

"一带一路"倡议为我国演艺业的对外交流推广创造了前所未有的机遇,增强了我国文化的国际影响力。2016年12月28日,文化部对外文化联络局发布了《文化部"一带一路"文化发展行动计划(2016—2020年)》。此计划的指导思想是认真贯彻落实《推动共建丝绸之路经济带和21世纪海上丝绸之路的愿景与行动》的整体部署,以助推"一带一路"沿线国家和地区积极参与文化交流与合作为指导思想,传承丝路精神,促进文明互鉴,实现亲诚惠容、民心相通,推动中华文化"走出去",扩大中华文化的国际影响力。发展目标是准确把握"一带一路"倡议精神,全方位提升我国文化领域开放水平,秉承立足周边、辐射"一带一路"、面向全球的合

---

* 李晓唱,北京舞蹈学院舞蹈研究所助理研究员,北京大学艺术学院艺术管理与文化产业方向2012级博士研究生。

作理念,构建文化交融的命运共同体。以文化产业及对外文化贸易渐成规模为具体目标,面向"一带一路"国际文化市场的文化产业发展格局初步形成,文化企业规模不断壮大,文化贸易渠道持续拓展,服务体系建设初见成效。以推动"一带一路"文化产业繁荣发展为重点任务之一,建立和完善文化产业国际合作机制,加快国内"丝绸之路文化产业带"建设:以文化旅游、演艺娱乐、工艺美术、创意设计、数字文化为重点领域,支持"一带一路"沿线地区根据地域特色和民族特点实施特色文化产业项目,加强与"一带一路"国家在文化资源数字化保护与开发中的合作,积极利用"一带一路"文化交流合作平台推介文化创意产品,推动动漫游戏产业面向"一带一路"国家发展。顺应"互联网+"发展趋势,推进互联网与文化产业融合发展,鼓励和引导社会资本投入"丝绸之路文化产业带"建设。持续推进藏羌彝文化产业走廊建设。实施"丝绸之路文化产业带"建设计划、动漫游戏产业"一带一路"国际合作行动计划、"一带一路"文博产业繁荣计划。具体到演艺业,重点任务是围绕该领域开拓完善国际合作渠道。①

2. "十三五"规划为文化产业的五年规划定目标

《"十三五"时期文化发展改革规划》为新时期我国文化的发展制定了新的发展目标和主要指标,将文化产业提升到国民经济支柱性产业的高度。2017年2月,文化部编制了《"十三五"时期文化发展改革规划》,提出"到2020年,社会主义文化强国建设取得重要进展,国家文化软实力进一步提高……文学艺术繁荣发展,无愧于民族、无愧于时代的文艺精品不断涌现,中华优秀传统文化传承体系基本形成,现代公共文化服务体系基本建成,现代文化产业体系和现代文化市场体系更加完善,文化产业成为国民经济支柱性产业"的发展目标。针对演艺业的主要指标是:"十三五"期间,重点推出50部左右体现时代文化成就、代表国家文化形象的舞台艺术优秀作品。实现名家传戏1000人次,扶持100部舞台艺术剧本创作。国家艺术基金立项资助项目达到4000项。计划实施繁荣艺术创作生产、构建现代公共文化服务体系、加强文物保护利用、提高非物质文化遗产保护传承水平、推动文化产业成为国民经济支柱性产业、完善现代文化市场体系、提高文化开放水平、提升文化科技支撑水平、深化文化体制机制改革、加强文化人才队伍建设的数十项国家工程。②

---

① 《文化部"一带一路"文化发展行动计划(2016—2020年)》,中华人民共和国文化部官方网站,http://zwgk.mcprc.gov.cn/? classInfoId=21,检索日期:2018年3月12日。

② 《"十三五"时期文化发展改革规划》,中华人民共和国中央人民政府网站,http://www.gov.cn/xinwen/2017-02/23/content_5170224.htm,检索日期:2018年3月12日。

3. 全国两会明确文化产业发展中的问题

2017年全国两会围绕文化自信、回归传统文化、全民阅读、文化遗产保护、文化"走出去"等问题探讨中国文化。李克强表示，2017年我国将发展文化事业和文化产业。加强社会主义精神文明建设，坚持用中国梦和社会主义核心价值观凝聚共识、汇聚力量。繁荣哲学社会科学和文学艺术创作，发展新闻出版、广播影视、档案等事业。建设中国特色新型智库。加强文物和非物质文化遗产保护利用。大力推动全民阅读，加强科学普及。提高基本公共文化服务均等化水平。加快培育文化产业，加强文化市场监管。推动中国文化"走出去"。①

4. 十九大为新时代文化产业的定位提要求

党的十九大报告重新界定了中国社会的主要矛盾，也对我国文化产业的发展提出了新的时代要求。"推动文化事业和文化产业发展。满足人民过上美好生活的新期待，必须提供丰富的精神食粮。要深化文化体制改革，完善文化管理体制，加快构建把社会效益放在首位、社会效益和经济效益相统一的体制机制。完善公共文化服务体系，深入实施文化惠民工程，丰富群众性文化活动。加强文物保护利用和文化遗产保护传承。健全现代文化产业体系和市场体系，创新生产经营机制，完善文化经济政策，培育新型文化业态，推进国际传播能力建设，讲好中国故事，展现真实、立体、全面的中国，提高国家文化软实力。"②

5. 政策红包不断发放，行业规范逐步完善

2017年年初，中共中央办公厅、国务院办公厅印发了《关于实施中华优秀传统文化传承发展工程的意见》，计划到2025年，中华优秀传统文化传承发展体系基本形成，中华文化的国际影响力明显提升；6月，《文化部"十三五"时期艺术创作规划》公布，明确了"十三五"时期艺术创作的指导思想、基本原则、发展目标及主要指标、创作主题、重点任务、保障措施；7月，中央全面深化改革领导小组会议审议通过了《关于加强和改进中外人文交流工作的若干意见》，加强和改进中外人文交流工作。

2017年，文化产业的政策红包持续不断发放，行业规章制度也在逐步完善。3月，中宣部、财政部联合印发《中央文化企业国有资产监督管理暂行办法》，对理顺国资监管体制、规范国资管理工作，推动中央文化企业国资监管法制化、规范化、科学化发挥重要作用；7月，文化部文化市场司发布了《文化部关于规范营业性演出票务市场经营秩序的通知》，规范营业性演出票务市场，促进行业健康有序发展；12

---

① 《两会专题报道》，华夏网，http://www.huaxia.com/zhwh/whsy/5242044.html，检索日期：2017年5月10日。

② 十九大报告，中国网，http://www.china.com.cn/cppcc/2017-10/18/content_41752399.htm，检索日期：2018年3月12日。

月,调整涉及《营业性演出管理条例》《娱乐场所管理条例》。调整后,北京市可选择文化娱乐业聚集的特定区域,允许外商投资设立演出场所经营单位,不设投资比例的限制;允许外商投资设立娱乐场所,不设投资比例的限制。

第二节 演艺业产业概况

截至2018年年初,国家统计局仅发布了2017年上半年我国文化产业的统计数据,文化部艺术发展中心仅发布了2017年上半年我国演艺业的统计数据,下半年及全年的发展趋势由上半年相应的数据估算而来。根据权威统计及笔者估算,2017年我国演艺业的整体市场规模呈现出稳步增长的态势,具体情况如下。

一、文化及相关产业

据对全国规模以上文化及相关产业5.4万家企业调查,2017年上半年,上述企业实现营业收入43874亿元,比上年同期增长11.7%(名义增长未扣除价格因素),增速提高3.8个百分点,继续保持较快增长。

文化及相关产业10个行业的营业收入均实现增长。其中,实现两位数以上增长的6个行业分别是:以"互联网+"为主要形式的文化信息传输服务业营业收入3397亿元,增长32.7%;文化休闲娱乐服务业640亿元,增长16.8%;文化艺术服务业169亿元,增长14.7%;文化用品的生产16626亿元,增长13.2%;工艺美术品的生产、文化产品生产的辅助生产分别为8503亿元、4593亿元,均增长10.5%。

分区域看,东部地区规模以上文化及相关产业企业实现营业收入32857亿元,占全国74.9%,中部、西部和东北地区分别为7039亿元、3494亿元和484亿元,占全国比重分别为16.0%、8.0%和1.1%。从增长速度看,西部地区增长16.3%,高于东部地区11.6%的增速,中部地区增长11.1%,而东北地区下降2.5%,降幅比一季度收窄9个百分点。[①]

根据上述统计估算,2017年全年,与演艺业相关的文化艺术服务业营业收入将超过300亿元,比上年增长10%以上。

二、文化产业增加值

中国文化金融50人论坛秘书长、中国社科院产业金融研究基地特约研究员金

---

① 中华人民共和国文化部,http://www.mcprc.gov.cn/whzx/bnsj/whcys/201708/t20170803_689215.htm,检索日期:2018年2月10日。

巍指出,2016年我国的文化及相关产业的增加值为30785亿元,同比增长13%,GDP的占比为4.14%。根据我国经济发展和文化产业发展态势,按照当前统计口径,2017年我国文化产业增加值预计可以达到3.45万亿元,GDP占比约4.4%(见图1-4-1)。虽然文化金融市场规模暂无可信统计,但金巍根据信贷、债券、基金、保险、融资租赁、担保等各方数据的整合,推算出文化金融年度市场规模(当年发生交易)约5000亿元。①

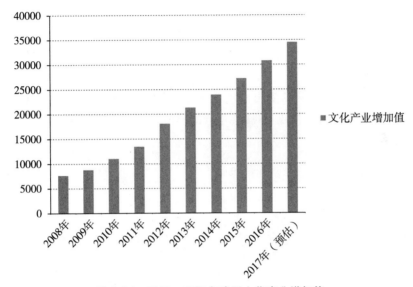

图1-4-1　2008—2017年我国文化产业增加值

资料来源:根据相关资料整理。

三、演出市场②

根据中国演出行业协会的有关统计,2016年演出市场总体经济规模469.22亿元,相较于2015年的经济规模446.59亿元,上升5.07%。预计2017年演出市场的总体经济规模会超过500亿元(见图1-4-2)。

2017年9月,文化部艺术发展中心发布了《2017年上半年演出市场发展报告》。报告显示,2017年上半年专业剧场演出总场次突破4万场,音乐节市场持续升温,演出市场票房收入呈现出逆势增长的趋势。

---

① 中国经济网,http://www.ce.cn/culture/gd/201801/29/t20180129_27949177.shtml,检索日期:2018年2月10日。

② 搜狐,https://www.sohu.com/a/190136455_360254,检索日期:2018年2月10日。

图 1-4-2　2012—2017 年我国演出市场总体经济规模

资料来源：根据相关资料整理。

1. 专业剧场

2017年上半年专业剧场演出总场次4.03万场，比去年同期上升16.81%（见图1-4-3），其中包括音乐、话剧、戏曲、儿童剧、舞蹈、曲杂和其他演出。

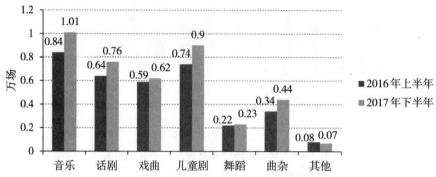

图 1-4-3　2016 年上半年、2017 年上半年专业剧场演出场次对比

资料来源：根据相关资料整理。

2017年上半年，专业剧场演出票房总收入34.01亿元，比去年同期上升13.52%（见图1-4-4）。

2. 演唱会、音乐节

2017年上半年，演唱会、音乐节等大型演出活动场次较去年同期有所下降，但票价的提高和观众人数的增长使票房收入呈现出逆势增长的趋势。2017年上半年，大型活动演出总场次为380场，比去年同期下降了8.21%；但是演出票房总收入为7.44亿元，比去年同期增长了6.6%。

2017年上半年音乐节约为80个，基本与去年同期持平，其中有23个集中在"五一"期间举办，音乐节举办地呈现出"南多北少"的趋势。音乐节市场持续升温还表现为观众人数的增加，迷笛、草莓、张北三大音乐节的日均观众量超过1万人，

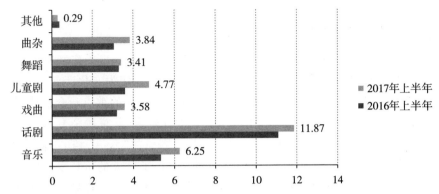

图1-4-4 2016年上半年、2017年上半年专业剧场演出票房对比(单位:亿元)

资料来源:根据相关资料整理。

其中,草莓音乐节上海三天演出日观众量超过3万人次。

随着音乐节市场垂直细分,以及年轻观众音乐品味的分化,类型化的音乐节正在兴起。继"民谣热"后,电子音乐节也掀起一股热潮,引发资本市场青睐。音乐节的商业模式不断被开发,除了基本的门票、赞助费、广告费之外,周边衍生收入,如主题休闲娱乐区,或者创意产品的开发如T恤、海报、DVD等也成为音乐节的利润增长点。

3. 网络表演(直播)

2016年我国网络表演(直播)平台数量达250多家,用户规模为3.44亿;2017年年末全国共约有200多家公司开展或从事网络表演(直播)业务,较2016年减少近百家,相对于2011年则减少了400家。但是2017年我国网络表演(直播)市场整体营收规模达到304.5亿元,比2016年增长39%。虽然网络直播经历了大力度的行业洗牌,但是走上了健康蓬勃的发展道路。

网络直播门槛低、易操作、受众广的特点也吸引了越来越多的传统艺术,许多传统艺术家成为"网红",其精湛的才艺备受网民追捧。例如:戏曲表演艺术家直播经典剧目演唱、民族音乐演奏家直播传统器乐演奏、相声演员直播老北京绝活等都获得了百万以上的点击量,引起了网民的广泛关注。

第三节 行业发展特征

自20世纪80年代急速跃进以来,我国演艺业经历了一段曲折的发展历程。随着2000年以来我国文化产业的发展进入理性阶段,演艺业也开始探索健康成长之路,2017年我国演艺业呈现出以下发展亮点和特征。

一、演出结构逐渐优化

有关数据显示,近年来,专业演出市场中儿童剧的演出场次和收入逐年递增,所占市场份额逐渐提升。究其原因,首先是未成年人作为文化产业在新的发展时期关注的主要受众群之一,同时也已经成为演艺业关注的重点观众群体,针对儿童的演出样式除了传统的儿童剧,还增加了儿童音乐会、儿童舞蹈专场、儿童戏曲专场等,2017年儿童剧市场增长明显;其次,儿童剧抓住"六一"档、寒暑期档、"黄金周"档等几个演出市场的黄金时期密集上演,获得了巨大的市场发展空间。此外,目前我国专业演出市场中的音乐剧演出场次呈逐年增长的趋势,音乐剧已经成为仅次于话剧的演出形式。国外经典剧目的引进促使国内观众逐渐习得欧美国家的观演习惯,从而促进演出结构优化升级。

二、创新演出平台和渠道

演艺业的创新型发展既要依托内容的创新,也要依靠技术的革新。2017年,网络表演(直播)市场整体营收规模的年增长率达到了39%,网络表演(直播)已经成为演艺业的重要展示平台和传播渠道。多种以传统文化为基础的表演艺术形式被搬上网络表演(直播)平台,既获得了极高的点击量,也收获了跨年龄段的观众群。例如,2017年国家一级演员、北方昆曲剧院邵天帅,梅派传人、北京京剧院青年演员白金近期网络直播表演《牡丹亭》《长生殿》《贵妃醉酒》等经典昆曲、京剧曲目,并为网友普及了关于戏曲妆容、服饰等基础知识;中央民族乐团中胡首席演奏家蔡阳开设直播间"民乐坊",邀请同行表演传统器乐,获得了100万以上的点击量。2017年网络表演(直播)的市场规模激增,在有效传播传统文化的基础上带动大量网络消费,成为演艺业名副其实的新经济增长点。

三、演艺业与旅游业融合发展

2016年《"十三五"旅游业发展规划》提出实施"旅游+"战略,为旅游业与其他产业的融合发展作出重要宣示。演艺业与旅游业有着天然的联系,旅游演艺也成为近年来演艺业的一种重要呈现形式。演艺场馆与设施在很大程度上与城市规模相对应,因此,大型城市在作为旅游城市的同时,也会吸引国内外高水平的演艺团体和承办高质量的演艺节事。据大麦网统计显示,2017年全国演出场馆总数为5864个,排名前5名的城市分别为北京、上海、成都、深圳、广州。这5大城市的场馆数量占到了全国场馆总数的35.9%,演出场次占到全国演出场次总数的50.3%[①]。例如,世界著名音乐剧《剧院魅影》在中国的巡演只在北京、上海、广州三地上演。此外,与旅游景点相配套的实景演出也是演艺业与旅游业融合发展的典型案例。例如,"印象"系列、"山水盛典"系列、"千古情"系列的投资额、演出场次及观众知名度都在实景演出中处于领先地位。演艺业与旅游业的融合发展既提升了文化内容的传播力度,也为演出场地带来了规模效益。

四、演艺业"走出去"迎来新机遇

随着"一带一路"倡议的稳步推进,2017年演艺业"走出去"也迎来了新的发展高峰。从世界范围来看,中国文化中心在全球范围内扩张和扎根,演艺活动平台在丝绸之路沿线国家搭建和发力,中国文化品牌特别是演艺品牌播散至世界各地。2006年9月,湖南省演艺集团旗下的杂技剧《梦之旅》在加拿大正式开启北美巡演。民乐、交响乐、民族歌舞等多次赴海外演出,走出国门的演出场次达150场,创造了中国演艺"走出去"的奇迹。

2017年6月,文化部下发《文化部办公厅关于征集2018年"一带一路"文化贸易重点项目的通知》。通知指出了此次申报的七大重点领域,其中演艺产业的项目最多,为11项(见表1-4-1)。根据此前国外受访者在接受《外国人对中国文化认知与意愿》的年度大型跨国调查结果,有47.2%的受访者对中国演出有着积极的接触意愿,演出已经成为外国民众接触中国的重要文化产品类型。[②]

表1-4-1 2018年文化部"一带一路"文化贸易与投资重点项目之演艺项目表

序号	报送地区	项目名称	申报单位
1	浙江	舞台装备海外推广	浙江大丰实业股份有限公司
2	—	"丝绸之路国际剧院联盟"剧院技术咨询服务计划	中国对外文化集团公司
3	黑龙江	冰上杂技"一带一路"巡演	黑龙江省杂技团有限公司
4	江苏	歌剧《郑和》	江苏省演艺集团有限公司
5	新疆	丝绸之路经济带精品剧目国内外巡回展演	吐鲁番欢乐盛典旅游文化有限公司

[①] 大麦网,https://www.damai.cn,检索日期:2017年11月5日。
[②] 搜狐,http://www.sohu.com/a/211734630_160257,检索日期:2018年3月4日。

续表

序号	报送地区	项目名称	申报单位
6	浙江	澳大利亚传奇王国	宋城演艺发展股份有限公司
7	—	舞剧《大唐玄奘》	中国歌剧舞剧院
8	湖南	数字化演艺装备与新媒体技术融合应用的全产业链推广	湖南明和光电设备有限公司
9	广西	越南《印象会安》主题公园文化旅游演出	广西演艺集团有限责任公司
10	北京	"聆听中国"音乐会丝路巡演	北京市演出有限责任公司
11	广东	《跨乐》中国戏曲与爵士乐巡演	珠海金爵士文化产业管理有限公司

资料来源:根据相关资料整理。

第四节 行业问题与建议

2017年,在"十三五"规划和党的十九大报告等重要文件的指引下,我国演艺业进入了蓄势待发的可持续发展阶段。但是,在有些方面还存在一些问题,笔者据相关调研给出以下建议。

一、内容创新力不足,需提升原创能力

文化产业以内容为王,具体到演艺业,内容创新力也不容忽视。近年来,演艺业的呈现形式愈加多样化,但所承载的文化内容却缺乏创造力,如何用表演艺术的形式讲述有感染力的故事成为当前演艺业发展的难题。例如,目前我国音乐演出的场次较多,但大多以引进国外经典音乐剧为主,我国原创的音乐剧虽有呈现却难以在观众群体中形成较为广泛的影响;"印象"系列、"山水盛典"系列、"千古情"系列实景演出虽上演地域广泛,但内容过于同质化,在不少地方都经营惨淡。因此,很有必要对我国特色演艺资源进行创造性开发,着力推动演艺产业的创新能力,构建以原创作品为核心的演艺业产业链,创作出具有本土特色的演艺作品和品牌。

二、经营管理人才匮乏,需提升专业素质

由于演艺业的特殊性,其经营管理人员必须兼顾艺术修养与管理经验。而目前国内大部分演艺经营管理人员都来自艺术表演团体或政府机关,不能将艺术与

经营管理有效地融合起来，造成演艺业经营管理中的缺陷。虽然国内数十家高校已经开设了艺术管理相关专业，但是其课程设置并不能与就业方向紧密结合。为了解决这个由来已久的问题，我国演艺业需进一步明确经营管理人才应具备的素质，并据此设立专业人才认证制度，通过学历教育、考核培训、继续教育等多种方式切实提升经营管理人才的专业素质。

三、行业规范尚不明确，需完善管理标准和规章制度

据悉，我国70%以上的剧场没有完善的管理制度和岗位职责，也没有相应的考核培训体系，先进完备的硬件设施与落后缺损的软件系统之间的矛盾成为制约我国当前剧场建设的重要问题。此外，我国演出票务市场的不规范也影响了演艺业的发展，自演唱会这种演出形式引入我国以来，贩售"黄牛票"就成为票务市场上的常态，主办方勾结黄牛操控票务系统、非法票务代理违法预售等恶性事件时有发生，使热门演唱会、音乐会的票务系统深受其害。针对以上不规范的行为，首先，要进一步完善我国的剧场管理标准，使剧场经营管理有法可依；其次，要建立票务监管体系，实时监控票务系统，同时将票务监管与诚信记录相结合，加强对不法行为的监督、管理、惩罚力度。

四、国际交流尚存障碍，需提升海外传播能力

2017年是我国演艺业对外交流推广的重要机遇期，演出行业的"国家队"通过艺术中心、艺术节等交流平台扩大了中国文化的国际影响力。与此同时，"文化折扣"在演艺业的对外贸易中仍然存在。京剧、功夫和杂技虽然是外国人耳熟能详的中国演出形式，但没有形成可持续的品牌效益，并没有打造出与百老汇经典剧目传播效果相当的艺术作品。这既与作品本身内容的原创性、宣传推广模式的有效性有关，也与演艺业的海外传播能力密不可分。例如，京剧经典唱段《夜奔》被翻译为"在晚上跑步"，梅派经典唱段《宇宙锋》被译成"宇宙刀锋"，《四郎探母》被译为"第四个儿子去看他的母亲"，《贵妃醉酒》被译为"喝醉了的小妾"……优秀艺术作品在海外传播时，翻译方式直接影响到外国观众对作品的第一印象和理解。据此，应对相关人员进行系统培训，不仅要提升外语能力，更要培养他们的艺术鉴赏力、艺术感知力，系统学习艺术经典作品和艺术语言，让传统中国艺术更准确、更具美感地在海外传播。

行业报告五

文化旅游业年度发展报告

王国华*

2017年中国旅游发展有许许多多可圈可点的新亮点,诸如旅游扶贫、旅游外交、旅游供给侧结构性改革、厕所革命等。更值得骄傲的是,"全域旅游"这一划时代的旅游发展新理念的全面实施以及所取得的丰硕成果,才是2017年中国旅游发展值得大书特书的关键词。

第一节 行业发展宏观环境及政策条件

自2015年9月国家旅游局启动开展"国家全域旅游示范区"创建工作以来,一场声势浩大、规模空前、旨在推动旅游业由"景区旅游"向"全域旅游"发展模式转变的国家战略在全国范围内广泛实施。国家旅游局2017年8月发布的《2017全域旅游发展报告》显示,截止到2017年8月,国家旅游局已公布了"500家全域旅游示范区创建单位,包括海南、宁夏2省(区),91个市(州),407个县(市),覆盖全国31个省、自治区、直辖市和新疆生产建设兵团。全国500个全域旅游示范区创建单位的总面积为180万平方公里,占全国国土面积的19%;总人口2.56亿,占全国总人口的20%。从空间上来看,主要集中分布在东部沿海地区、中部地区和西部的四川、云南、新疆等地区,与我国旅游热点区域基本吻合。其中,东部地区132家,平均每省约13家,总面积19.4万平方公里,总人口9341万;中部地区142家,平均每省约12家,总面积27.6万平方公里,总人口7727万;西部地区170家,平均每省(区)约14家,总面积107万平方公里,总人口7082万;东北地区56家,平均每省约9家,总面积30万平方公里,总人口2708万。"①

---

* 王国华,北京工业大学文化创意产业研究所所长,教授。
① 国家旅游局规划财务司:《2017全域旅游发展报告》。

全域旅游已经成为推动旅游业创新、协调、绿色、开放、共享发展,促进旅游业转型升级、提质增效,构建新型旅游发展格局的国家发展战略。在全域旅游的战略引导下,2017年国家旅游局与国家中医药管理局共同开展国家中医药健康旅游示范创建工作,公布了15家全国中医药健康旅游示范区创建单位;并计划用3年时间建成10个国家中医药健康旅游示范区、100个示范基地、1000个示范项目。国家旅游局与国际卫计委共同开展医疗旅游健康旅游示范区建设,初步遴选并公布了13家"国家健康旅游示范基地"创建单位。国家旅游局在落实《国务院关于促进旅游业改革发展的若干意见》指示精神过程中,组织各地旅游主管部门及有关方面,在全国范围内共同推出两批国家工业旅游创新候选单位,计划到2025年,将创建1000个国家工业旅游示范点、100个工业旅游基地、10个工业旅游城市。与此同时,国家旅游局还与发改委、民航局合作,推出首批16个通航旅游试点项目;与发改委、交通部、公安部、国土部等部门共同推动自驾车房车旅游发展,启动了首批514个自驾车房车营地建设,2020年将建成2000个;与体育总局共同制定《关于大力发展体育旅游的指导意见》,计划到2020年,在全国建成100个具有重要影响力的体育旅游目的地,建成100家国家级体育旅游示范基地,体育旅游总消费规模突破1万亿元。由此可以看出,因全域旅游新战略的实施,2017年的中国旅游市场出现了前所未有的新空间、新领域、新天地。

虽然全域旅游还是一个仁者见仁、智者见智的旅游新概念,但笔者认为,全域旅游既是一种全新的旅游观,也是我国社会经济发展新常态下的一种区域协调发展的新理念和新模式。全域旅游的核心要务是推进中国当前旅游行政管理体制的改革和旅游观念的创新,并借助国家大力推进的供给侧改革、新型城镇化和乡村建设以及产业转型升级的强劲动力,促进旅游产业"从景点旅游模式走向全域旅游模式"。[1] 从旅游产业发展的时空维度上分析,全域旅游主要是针对过去以旅游景点、景区、遗址遗存、文化遗产地等为核心的单一"门票经济"的旅游范式而提出以人类整个生活场域为旅游时空的一种新的旅游时空观;从旅游产业发展的历史进程来看,全域旅游既是旅游产业自身在互联网时代的一次重要的转型升级,也是一场涉及文化转型与社会历史变迁的产业革命;从全球经济激烈竞争的现实来分析,全域旅游战略的提出不仅是中国旅游产业应对国际竞争的重要举措,还是中国旅游产业在经济全球化、文化多元化、消费多样化等竞争环境中的战略选择。

目前,全域旅游已经成为我国旅游产业发展新阶段的国家战略,正在全国范围

---

[1] 李金早:《全域旅游大有可为》,人民网,travel.people.com.cn/n1/2016/0206/C41570-28116586.html,检索日期:2018年3月5日。

内进行广泛的布局与具体的实施。然而，如何实现全域旅游战略目标，如何应对全域旅游战略在推进过程中的诸多挑战，如何在纷纭复杂的路径中寻找到一条适合中国现阶段旅游发展现实的变革之路，是各级政府、各类经济法人以及所有旅游从业者与旅游参与者都普遍关注的问题，也是本文所要论述的核心问题。本文拟从近年来全域旅游战略推进过程中所面临的"制度变迁与路径依赖"现象着笔，分析全域旅游战略实施进程中将会面临的各种机遇、挑战以及路径选择，并力图提供实施全域旅游战略可能选择的理念、路径与方法，为今后的全域旅游健康发展探讨诸多应当深入研究的问题。

第二节 文化旅游业迎接挑战与促进变革

旅游产业起源于人类的生活方式的变化与进步。旅游最早并不是一种产业。旅游作为人类的一种行为方式，起源于社会生产劳作，发展于商贾贸易，并在社会经济发展、科技文化进步的推动下，逐步多元化、多样化、产业化，成为人们超越自然、追求人性自由发展的一种手段和一种满足人类精神需求的综合型产业。旅游从人类的一种生活方式转变为一种产业，是西方工业革命的产物。世界上最早的旅游产业诞生于18世纪的英国。而在中国，旅游产业诞生较晚，它发轫于20世纪20年代，兴盛于20世纪80年代。在古代中国社会，由于儒家文化的影响与束缚，以及"重农抑商""重义轻利"的观念影响，在两千多年的封建农耕文化社会里，旅游一直都受到限制性的发展。只是到了近代，由于西方工业文明的迅速崛起，帝国主义列强依靠其坚船利炮广泛对外扩张，中国农本社会才开始解体，被迫发生巨大的转型，开始了现代化的蹒跚步履。旅游这一社会现象也随着"重商主义"的兴起而复兴与发展。"世界的一体化、跨文化圈的连结以及不同文化空间的交融和异质文化的冲击与整合，使得世界范围内的旅游主体、旅游客体、旅游形式与内容都发生了质的飞跃。这实质上是一种'现代化'的过程。这一过程，使旅游不再是少数达官显贵的专利，也不再是地区性的内循环，更不是吟风咏月、观山玩水的一种游观行为，旅游成了跨文化空间传播和异质文化圈交流的工具，旅游成了广大民众的一种生活方式，旅游成了人们认知新世界、了解新文化的工具，成了社会转型、文化变迁的一种催化剂，成了一种在新的社会环境下满足人类精神文化需求的综合性产业。"[①]

---

① 王国华：《从旅游到旅游业》，珠海：珠海出版社2013年版，第12页。

在当今时代,人们对于精神产品的需求比以往任何时代的需求更为迫切。尤其是互联网技术给现代人类消费精神产品提供了前所未有的技术手段和便捷的平台。云计算、智能制造以及移动互联网技术,使得信息消费成为当今时代的发展趋势。有学者指出:从全球范围看,旅游新理念层出不穷,如生态旅游、分时度假等,随着旅游者受教育程度的提高,对旅游产品和服务质量的要求越来越高,旅游中的个性化、自主化明显,他(她)们希望通过旅游放松身心,同时陶冶情操,在轻松愉快、舒适的旅游中开阔视野、享受生活。文化旅游具有知识密集性、形式多样性、启迪创新性以及发展可持续性等特点,因此,旅游产业可以满足人们不断变化着的精神文化需要。

同时,旅游产业的不断发展可以极大程度上带动相关产业的联动发展。旅游业是一种特殊的综合性产业,并且关联度高、涉及面广、辐射力强、带动性大,是新世纪最具活力的新兴产业。旅游业的发展可以优化地区的产业结构,促进基础产业的发展。通过对地区文化资源的深入挖掘,独特创意,把文化资源转变成旅游产品,通过一些大的旅游项目的带动,可以不断提升区域价值;而区域价值的提升也可以反哺文化产业和公共文化设施,使得区域可以健康、稳定、有序地发展。

尤其值得强调的是,旅游业对于弘扬特定区域的历史文化、传承特定地域的民族文化精神、提升区域历史文化影响力、促进地方社会经济与文化的繁荣,有着极其巨大的引领价值和示范作用。发展全域旅游,将会使得产业从业者对特定地区文化资源进行挖掘与梳理,深挖文化内涵,有利于对优秀的传统文化的继承与弘扬。在对特定地区的历史文化资源整合的过程中,旅游产业的从业者将会通过现代化的手段、创意性的策划与现代包装,使得地方文化得到很好的传承与保护,不断地实现"本土声音、全球回响"的理想目标。与此同时,也将锻炼和培育一批优秀的旅游创意人才,使得本土的历史文化得到有效的传播,并且不断地改善和升级当地的产业结构,让文化产业成为地方社会经济发展的主导产业。

由此可见,旅游不仅是一个市场潜力巨大的产业,还是一项美好的事业。它具有强大的社会功能,它能够使得我们的社会更为和谐,使得我们的文化得到更广泛的传承,使得我们人类真正得到终极关怀。它的社会效益与历史意义巨大、深远。

现代旅游产业,本质上是一种文化产业。旅游者或出于文化享受,或因为身心放松与精神休闲,或为寻求异地文化特质等文化动机而出行游走,这种为实现特殊的文化感受,为观察、感受、体验异地或异质的现代艺术和现代文化的活动被称为文化旅游,而服务这种旅游活动的系列商业行为被称为现代旅游产业。这种文化旅游强调内容的创意性、形式的可参与性与可体验性、手段的高科技性。由此可见,这是一种新兴的综合型产业,这种产业的精神内涵与产品属性的"非物质性"

特征十分突出,对于产业从业者的精神文化素质的要求较之于其他产业更为突出。

然而,旅游业发展到21世纪的今天,其外部环境发生了巨大变化。这些变化给旅游产业带来了"颠覆性"。信息技术的高速发展,经济全球化的进程加速,催生了旅游业的大众消费时代到来,旅游业"已经到了以全民旅游和个人游、自驾游为主的全新阶段,作为综合性产业在经济社会发展中发挥的作用和影响更加广泛,时代赋予旅游业的责任也空前加大,传统的以抓点方式为特征的景点旅游模式,已经不能满足现代大旅游发展的需要。"时代呼唤"全域旅游"新阶段的来临。正如当代创意大师凯文·凯利所说:造成"颠覆(Disruption)"的因素主要是外部社会环境的变化,内因从来不是"颠覆"产生的主要原因。"当我们在思考颠覆时,有三个规律:(1)不管你在哪个行业,颠覆不是从内部出现的,而是从外部推动的,内因并不是最主要的原因。医药界的创新和发展,并不是医药界推动的。搜索引擎的创新,也不是从搜索开始的。(2)一些一蹴而就的现象和技术,只是看上去很突然,但它其实已经存在了很多年。比如VR已经25年了,只是因为没有满足成为产品的底线要求,所以进不了大众的视野。(3)创造或者发明,是一个不挣钱的市场。首先大多数的发明都是失败的,风险非常高,一开始的质量非常差,也就意味着利润非常低,任何商人都会告诉你,投资这一行是非常不挣钱的。但是创业公司没有选择,因为它们挤不进那些体量大、很赚钱的市场,只能从这块看起来很差的业务做起。"①

全域旅游理论来自于社会变革的外因所造成的传统旅游业的"颠覆"性变化。国家旅游局局长李金早认为:"全域旅游是指在一定区域内,以旅游业为优势产业,通过对区域内经济社会资源尤其是旅游资源、相关产业、生态环境、公共服务、体制机制、政策法规、文明素质等进行全方位、系统化的优化提升,实现区域资源有效整合、产业融合发展、社会共建共享,以旅游业带动和促进经济社会协调发展的一种新的区域协调发展理念和模式。"②全域旅游新模式至少颠覆了传统旅游业的时空观、资源观、价值观以及各种经济法人的利益格局。从时空观来看,全域旅游突破了传统的景点景区的时空范围;从资源观分析,全域旅游倡导的是一种"泛资源观",即与人类生活相关的所有区域都可以成为旅游资源;从旅游产业价值体系解析,全域旅游不仅是创造旅游业的经济价值,更多的还是带来无尽的社会价值与社会资本;从利益格局分析,全域旅游打破了传统旅游的行政垄断和行业垄断的利益

---

① 凯文·凯利:《未来20年的技术趋势,离不开这12个关键词》,http://mt.sohu.com/it/d20170517/141347684_465340.shtml,检索日期:2018年2月20日。

② 李金早:《全域旅游大有可为》,国家旅游局网站,检索日期:2018年2月20日。

格局,分享经济的参与理论使得社会成员都有机会共享共建全域旅游成果。从经营模式来看,全域旅游倡导的是"全产业链模式",打破了单一的"门票经济"格局,使得旅游经济外溢性更强、带动性更大。尤其是全域旅游战略的"旅游+"的模式,使得旅游业与其他相关产业真正实现了"跨界融合""开放共享""互联互通"。

旅游产业颠覆性的变革为旅游产业发展创造了巨大机遇,同时,也带了巨大挑战。全域旅游战略实施将会使得部分不思变革的传统旅游景区门票收益减少;高科技的应用以及智慧旅游模式的推广,将会使得收益不平等现象加剧。"不平等将成为系统性挑战",世界经济论坛创始人克劳斯·斯瓦布认为"第四次工业革命的最大受益者是智力和实物资本提供者——创新者、投资人、股东,这正是工薪阶层与资本拥有者贫富差距日益悬殊的原因。""所谓的平台效应也在加剧利益和价值向少部分人手中集中。"[1]然而,这些颠覆性的变化的最大受益者还是消费者。全域旅游战略的实施给旅游者带来的好处是有目共睹的,它不仅带来旅游产品的品质提升,而且在不增加任何额外成本的情况下提高消费者的个人生活效率与品质。

第三节 跨界融合与资源创新

当前,我国全域旅游战略的选择与实施是基于互联网精神的不断普及和传统旅游模式的效率低下而采取的应对措施。"开放共享""互联互通""跨界融合"已经成为各种经济法人和广大民众乐于接受的现代产业理念。尤其是近十年来国人出境游迅猛增长,世界各地的"全域旅游"范例让广大国民感受到了全域旅游战略在我国现阶段推进与实施的可能性和必要性。从西方发达国家的旅游市场定位、旅游吸引物的传播以及旅游资源的广泛拓展的成功案例中,我们深刻地感悟到"开放共享""互联互通""跨界融合"的理念对于创新旅游资源、拓展旅游时空、丰富旅游内容有着极其巨大的启示价值和借鉴作用。

第一,行政机关公共场所可以成为独特的旅游吸引物。

综观西方发达国家的品牌旅游产品,可以形象地用四个字概括:"宫、堡、基、厅"。宫,指的是宫廷、宫殿。例如美国的白宫,法国的卢浮宫、凡尔赛宫,俄罗斯的克里姆林宫等。堡,指的是城堡。在西方城堡具有极为独特的社会价值,它们往往是公侯伯子男居住的地方,代表着丰厚的历史文化。基,指的是基督教文化。厅,指的是市政厅、议会厅等政府公共空间。美国华盛顿的白宫,是总统办公、开会和

---

[1] 〔德〕克劳斯·施瓦布:《第四次工业革命》,世界经济论坛北京代表处译,北京:中信出版社2016年版,第10页。

接见外宾的地方。华盛顿有一个国会大厦,它是国会议员办公、开会的地方。这两个地方都是行政机关,但它们也都是华盛顿最著名的旅游景点。它们都定期向游人开放,而且门票价格不菲。华盛顿的国会大厦在开会的时候游人可以旁听。当然到国会参观、到国会旅游并不是为了听那个会。国会里面有很多非常有欣赏价值的艺术品。白宫除了总统现场办公的地方不能去以外,其他的地方都可以参观,而且是华盛顿最大的旅游景点。在西方,很多国家政府办公场所就是旅游景点。他们并没有把这些地方看成是单一的行政办公场所,而是认为这些办公场所应当成为游人的旅游地。从全域旅游的角度讲,它们是一个旅游的艺术品,一个旅游景点。

那么,白宫为什么能够成为旅游景点呢?因为它是一个权力的象征,能满足人们政治上的好奇心。同时,白宫的房屋建筑是一个具有很高欣赏价值的艺术品。另外,白宫周围的环境特别优美,很具有观赏价值。

第二,优雅的住宅区也可以成为亮丽的旅游景观。

欧洲的许多小镇本身就是一个活生生的住宅区,但同时又是令人陶醉的旅游景观。例如德国南部地区的罗腾堡、希腊的圣塔瑞丽岛、法国的卡纳小镇、美国加利福尼亚圣地亚哥岛等,它们几乎都是住宅区,建设的初衷都是为了给居民提供住宅空间。美国的圣地亚哥岛四面环水,有半边是军港,是海军的一个基地,有一半是一个度假村式的住宅区,但它也是典型的旅游风景区。美国像这样的住宅区很多,把旅游区、旅游景点和住宅区融合在一起。在美国有一条法律,住宅区的房屋建筑不能超过总面积的30%。那也就是说,70%是娱乐设施、商务设施、休闲设施等,而这些都是与旅游相关的设施。所以我们讲开发住宅区,一定不要想着只盖几栋房子。只盖几栋房子是没有人去(旅游)的。住宅区的房子也不在于贵和便宜,关键在于住宅区的环境怎么样,住宅区的配套设施怎么样。最重要的是有没有满足居民休闲娱乐的各种需求的设施。这是一个理念问题,而不是经济问题。

第三,商业区更可以是旅游区。

我们国家的商业区好像是商业一条街,这条街到处都是房子,一个商店接着一个商店,大部分除了买东西的商店就没有其他东西了。商业设施的建设一定要更新观念。现代商业地产的核心之一是方便、快捷。"销品茂"是个翻译名字,"茂"就是设施非常齐全的一个综合服务场所。例如北京的星光天地,一楼是快餐。到这个商场买东西,中午可以吃快餐休息一下,之后再到商店去买东西。所以我们说,商场本来是个购物的地方,现在也要把它和旅游环境融合起来。没有这个观念,很难开发出适应现代竞争的产品。

现在阿里巴巴引领了网上购物模式,商场更应当变革自身的经营模式,将商场的体验性、参与性加强,使得商场成为旅游场所。

第四,房地产项目完全可以变成旅游区。

我国很多旅游景点虽然旅游资源非常丰富,但是留不住人。为什么？往往是因为配套设施差,接待条件差,服务态度差。往往只顾及人们是来游览的,但忘记了人们是来消费的,是来旅游消费的。旅游消费是什么？意味着要住好,要吃好,要玩好,还要购物。若没有相应的设施,没有很好的酒店来接待,游客下次便不会再来。所以我们说,旅游区的房产建设要求更高,必须和旅游环境相融合,满足旅游者所有的需求。

第五,工业区同时也可以变成旅游区。

在我们的思维里面,工业区是一个生产的地方,而不是旅游的地方。这个观念是不对的。

现在许多的工厂既是生产地,也是旅游地。美国的美元制造厂是开放的,整个生产车间可以参观。除此以外,美国的很多工厂,包括飞机制造厂,都是允许参观的。它们都是旅游景点,而且参观的人很多。

通过以上案例,我们可以发现,还有什么是不能和旅游结合的呢？人类的诸多生存空间是和旅游环境相融合的。因此,房地产开发也必须和旅游环境相融合,才能满足人们的需要。优秀的房地产开发不是简单的盖房子,而是在创造艺术品;地产开发商不是开发土地,而是在建造花园,是把房地产开发当作旅游资源开发。如果我们把房地产看作是一个过程,那么它的前期就叫房地产开发,后期叫旅游的经营。这种房地产开发理念实质上是一种"泛资源观"理念,这种观念能够使得我们永无止境地发掘人类所需要的无尽资源,并能在这个无限广阔的资源空间里找到适合于时尚潮流、符合区域消费者口味的、地域特色鲜明的文化产品制作元素;这种泛资源观能够最大范围地满足日益变化着的旅游消费者的需求。

其实,泛资源观中最重要的旅游资源还是人们的新观念、新知识、新创意。有了这些非物质性的观念资源,我们的全域旅游战略才能得到无尽的资源支撑。

第四节　驱动变革的理念、路径与方法

理念是人们行动的指南,理念决定着人的行为的结果。全域旅游战略是一种全新理念支撑下的现代旅游发展战略。这种新理念要求旅游决策者和广大的从业者摒弃旅游只为经济发展服务、只是提升 GDP 的产业平台和盈利载体的传统观念。应当充分认识到,发展全域旅游的根本目的是为了满足人们精神生活的无尽追求,为了使得民众生活得更加美好,为了传承特定区域的民俗风情和古老的地方

文明传统。

在全域旅游新理念的引领下,旅游规划必须走出一切为了经济效益的误区,要做到旅游规划的目的是以满足旅游者合理需求为要务,以提供具有独特地域性、独特民族性、独特个体特征的旅游产品为基础目标,以创造游客倍感愉悦的环境为理想追求,真正实现《第三次工业革命》一书的作者、美国著名作家里夫金所说的"活着是为了游乐"①的人生目标。

全域旅游战略实施的一个重要前提是要搭建无数个个人自由发展的公共平台,让旅游地的原居民以及最基层的劳动者都有机会参与旅游地的各种社会生活,都有权利发挥自我的创造能力,都有责任传承和创新其特定区域的民俗文化传统。著名经济学家阿马蒂亚·森创立了一种"权利理论",并以此理论阐述他的消除贫困的主张。他强调,解决贫困与饥荒问题的根本途径就是要更多地保障人的自由权、更大程度地提升人参与社会生活的能力以及对于人的充分尊重。只有构建一个自由宽松的产业环境、一个不断地提升自我修养和劳动技能的氛围、一个能充分展示个人才华的创意平台,每个人才能真正地摆脱贫困。全域旅游战略的实施,首先是要创新并构建一个宽松的个人发展机制,让居民能够充分展示自我才华和劳动技能;其次是要规划并设计出适合当地资源条件的、能够让旅游地原居民有赖以生存发展的产业,一个多种产业融合的产业链条;再次就是规划设计出一个优雅美丽的生活环境和便捷的公共服务系统,让全域旅游地区的原居民有自信、自豪、自觉的精神感受,有安全、安心、安逸的生活感知,有舒适、舒畅、舒服的和谐生活感觉。

除了上述理念创新与规划创新之外,全域旅游战略实施还应当采取如下几项推进措施。

第一,充分利用高校和智力机构的创意设计资源,编制各种业态融合、相关产业协同发展的全域旅游规划,大手笔策划重大旅游产业项目。

古人言,任何事情必须"谋定而后动""预则立,不预则废"。没有经过精心规划设计的产业是难以持续发展的产业,旅游产业更是如此。全域旅游战略实施,一定要做到"规划先行",并且实现"多规合一"。全域旅游规划应当做到如下"八要":一要起点高,不能简单地等同于国民经济和社会发展的规划,必须充分体现发展全域旅游的对策、重点项目和细化方法。二要定位准,结合规划区域的资源特点以及文化禀赋,找准产业的定位。三要结合紧,注重以示范区、示范基地带动区域

---

① 〔美〕杰里米·里夫金:《第三次工业革命》,张体伟、孙豫宁译,北京:中信出版社2012年版,第279页。

旅游产业转型升级、促进旅游与相关产业融合发展,推动旅游业结构升级。四要基础实,要重视全域旅游区的企业集聚,重视扶持龙头企业,培育上市公司。五要方向正,具体产业选择上应当突出数字文化产业、新媒体发展、本土文化资源和产业资源整合,打造旅游文化名片、塑造文化品牌形象。六要项目新,建设若干个具有品牌效益的特色旅游项目,如结合中国传统文化中的"茶道""香道""花道"等民族传统,策划一批参与性、互动性、体验性极强的重点项目。七要链条长,注重在创意、策划、产品研发、产业配套、营销、出口、广告、品牌授权、对外连锁经营、夜间娱乐、人才培训等方面的全产业链的打造。八要不跟风,避免硬件式思维、盲目跟风、重复建设、占用过多土地资源、重点不突出、企业发展无力的项目。

第二,以创意设计带动旅游产业项目创新。

特定区域的全域旅游战略实施一般需要解决两大问题:一是该区域用什么产品吸引客户的注意力?二是旅游产品如何占领更多的市场份额。很多区域旅游资源虽较为丰富,但"散、弱、小"特征一直没有突破和改变,因为规模小,品质低,导致名气小,在市场上缺乏核心竞争力。为此,必须实行大手笔资源整合,冲破"多头管理,地域限制"的瓶颈,把一些品质好、潜力大、分散型的旅游产业资源实行"统一打包、统一策划、统一品牌、统一建设",融合成一个大项目,使之成为全域旅游项目建设的引擎。

第三,以互联网思维理念大举措创新旅游产业发展模式。

现代旅游经营者都应当尽快适应移动互联网的产品特征和精神,转变思路、跟上形势。马化腾十分强调互联网时代的产品特征,提倡企业家要采取立体式、放射式、复合式的互联网思维。因为互联网改变了人类的生产方式,改变了人类的学习方式,改变了人类的生活方式,改变了人类的价值观念,甚至改变了人类的商业逻辑……无数例证告诉我们:未来的竞争都是跨界的。实体经济正在部分地被虚拟经济取代,最典型的例证是:电商已经开始取代许多类型的实体商店。

第四,推进文化产业要素转型、打造产业链。

产业要素是实现产业价值的基础,创造性地整合旅游产业要素,将会构建系列的旅游产业链。随着文化产业活动的转型升级,"无景点旅游"的模式开始出现,以前旅游活动中不被关注的食、住、行、娱等要素将会变成系列旅游中可供体验与消费的旅游产品。例如,餐饮业要增加文化体验的含量,要能够使得旅游者不仅能够品尝美食,还能够感受一种浓郁的文化气息;住宿要进行文化包装,彰显文化差异,建设文化主题酒店;交通要注入文化体验的功能。旅游区的缆车、电瓶车应当根据当地的文化风俗进行主题包装;娱乐要地域化、民俗化。民俗在旅游过程中能满足游客"求新、求异、求乐、求知"的心理需求,是一种高层次的文化消费。

第五，以独特的旅游目的地形象营销传播吸引世界客商。

纵观世界著名的旅游城市，无一不是"城市形象独特"的创意城市和不间断地进行城市品牌营销的城市。我们许多城市为了提升产业的经济效益，往往只是盯着具体产品本身，只看见物质化的城市而看不到精神化的城市形象；往往忽略了对产品生产者和产品消费者的关注，忽略了显示产品生产地的精神氛围、审美情趣。当今世界最吸引人的城市并不是具体的城市物质产品，而是一个城市的独特形象。所以，城市形象的塑造与品牌传播才是真正实现产业转型升级的关键因素。英国学者保罗·斯通曼提出"软创新"（Soft Innovation）概念，认为技术和形态的硬创新，主要是产品物理形态的改造，而软创新是一种"主要影响产品和服务感官知觉、审美情趣、知识认知的非功能性表现"的创新。随着社会的发展进步，现代人越来越渴望象征内容。所有传统产业都必须导入内容战略，都要让自己的产品与服务成为内容的载体。城市文化形象塑造与传播策略正成为新的企业经营模式和区域发展模式。硬创新是针对具体产品的创新，是改变产品象征价值的创新。软创新则是以审美变革为主导的文化创新。一个城市的产业转型升级，首先是城市形象的不断传播与提升。产业转型升级要超越硬创新，关注软创新，实现硬创新与软创新的融合创新，达到真正意义上的"巧创新"。

第六，树立人才第一的观念，聚集各路文化英才。

旅游产业的发展离不开文化产业人才。全域旅游区域应当在旅游产业人才队伍的建设上下功夫，采取"产、官、学"三方合作的方式大力培养文化产业人才：政府制定政策支持人才培育，学界承担人才培养和产业研究，企业大力引进人才。要着力从文化产业人才的引进、使用、考核、培养等诸方面建立市场运作机制，打造三支文化产业人才队伍：一是全域旅游发展的研究人才队伍，二是全域旅游经营管理人才队伍，三是历史文化名人队伍。要充分发挥历史文化名人的影响力，组织举办相关的文化艺术活动，广泛开展区域文化交流，打造历史文化名人品牌，使得文化名人、文化名作成就文化旅游胜地。

文化旅游产业是典型的个性产业，没有固定的模式，没有标准答案，只有鲜明独特的个性才能让人难以忘怀。

总而言之，实施全域旅游战略必须以转变传统旅游观念为切入点，以全域旅游规划创新为抓手，以管理制度变革为核心，倡导共享经济理念，搭建人才发展平台，更多地尊重并保障个人参与社会生活的自由权，激励全社会参与旅游产业的变革，实现区域社会经济文化的协调发展。这样才能保证中国文化旅游业在世界激烈竞争的大潮中立于不败之地。

行业报告六

艺术品业年度发展报告

张 慧*

2017年,处于理性调整期的中国艺术品市场稳中有升,在世界艺术品市场中继续扮演重要角色。艺术品关税再次降低,传递出国家对推动艺术品市场国际化发展的积极态度。占据市场主导地位的艺术品拍卖市场屡创佳绩,"减量增质"成为业界共识。画廊业营商环境依旧亟待改善,"中国式"画廊制度正在培育。艺术博览会经过多年培育,逐渐从立足本土走向接壤国际。以网络拍卖为代表的艺术品电商渐成趋势,然而经营模式需要突破传统,寻求创新。艺术品金融因中国艺术品市场的发展应运而生,成为极具战略意义的新兴业态,但需完善相关金融基础设施建设。中国艺术品市场在快速发展中依然面临市场秩序不规范的严峻问题,需要政府、市场、行业协会的共同努力。

第一节 行业发展宏观环境及政策条件

一、宏观环境

2017年,在国际经济缓慢复苏的背景下,中国宏观经济延续了稳中向好的趋势,国内生产总值迈上80万亿元的台阶,较上年增长6.9%,城乡新增就业1300多万人,就业目标超额完成,企业景气度多项指标创近5年新高,消费升级态势明显。国际货币基金组织一年内4次上调中国经济增长预期,中国经济成为拉动世界经济增长的主要动力源和稳定器。在此宏观经济环境影响下,中国艺术品市场稳中有升,呈现回暖趋势,在世界艺术品市场中扮演重要角色。

---

* 张慧,北京大学艺术学院艺术管理与文化产业方向硕士研究生。

二、政策评析

2016年12月,国务院关税税则委员会发布《2017年关税调整方案》,明确将包括油画、粉画、雕版画和各种材料制的雕塑品原件等在内的三个税则号的关税暂行税率降至3%。这是自2012年艺术品关税自12%下调至6%后的再一次下调。

此次艺术品关税调整方案传递出国家对推动艺术品市场国际化发展的积极态度。国家通过改善艺术品市场的税收制度,实行普遍的税收优惠政策,将在很大程度上改善目前"高税率、低税收"的不合理现象,有益于中国艺术品市场的进一步发展。但目前市场对降低艺术品增值税税率(17%)的呼声依然很高,期待国家出台更大的优惠政策。

有关专家认为,中国艺术品税收政策改革并非单纯靠降低税率就能实现。中央财经大学法学院教授、中央财经大学拍卖研究中心执行主任刘双舟认为,"现阶段问题出在征收方式上,属于技术性问题。当前,国内实行预征艺术品增值税的方式,艺术市场发达的国家或地区则是在再次交易后,根据藏家持有艺术品的时间差异进行不同额度的增值税征收,而国内的预征方式以及标准的不明晰,很大程度上会让藏家产生排斥心理。"①全国工商联民间文物商会会长宋建文认为,"艺术品税收问题不能单单从降税一个方面来考虑,应从纳税对象资格的区分与确定、同一纳税对象资格不同税种的设置与确定、纳税行为的区分与纳税标准的确定、艺术品税收管理的阶段目标与终极目标、艺术品税收的阶段任务与终极任务等多个问题角度综合考虑,着手制订综合解决方案。比较理想的结果是,能够形成一个经营者愿意经营、收藏家愿意收藏、经营者和收藏家都愿意把藏品捐献给公益事业,也就是艺术品能够最大限度地服务于社会的良好局面。"②

此外,关于促进优秀传统文化传承发展和文物保护力度的政策也对繁荣艺术品市场具有积极意义。2017年1月,中共中央办公厅、国务院办公厅印发《关于实施中华优秀传统文化传承发展工程的意见》,提出"推动中外文化交流互鉴。加强对外文化交流合作,创新人文交流方式,丰富文化交流内容,不断提高文化交流水平"。2017年2月,国家文物局正式发布实施《国家文物事业发展"十三五"规划》,提出要切实加大文物保护力度、多措并举让文物活起来,其中,"鼓励民间合法收藏文物,提升社会文物管理服务水平"一项内容引人关注。

---

① 孙玉洁、武文龙、刘婷婷、高登科:《暂行税率3%,艺术品关税多少更合理?》,载《艺术市场》2017年第3期。

② 同上。

第二节　行业发展概况

一、行业数据

根据巴塞尔艺术展与瑞银集团发布的《2018 全球艺术市场报告》,在经过两年连续下滑之后,2017 年全球艺术市场出现增长,总交易额达到 637 亿美元,同比上涨 12%。美国、中国、英国仍然是艺术品交易的三巨头,几乎占据了全球艺术品交易份额的 83%。在 2017 年全球艺术品市场交易总额中,美国占据 42% 的市场份额,亚洲地区占据 23%,中国仍然是该地区的最大市场;2017 年,艺术品的交易总额约为 337 亿美元,同比增长 4%,市场份额占比 53%;拍卖市场的交易总额达到 285 亿美元,同比增长 27%,市场份额占比 47%;2017 年,关门倒闭的画廊数量仍在增加,"如果不考虑营业额水平,最令他们忧心的问题是市场基础机构的不断改变,同比表现最好的画廊和长寿的画廊都处于市场顶端";线上艺术品交易方面,2017 年的交易总额为 54 亿美元,创历史新高;艺术博览会的交易额较 2016 年度提升了 17%,总额达到 155 亿美元,然而这种成功也是有代价的——展商们在参加艺博会活动方面的支出也明显高于以往。①

二、技术条件

技术发展为艺术品交易提供了宽广的获客渠道、宣传途径、便捷的金融支持。人们通过互联网可以很容易地了解世界各地画廊、博览会等艺术品的状况,艺术品电商、网络拍卖可以跨时间和地域实时竞价和支付,大幅节约了差旅和时间成本。艺术品供给方可以通过平台访问数据分析客户的消费偏好,进行更为精准的营销,提高了买卖双方的效率。在科技的支撑下,中国艺术品金融创新非常活跃,模式远多于欧美市场,在非遗、艺术衍生品、邮币钱币卡等方面进行了大量的探索和尝试,交易规模可观。有些创新投机性较强,风险较大,中国艺术品金融的发展需要回归到做大做强文化艺术产业的本源上来。②

科技的发展也为艺术品鉴定提供了有力支撑。例如,依托于科学技术的科学鉴证通过采集艺术品的微观信息,可为艺术品制作独一无二的"身份证"。但目前

---

① 《637 亿美元 + 12% 涨幅!巴塞尔发布〈2018 全球艺术市场报告〉》,http://wemedia.ifeng.com/52173260/wemedia.shtml,检索日期:2018 年 5 月 28 日。

② 黄隽:《科技发展给艺术市场带来什么?》,http://www.ce.cn/culture/gd/201708/11/t20170811_24949570.shtml,检索日期:2018 年 5 月 28 日。

科学鉴证尚缺乏统一的科学标准和规范程序,需要进一步完善。

三、国际交流形势

在全球艺术市场萎缩的严峻环境下,我国艺术品市场突破困境,保持稳中微升,国际影响力与日俱增。

一方面,中国艺术"走出去"更加频繁,不仅是中国艺术品、艺术家、市场机构,而且更重要的是中国艺术品在国际艺术品市场中的份额与影响力快速提升,在世界艺术品市场治理过程中作用在增加。

另一方面,国际艺术品市场不断拓展中国市场,不仅是国际性的艺术家及其作品、艺术资讯服务机构、市场经营机构(如画廊、拍卖行)不断进入中国,而且中国藏家与投资机构越来越多地购买与收藏国际艺术家的作品。随着中国买家在国际拍场上频繁"出手",中国本土艺术品拍卖机构参与国际化竞争的程度会逐渐加深。这就要求中国本土市场机构除了能够积极地发掘优势市场资源、有针对性地培育收藏投资客户外,更要重视对拍卖服务的全面性、综合性改良与完善,应该有意识地通过打造品牌的国际化影响,以达到提升国际竞争力的目的。

第三节　重点行业分析

一、艺术品拍卖

中国艺术品拍卖市场自 2012 年进入了理性调整期。根据 Artnet 发布的《全球中国文物艺术品拍卖市场统计年报》,中国文物艺术品拍卖市场经历了 2014 年、2015 年两年的交易额回落,于 2016 年实现了回暖(见表 1-6-1);而海外地区中国文物艺术品拍卖交易总额在 2015 年实现小幅回弹后,又在 2016 年出现了明显萎缩(见表 1-6-2)。

表 1-6-1　2012—2016 年中国文物艺术品拍卖市场交易情况

年份	上拍量(件/套)	成交量(件/套)	成交率	成交额(亿元,含佣金)
2012	563915	269749	48%	288.5
2013	711965	360341	50.61%	398
2014	701977	327928	46.71%	357.9

续表

年份	上拍量(件/套)	成交量(件/套)	成交率	成交额(亿元,含佣金)
2015	532447	253682	47.64%	291.3
2016	499260	254940	51.06%	334.1

数据来源:Artnet:《全球中国文物艺术品拍卖市场统计年报》(2012—2016年)。

表1-6-2 2012—2016年海外地区中国文物艺术品拍卖市场交易情况

年份	上拍量(件/套)	成交量(件/套)	成交率	成交额(亿元,含佣金)
2012	68162	44972	66%	165.7
2013	68714	46374	67.49%	150.8
2014	76060	46387	60.99%	148.0
2015	86266	48805	56.58%	171.9
2016	74690	45585	61.03%	132.0

数据来源:Artnet:《全球中国文物艺术品拍卖市场统计年报》(2012—2016年)。

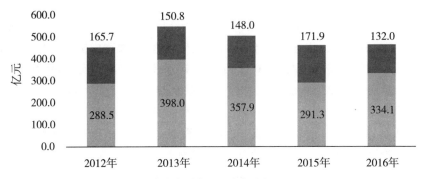

图1-6-1 2012—2016年中国文物艺术品全球拍卖成交额统计图

数据来源:Artnet:《全球中国文物艺术品拍卖市场统计年报》(2012—2016年)。

2017年,中国艺术品拍卖市场显示出稳中有升的趋势,处于平稳调整期,呈现出以下特点。

1. 中国艺术品拍卖成交额及成交均价创新高,白手套专场频现

2017中国艺术品拍卖市场佳绩频传。根据雅昌艺术市场监测中心《中国艺术品拍卖市场调查报告》(2017年秋季)公布的数据,2017年全年,中国境内艺术品拍卖成交数量为184002件,同比下降0.86%,成交总额约为642.84亿元,比去年同

期上涨 24.88%。2017 年秋拍艺术品成交均价再创新高,达到约 38.8 万元/件,打破了 2017 年春拍中刚刚创造的 31.5 万元/件的纪录。这说明各大拍卖公司"减量增质"策略取得显著成效。全年共计出现 217 个白手套专场,占全年专场数量的 13.26%,成交额占全年总成交额的 10.19%。①

图 1-6-2　2015—2017 年中国艺术品拍卖成交均价(万元/件、套)

数据来源:雅昌艺术市场监测中心:《中国艺术品拍卖市场调查报告》。

多家大型拍卖行的秋拍交易额创新高,高价拍品频现。北京保利秋拍经过 7 天共 40 个专场的拍卖,以逾 42.6 亿元的总成交额落槌,领跑中国艺术品拍卖市场,其中共有 5 件拍品成交破亿元,40 件拍品成交额超过 1000 万元,500 万元以上的拍品共有 94 件。② 中国嘉德秋拍总成交额达 30.39 亿元,5 件巨帙成交价过亿元,48 件拍品成交价过千万元,产生 15 项拍卖成交纪录,5 个白手套专场。③ 佳士得香港 2017 年秋拍以 34.3 亿港元总成交额称霸香港 2017 年秋季拍卖市场,其中有 4 件拍品逾两亿港元成交。香港苏富比 2017 年秋拍总成交额逾 31.5 亿港元,整体成交率 86%,涨幅高达 43.1%,同时产生了 16 项世界拍卖纪录。保利香港的 2017 年五周年秋拍总成交额达到 18.08 亿港元,创下保利香港单季拍卖的历史新高纪录,包含 3 件过亿港元拍品、36 件千万级港元拍品,以及一场白手套专场。中国嘉德(香港)秋拍总成交额 6.526 亿港元,创历史新高。④

---

① 雅昌艺术市场监测中心:《中国艺术品拍卖市场调查报告》(2017 年秋季)。
② 马海燕:《北京保利秋拍斩获 42.6 亿　5 件拍品过亿》,中国新闻网,http://www.chinanews.com/cul/2017/12-21/8406334.shtml,检索日期:2018 年 5 月 28 日。
③ 《30.39 亿元!嘉德年完美收官》,中国嘉德官网,http://www.cguardian.com/zxzx/jdxw/gsxw/2017/12/7743.shtml,检索日期:2018 年 5 月 28 日。
④ 李冬阳:《香港 2017 年拍卖市场盘点 多项新高成交额显示市场回暖》,经济日报—中国经济网,http://www.ce.cn/culture/gd/201712/26/t20171226_27429993.shtml,检索日期:2018 年 5 月 28 日。

表 1-6-3　各大拍卖行 2017 年春拍/秋拍成交额

	北京保利	中国嘉德	北京匡时	北京华辰	佳士得香港	香港苏富比	保利香港	嘉德香港	匡时香港
2017 年春拍	24 亿元	29.39 亿元	13.3 亿元	1.49 亿元	23.6 亿港元	31.7 亿港元	12.45 亿港元	3.26 亿港元	1.82 亿港元
2017 年秋拍	42.6 亿元	30.39 亿元	16.0 亿元	1.65 亿元	34.3 亿港元	31.5 亿港元	18.08 亿港元	6.52 亿港元	2.6 亿港元

数据来源:根据相关资料整理。

2. 价格区间分布更趋成熟,各个价格区间成交量、成交额均有提升,亿元区间成交火爆,中高端拍品表现不俗

2017 年,中国艺术品拍卖价格区间分布更趋成熟,各个价格区间成交量、成交额均有提升。其中过亿元拍品成交尤为火爆。雅昌艺术市场监测中心《中国艺术品拍卖市场调查报告》(2017 年秋季)数据显示,2017 年过亿元拍品成交额为 38.63 亿元,同比增幅 172.44%。共计 30 件拍品超过亿元,其中秋拍 19 件拍品超过亿元,同比增加 12 件,为近几年最突出的一次,其中齐白石的《山水十二屏》以 9.315 亿元成交,创齐白石作品拍卖纪录,也成为全球最贵中国艺术品。值得注意的是,企业藏家的进入使得高端需求持续增长。目前企业藏家购买力已占据整个艺术品市场的 60% 以上,成为中国艺术品市场的中坚力量。

此外,作为市场中坚力量的中高端拍品同样表现不俗。据不完全统计,2017 年秋拍 1000 万元至 5000 万元区间的拍品成交量同比上涨 74.64%,成交额同比上涨 77.15%;500 万元至 1000 万元区间的拍品成交量同比上涨 48.22%,成交额同比上涨 49.87%。以上两个区间作为市场的中坚力量,更能体现出整个艺术品拍卖市场的可持续发展后劲。①

3. 中国书画与瓷器杂项占主导地位,现当代艺术下滑

从具体的品类来看,中国书画与瓷器杂项依然占据拍卖市场的主导地位。2017 年春拍,中国书画与瓷器杂项分别以 41.54% 与 40.93% 的市场份额引领中国艺术品拍卖市场。而现当代艺术下滑至 10.24%。② 2017 年秋拍,瓷器杂项品类成交额首次超过中国书画品类,现当代艺术品类市场规模进一步缩减,降至 8.95%。③

---

① 雅昌艺术市场监测中心:《中国艺术品拍卖市场调查报告》(2017 年秋季)。
② 雅昌艺术市场监测中心:《中国艺术品拍卖市场调查报告》(2017 年春季)。
③ 同上。

4. 市场资源集中于大型拍卖公司，中小拍卖企业受考验

一线拍卖企业业绩不俗，但中小拍卖企业却惨淡经营。一线拍卖企业牢牢控制了绝大多数的市场份额，重量级拍品也几乎都出现在了一线拍卖行，资源和资本集中的趋势越来越明显。这种现象不只出现在内地，香港市场也是如此。在市场调整过程中，不少中小型拍卖公司备受考验，不得已暂停或退出了拍卖序列。北京拍卖行业协会会长、华辰拍卖董事长甘学军表示，传统的拍卖模式已经穷途末路了，尤其是中小型拍卖公司的生存更为艰难。从拍卖公司的角度来说，要从自身的运作模式、管理观念、从业理念上做改变。①

二、画廊

1. 画廊成为发掘艺术家的中坚力量，本土画廊代理制度尚待完善

随着中国当代艺术市场的繁荣，中国画廊业进入快速发展阶段，但其发展水平与目前中国艺术品市场的整体发展水平并不相当。2011年之后，在国家宏观调控和艺术市场自律规则的影响下，中国艺术市场步入趋于理性的调整期，画廊业也经历了一次重新洗牌，迎来了新的格局。一批同质化、实力弱的画廊被淘汰，一批求新创新的画廊则活跃在如今的艺术市场上。此外，一批初生牛犊也如雨后春笋般进入。

画廊与艺术家的代理制度是西方画廊业在百年的发展历史中逐渐形成的。它为艺术家的创作提供了更充分的创作条件和空间，也为艺术成就和思想的传播提供了与现代社会更有效的对接方式。中国现代画廊业已经历了30余年的快速发展，时至今日，画廊已经成为发掘艺术家、推动艺术家成长的最为重要的中坚力量，也逐渐形成了本土化的画廊与艺术家之间的代理机制，但尚未形成成熟的制度，仍需培育。

中国的画廊制度呈现一种特殊性，即画廊和艺术家一般没有形成严格的契约关系，没有形成一种尖锐的法律上的对抗关系，他们相互之间主要通过沟通解决问题。在我国，同一艺术家与多个画廊合作，画廊与艺术家之间的松散合作是普遍现象。代理画廊的定位、服务、运营水平与艺术家的艺术成就和发展需求相匹配，才能够形成共同成长、共同进步的良好关系。销售分成方面，大多数画廊代理制中，画廊与艺术家双方的销售分成关系一般是按国际通行的规则，各占作品的50%。

---

① 《年终盘点：2017年艺术品市场大事件背后的十大现象》，中国经济网，http://www.ce.cn/culture/gd/201712/30/t20171230_27500399.shtml，检索日期：2018年5月28日。

这种平等的利益关系非常重要。①

2. 营商环境不容乐观,画廊经营依旧举步维艰

在中国拍卖业过高的市场关注度及拍卖业自身过度竞争之下,画廊业的突围可以说是举步维艰。

我国画廊的经营成本较高,盈利水平持续低迷。高成本主要来自较国际水平明显偏高的行业税率,以及日益上涨的房屋租赁价格。同属于艺术品交易行为的拍卖在工商管理部门注册的性质为中介,而画廊在注册时被归属到销售类,这导致了画廊和通过拍卖会买卖所享受的税收待遇相差近10倍。较高的艺术品关税及增值税也妨碍了国际画廊进入中国和本土艺博会的国际化。798艺术区是中国当代艺术画廊的桥头堡,然而随着中国房市的逐年上涨,以及艺术区的热度不断提升,不可承受的高房租使得许多资金不甚雄厚的画廊纷纷离开了798艺术区。

画廊的生存压力除了来自外在的税收、房租和行业波动产生的直接资金压力,还有画廊本身定位清晰程度、运营规划和路径考虑是否周全。只有拥有清晰的定位、完善的运营规划、科学的经营管理,才能使画廊在复杂的市场环境下立于不败之地,不会轻易被市场淘汰。

三、艺术博览会

艺术博览会不仅是一个艺术品的展览销售场所,而且是文化艺术资源的整合、推广、教育的平台,甚至是带动城市活力的文化事件。

1. 艺博会逐渐成为全球艺术品销售的重要渠道

随着实体画廊经营成本的逐年上涨和利润的逐渐下滑,更具有流动性和合作性的艺博会越来越被当作画廊的替代品。据统计,每年全球范围内大约有270个艺博会。画廊每年大约40%至60%的销售额都在艺博会上完成。② 根据《巴塞尔艺术展与瑞银集团环球艺术市场报告》,艺博会是艺术品经销商的重要销售渠道。2016年在艺博会实现的销售额占艺术品经销商总销售额的41%,其中本地艺博会占16%,海外艺博会占25%。预计2016年全球艺博会交易额达133亿美元,同比增长5%。③

---

① 裴刚、彭菲:《当画廊遭遇中国式"代理制"关系》,雅昌艺术网,http://gallery.artron.net/20170309/n914041_3.html,检索日期:2018年5月20日。
② Anny Shaw:《放弃实体空间?艺博会或线上销售能否成为画廊转型之道》,http://www.sohu.com/a/202990280_256863,检索日期:2018年5月20日。
③ 张天宇、彭菲:《首份〈巴塞尔艺术市场报告〉问世 艺博会贡献133亿美金》,雅昌艺术网,http://news.artron.net/20170322/n917794.html,检索日期:2017年12月20日。

2. 北京、上海、广州领军中国艺博会,从立足本土到接壤国际,中国艺博会成长在路上

"艺术北京"经过12年的发展,已经成为北京颇具知名度与影响力的艺术博览会。2017年,参与艺术北京的画廊和艺术机构96%以上都实现了现场成交,而"设计北京"的50多家参展机构全部实现了销售。价格在10万元至30万元之间的作品成交率最高,并逐渐成为艺术收藏的主流,而且此类收藏人群也在不断扩大,说明了艺术市场构成的变化。

2017年11月,在上海有三场艺博会相继开幕——第21届上海艺术博览会、第5届上海廿一当代艺术博览会(ART021)、第4届西岸艺术与设计博览会,体现了上海艺术市场的活跃。上海艺术博览会成交量近1.5亿元,与2016年创造的历史纪录持平,在低迷的艺术市场氛围中更显难能可贵。经过5年的深耕,展览规模逐渐扩大,逐渐从立足本土到接壤国际,2017年国际画廊占比首次达到35%。此外,上海廿一当代艺术博览会还宣布2018年将入驻北京。西岸艺术与设计博览会一贯坚持高规格的画廊甄选标准,形成独特的精英式的展览氛围现场,云集大量的顶尖级艺术家和顶尖级作品。特别值得注意的是,由于西岸文化走廊逐渐形成,西岸艺博会与周边场馆形成了联动效应,数十件作品串联起了博览会内外空间,不但延伸到周边艺术机构,甚至深入到黄浦江边的空间,周边画廊也随着艺博会的热度,同时亮出18场同期展览,联合上海的30多个文化场馆,为整个西岸地区营造出了独具都市江景的艺术氛围。

广州艺博会是国内规模最大的艺术博览会,在4天展期中吸引了25万人次参观,实现现场交易额6.6亿元,创历年最高纪录。本届博览会中,价格在5万—10万元之间的作品成交率最高,逐渐成为普通艺术消费者的艺术消费主流。

艺博会对于中国艺术品市场来说是一种舶来品。诚然,近几年中国本土艺博会发展迅速,规模逐年扩大,但距离世界顶级艺博会还有很大的差距,其组织经验、画廊资源及藏家资源还比较有限。面对越来越多的海外画廊进入中国市场,本土艺博会将迎来更大的发展机遇,应着力于提高自身的服务水平和资源积累,逐步创建具有国际视野的交易平台。

3. 香港巴塞尔艺术展逆势火爆,典亚艺术博览汇聚古今中外古董及艺术精品,台北国际艺术博览会追求精致高质量

进入第5年的香港巴塞尔艺术展已经进入稳定和成熟期。在国际市场行情低迷的情况下,香港巴塞尔艺术展却迎来了出乎意料的火爆场面。VIP预展两天,藏

家纷至沓来。据参展画廊描述,藏家"好像来百货公司抢购一样"①。此外,本次艺博会有很多新藏家光临,尤其是年轻藏家。强劲的亚洲市场吸引了更多新画廊的参与,242家画廊中有29个新面孔,其中有10家来自亚洲,19家来自欧美地区。同时,为了提供更多的展示平台,在固定的"艺廊荟萃""亚洲视野""艺术探新""艺聚空间"和"光映现场"之外,本届展会将迈阿密巴塞尔的"策展角落"项目首次带入香港,以独立小空间重点展出专题群展、艺术历史项目或个人展览,展出的艺术家包括常玉、仇晓飞、王庆松等。据巴塞尔艺术展亚洲总监黄雅君介绍:"我们尽力让艺术展会变得有趣,完善观展体验以及对亚洲艺术市场起到正面积极的作用,是希望更多亚洲和其他地区的藏家来到香港参与其中,从而也促使画廊做得更好。"②

典亚艺博是如今香港最负盛名、最顶尖的国际艺术及古董展览,汇聚了世界各地顶级古玩艺廊,展出范畴涵盖古、今、中、西不同时期的古董及艺术精品。典亚艺博2017年会场占地8500平方米,展出逾8000项艺术品,总值高达35亿港元。艺术品横跨人类5000年的文化及历史,包括东西方的古董;印象派及现当代艺术品,展出从莫奈、西斯莱至法兰西斯·培根及翠西·艾敏的作品;还有高级珠宝、古董银器和钟表,以及艺术摄影。典亚艺博2017年特别呈献喜玛拉雅艺术品,并与该领域中的顶尖艺廊合作,展出堪称国际古董展览史上最丰富、最夺目的展品。多家参展画廊表示在本次艺博会上实现了不错的交易额。典亚艺博联席主席及总监许剑龙先生表示:"典亚艺博将持续引入新类别展品,吸引亚洲新一代的收藏家。更丰富的艺术摄影专区、欧洲装饰艺术品、亚洲兵器及盔甲,加上最先进的虚拟实境体验均令今年的典亚艺博生色不少。典亚艺博将继续在亚洲提供一个与国际艺术市场接轨的世界级平台。"③

2017年台北国际艺术博览会,汇集123家来自15个不同国家的顶级画廊,其中国际画廊有14家首度参展,展出包含年轻艺术家以至当代大师将近3000件优秀作品。本届特别规划以"亚洲视野"为主轴,梳理亚洲当代艺术新风貌,响应全球艺术市场新变化,持续以推广亚洲艺术多样性为宗旨,让艺博会突破地域性成为国际场域的交流。本届参展画廊虽在数量上不如过去庞大,但以更精致和高质量

---

① 倪雨晴:《香港巴塞尔艺术展:逆势上涨 更加多元》,《21世纪经济报道》,http://www.21jingji.com/2017/3-25/1MMDEzNjFfMTQwNTQ1MQ.html,检索日期:2017年4月11日。
② 《香港巴塞尔艺术展销售意外火爆,到底是哪些藏家在买买买?》,http://www.myzaker.com/article/58d7b9ba1bc8e0673b000017/,检索日期:2017年4月11日。
③ 《于香港举行的世界顶尖艺术平台典亚艺博2017圆满闭幕》,http://www.fineartasia.com/sc/news.htm,检索日期:2017年12月30日。

为诉求。①

表 1-6-4 2017 年中国海峡两岸及港澳地区艺术博览会概况

城市	展会名称	时间	成交情况	参展机构	参观人次	内容版块
北京	第 12 届"艺术北京"博览会	4 月 29 日—5 月 2 日	96%以上参展机构实现了现场成交，其中"设计北京"的 50 多家参展机构全部实现了销售。	160 多家画廊和艺术机构	10 万	当代艺术 设计艺术 经典艺术 公共艺术
北京	第 20 届北京艺术博览会	8 月 31 日—9 月 3 日	1.31 亿元	100 多家画廊和艺术机构	3.8 万	当代国际画廊展区、名家推荐展区、经典艺术展区、当代艺术设计展区
上海	第 21 届上海艺术博览会	11 月 2 日—5 日	近 1.5 亿元	140 家	—	—
上海	第 5 届 ART021 上海廿一当代艺术博览会	11 月 8 日—12 日	—	104 家	7 万	主画廊单元、APPRAOCH 单元、公共项目单元
上海	第 4 届西岸艺术与设计博览会	11 月 10 日—12 日	—	70 家	4.6 万	主展区、Art Review Asia Xiàn Chǎng 板块、"天才帐篷" TALENT 单元
广州	第 22 届广州国际艺术博览会	12 月 21 日—24 日	6.6 亿元	390 家	25 万	【力量 China】当代艺术主题展区、【水墨东方】中国当代水墨名家学术展等 12 个主题展览

---

① 《2017 年台北国际艺术博览会 10 月展现亚洲视野艺术汇流》，https://news.artron.net/20171017/n962130.html，检索日期：2017 年 11 月 5 日。

续表

城市	展会名称	时间	成交情况	参展机构	参观人次	内容版块
香港	第5届香港巴塞尔艺术博览会	3月21日—25日	—	242家	8万	艺廊荟萃、策展角落、亚洲视野、艺术探新、艺聚空间、光映现场
香港	第12届典亚艺术博览会	9月30日—10月3日	—	8000项艺术品	2.3万	东西方的古董、印象派及现当代艺术品、高级珠宝、古董银器和钟表、艺术摄影
台湾	第24届台北国际艺术博览会	10月19日—23日	—	123家	6.5万	艺廊集锦、新秀登场、MIT新人特区、艺术前线、艺景无界

数据来源：根据相关资料整理。

四、艺术品电子商务平台

在"互联网+"的时代背景下，艺术品电子商务平台的发展方兴未艾，成为传统艺术市场寻求模式创新的突破点。

1. 全球艺术品网络交易规模逐步扩大，促进新买家增长

《Hiscox2016在线艺术品交易》报告显示：全球在线艺术品交易在过去12个月销售总额达30.27亿美元，同比增长24%。据调查，网络艺术品交易者多属年轻、中产阶级、高教育水准，这部分群体购买力强而且具有很强的市场影响力。传统的拍卖行也开始在线上交易领域发力。据佳士得2016年上半年年报指出，新买家增长很大程度上来自于网络平台的电子业务。佳士得的网络平台电子业务在2016年上半年增长96%，自2015年同期的1530万美元增长至2016年的2800万美元，

网拍成交的均价为8251美元/件。①

2. 网络拍卖渐成趋势,低成本高效率优势明显

传统的线下艺术品拍卖市场普遍面临运营成本高、新买家难觅的经营问题,低成本高效率的网络拍卖逐渐成为一种新趋势。

中国艺术产业研究院副院长西沐分析,中国艺术品网络拍卖总体来说经历了四个发展阶段:第一阶段是传统拍卖业态的互联网化;第二阶段是PC端的艺术电商开始出现,其中平台化网络拍卖盈利模式比较清晰;第三阶段是大电商成熟后开始参与艺术品的拍卖;第四阶段是基于移动终端的网络拍卖开始出现。②

根据中国拍卖行业协会与商务部流通业发展司、文化部文化市场司、国家文物局博物馆与社会文物司(科技司)联合发布的《2016年中国文物艺术品拍卖市场统计年报》,2016年中国拍卖会场次高达979场次,同比增长28.82%,主要原因在于网络拍卖的普遍度越来越高,尤其是中小型拍卖企业的网上参与。

目前,中国嘉德、北京保利、广东崇正、上海天衡以及国际拍卖行佳士得、苏富比等均开展了网络竞拍,争夺新线上拍卖渠道。中国嘉德2017年秋拍有22场专场开通实时网络竞投。中国嘉德表示,该公司首创的实时网络竞投系统能让藏家直接出价至拍卖师参与竞价,在保护藏家私密性的同时,让藏家掌握出价、竞价的主动权,实时同步如同身临现场。

网络拍卖的模式可让三方得利。对于买家来说,省时省力,一场网络拍卖可以持续几天,昼夜不间断,免去"赶场"的烦恼,节约时间、交通、住宿等诸多成本;对于拍卖行来说,除前期投入的运营成本(图录印刷与邮递的成本等),后续成本如展示和拍卖的场租费、招待费、广告推广费等也大大低于传统拍卖。同时,拍卖行可以利用网络展示拍品,方便客户了解项目,有利于降低竞买成本,提高效率,扩充服务范围。③

3. 艺术品电商展相对整个电商市场发滞后,"新零售"时代下期待模式创新和制度完善,艺术品网络消费市场仍需培育引导

相较于电商市场的整体水平,我国艺术品电商行业的发展水平已经远远滞后。经过多年发展,艺术品电商目前还没有出现行业巨头。其原因一是艺术品市场本身存在许多问题和乱象,在现有环境下很难治理,这也反映到网络拍卖中。二是需

---

① 欧志葵:《2016年在线艺术品交易大幅增长 多家拍卖行试水网络实时竞拍》,《南方日报》2016年12月20日。
② 冯志军:《艺术品网络拍卖唱好还是唱衰》,《中国文化报》2017年6月18日。
③ 欧志葵:《2016年在线艺术品交易大幅增长 多家拍卖行试水网络实时竞拍》,《南方日报》2016年12月20日。

要有非常高的综合服务能力和公信力。三是电商的发展还处于初期,缺乏综合服务,也没有完全建构起消费生态。此外,人才的缺乏、艺术消费习惯的培育等也是重要原因。①

随着电商进入平缓增长期,艺术品电商这一垂直领域将面临更加明显的困境,获得用户的难度和成本将越来越高。当前,线上线下与现代物流结合的"新零售"时代已经来临,艺术品电商也不能固守传统艺术品市场的商业模式,而需要以新零售的全新理念进行模式创新,建立生态化的艺术品交易平台,充分结合大数据、物联网、人工智能等新技术,加快艺术品保险、艺术品物流、艺术品仓储、艺术品金融、鉴定估值等产业链发展,并健全相关法律法规,建立市场诚信体系,否则注定将被市场和行业淘汰。

艺术品网络交易市场在未来的艺术品消费市场上会越来越有价值,但距艺术消费市场风口的爆发还需要一些时间,市场仍需培育和引导。西沐认为,"总体来看,艺术品网络拍卖打破了时间空间的限制,具有非常大的发展空间。艺术市场的大众化,让信息更加对称,交易更加透明。我们相信,随着互联网拍卖服务平台公信力的提升、法律监管的完善等,人们的艺术品消费活动会越来越多地向网络拍卖转换,但需要一个培育、引导的过程。"②

五、艺术品金融

1. 艺术品金融业因中国艺术品市场的快速发展应运而生,成为极具战略意义的新兴业态

中国艺术品市场与中国艺术品产业的发展孕育了中国艺术金融,而中国艺术金融及其产业的发展,不断推动中国艺术品资产化及艺术财富管理的创新与发展。在中国艺术金融及其产业不断向纵深发展的进程中,随着其产业规模与产业水平的不断提升,产业金融服务的需求也在不断提出。在这一大的背景下,中国艺术品资产化及艺术财富管理不断走出理论与概念形态,正在形成一个极具战略意义的新业态。

根据《中国艺术金融产业发展年度报告(2017)》,目前中国艺术品资产化及艺术财富管理的业态主要包括:艺术金融证券业、艺术金融银行业、艺术金融保险业、艺术金融信托业、艺术金融基金业、艺术金融资产平台、互联网艺术金融业、艺术金融其他业态等。2016年中国艺术财富管理的规模估计为441亿元,2017年中国艺

---

① 冯志军:《艺术品网络拍卖唱好还是唱衰》,《中国文化报》2017年6月18日。
② 同上。

术财富管理的规模估计为558亿元,2017年中国艺术财富管理的规模比2016年增长了26.5%。①

2. 艺术品金融业的发展不甚成熟,需要加强相关金融基础设施建设

我国艺术品金融业刚刚起步,不甚成熟,具有很强的探索性与不稳定性。虽然目前也有一些业务、产品或项目的发展,但大多数还需要继续在理论与实践中去检验、完善与深化。

金融业的发展对金融基础设施建设有严格的要求。从我国艺术品金融发展现状看,还存在艺术品金融基础设施供给严重不足的问题,主要体现在:一是艺术品鉴定机制不健全,二是艺术品的价值评估体系不完善,三是艺术品的托管体系不完善,四是艺术品的变现退出机制不健全,五是艺术品金融统计体系不健全。这些问题如果得不到及时解决,可能会增加金融风险,增加交易成本,降低交易效率,影响金融机构和投资者的积极性。当然这些问题的解决并非一蹴而就,在上述问题没有很好解决之前,可以通过一些创新举措,设计比较好的金融结构,来防范金融风险,消除金融机构和投资者的疑虑。但是,要从根本上突破艺术品金融发展的瓶颈,必须加强艺术品金融基础设施建设。②

第四节 行业问题、对策与发展趋势

一、面临的问题

第一,艺术品市场结构不合理,一、二级市场倒挂严重。

我国艺术品拍卖过度发展,在艺术品交易中一直处于强势地位,对画廊业造成挤压,蚕食了中国画廊业的市场份额与发展空间。这种一、二级市场倒挂的畸形结构并不是成熟健康的市场结构。

第二,艺术品税收制度不完善,阻碍行业健康发展。

我国艺术品高税率导致逃税、避税现象严重,从而也造成了财政的低税收。高税率使得文物艺术品公开交易受阻,迫使大量艺术品的交易转至地下,市场数据无法有效、准确地统计。由于准确的市场交易数据无法准确统计,从而也致使相应政府部门无法制定科学、合理的指导性政策。

---

① 中国文化产业智库研究中心:《中国艺术品资产化及艺术财富管理年度研究报告(2017)》,http://news.sina.com.cn/c/2017-08-02/doc-ifyinwmp1446956.shtml,检索日期:2017年10月25日。

② 《艺术品金融离下一个风口还有多远》,http://www.cnr.cn/chanjing/gundong/20171023/t20171023_523997487.shtml,检索日期:2017年10月25日。

由于高昂的税收和烦琐的手续,将国际市场中大量的中国艺术品交易挡在国门之外,使得来自民间渠道的文物回流受阻,这与其他一些欧美国家"进门交易不收税,再次交易需缴流转环节税"的规定有很大区别。同时我国尚未建立出口退税政策,境外买家购买中国艺术品并没有退税鼓励的政策,这又影响了我国文化艺术品的输出。

第三,艺术品市场管理制度不完善。

我国艺术品市场长期存在法规缺位以及制度不健全的问题,阻碍了市场的健康发展。2016年3月15日,文化部修订的《艺术品经营管理办法》正式实施。据文化部相关负责人的解读,本次修订工作的一个重要任务就是要规范艺术品经营秩序,促进艺术品交易透明。该《办法》建立的专家委员会、明示担保、尽职调查、鉴定评估、信用监管等制度都旨在规范艺术品市场。新办法的出台表明我国政府相关部门正在积极关注艺术品经营状况,艺术品经营全程化管理开始起步。但新办法只是规范艺术品市场的开始,不可能解决所有的问题。目前还缺乏针对细分领域的具有可操作性的管理细则,行业内也缺乏统一的行业标准。我国艺术品管理制度的完善是一个长期的过程。

第四,艺术品市场秩序混乱,诚信机制不完善,鉴定评估制度亟待建立。

中国艺术品市场面临的最突出的问题之一是制假、贩假现象极为严重,达到了专业化和产业化的程度,这扰乱了我国艺术品市场的秩序,极大地损害了消费者和投资者的利益。因此,我国艺术品市场亟待建立诚信机制,其中鉴定评估制度的建立是关键。鉴定是艺术品市场有序健康发展的基础,此外,艺术品鉴定与评估在艺术品投资、投保、抵押、典当、理赔、遗产传承和财产分割等经济行为中至关重要。目前我国艺术品鉴定评估主要存在的问题有:(1)仍以基于个人主观经验的专家鉴定法为主,缺乏科学的标准和规范的程序。(2)缺乏统一的准入门槛和退出机制,发展缓慢,难以满足社会大众需求。(3)艺术品鉴定缺乏责任追究机制。[①]

二、解决对策

第一,政府完善艺术品市场管理法规,加强监管,出台更多促进艺术品市场发展的政策。

在维护艺术品市场秩序方面,相关政府部门应完善艺术品市场管理法规,加强相关法律法规的宣传,加强监管,加大对扰乱市场秩序的违法行为的惩治力度。

---

① 陈宇惠:《浅谈艺术品鉴定与评估》,http://collection.sina.com.cn/plfx/20140523/0936152611.shtml,检索日期:2017年10月25日。

在完善艺术品税收制度方面,建议进一步降低艺术品进口关税;建立艺术品出口退税制度;停止预征艺术品增值税,推迟至交易环节征收;对画廊和拍卖行实行单一的综合税,降低艺术品行业税率;简化艺术品进出口手续,研究制定合理的回流文物艺术品进境税率;完善艺术品捐赠税收优惠制度。

此外,政府还可根据艺术品市场的实际情况出台更加丰富的产业扶持政策,如专项资金扶持、房租优惠、专业人才培养项目等。

第二,完善艺术品市场基础设施建设。

我国急需完善艺术品市场基础设施建设,包括艺术品数据库建设、征信体系建设、艺术品鉴证和溯源体系建设、学术与理论研究支撑等多方面。目前拍卖市场的数据库较为完善,但缺乏画廊和网络艺术品平台的市场数据。艺术品鉴定方法需要革新,应大力推广成分分析法、脱玻化结构分析法、锈蚀层衍射法、微观观测法等科技检测方法,将科学检测和专家鉴定相结合,通过建立比对数据库来进行艺术品真赝鉴定。此外,还需要积极运用互联网创新技术,建立艺术品鉴证备案网络平台,方便艺术品的鉴证备案信息查询、鉴证备案申请、交易数据查询等,促进市场信息的透明化,从而建立公开诚信的市场秩序。

第三,发挥社会组织力量,规范行业标准,加强行业自律。

艺术品市场行业协会要积极制定行业标准,指导、监督会员依法开展经营活动,依照章程,加强行业自律,推动诚信建设,促进行业公平竞争。政府、市场、社会组织三方形成合力,才能促进艺术品市场的健康发展。

三、发展趋势预测

1. 艺术金融将会有新的突破

目前,艺术品及其资源已呈现出商品化→资产化→金融化→证券化(大众化)这一发展趋势。在这一趋势中,围绕资产化、金融化而展开的平台化的理论创新探索,不断整合不同学科的资源,正在生发出基于平台化的创新研究基础上的三大创新指向:一是基于平台化的财富创新管理,主要是以资产配置为核心的资产优化配置,主要对象是个人、机构(企业)、家族三个层面;二是基于平台化的艺术金融产品的创新;三是基于平台化的支撑体系建构创新的突破。

中国艺术品市场几十年的实践表明,依靠艺术品市场自身系统的力量无法解决已存在的问题。必须依靠资本的力量,在中国艺术品市场结构转型过程中,实现艺术金融发展的新突破。①

2. 艺术消费市场发展迅速，以 IP 驱动的艺术衍生品市场规模提升幅度大

随着人均 GDP 的不断提升，人们的消费结构进入快速转型期，文化艺术品消费不断崛起，这是艺术品消费发展的不竭动力。

"IP"是近年较热的词，其核心是"携带深厚文化属性，有铁杆'粉丝'的，凭自身的吸引力，挣脱单一平台或单一品类的束缚，在多个平台上获得持续关注，进行分发"。以"IP"驱动的艺术衍生品开发将成为艺术市场的新趋势。艺术衍生品有巨大的市场空间。据国外数据统计，在艺术市场交易中，艺术衍生品的成交额几乎是原创艺术品市场的 6 倍。② 虽然国内的艺术衍生品产业尚处于起步阶段，但随着市场需求的提升及创意设计水平的提升，我国的艺术衍生品市场会得到长足的发展。

3. 艺术品产业与"互联网+"融合进程加快

传统艺术品市场急需利用互联网思维重塑行业。互联网艺术品产业作为一个全新的业态，需要新的平台+互联网机制的建构。可充分发挥互联网的平台作用，建立集艺术品交易、艺术金融、鉴定、评估、物流、咨询、培训、修复、鉴证备案等于一体的一站式服务平台，同时促进线上与线下联动发展，以实现艺术品产业的转型升级。

---

① 《西沐谈 2015 年中国艺术品市场的态势及 2016 年走向》，中国经济网，http://www.ce.cn/culture/gd/201603/10/t20160310_9400254.shtml，检索日期：2017 年 4 月 23 日。

② 梁志钦：《艺术消费市场大行其道是不容置疑的趋势》，http://www.ifenglife.com/essay_show-15031-lx.html，检索日期：2017 年 4 月 20 日。

行业报告七

工艺美术业年度发展报告

高敬涵[*]

中国工艺美术历史悠长，在长远的历史发展中，逐渐形成了包括雕塑工艺品、金属工艺品、漆器工艺品、花画工艺品、天然植物纤维编织工艺品、抽纱刺绣工艺品、地毯挂毯工艺品、珠宝首饰、民族工艺及其他制品、陶瓷工艺品、烟花爆竹等11大类。工艺美术业属于文化朝阳产业，不仅具有重要的艺术价值与历史价值，还具有巨大的经济价值与社会价值。从2017年的工艺美术行业可见到宏观国家调控与微观行业发展上的诸多突破，行业处于稳定发展、螺旋上升的进程中。

第一节 工艺美术业政策环境分析

一、宏观环境对工艺美术发展的影响

首先，2017年中国经济进入新常态。在增长速度换挡期、结构调整阵痛期、前期刺激政策消化期"三期"叠加的经济形势下，党中央作出了"认识新常态、适应新常态、引领新常态"的战略判断。中国经济从高速增长转为中高速增长，对于工艺美术行业来说，"市场需求进入了增长平缓期，行业生产进入供应宽松期，企业发展进入转型创新期"[①]，从行业发展数据中可以见到工艺美术业的稳步增长。"市场虽然对于传统工艺美术大件、要件、高端产品的需求明显下降，但对于实用性、日用型、产业化的工艺美术产品需求却日趋旺盛。"[②]尽管中国经济增速放缓，但是实际增量依旧可观，内需与国际市场仍存在诸多机会。

---

[*] 高敬涵，北京大学艺术学院艺术管理与文化产业方向2016级硕士研究生。
[①] 中国工艺美术协会：《新常态下全国工艺美术行业发展的几点思考》，http://www.cnaca.org/info/2015713/1-1939.shtml，检索日期：2017年10月24日。
[②] 同上。

其次，中国进入供给侧结构性改革与消费结构升级换代的阶段，工艺美术业需增加供给结构对需求变化的适应性和灵活性，努力实现更高层次的供需平衡，不仅要致力于提供更丰富的文化供给，还要注重提升供给质量，提高行业生产效率，注重加快生产方式向数字化、网络化、智能化、柔性化发展，打造具有国际影响力的著名品牌，提升工艺美术产业发展核心竞争力。

再次，国家发展改革委、外交部、商务部联合发布的《推动共建丝绸之路经济带和21世纪海上丝绸之路的愿景与行动》作为国家级顶级倡议，致力于发展与沿线国家的经济合作伙伴关系，共同打造政治互信、经济融合、文化包容的利益与责任共同体。文化部于2016年12月颁布的《"一带一路"文化发展行动计划（2016—2020年）》中提出，工艺美术作为建立与完善文化产业国际合作机制的重点领域，除了积极发展沿线地区具有地域与民族特色的文化产业项目外，也要利用"一带一路"文化交流合作平台推介文化创意产品。

另外，"十三五"规划中提出了"制定实施中国传统工艺振兴计划"。中国共产党第十八届中央委员会第五次全体会议也做出了"构建中华优秀传统文化传承体系，加强文化遗产保护，振兴传统工艺"的决策。除此之外，从我国发布的《"十三五"时期文化发展改革规划》《"十三五"时期文化产业发展规划》《"十三五"时期文化科技创新规划》《"十三五"时期文化扶贫工作实施方案》等相关文件中，均可见国家对文化发展的重视，规划内容也与工艺美术行业密切相关。提出要提升非物质文化遗产保护传承水平，进一步完善保护制度，增强传承活力，振兴中国传统工艺，促进非物质文化遗产走进现代生活，让文化遗产活起来，推动中华优秀传统文化创造性转化和创新性发展。

二、工艺美术领域政策指导

2016年3月，李克强总理在两会《政府工作报告》中提出的"工匠精神"成为年度热词。当年年底，《关于促进文房四宝产业发展的指导意见》颁布。至2017年，又连续出台了多部行业相关政策，可见国家近年来对工艺美术业发展的高度重视。

2017年1月，中共中央办公厅、国务院办公厅印发了《关于实施中华优秀传统文化传承发展工程的意见》，启动诸多重点工程项目，指出要推动中华优秀传统文化的传承与发展，在大国崛起的背景下实现文化崛起，保护传承文化遗产，实施传统工艺振兴计划，滋养文艺创作。

同月，由工业和信息化部、财政部联合发布了《关于推进工业文化发展的指导意见》，首次把工艺美术列为工业文化产业，预示着工艺美术将与工业制造进行深度融合，肯定了工艺美术等工业文化产业是提升中国工业综合竞争力的重要手段，强调需在保护中发展,在传承中创新,将传统工艺结合现代设计理念创作新型工艺品,推动新时期我国工业文化的全面发展。另外值得注意的是,在《国务院办公厅关于开展消费品工业"三品"专项行动 营造良好市场环境的若干意见》(2016年)、《轻工业发展规划(2016—2020年)》(2016年)中都提及了对工艺美术产业的相关建议,工艺美术的未来发展也将遵循《中国制造2025》(2015年)的引导。

2017年2月,商务部等16部门联合印发《关于促进老字号改革创新发展的指导意见》,提出进一步优化老字号发展环境,弘扬工匠精神,支持老字号传承创新传统技艺。

2017年3月,国务院同意并发布文化部、工信部、财政部联合制定的《中国传统工艺振兴计划》,旨在"发掘和运用传统工艺所包含的文化元素和工艺理念,丰富传统工艺的题材和产品品种,提升设计与制作水平,提高产品品质,培育中国工匠和知名品牌,使传统工艺在现代生活中得到新的广泛应用,更好满足人民群众消费升级的需要"①。该计划提出了五项基本原则、十项主要任务与四条保障措施,为各级政府的落实、执行指明了具体方向。

2017年11月,上海市经济和信息化委员会发布了《上海市工艺美术产业发展三年提升计划(2017—2019年)》,着力推进上海工艺美术产业规模化、特色化、集群化、品牌化发展,目标具体、指导方法明确清晰,可以作为其他各级政府在落实国家政策中的优秀学习案例。

同时,作为文化产业中的重要行业,近年来颁布的文化产业相关法律、政策对工艺美术领域也具有重要的指导意义。涉及非物质文化遗产领域、促进少数民族发展、对外文化贸易、"互联网+"、知识产权保护、税收金融与专项资金、创意设计与文创产品开发、文物保护、特色小镇建设等领域的政策。

第二节 行业年度发展概述

一、工艺美术市场年度表现

1. 行业市场稳步发展

2017年1月至9月,传统工艺(包括工艺美术、陶瓷、玻璃、文房四宝、传统家具等)相关的企业数达到24344个,累计完成主营业务收入33582亿元,实现利润

---

① 文化部、工业和信息化部、财政部:《中国传统工艺振兴计划》,2017年3月24日。

总额 2356 亿元，分别比去年同期增长了 9.82% 和 17.97%。① 2017 年上半年，中国工艺美术品进口额达 9.95 亿美元，同比增长 3.22%，仅 6 月份进口金额就达 2.2 亿美元。进口额比较多的品种主要有首饰及仿首饰（进口额 1.1 亿美元，占 6 月份总进口额的 50.2%）、珠宝、纤维或尼龙制地毯等。在出口方面，2017 年上半年我国工艺品出口额达 134.4 亿美元，同比增长 13.7%，仅 6 月份出口额就达 28 亿美元。出口额排名前三的工艺美术品主要有首饰及仿首饰（出口额高达 59.2 亿美元）、花画工艺品与地毯挂毯类工艺品。②

全国工艺美术行业经济运行态势如图 1-7-1 所示。2017 年中轻工艺美术产业景气指数与中轻景气指数基本持平略有波动，与工艺美术主营业务收入指数、资产景气指数、利润景气指数等相似，基本维持在景气稳定与渐冷交界的 90 点上下，较 2016 年整体处于景气渐冷的状态相比略有发展。值得注意的是，2017 年 3 月至 10 月之间，工艺美术行业出口景气指数的平均值达到 95.31，远高于中轻景气指数水平，尤其在 6 月旺季时达到了 100.05，可见中国工艺美术生产出口业务呈现稳定健康发展的态势。

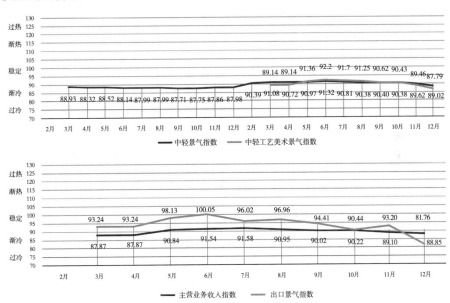

图 1-7-1　2017 年中轻工艺美术行业景气指数

---

① 中国工艺美术学会：《2017 年全国工艺美术行业座谈会在贵州隆重召开》，http://www.accweb.cn/news/20171114091749186659.html，检索日期：2017 年 12 月 25 日。

② 《2017 上半年中国工艺美术品进出口数据分析：出口额达 134.4 亿美元，同比增长 13.7%》，中商情报网，http://www.clii.com.cn/zhhylm/201711/t20171123_3914897.html，检索日期：2017 年 12 月 25 日。

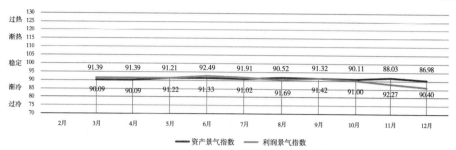

图 1-7-1　2017 年中轻工艺美术行业景气指数(续)

数据来源:2017 年中轻工艺美术行业景气指数,http://www.clii.com.cn/zhhylm//trade/t20/index.html,检索日期:2017 年 10 月 24 日。

从图 1-7-2 至图 1-7-5 所示全国工美行业主营业务成本月度走势、主营业务收入月度走势、亏损企业月度走势等可见:亏损企业数量于农历春节后迅速下降至个位数,多数月份还呈现转亏为盈的情况;全国工美行业在成本与收入上都处于增长态势,但增长幅度在不同月份有明显区别。1—2 月为中国农历春节,期间增速较缓,8—9 月的增速尤为缓慢。累计主营业务收入利润率月度走势显示,2017 年行业收入利润率稳定在 5.3% 上下,较 2016 年相比保持恒定。

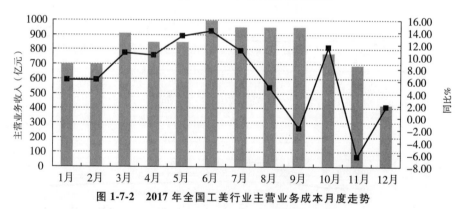

图 1-7-2　2017 年全国工美行业主营业务成本月度走势

数据来源:《2017 年全国工美行业主营业务成本月度走势》,http://www.clii.com.cn/zhhylm//201803/t20180319_3918879.html,检索日期:2018 年 10 月 24 日。

2. 艺术金融催生工美转型

工艺美术金融化经过 20 年的发展,逐渐深入到工艺美术产业的全产业链。从最初极少见并且必须基于工艺美术原材料、工艺美术作品的质押贷款,发展至今种类繁多,包括:基于工艺美术原材料的仓储金融,为荣誉"非遗"传承人发放的无抵押信用贷款,活化闲置工艺美术品价值的艺术银行,工艺美术品收藏,具

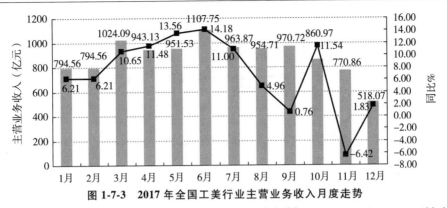

图 1-7-3　2017 年全国工美行业主营业务收入月度走势

数据来源：《2017 年全国工美行业主营业务收入月度走势》，http://www.clii.com.cn/zhhylm//201803/t20180319_3918876.html，检索日期：2018 年 10 月 24 日。

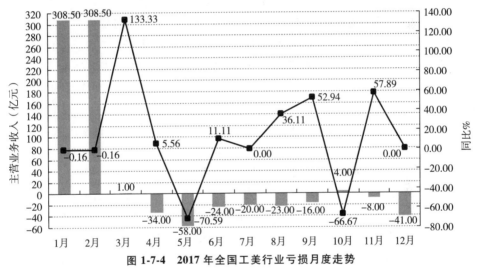

图 1-7-4　2017 年全国工美行业亏损月度走势

数据来源：《2017 年全国工美行业亏损月度走势》，http://www.clii.com.cn/zhhylm//201803/t20180319_3918881.html，检索日期：2018 年 10 月 24 日。

有艺术品投资属性的金融产品如艺术品基金，以艺术品为标的的"份额化""现货销售"模式的理财产品等。不论成功或失败，都为工艺美术的金融化发展积累了宝贵经验。①

---

①　马佩：《金融化，催化传统工艺美术的现代转型》，《艺术市场》2017 年 9 月，第 88—91 页。

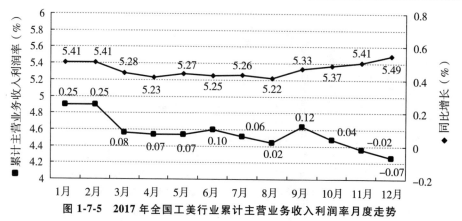

图 1-7-5　2017 年全国工美行业累计主营业务收入利润率月度走势

数据来源:《2017 年全国工美行业累计主营业务收入利润率月度走势》,http://www.clii.com.cn/zhhylm//201803/t20180319_3918878.html,检索日期:2018 年 10 月 24 日。

2016—2017 年,业界在工艺美术的金融化方面仍不断积极探索。最引人注目的就是"工艺美术电子盘"理财产品的热销。"工艺美术电子盘"基于文化产权交易逻辑,集闲置文物变现(需经严格审核)、收藏与投资属性。艺术品电子盘可当天买卖,线上交易标的物,与线下实物对应,以工美大师创作的小型作品为主,线上线下价格统一。且一旦投资被套,投资者还能申请提货,进行收藏或等待二次托管。总体来说,电子交易平台方便卖家进行文物套现,省去寻找买家的成本;对买家来说,所投资文物都经过了专家审核鉴定且价格透明,优势明显。但由于缺乏相关法律规定,交易也暗藏风险,仍需谨慎入市,理性投资。

2016 年 6 月,北京首支政府引导型基金,北京工艺美术大师精品投资基金正式启动,并于 2017 年 3 月举办了基金首批精品成果展,作为基金阶段性成果的总结汇报。2017 年 5 月,非物质文化遗产发展基金成立,以"非遗"保护、传承与发展为目标,将重点用于非物质文化遗产项目的大数据研究、"非遗"领域项目投资以及"非遗"传承人的扶持等。2016 年 6 月,深圳文化产权交易所"文化四板"的"非遗专板"上线,正式启动非物质文化遗产产业股权交易,为"非遗"提供包装宣传、商业模式发展、国际销售渠道建设等服务,旨在激活"非遗"产业与相关产业链。在互联网金融方面,2017 年 10 月京东众筹"非遗"主题版块"玩物不丧志"上线,聚焦文化传承与工匠精神,加强对传统文化产品的展示体验。

3. 古玩文物市场洗牌整顿

受到行业整体发展颓势影响,古玩艺术品交易市场普遍偏冷,市场"甩货"现象频繁,各地许多古玩城陷入停业与半停业状态。虽然古玩市场进入调整洗牌时期,但是从产业整体发展看,有利于挤出投机膨胀的泡沫,促进市场的良性发展,实则为一种理性回归。

2017年8月,国家工商行政管理总局、国家文物局联合发布《关于联合开展文物流通市场专项整顿行动的通知》,整顿古玩文物市场中现存的诸多乱象。长久以来,文物古玩市场处于"野蛮生长"状态,许多不法分子为了高额利润,违法从事文物经营活动,非法买卖文物,或是售卖假货,坑骗消费者,严重危害文物安全,扰乱文物市场秩序。文件出台后,2017年7月至10月,在全国范围内展开了文物流通市场的专项整顿行动,形成震慑非法行为的高压态势,借此促进民间合法收藏,促进文物保护与合理利用。

古玩文物市场也展现了一些新的趋势。例如受到"互联网+"的影响,可以发现一些文玩商家借助直播平台出售货品。在各地市场,买手通过直播帮客户代购以收取劳务费的模式非常流行。还有利用微信宣传交易与维系客户、在电商平台上开设店铺交易等。

4. 工美会展经济热络

据商务部发布的《中国展览业发展统计分析报告(2016)》可见,中国展览业保持平稳发展的态势,举办的展览会规模与可供展览面积居于全球首位。在工艺美术行业,也可见到会展经济的活跃态势,不仅能促进企业开展营销活动与供需洽谈,延伸企业链条,还能带动周边行业发展,拉动效应显著。国家级展会,如2017年第52届全国工艺品交易会、2017年第18届中国工艺美术大师作品暨手工艺术精品博览会等稳定发展。省市级展会也层出不穷,如2017年第12届中国北京国际文化创意产业博览会、2017年第15届上海国际文化创意产业博览会、2017(第13届)中国(深圳)国际文化产业博览交易会等发展历史相对较长的展会。也有许多新兴展会品牌正在孵化。许多博览会同期举办奖项评比活动。许多老牌展会的奖项具有一定的社会公信力,但其中也不乏许多展会以有偿评奖作为创收工具,形成系统的利益链条,需谨慎对待。

5. 传统工美转型文化产业

国家对非物质遗产的保护,鼓励从抢救性保护、整体性保护,逐步向生产性保护阶段过渡,在传承非物质文化遗产的前提下,通过生产、流通、销售等方式,将非物质文化遗产转化为生产力与文化产品,收获经济效益,促进产业可持续发展。"十三五"规划提出,除了加强对传统工艺美术项目的保护,传承发展传统品类与技艺之外,也要提升创新设计能力,促进新技术与工艺美术的融合,以现代设计促进传统手工艺成为符合现代消费需要的文创产品,如鼓励特色区域与大师工作室创新创业,支持工艺美术特色小镇与双创平台示范项目的建设等。

政策提出后,各地政府积极响应,落实实践,出现了许多优秀案例。例如,山西省非物质文化遗产文创基地将于 2018 年开放，基地将建设为一个集展示、研究、传习、创作、表演、体验、交流等多种功能于一体的综合性的山西非物质文化遗产展演展销平台。广州市也于 2017 年 1 月建立了传统工艺美术文创产品跨界创新平台，启动广州文化礼品创新设计与产品研发，将吸纳跨界资源，推动广州"非遗"的活化。2016 年 7 月，首个两岸大学生工艺美术创业基地在中国知名的工艺美术大县福建闽侯成立，为两岸创业大学生免费提供创业场地，并提供创业相关的咨询服务、专家指导与培训等。除此之外，各高校所提供的"双创"基地也非常活跃。

在微观层面，也可以看到许多个人与团体活跃于工艺美术创业一线。例如在辽宁喀喇沁左翼蒙古族自治县，由于以紫砂土为代表的陶土资源丰富，吸引了南方宜兴 20 多位国家、省级工艺美术大师及 200 名技术工人入驻，至 2017 年 10 月已有企业、商户与作坊逾 200 家，带动劳动力就业 5000 多人。"非遗"大省贵州，受益于政府 2013 年启动的"锦绣计划"，结合少数民族发展与文化扶贫，发展至今已培训绣娘 4000 名。许多绣娘还成立了自己的公司，拥有上百名员工，营业额突破百万元。

在特色小镇建设方面，2017 年 8 月，住房和城乡建设部公布了第二批中国特色小镇名录。名录上可以见到如世界瓷都江西景德镇、浙江东阳木雕小镇、广州大涌红木小镇等具有工艺美术传统的特色乡镇。另外，根据《中国工美报告》中《产业集聚汇总表》《产业集群汇总表》[1]可见，中国工艺美术协会、中国轻工协会、文化部等机构也持续向在工艺美术方面具有集聚特色的县市乡镇授予荣誉称号。如 2016 年 2 月，中国工艺美术协会授予河南宝丰"中国汝瓷之都"称号；2017 年 3 月授予河南浚县"中国石雕之乡"称号等。荣誉称号的获得，不仅能从经济角度促进区域文化知名度的提升，促进文化旅游业的发展，有效带动地方经济的提升，还能从社会文化的肯定中活化传统的工艺美术业，促进传统技艺向现代文创产业转型。

6."互联网+"工艺美术

2017 年，"工艺美术+网络直播"新闻不断，工艺美术传承人通过直播展现精湛技艺，以鲜活真实与互动趣味收获大批年轻"粉丝"，打开"非遗"传播的新思路。互联网不仅是文化宣传平台，还为工艺美术行业提供了多元的营销机会，目前有国家公共服务平台、行业产业链平台、艺术品电商、大众消费品电商等发展方向。

国家工业和信息化部工业文化发展中心所组建的"国家工艺美术产业公共服务平台"[2]，虽然当前以信息发布为主，但未来希望建立产品评价体系，能提供产品

---

[1] 中国工艺美术协会、全国工艺美术行业普查工作办公室：《中国工美报告》，2009 年 8 月。
[2] 国家工艺美术产业公共服务平台，http://www.acipmiit.org/default.aspx。检索日期：2017 年 12 月 25 日。

展示、销售收藏、宣传推广、促进交流、建立档案数据库、加强人才与技艺保护等功能。中国工艺美术协会近两年致力于推进的"中国艺品网",已超出了简单的交易范畴,有望成为全行业、全链条的工艺美术资源整合平台。该平台虽仍未上线,但2017年动作频繁,凭借中国工艺美术协会的地位与影响力在多省建立工作站,为未来布局。

工艺美术电商,分为工艺艺术品与大众消费品电商两个方向。在淘宝、天猫这样的大型平台可以看到大量的工艺艺术品与消费品。但在工艺艺术品销售方面,平台的定位缺乏专业度,销售主要集中于1000元以下的低端商品,5000元以上售出的工艺艺术品屈指可数。在含工艺艺术品项的艺术品专业电商平台,可见股东实力雄厚的哈嘿艺术网、专注唐卡艺术的"普众艺术网"等,其余多以中国书画、当代艺术为主。另外,"卡戳网"致力于与各地知名旅游区如少林寺、蓬莱阁等合作,结合线下体验店与线上店铺,强调三维与VR体验,虽产品处于发展期,但商业模式具有独到之处。在大众消费品方面,更贴近日用设计的相关专业平台较多,如专注东方美学的匠人手作电商平台"东家",销售品质设计家居用品的"造作"等。

2017年7月,"东家"发布首份《中国匠人电商生态观察》[①]报告,提出具有团队运作、设计创新、实用为主、设计思维、全球视野的"电商化匠人"概念,"东家"平台上"80后""90后"匠人占比达60%,呈现出年轻匠人群体的新兴力量。目前"东家"拥有150万高购买力用户,月销售额达3500万元。

总的来说,工艺美术电商仍面临市场规模小、内容创新平平、产品质量参差不一、市场价格混乱、运营与体验模式单一等诸多问题,仍有广阔的发展空间。

二、工艺美术业年度大事记

1. 环保整治风暴席卷工美

2015年1月1日,最新修订的《中华人民共和国环境保护法》开始实施,中央环保督查在全国范围内轰轰烈烈地开展,民间称其为"环保风暴",大量企业面临限产、停工整顿,抑或彻底歇业。在环保高压的背景下,工艺美术行业在所难免,加剧了行业洗牌。例如,2017年4月,拥有"中国皇家琉璃之乡"美誉的北京门头沟区龙泉镇,在地琉璃厂因利用传统工艺烧煤不合环保标准而被悉数关停;再如福建樟林寿山石雕匠人被停工搬迁;又如河北长古城镇手艺人,因原料涉及环保问题被迫关门歇业等。环境保护为时代所需,工美行业也需紧跟时代潮流,淘汰落后的工

[①] 东家:《中国匠人电商生态观察》,http://www.accweb.cn/news/20170726103937l8044.html,检索日期:2017年12月25日。

艺设备,改进工艺以适应新环保标准,促进工艺美术行业的可持续发展。另外,为了加强对野生动物的保护,国家已于2017年12月31日对商业性加工销售象牙及制品进行全面禁止。

2. 数字保护与出版领域:中国"非遗"保护数据库正式上线

2017年10月,由中山大学中国非物质文化遗产研究中心宋俊华教授团队建设的中国"非遗"保护数据库上线,同时发布团队主持编写的新书《非物质文化遗产蓝皮书:中国非物质文化遗产保护发展报告(2017)》。数据库共包含"非遗"项目、史料文献、研究专著、研究论文、影卷、影偶、田野调查图片、田野调查音频、田野调查视频、田野调查笔记、传承人信息等11类资源,并按资源类型进行栏目划分,包含史料文献、影卷、影偶、传承人、田野调查资料、代表作名录、研究成果七大栏目,以数字化形式对"非遗"进行资源整合与档案记录,为对非物质文化遗产的保护与抢救提供支持,也为学术工作者研究提供宝贵的研究材料。

在学术出版领域,目前活跃的工艺美术期刊有《装饰》(月刊)、①《浙江工艺美术》(月刊)、《设计艺术》②(双月刊)、《艺术生活》③(双月刊)、《中国工艺美术》(双月刊)、《上海工艺美术》(季刊)等。2017年,工艺美术领域的重要出版物有历时20年编撰的、共20卷20册的《中国传统工艺全集》,还有获第六届中华优秀出版物奖的《中国景德镇传统陶瓷工艺》等。

3. 工艺美术影视作品走红

2017年12月,国宝探秘节目《国家宝藏》在央视开播,口碑爆棚。《国家宝藏》改变以往文博类纪录片沉闷古板的风格,运用巨幕、全息影像等高科技包装豪华舞台,邀请明星与文物一线工作者,以小剧场表演、短纪录片与现场对话的形式讲述文物的"前世今生",受到普通百姓的热烈欢迎,引发了博物馆旅游热潮。若仔细留意,可发现近年开播的工艺美术与文博类节目尤为丰富多样。文博类节目如《国家宝藏》《如果国宝会说话》等,工艺美术纪实文化类节目如《百心百匠》《对话·寓言2047》《讲究》《非凡匠心》等,弘扬刺绣技艺的都市情感励志电视剧《因为遇见你》,还有2016年热播的《我在故宫修文物》《指尖上的中国》,2015年的《工美中国》等。工艺美术相关影视作品的热播,有效传播了工匠精神,提升了大众对传统工艺美术文化的理解与欣赏水平,推动了工艺美术的传承与发展。

---

① 原《中央工艺美术学院学报》。
② 《山东工艺美术学院学报》。
③ 《福州大学厦门工艺美术学院学报》。

第三节 行业发展问题与对策

当前,部分工艺种类生存状况较好,部分则濒危。陷入濒危的原因,在于缺乏健康稳定发展的消费市场,并会进一步导致人才流失。

市场萎缩的原因是多方面的,根本原因在于产品和当代生活与消费需求的脱节。深入产业观察可以发现:在经营管理上,许多工艺美术生产仍处于手工作坊形态,管理方式陈旧。在产品定位上,缺失对当代消费市场的理解,所生产的工艺品可能既不符合当下社会的审美需求,又欠缺实用功能;在创新研发上,传统的手工匠人由于在技艺传承中更强调模仿继承而少于创造力的培养,举步维艰,不得要领。在工艺生产上,由于传统工艺强调手工的精雕细刻、往往工序繁杂,生产用工多,耗时长,造价高昂,极大地限制了市场拓展。若不经历工艺的现代化改良,在大众消费品方面难有竞争力。在行业人才方面,除了市场萎缩带来严重的人才流失,传承人老龄化、技艺后继无人的问题之外,行业的人才培养上还存在着重技术、轻文化的现象。学术理论体系的不完善带来艺术评价体系的混乱,民众对工艺美术品的认知混乱,无所适从,也让不良经营者有机可乘。

对于以上行业发展问题,建议从抢救性保护、整体性保护、生产性保护、人才培养等四个方面出发,促进工艺美术行业的可持续发展。

一、抢救性保护

对于生存状态恶劣、面临技艺濒危的工艺,应刻不容缓地进行代表性传承人的保护与抢救性记录工作。首先,对"非遗"传承人(大师)的帮扶与保护要落实《关于进一步加大对"非遗"代表性传承人开展传习活动支持力度、落实好传习补助经费的通知》,提升"非遗"代表性传承人传习补助经费标准。消费市场的培养并非一朝一夕,需长久耕耘,为避免更多"非遗"传承人因生计困难被迫改行流失,文化帮扶对传承人保护具有重要意义。但与此同时,也要对传承人进行监管考核,设立退出机制,以督促传承人履行文化传承义务。其次,要对工艺美术技艺通过文字、图片、影像等方式进行成系统、分门类的建档保存,构建工艺美术保护数据库。

二、整体性保护

对于确已无法迎合市场需求,但又具有保护价值的传统手工艺,可在代表区域设立国家级文化生态保护实验区,进行整体性保护。"非遗"的产生与社会人文与自然生态密切相关,因此整体性保护不仅包含非物质文化遗产本身,还包含与之构成传承链条的文化、社会、经济、自然环境因素,是对生态系统整体的保护。

三、生产性保护

对通过创新发展即可具有市场潜力的传统工艺,要积极促进其向文化产业转化,以可持续生产保障工艺传承发展。在这个过程中,需要政府、企业、学校、社会的多方协作,共同营造适应工艺美术发展的市场环境。

首先,政府应从宏观政策角度为工艺美术行业创造利好环境。政府应积极促进自身体制改革,完善"非遗"保护部门与公共文化服务体系的建设。对工艺美术等文化产业实施差别化税收政策,鼓励社会资本进入行业带动发展。从宏观调控上促进工美产业的转型升级,逐步建立现代工美产业体系,促进相关产业交叉融合发展,共繁共荣。引导工艺美术品交易平台的建立,引导行业协会建立行业产品质量标准与分级认证机制,保障行业评价系统的稳定。建设"工艺美术知识产权服务托管平台",并以相关立法保障行业知识产权的安全。在"一带一路"倡议背景下,打造国家工艺美术离岸文化交流中心与行业国际合作机制试点链,不仅促进中国特色的工艺美术品走出国门,还带动区域行业的合作交流。

其次,在企业微观经营方面,要对个体化手工作坊进行经营管理的现代化更新,调整产品定位以适应新消费市场的需求,以供给侧改革思路对产品进行品质升级。以现代新技术、新材料更新传统工艺,区分传统工艺美术品的"当代艺术品化"与"文创消费品化"两个发展方向,以判断是否需要调整以适应现代大规模工业生产的需求。利用"互联网+"更新营销模式,强化品牌意识。在创新研发方面,重在知识产权保护与人才培养,这是文化企业可持续发展的根本要素。

四、人才培养

当前工艺美术行业人才培养除了传统的师徒与家族传承之外,主要有继续教育、高校培养、职业培训等三种类型。由文化部与教育部于2016年1月开始共同实施的"中国非物质文化遗产传承人群研修研习培训计划",是社会"非遗"传承人进入高校进行继续教育的典范,旨在提升传承人的文化艺术素养、审美、创新能力,提高传统工艺品向文创产品转化的设计开发能力。至2017年12月,已合作78所高校,进行了320余期培训,累计培训了1.5万名"非遗"传承人,延伸覆盖4万名传承人群。在高校培养方面,工艺美术技艺传承主要集中于八大美院、高校美术学院、职业技术学院等。近年,高校积极促进产学研的协作,在各地建立"传统工艺工作站",与民间手工艺人合作:高校师生构思设计,并由民间艺人运用传统工艺进行生产销售,许多项目带来了非常好的经济收益。

基于现有人才培养体系，工艺美术行业相关的人才培养，未来应致力于两大方向，一是面向"非遗"传承人的职业教育，二是面向一般群众的通识教育。

针对"非遗"传承人的培养，首先，应从重技术轻文化，转向培养文化性、技艺性、创新性、商业性多栖发展的综合性人才。这并不意味着选择平庸，而是鼓励学生在具有完善的知识体系的基础上，再依个人兴趣选择深挖领域。文化性培养强调传承传统工艺美术所承载的文化精神、美学价值与历史脉络，如"择一事，终一生"的工匠精神。而更为重要的是，要培养学生对当代文化趋势的敏锐感知，以促进对时代需求的理解，指引创作。技艺性培养，既要保证对传统技艺的传承、掌握与应用，还要学习现代工艺科技，重视两者的融合互补与技艺创新，对接现代工业生产。创新性需基于批判反思与建构精神，以及审美与设计教育的培养，鼓励将当代设计与美学理念融入传统的工艺美术生产。商业性的培养，来自对学生建立现代市场思维观念与企业经营管理理念的重视。产品研发离不开对市场发展趋势的洞悉与理解，经营理念得当才能促进所在企业长久发展。

其次，在培养模式上，好艺术家并不一定意味着好教育者，要从师徒、家族传承的状态过渡至系统化教育与规模化培养，加强产学研的配合，以提升教学效率，保障教学方法的科学性。学校可邀请"非遗"大师走进课堂，担任兼职教师或专业教授，不仅提升大师的社会地位，更为重要的是能对传统工艺进行原汁原味的系统传承。丰富工艺美术相关教育产品的选择，职业技术学位教育、学术型本硕博教育、工匠继续教育、社会职业培训与资格认定、大众兴趣体验班等相互补充，满足多元需求。

再次，对"非遗"传承学术理论人才的培养，要加强对民族民间文化的学术研究，通过展开专题研讨、学科交流、成果展示与评比、学术出版等学术活动，增强工艺美术理论建设。参照古今内外，梳理当代工艺美术的审美评价体系与人才评价体系，为社会与市场提供产品研发、信息共通与技术咨询等服务，以学术视角影响社会环境。建立"非遗"传承人等级体系与荣誉称号，提供不同程度的扶助与奖励，也利于项目人才的选拔。

针对一般群众的工艺美术通识教育，有助于提升社会对工艺美术业的关注，巩固群众基础，培养潜在的工艺传承人与市场消费者，对营建健康的行业生态举足轻重。可以连通其他大众文化产品，例如影视作品、博物馆展览、线上直播、社交媒体平台等，为"非遗"项目和传承人吸引更多的社会关注与支持。博物馆展览要兼顾一般普及性展览与专题学术特展，强调手作体验，对比古今变迁，促进观众思考工艺美术的历史与当下意义。促进"非遗"教育进入中小学与高校，成为文化通识教育的重要组成。设立"非遗"相关的节庆活动，在特定时间与空间中营造文化氛围，提供特殊的文化活动、产品与服务，不仅能增强群众对"非遗"保护的意识，在长期发展中节日文化还能逐渐内化为民族文化，有助于塑造民族地域的精神风貌。

行业报告八

节庆会展业年度发展报告

李 曌[*]

作为具有巨大发展潜力的服务行业,2017年节庆会展业在调整结构、开拓市场、促进消费、加强合作交流、扩大产品出口、推动经济快速持续健康发展等方面发挥着重要作用,在精神文明建设、提升城市形象、构建和谐社会中显示出特殊的地位。目前,伴随着中国经济发展进入新常态,节庆会展业呈现出相对平稳的发展态势,逐渐进入精细化发展阶段,从注重规模数量扩张向注重质量效益转变。

第一节 会展节庆业发展的政策环境

一、宏观政策出台引导与助推节庆会展业发展

我国的"十一五""十二五""十三五"规划均把节庆会展业列入生产性服务业重要门类。在经历了近十年的黄金发展期之后,节庆会展业已经成为我国第三产业中重要的新兴产业之一。

为促进展览业的健康发展,加强对品牌展会的培育,国家层面加强了法规建设,对境内举办的党政机关办展活动进行清理和整顿,规范履行已保留展会审批程序。根据中央"八项规定"精神,严格控制以中央名义召开的各类全国性会议和举行的重大活动。同时,出台相关管理办法,对省部级以上党政机关办展进行了规范。这在一定程度上对规范市场秩序、推动我国展会的市场化转型,以及展览业的持续健康有序发展发挥了重要作用。目前,我国正积极探索展览业科学管理模式,继续推进行政审批改革工作,坚持简政放权,激发市场主体活力,探寻适合我国国情、切合实际的展览业发展路径。

---

[*] 李曌,北京大学软件与微电子学院文化创意产业管理专业2016级硕士研究生。

2017年，由商务部牵头建立了促进展览业改革发展部际联席会议制度，统筹协调和深入推进促进展览业改革发展。商务部全面贯彻国务院《关于进一步促进展览业改革发展若干意见》文件精神，进一步明确展览业市场化、产业化、品牌化、国际化、法制化、信息化发展方向，优化发展环境、产业格局和行业结构，防控风险，破解难题，促进展览业健康、有序、可持续发展，更好地发挥展览业在稳增长、促改革、调结构、惠民生中的作用，更好地服务于国家发展大政方针和国家战略，提升展览业核心竞争力，推动我国从展览大国向展览强国迈进。①

2017年5月，中共中央办公厅、国务院办公厅印发了《国家"十三五"时期文化发展改革规划纲要》。《纲要》指出，文化市场建设要办好中国（深圳）国际文化产业博览交易会、中国国际动漫节、北京国际广播电影电视设备展览会、北京国际图书博览会、上海国际电影电视节、上海国际艺术节等重点会展；办好重点文化产权交易所，开展电视剧等进场交易试点。②

2017年6月21日，国家发展和改革委员会发布《关于印发〈服务业创新发展大纲（2017—2025年）〉的通知》。《通知》指出，到2025年，服务业市场化、社会化、国际化水平明显提高，发展方式转变取得重大进展，支撑经济发展、民生改善、社会进步、竞争力提升的功能显著增强，人民满意度明显提高，由服务业大国向服务业强国迈进的基础更加坚实。服务业体系更加完备、产品更加丰富，供需协调性显著增强，服务业增加值占GDP比重提高到60%，就业人口占全社会就业人口比重提高到55%。③《通知》中与展览业有关的重点内容有：一是在转型升级、优化服务供给结构方面，提出促进体育会展发展，推动文化会展转型升级。二是在促进融合、构建产业协同发展体系方面，提出促进服务业与农业融合，积极探索会展农业等新业态。三是在彰显特色、优化服务业空间布局方面，提出大力发展海洋服务，积极发展涉海会展等配套服务。四是在扩大开放、培育服务业国际竞争新优势方面，提出要以"一带一路"建设为统领，推动服务领域双向开放。进一步扩大对港澳开放服务领域，支持港澳充分发挥会展等专业服务优势，积极参与内地服务业发展和多种形式合作走出去。

国家税务总局对会展业的税收政策充分吸纳代表委员意见，同步优化完善，为进一步降低税负、保障民生发挥了积极作用。中国财政部对"十三五"（2016—2020年）期间中西部地区国际性展会留购展品免征进口关税。

---

① 商务部，http://hntb.mofcom.gov.cn/article/xiangglj/201702/20170202521569.shtml，检索日期：2017年5月12日。
② 新华社，http://www.gov.cn/zhengce/2017-05/07/content_5191604.htm，检索日期：2017年5月12日。
③ 国家发展和改革委员会，http://www.ndrc.gov.cn，检索日期：2017年6月14日。

二、地方各级相关政策

各地政府也在纷纷抢先布局会展产业新一轮发展规划,构建经济增长极。

1. 浙江省

浙江省人民政府发布了《关于进一步促进展览业发展的实施意见》,目标为形成产业结构优化、服务功能完善、市场运作良好的展览业生态圈。

其中,杭州市政府为发展会展业采取多项手段加大政策扶持力度,除每年拨款百万元用于会展项目资金外,还支持成立会展行业协会等组织,并及时发布和汇总杭州的会展状况,了解国内外会展业发展态势,设立会展专门管理机构,研究制定适合杭州会展业的方针和出台有地方性特色的制度法规,为会展的最终决策提供依据。杭州市为会展中心的布局做了合理的规划,据《杭州市会展中心布点规划》,为实现杭州作为会展之都的需要,杭州市采取"两主四副九场馆"的布局,使得各个场馆得到充分利用,分工明确,各司其职。政府还先后出台了《关于加快会展业发展的若干意见》《进一步加快我市会展经济发展的若干意见》《关于扶持杭州打造国际会议目的地若干措施》等一系列鼓励会展发展的政策举措,设立每年500万元的发展会展业专项资金,从政府鼓励、激励引进、奖励企业、减免费用、强势营销、提升品质、组织培训等方面为会展业发展提供了更加优越的发展环境

杭州市国税局充分发挥国税部门掌握海量数据的优势,组织力量对信息经济产业进行调研分析,梳理出台支持信息经济的税收政策措施共30条,范围涵盖以结构性减税为主的增值税、所得税、出口退税等多项税收优惠政策,以充分发挥税收政策对促进发展信息经济、智慧经济以及产业结构调整、鼓励企业自主创新和节能减排等方面的助推与导向作用。

"十三五"时期,杭州会展业将以十八大、十八届三中全会、四中全会、五中全会精神为指导,紧抓"一带一路"建设的重大历史机遇,主动适应经济发展新常态,进一步发挥市场主导作用,创新行业管理、优化会展环境、规范会展市场、壮大会展主体,将杭州打造成"一带一路"具有重大影响力的区域性国际会展中心。

2. 上海市

上海市经过多年打造,上海国际电影节、中国国际数码互动娱乐展览会、中国上海国际艺术节、上海时装周、F1中国站、ATP网球大师赛等节庆会展赛事,已经成为具有全球或亚太地区影响力的领先知名品牌。会展业连续三年贸易竞争力在国内保持前三。上海市政府下发的《关于促进本市展览业改革发展的实施意见》要求,到2020年,基本建成要素集聚、配置合理、制度健全、服务完善、生态优化的

展览业促进体系,把上海打造成市场运行机制比较成熟、会展企业富有活力、具有全球市场重要话语权的国际会展之都。展览规模保持世界领先水平,国际展览占全市展览总面积的比重达到80%,全年举办面积超过10万平方米的展会50个。展览业市场化、专业化程度继续提高,集聚一批国际知名的展览业企业,引进培育一批具有国际领先水平的品牌展会,大力发展会展服务业,形成功能配置合理的空间布局,构建比较完善的地方性法规和市场管理体系,建立比较优良的公共服务体系。计划打造市场运行机制比较成熟、会展企业富有活力、具有全球市场重要话语权的国际会展之都。①

3. 四川省

整体上,四川节庆会展业已进入规模和效益双提升的跨越式发展阶段。"十三五"期间,四川将全面推动四川特色会展形态建设,加大市场主体培育力度,优化资源配置,推进产业融合,强化对外合作,着力培育"一心四区、一极多点"的会展城市体系,力争建设"辐射中西部、服务全国、具有较强国际影响力"的会展产业集聚区。

为促进四川节庆会展业提质增效、加快发展,四川博览事务局牵头,会同商务厅等单位,编制了《四川省"十三五"节庆会展业发展规划》。《规划》提出了"十三五"四川省节庆会展业发展的基本原则和主要目标。"十三五"期间,全面推动全省基本建成以展览和会议为支柱,以奖励旅游和节庆、赛事为特色优势,以国家级和国际级品牌会展为龙头、地方区域性会展为基础的节庆会展业发展态势;市场主体综合实力、竞争力明显提升;会展场馆布局合理、功能完善,从节庆会展业大省向节庆会展业强省发展的基础有力夯实。到2020年,计划全省初步建成中西部会展创新发展示范区、中西部会展国际合作先导区,成都初步建成国际会展名城,努力将以成都为中心的"中西部会展经济带"发展成为环渤海会展经济带、长三角会展经济带、珠三角会展经济带以外的中国节庆会展业"第四增长极"。力争到2020年,每年举办重大会展活动数量超过1800场,展览总面积达930万平方米,5万平方米以上的展览活动数量达30个,节庆会展业年总收入突破2660亿元,其中直接收入达到280亿元,拉动相关产业综合收入超过2380亿元。节庆会展业增加值占全省地区生产总值(GDP)的比重达3%,占全省服务业增加值比重达7%,力争节庆会展业对全省经济增长的贡献率达5%。着力培育一批在全国具有一定影响力的会展企业,力争年营业收入过亿的企业达到5—6家;来川落户或设立分支机构的国内外知名会展企业达到3—4家。在全省范围内培育壮大25—30个重点展

---

① 上海市商务委员会,http://www.scofcom.gov.cn/zhglcj/241855.htm,检索日期:2017年10月21日。

览、5—10个国际知名会议、4—6个品牌节庆活动。到2020年,国际性会展活动数量达到215个,重点培育和引进UFI认证的国际性展览8项,ICCA认证的会议25个。① 为实现这一目标,《规划》提出了加快市场化进程、优化空间布局、完善硬件设施、优化市场环境、推进产业融合、深化品牌战略、扩大对外合作、强化新技术应用、发展绿色会展、创新金融服务10项重点任务,并提出了加强管理服务工作、构建统计研究体系、完善配套扶持政策、推进人才体系建设等4项保障措施。

2017年,成都市政府也正式批复了《成都市会展业发展"十三五"规划》。根据该《规划》,到2020年,成都会展业总收入达到1040亿元,形成新的千亿元产业(其中会展业直接收入达到110亿元,间接收入达到930亿元,年均增速8%),实现成都会展业增加值占成都市服务业增加值比重6.5%。目前,成都千亿元会展产业的版图已经绘就。今后,成都会展业将按照成都市委"157"总体发展思路,以创新创业为主题,以市场化为导向,以品牌化、专业化、国际化为方向,以信息化为支撑,推进会展业转型升级和提质增效,加快打造国际会展名城,助推国家中心城市建设。

4. 山东省

2017年,潍坊节庆会展业发展正由积蓄势能、夯实基础加速迈入全面跃升、全面突破的新阶段。2017年4月16日,全国会展节庆创新发展交流大会在潍坊召开。大会紧紧围绕"创新、转型、提升、拓展"的主题,认真分析了研究节庆会展业发展的新形势、新问题,广泛交流会展名城打造新经验、新模式,深入探讨促进节庆会展业转型升级、培育发展新动能、推进供给侧结构性改革的新思路、新举措。风筝会的举办,有力带动了潍坊节庆会展业的发展,也培育、提升了本地节会的品牌价值。

在日照市委、市政府的大力支持下,日照市现已发展成为我国秦岭、淮河以北规模最大的绿茶生产基地。依托这一产业优势,日照市贸促会主办的2017年第十届中国(日照)国际茶业博览会于6月2—6日在日照市会展中心举办,展会以"生态、优质、健康"为主题,旨在通过搭建一个茶文化展示平台和茶叶购销平台,繁荣茶文化,发展茶经济,促进了茶业贸易和茶文化的推广传播,提升了日照市茶产业整体水平,极大地推动了日照绿茶及相关产业的发展,对日照的经济社会发展起到明显的带动作用,提升了日照作为北方绿茶之乡的知名度和影响力。

5. 海南省

2017年以来,海南会展业保持较快增长,会展业围绕"三年成形,五年成势"的目标,力争取得更大的进步。前三季度会展业收入119.1亿元,同比增长13.8%,会展业实现税收7483.91万元,增长157.4%。据统计,前三季度海南省百人以上会议

---

① 《四川省"十三五"会展业发展规划出台》,《成都晚报》2017年7月18日第2版。

1.2万场,同比增长8%;千人以上会议63场,同比增长14%;参会人数236万人次,同比增长8.5%;举办展览81场,同比增长8%;会展业接待过夜人数1240万人次,同比增长13.5%,约占旅游接待过夜人数的三分之一。海南会展业市场主体成长较快。截至9月底,全省工商注册经营范围涉及会展服务的企业26752户,较2016年年底新增6943户,增长26%;注册资本总额3800亿元,较2016年年底新增488亿元,增长12.8%。①

6. 山西省

山西省设立会展业发展专项奖补资金1000万元,用于支持在山西省举办的会展项目,促进会展业发展。为规范省级会展业专项资金管理,提高资金使用效益,确保资金专款专用,结合山西省会展业发展实际,山西省政府制定出台了《省级会展业发展专项奖补资金管理办法》。奖补资金的支持范围,是已列入省商务厅发布的上年度省重点支持的市场化展会目录,并在本省举办的会展项目。这些会展项目是需符合本省产业规划、对经济社会发展有积极促进作用的项目;引进社会效益明显、影响力强的国际性、全国性、行业性会展项目;申报获得国际展览协会(UFI)和国际会议协会(ICCA)等国际性组织认证的项目;省内重点展馆考核奖励。②

7. 陕西省

陕西省围绕一个重托、二项跨越、三个突破、四项创新、五项成效,即落实好"办好丝博会"这一总书记重托,搭建"会展大平台和丝博会品牌提升"两项跨越,实现"说(论坛)、看(展会)、谈(投资洽谈)"三个突破,突出"走出去、走下去、走上去、走进来"四项创新,取得"产品集散、服务高端、人才聚集、创新引领、金融集聚"五项成效,打造全域会展经济,努力把陕西建设成为丝绸之路经济带上国际知名的会议目的地和著名的会展中心。

8. 澳门

会展业是澳门的重要产业,是提升澳门知名度和影响力的重要平台。促进澳门世界旅游休闲中心建设联合工作委员会积极支持澳门举办国际旅游(产业)博览会。在第四届澳门国际旅游(产业)博览会上,首次引入旅游产品、商品销售。2017年7月,组织由20个省(自治区、直辖市)旅游部门、63家旅游企业组成的内地代表团赴澳参加博览会,内地展位167个,超过旅博会总展位数的三分之一,为

---

① 新华网:http://news.xinhuanet.com/fortune/2017-11/21/c_1121989292.htm,检索日期:2017年12月25日。
② 《省财政设立会展业发展专项奖补资金1000万元并制定〈省级会展业发展专项奖补资金管理办法〉》,《山西财税》2017年第5期,第31页。

进一步推动两地旅游交流合作搭建了良好平台。①

第二节　会展节庆发展概况及特征

一、中国节庆会展业发展总体情况

1. 节庆会展业发展体量分析

2017年,展览面积增长快于展览项目增长,单位项目规模扩大,展览效益向好。如图1-8-1所示,全国共举办展览11204场,比2016年增加6.5%;展出面积为14531万平方米,比2016年增长9.5%。2011—2017年,我国举办各类展览数量从6830场上升到11204场。展览面积从8120万平方米上升到14531平方米。

图1-8-1　2011—2017年全国会展展览数量及面积情况统计

数据来源:商务部、中国会展经济研究会,http://www.cces2006.org。

随着会展业办展数量和办展面积的快速增长,相应会展经济产值也实现大幅增长。根据商务部等机构的统计数据,2011年会展经济直接产值仅为3016亿元,到2017年增加到6297亿元。

2. 发展趋势

2017年,中国展览业保持了稳健发展的趋势。随着展会国际合作不断深化,企业积极参与国际化经营与竞争,"走出去"步伐加快,展会国际化程度也随之提升。加快推进"一带一路"建设,境内的展览项目吸引来自"一带一路"沿线国家和地区的企业呈增长趋势,通过举办亚欧博览会、东盟博览会、南亚博览会等展会,有

---

① 国家旅游局网站:http://www.gov.cn/xinwen/2017-10/12/content_5231279.htm,检索日期:2017年11月4日。

效加强与"一带一路"沿线国家的经贸合作。

图1-8-2　2011—2017年全国会展业直接产值

数据来源：商务部、中国会展经济研究会。

二、节庆会展业区域发展情况

当前,我国已形成"珠三角""长三角""环渤海""中西部""泛北部湾""两江新区"和"东北部"等多区域、多层次的展览业聚集区。展会已遍及全国各省(自治区、直辖市),且质量和影响力不断提升。南有享誉中外的广交会,推动中国—东盟间贸易畅通和双向投资的东盟博览会;北有定位于国家级、国际性、综合型的京交会,搭建中国与亚欧国家开展经贸、投资、旅游、金融、人文等交流的亚欧博览会(新疆)等。

从区域结构看,尽管东部地区展会规模和水平在全国仍占有绝对优势,但中西部地区发展势头良好,增速加快,占比逐步增加。依托人文、经济、产业特色,县域会展经济取得突破。东北地区一些城市,把发展县域会展业作为吸引外部资源、振兴老工业基地的一种重要手段;珠三角、长三角地区城市,积极推进县域会展业发展,提升当地经济、特色产业综合竞争力。会展经济带呈现"三圈三带"式的总体发展布局。每一个集聚区的节庆会展业都呈现出特有的发展优势和运作模式。[①]

1. 环渤海会展经济圈

环渤海会展经济圈的核心地带是京津冀,城市集群为北京、天津、青岛和济南,在全国节庆会展业的发展进程中一直处于龙头地位。作为亚太地区的会展龙头城市,北京市的会展产业成长较早、发展较快、水平较高、影响较广、竞争较强。北京拥有优势的区位条件和高端的消费群体,会展的形式主要包括综合性的国际会议、

[①] 杨进:《"一带一路"战略与会展业发展机遇》,《管理观察》2017年第19期。

各学科论坛和国际大型博览会;作为全国"第二梯队"的会展城市,天津的会展市场主要集中在国际会议的举办和主题展会的开展上;青岛的节庆会展业虽然起步较晚,但发展迅猛。目前,青岛有代表性和影响力的几个自主品牌化的会展包括国际啤酒节和中国国际电子消费博览会;济南市注重展览场馆的基础设施建设,济南舜耕国际会展中心拥有完善的硬件和软件条件。

2. 长江三角洲会展经济圈

长江三角洲会展经济圈是以上海为中心、江浙两省为集群的联动式发展。目前,汉诺威、慕尼黑等国际会展巨头把在中国的主攻城市定位于上海,这主要是因为上海的会展市场定位国际化,发展模式创新化水平较高。随着我国改革开放的进一步深入,江苏省致力于会展内容产业与世界接轨,节庆会展业已经渗透到各个行业,南京、常州、苏州、无锡等城市注重培育本土会展品牌,积极引进国外知名会展品牌①;浙江的节庆会展业,拥有诸如温州国际会展中心等国际化、专业化的展馆,积极地将民族特色的文化产品融于节庆会展业中。②

3. 珠江三角洲会展经济圈

珠江三角洲会展经济圈以广州为中心,以香港为龙头、深圳为支点,是国际会展投资商争相竞争的黄金地带。作为亚太地区的"国际会展之都",香港集中力量打造特色品牌会展、树立企业形象。随着传统产业与高新技术产业协同演进的产业格局的形成,深圳的会展经济也出现了专业化与市场化相融合的运作模式,分工合理的多类型会展开始入驻深圳。

4. 东北部会展经济带

东北部会展经济带以沈阳、大连和哈尔滨为核心,在短时期充分发挥其辐射带动作用,吸引来自海内外的知名会展入驻本地区。作为东北地区最大的政治、经济与金融中心,沈阳节庆会展业虽然起步较晚,但在展馆数量、参展人数和经济效益等各方面都有较快发展。大连的节庆会展业发展迅猛,与北京、上海、广州并称中国四大会展之都。大连的节庆会展业在规模化、专业化和国际化方面成长较快。节庆会展业的成功举办也带动了当地旅游业、交通运输业等相关联产业的快速发展③。作为东北的经贸中心,哈尔滨的节庆会展业却起步较晚,发展较为缓慢。哈尔滨的会展场馆数量有限、品牌化程度较低、营销手段较单一,这严重制约着哈尔滨市场资源的有效利用。为此,政府开始启动专项资金支撑哈尔滨节庆会展业的

---

① 钱蒙翔、吕刘晨:《新形势下江苏会展业发展现状分析》,《无线互联科技》2015年第1期。
② 武勉、张帝、祝瑞:《浙江会展业实施"走出去"战略分析》,《江苏商论》2014年第10期,第34—35、41页。
③ 王冬梅:《沈阳会展场馆发展对策分析》,《现代商贸工业》2012年第24卷第20期,第50—51页。

有效开展。

5. 中西部会展经济带

中西部会展经济带的服务业发展水平不高,基础设施资源较为陈旧。在武汉、郑州和西安等核心城市的带动下,节庆会展业开始把握全新的发展机遇,打造具有中西部地域特色的专项会展。武汉作为中西部城市的领头羊,节庆会展业的发展历史已经超过百年。武汉的地理位置优越,具有发展节庆会展业的区位优势和产业基础。为了提升节庆会展业的市场竞争力,武汉开拓出了一条人文与旅游融合推进的会展产业发展模式。郑州的节庆会展业虽然起步不晚,但一直没有找到一条创新的发展道路。因此,郑州应该借鉴同类型的其他城市的会展成功经验,培育一批专业的会展企业集群,发挥优势产业的引领作用,做大做强本土的会展品牌。作为六朝古都,西安具有浓郁的历史、文化底蕴。西安善于将文化元素融入节庆会展业的定位与选择。西安拥有成熟和专业的文化类品牌会展,一直将文化产业、旅游业的融合作为节庆会展业发展的创新之路。

6. 西南部会展经济带

西南部的会展经济带以成都、重庆和昆明为核心,虽然地理位置较为闭塞,但是却探寻出了一条适合本地区会展发展的产城一体化道路。成都市政府已经将节庆会展业列为城市的重点扶持产业。节庆会展业与旅游业的联动发展拓宽了成都的会展产业链。作为西南部的中心城市,重庆市成为长江上游地区的会展模范城市。重庆将环保理念注入会展场馆的建设和展览项目的推广,开拓出一条适合自身发展的"绿色会展"之路①。昆明是重要的会展旅游城市,是连接东南亚、南亚国际会展市场的枢纽。昆明市利用节庆会展业的机遇,大力发展本市的旅游经济,节庆会展业与旅游业共同构成了本市的经济增长点。

总的来说,东部沿海地带区位优势明显,需要加快节庆会展业的转型升级;中部地区注重服务设施的完善,需要明确节庆会展业的定位;西部地区较为封锁闭塞,需要寻找节庆会展业的创新发展之路。②

三、节庆会展业发展特征

1. 展览业发展较为平稳

在新常态下,我国经济发展正从规模速度型增长向质量效率型增长转变,节庆

---

① 周海宇、谭玲:《重庆"绿色会展"发展现状及对策分析》,《企业技术开发月刊》2014年第7期,第58—59页。

② 高彩霞、毕会娜:《借力与突围——京津冀会展格局中河北会展人才队伍建设方略》,《河北北方学院学报(社会科学版)》2014年第3期。

会展业在发挥以经贸促外交的初期功能后,正随着市场的变化而发生蜕变,从数量增长转向质量提升,发展规模有所回落。

2. 参展主体发生了变化

以前展览活动的参展主体以国有企业为主,现在参加展览的大部分是民营企业;以前大部分企业往往参加世界知名的大型展览会,如今随着市场细分深入和竞争激烈,许多企业开始纷纷开拓新兴市场,远赴南美洲的秘鲁或南亚的巴基斯坦等国寻找商机,不再只注重参加大型展览活动。

3. 展览业所处的整体经济环境发生了变化

传统会展重地欧洲经济复苏乏力,市场持续疲软;我国经济结构加速转型,许多外向型企业调整自身发展战略,加大对国内市场的开拓,减少对出口贸易的依赖,使得一些原本主要从事出口业务的企业减少了会展预算,降低了会展频率,节庆会展业务出现萎缩。

第三节 行业问题、对策与发展趋势

一、面临的问题

1. 管理体制有待健全

我国节庆会展业存在多头管理状况,难以形成发展合力,协同引进会展项目和资源整合力度不够。对全年的协调管理缺乏有效的行政手段和调控推动手段,对节庆会展业发展需求及信息资源掌握也不足。在规划上,除了"北、上、广"等国内一线城市以及其他二、三线城市能够充分结合本市的资源优势、区位优势和产业特点,制定切实可行的节庆会展业发展规划之外,大多数城市指导会展行业发展的相关文件法规尚未建立健全,更缺乏统一规范的运作机制和行业管理制度,对节庆会展业的发展目标、发展重点缺乏有效的宏观指导和微观协调。

在管理体制机制方面,各级政府在会展产业中所起的作用有时不利于行业健康发展。比如,政府筹办的展会往往缺乏竞争性,过多依赖行政手段召集参展商,存在硬性摊派任务或者无条件免除展位费的情况。虽然依靠行政力量能成功举办一场展会,但是对会展产业的发展无长效作用。由于一些政府职能部门对会展活动的具体运作干预过多,展馆经营公司难以按照"政府引导、市场运作、社会参与"的原则进行管理运作,造成多头管理。此外,办展审批手续繁杂,协调难度大,在一定程度上挫伤了会展经营企业的积极性。

2. 市场化程度有待提高

目前,我国节庆会展业仍以政府主导为主,市场配置资源的力量较薄弱,会展企业的市场运营能力还不强,专业化水平还有待提高,亟须加快研究建立会展的合作机制,拓展会展引进渠道,积极培育扶持一批创新能力强、管理服务与国际接轨的会展龙头企业。节庆会展业组织运作等核心环节市场化程度较低,政府主管部门自筹、自办会展活动较多,且在制定节庆会展业行业标准、对市场参与者行使监督管理职能等宏观管理方面未能充分发挥作用。

"政府主导,市场运作"是国外节庆会展业发展的一般政策,而在我国则是政府主办大多数的大型会议和展览。可见,我国节庆会展业滞后于西方发达国家,市场化程度也低。一些政府部门对市场需求缺少充分的调研,举办会展时常常罔顾市场效应而盲目办展。有些地区不考虑时间布置,在短时期内多次重复举办相同类型的展会,参展商对此很难适应。这不仅导致严重的资金浪费,而且给当地节庆会展业发展造成了很严重的伤害。①

3. 会展规模、档次和布局有待提升

我国会展整体规模偏小、档次偏低,且会展产业整体布局较为分散,尚未形成产业集聚效应,周边配套设施也有待进一步完善。另一方面,尽管"西博会"在国内具备较高的知名度,但就我国节庆会展业整体现状而言,在国际具有较高知名度和影响力的品牌会展项目还比较少。

4. 法律法规有待完善

目前,节庆会展业管理依据主要包括政府主管部门及相关组织机构的批准文件和各个相关部门的规章制度及条例,缺少统一且层级较高的专业的法律条例,不利于节庆会展业的市场化发展。

5. 发展不平衡

目前,我国节庆会展业的发展不平衡,在国外有较大影响力的展会品牌主要集中在环渤海、长三角和珠三角领域,北京、上海、广州、深圳、香港等城市的会展品牌知名度较高,但一些发展禀赋、产业支撑不理想的地市、县区级政府也将发展节庆会展业作为拉动当地经济增长的"法宝",不考虑市场发展实际,盲目兴建大型会展场馆,导致大量场馆设施闲置、资源浪费。

二、解决对策

1. 提升节庆会展业国际化水平

扩大品牌会展国际宣传、国际输出力度,引进国外知名会展,大力推进国际合

---

① 刘晓玉:《提升会展业发展基本路径研究》,《连云港师范高等专科学校学报》2017年第34卷第1期。

作交流,扩大品牌会展国际影响力,全面提升我国节庆会展业国际化程度。有效对接全球优质资源,着力引进一批具有世界影响力的国际会议、高端论坛项目。组织赴境外,特别是"一带一路"沿线国家开展会展推介活动,配合实施国家"一带一路"等重大倡议及多双边和区域经贸合作,以项目国际化为载体,构建多元化、宽领域、高层次的境外参展办展新格局。

2. 市场化转型

充分发挥市场在资源配置中的决定作用,在政府有效的引导下,重点依托市场力量推进全市节庆会展业发展壮大,多措并举,引导扶持,培育壮大会展市场主体,鼓励大型骨干会展企业上市,借助资本市场的资源加快发展壮大。支持有发展潜力的中小会展企业加快发展。形成竞争有序、充满活力的节庆会展业市场格局。重点依托市场力量实现节庆会展业发展壮大,培育市场主体,打造完整的市场化产业链,推进场馆市场化运营,完善以展会服务产业、产业推进展会的良性市场化运作路径,形成竞争有序、充满活力的节庆会展业市场格局。

3. 专业化运营

积极培育引进专业化的办展机构,加快培育会展专业人才,加快专业场馆的建设和提升改造,推进各类展览和会议的专业化运作,加强专业会展与各个产业发展的契合度,推动节庆会展业向专业化方向发展。着眼于节庆会展业上中下游,强化各环节主体服务能力,打造完整的会展产业链,促进整体协调发展,构建良性循环的会展产业生态。

具体来说,就是要促进会展产业内部协调发展,强化会展"产业链"中展览、会展场馆、配套服务三大环节的专业服务能力、信息化能力和产业链协同能力。促进节庆会展业与配套产业联动发展,提升发展装饰装修、信息咨询、广告宣传、展品运输、宾馆酒店、旅游票务等传统会展服务业态,积极培育和发展会展新业态,如专业会展审计机构、专业会展技术服务公司、服务总承包商、新型会展媒体等,促进配套服务企业为会展主办方、参展商提供优质、高效的全方位服务。结合消费环境优化和商业模式创新,不断延伸会展经济产业链,着力推进商贸、旅游、文化等多业态融合发展,提升品牌展会的经济效益和社会效益。

4. 品牌化提升

加快提升本土知名品牌的影响力,积极培育新兴会展品牌,建设特色节庆之都,以品牌增强会展产品的黏性和影响力,将品牌化提升作为我国节庆会展业发展的重要着力点,加强知名品牌会展项目引进,培育发展新型品牌会展,以品牌增强会展黏性。

5. 智慧化应用

充分发挥我国在智慧经济方面的产业和技术优势,积极应用云计算与大数据、物联网、移动互联网等信息技术提升传统节庆会展业,推进办展实体信息化,建设新型智慧场馆并对现有场馆进行智慧化改造,推进节庆会展业智慧管理和智慧服务,加快发展智慧经济会展项目。在传承传统文化的基础上,不断开拓节庆活动的内容,创新举办传统民俗节庆活动。

在信息传播的视角下,会展不仅是"会展行业"自身,还是一种传播渠道和传播载体。纵观全球新媒体发展历程,互联网和移动互联网,是新媒体时代两个重要的里程碑。然而,对于会展行业来说,无论是互联网还是移动互联网都只意味着信息化的工具,会展业只能被其融合,依附于其商业模式,成为互联网和移动互联网的应用业务之一,而并非会展行业自身的变革和创新。

大数据在会展行业中的应用,能够为会展产业链各环节提供新的信息服务模式、创造新的价值;能够为会展行业的政策制定、商业运营、市场推广、公关营销、设计搭建、项目管理提供决策依据和数据支持。大数据与会展行业的融合,更进一步能够发挥其加速器和创新引擎的作用。在融合模式下,会展行业的产业链各环节既是大数据的使用者和受益者,也是大数据会展创新生态的组成部分,进而实现在大数据引擎的推动下,促进新商业模式产生,使整个会展产业转型和升级,而不只是大数据提供服务所带来的市场规模增值。会展大数据应用产品能够在应用层面改善现有会展行业在商业运营、市场经营、业务管理等环节的决策模式,提高准确性、科学性和运转效率。

6. 生态化发展

坚持"低碳、节约、环保、安全"的发展理念,注重资源整合与循环利用,积极提高会展场馆规划、设计与建设的生态化水平,制定与推行会展展台与搭建材料的生态化标准,理清会展产业链上下游要素发展之间的相互关系,实现会展产业的可持续发展。落实商务部发布的《节庆会展业节能降耗工作规范》,切实贯彻"绿色展览"和"循环经济"政策。大力推进节庆会展业节能降耗工作,推动节庆会展业节能降耗的技术创新。

在会展活动中积极推广应用各种节能降耗的器材设备,推行绿色采购制度,选取绿色原材料和绿色包装物,实现参会参展物质的可持续利用,防止对各种使用过的器材、物品、材料的任意丢弃。通过"减少用量、重复利用、循环再生、合理替代"等方式扩大"绿色会展项目"和"绿色会展工程"的比例。通过表彰鼓励等措施支持节庆会展业中介组织、会展活动举办单位、会展活动中的参展商、会展场馆、会展工程服务商、会展其他服务商、会展器材制造商的"绿色办展"行为。打造绿色会展示范场馆和示范企业,大力推广绿色会展产品,将会展可持续化发展纳入学校和会展培训机构的课程设置。

7. 人才的培育

加快建立健全会展人才培养机制与体系,引进国际高端会展人才。重点发展国际会展项目管理、会展策划、会展广告、会展商务、会展旅游等学科。鼓励高校开展对外交流、海外培训项目,培育具有国际化视野的节庆会展业高级应用型人才。建立会展行业人才库,储备会展各类人才信息,为行业发展输入"智囊"支持。全面营造良好的人才发展环境,做好人才服务工作。

三、发展趋势预测

从全球看,节庆会展业成为经济社会发展的新蓝海。节庆会展业被誉为新兴的"朝阳产业",具有较强的产业带动效应,是现代服务业的重要组成部分,能推动商品贸易、投资合作、服务贸易、高层论坛、技术和文化与信息交流等各方面的发展与进步,带来可观的经济和社会效益。当前,全球节庆会展业发展形势正在发生深刻变化,欧洲是传统的节庆会展业龙头,北美节庆会展业仅次于欧洲,而亚太地区节庆会展业发展迅速,成为国际节庆会展业的新生力量。

从全国看,节庆会展业发展迎来了多重政策利好。展览业作为构建现代市场体系和开放型经济体系的重要平台,在我国经济社会发展中和对外开放中的作用日益凸显。近年来,中国不断参与大型国际性会展活动,陆续承办了奥运会、世博会、亚信峰会、APEC峰会等有重要国际影响的国际会议,充分体现了对发展节庆会展业的重视。

未来节庆会展业将通过新的技术变革自身,使传统会展成为具备信息化、移动化、数据化能力的"新会展",开创"新会展"时代新的信息传播渠道、新的信息载体、新的传播手段、新的展现形式、新的会展服务模式。

行业报告九

创意设计业年度发展报告

王 乐*

创意设计行业(包括文化创意和设计服务)是文化产业的重要组成部分。由于附加值高、发展可持续的优点而越来越受到各国的重视,其增长速度远高于整体国民经济增速。创意设计产业正在作为世界经济增长的新动力,引领全球未来经济的发展。发展创意设计产业已成为当今世界经济发展的新潮流和众多国家的战略性选择。全球创意设计产业主要集中在以美国为核心的北美地区,以英国为核心的欧洲地区和以中国、日本、韩国为核心的亚洲地区。创意设计产业是21世纪国家软实力竞争的制高点。国内外创意设计产业发展的实践表明,创意设计产业具有许多其他经济产业所不具备的重要特征,诸如高知识性、高附加值、强融合性、资源消耗低、环境污染小、需求潜力大、市场前景广。创意设计产业凭借创意衍生品价值链、价值提升模式,来促进经济发展方式的转变。

随着时代的发展及中国改革进程的推进,中国已经成为世界上最大的制造业国家,但也是世界上资源损耗和环境污染较严重的国家之一。"高投入、高消耗、高污染、低效益"的粗放型发展道路最终将面临发展的瓶颈。数据显示,中国单位GDP的能耗是日本的7倍、美国的6倍、印度的2.8倍。随着全球经济和科技的大力发展,创意设计产业被视为21世纪最有发展前景的产业,大力发展创意设计产业将为经济社会的持续健康发展以及实现由"中国制造"向"中国智造"的经济转型提供一种新的出路和模式。近年来,全国各地创意设计产业蓬勃发展,北京、上海、广东、湖南、云南等省市的创意设计产业增加值占GDP的比重已突破5%,成为区域经济的战略性支柱产业,成为产业经济的新增长点。由此可见,创意设计业已经成为新常态下中国经济增长的强力助推器。

* 王乐,北京大学艺术学院艺术管理与文化产业方向2015级博士研究生。

第一节　宏观环境及政策条件

"十三五"期间,中国计划培育出3—5家国内外知名的领军创意设计企业和一批具有较强竞争力的中小微创意设计企业,全面提升创意设计业发展水平,充分发挥创意设计对国民经济相关产业的支撑作用。树立注重创意创新、淡化行业界限、强调交互融合的大设计理念,营造创意设计氛围,不断提高创意设计能力。推动民族文化元素与现代设计有机结合,形成有中国文化特色的创意设计发展路径。促进创意设计与现代生产生活和消费需求对接,拓展大众消费市场,探索个性化定制服务。培育具有地方特色的创意设计企业。支持创意设计推广、品牌展示活动。文化创意产品扶持计划:落实推动文化文物单位文化创意产品开发的政策措施,加强示范引领、平台搭建、展示推广,广泛调动博物馆、美术馆、图书馆等文化文物单位和社会力量参与文化创意产品开发的积极性。稳步推进试点工作,鼓励大胆探索创新。[1]

2017年2月21日,国家文物局正式发布《国家文物事业发展"十三五"规划》,对博物馆事业做出明确规划。根据规划,到2020年,将打造出一个主体多元、结构优化、特色鲜明、富有活力的博物馆体系,全国博物馆公共文化服务人群覆盖率达到每25万人拥有1家博物馆,观众人数达到8亿人次/年等。"规划中明确要求,要采取多种措施让文物活起来",国家文物局政策法规司有关负责人说,其中强调要坚持保护为主、保用结合,坚持创造性转化和创新性发展,大力拓展文物合理适度利用的有效途径,促进文化创意产品开发,让文物活起来,讲好中国故事,提升中华文化国际影响力。当前,文化产业的重要性已经上升到国家战略层面。2017新年伊始,国家陆续出台一系列文化产业新政,将文化产业的发展推向了新高度。

1. 力争数字创意产业达8万亿元——数字创意产业迎来"黄金时代"

2016年12月19日,《"十三五"国家战略性新兴产业发展规划》正式印发。其中明确提出:战略性新兴产业代表新一轮科技革命和产业变革的方向,是培育发展新动能、获取未来竞争新优势的关键领域。"十三五"时期,要把战略性新兴产业摆在经济社会发展更加突出的位置,大力构建现代产业新体系,推动经济社会持续健康发展。《规划》中提出,以数字技术和先进理念推动文化创意与创新设计等产

---

[1] 文化部关于印发《文化部"十三五"时期文化产业发展规划》的通知,中华人民共和国文化部官网,http://www.mcprc.gov.cn/whzx/bnsjdt/wheys/201704/t20170420_493285.html,检索日期:2017年12月4日。

业加快发展,促进文化科技深度融合、相关产业相互渗透。到2020年,形成文化引领、技术先进、链条完整的数字创意产业发展格局,相关行业产值规模达到8万亿元。

2. 大力发展工业文化产业——工业文化新生态发展

2017年2月,国家工业和信息化部、财政部联合下发《工业和信息化部财政部关于推进工业文化发展的指导意见》。其中提出,将凝聚发展工业文化的社会共识,整合工业文化各类资源,加强与相关部门协同,培育和发展工业文化产业,建设各类主体共同参与工业文化发展的良好环境;聚焦突出问题,重点抓好工业设计、工业遗产、工业旅游、企业征信以及质量品牌、企业文化建设等领域工作,形成竞争新优势。发展工业文化产业,让工业文化产业成为经济增长新亮点。

3. 扩大文化消费试点——提升文化消费

来自文化部的报告显示,2016年扩大文化消费试点工作逐步推进,第一批第一次26个试点城市因地施策,有效拓展了居民文化消费空间。国办转发文化部等部门的关于推动文化文物单位文化创意产品开发的若干意见,试点单位积极开发文创产品。对文化产业的扶持力度不断加大,186个产业项目获得5.4亿元中央财政资金扶持。展望2017年,文化部部长表示:要深刻把握文化产业面临的新机遇新要求,进一步提升文化产业发展质量和效益。2017年文化部将着力增加文化产品和服务有效供给,积极推进扩大文化消费试点,开展文化消费提升行动。

4. "书画保护"入选——满足文化科技需求

为完善文化科技体系建设,促进文化与科技融合,文化部于2017年1月4日公布第二批文化部重点实验室名单,"书画保护"等12个重点实验室入选。文化部表示,希望各实验室按照《文化部重点实验室管理办法(暂行)》的有关规定,紧密围绕文化行业的科技需求,积极开展工作,努力建设成为组织高水平科学研究、聚集和培养优秀文化科技人才、开展学术交流的文化科技基地。

5. 推进"一带一路"——打造中国元素

《文化部"一带一路"文化发展行动计划(2016—2020年)》为"一带一路"文化建设工作的深入开展绘制了路线图。该计划的提出,有利于建立和完善文化产业国际合作机制,加快国内"丝绸之路文化产业带"建设,顺应"互联网+"发展趋势,推进互联网与文化产业融合发展,鼓励和引导社会资本投入"丝绸之路文化产业带"建设。中国元素的打造对于创意产业的发展具有跨时代的意义,这是"中国制造"转变为"中国智造"的新起点、新开端和新方向。

文化创意产业作为朝阳产业、绿色产业,是高成长服务业的核心产业,对于优化经济结构、提升发展质量、坚持可持续发展具有独特优势。有专家指出,2017年中国文化创意产业中传统文化与新兴文化产品的融合会更进一步,新型文化创意业态得以培育,中国文化创意产业将继续保持快速增长势头;而相关新政的实施将为文化创意产业的发展带来更多的可能。

第二节 创意设计业发展概况

创意产业是在全球化背景下发展起来的。它推崇创新及个人创造力,强调文化艺术对经济的支持与推动的新兴的理念和经济实践。它通常包括表演艺术、电影电视、出版、艺术品及古董市场、音乐、建筑、广告、数码娱乐、电脑软件开发、动画制作、时装及产品设计等行业。当今世界,创意产业已不再是一个理念,而是有着巨大经济效益的现实。英国著名经济学家约翰·霍金斯在《创意经济》一书中指出,创意产业占全球GDP的7%,每天产生的价值高达22亿美元,并以每年5%的速度快速增长。美国增长速度更高达14%,英国为12%。纵观全球,发达国家的众多创意产品、营销、服务,吸引了全世界的眼球,形成了一股巨大的创意经济浪潮,席卷世界①。

1. 北京

作为全国政治经济文化的中心,北京市成立了创意设计产业领导小组,出台了36条扶持政策,启动1亿元创意产业专项资金,用于发展六大重点创意产业(全国文艺演出中心、出版发行和版权贸易中心、影视节目制作和交易中心、动漫和网络游戏研发制作中心、文化会展中心、古玩艺术品交易中心);形成了六大创意设计产业集聚区(北京数字娱乐示范基地、中关村创意产业先导基地、德胜园工业设计创意产业基地、朝阳大山子艺术中心、国家新媒体产业基地、东城区文化产业园)。2015年北京创意产业产值已超过96亿元,占全市GDP的19%以上。在2016年的北京市两会上,创意产业首次被确定为未来新的经济增长点,正在成为北京的主要经济支柱。2015年全市创意设计产业实现增加值3179.3亿元,占地区生产总值的比重达到13.8%,成为北京市举足轻重的支柱产业。这些成绩的取得离不开国家、北京市及各区创意设计产业政策的推动。政策扶持资金的出口较多,国家层面的有文化部、财政部、新闻出版广电总局、科技部、工信部等,市级层面的有市文资办、市文化局、市新闻出版广电局、市科委、市经信委、市旅游委及中关村管委会等,还有各区中关村分园管委等。政策扶持和奖励资金的种类很多,包括项目补助、贴

---

① John Howkins, *The Creative Economy: How People Make Money From Ideas*, Penguin Books, 2002, p. 22.

息、奖励等系列扶持和奖励,资金盘子规模少则千万元,多则过亿元,各企业及创意人才应该密切关注。其中,2012—2016年,市文资办采取贷款贴息、项目补助、项目奖励等多种方式,通过公开征集评审支持了首都1300多个优秀文创企业项目。

  北京市创意设计产业促进中心梅松主任建议文化部入库人才要与地方文创产业发展紧密结合起来,可与北京市开展合作,调动北京各大设计赛事的积极性,拓宽遴选渠道,广泛吸引地方优秀人才参与文化部的人才扶持计划。北京国际设计周组委会办公室曾辉主任认为,要通过人才扶持计划培养中高端的设计管理人才、经营人才,扶持一批市场急需、能够促进产业转化的复合型人才。中国博物馆协会、故宫博物院、清华大学、北京工业设计促进中心、751北京时尚设计广场、腾讯公司、猪八戒网、洛可可设计集团、北京东道品牌集团等行业协会、高校、企业等负责人围绕扶持计划的实施、文化创意和设计服务与相关产业的融合、人才培养、项目孵化等问题进行了深入研讨,纷纷表示愿意借助自身的资源优势,为青年设计师提供有价值的发展平台。①

2. 上海

  文化创意产业已成为上海国民经济重要支柱性产业。2016年,上海文化创意产业总产出10433亿元,占全市生产总值的比重已超过12%;产业增加值3395亿元,同比增长8.2%。上海市为贯彻党的十八大,十八届三中全会、四中全会、五中全会精神,落实"大众创业、万众创新"、"互联网+"行动,《中国制造2025》、文化创意与相关产业融合发展等战略,进一步推动上海文化创意产业健康发展,推进国际文化大都市、设计之都、时尚之都、品牌之都建设,根据《上海市国民经济和社会发展第十三个五年规划纲要》《上海市文化改革发展"十三五"规划》等,制定本行动计划。形成结构更优化、特色更鲜明、布局更合理、优势更突出的文化创意产业集群,产业辐射带动效应更加强劲。近年来,上海市产业增加值年均增速高于全市国内生产总值平均增速2—3个百分点,到2018年年末将占全市国内生产总值比重超过12.6%,为"十三五"末占比超过13%奠定了坚实基础,支柱产业地位更加稳固。②

  同时,上海的不少文化创意产业门类具备很好的基础,如影视产业。同时,上海是中国电影的发祥地,历史悠久、底蕴深厚。近年来上海电影产业又得到快速发展,电影票房位于全国城市第一,上海国际电影电视节已成为亚太地区极具影响力

---

① 李建盛:《北京文化发展报告(2016~2017)》,北京:社会科学文献出版社2017年版,第55页。
② 上海市创意产业协会:《上海市文化创意产业发展三年行动计划(2016—2018年)》,http://www.shcia.org/xiehuidongtai/2016/0530/452.html,检索日期:2018年4月15日。

的重大影视文化活动;而动漫游戏、网络文化产业,上海历来有基础、有优势,目前动漫游戏、网络视听、网络文学产业总值位于全国第一、占全国总量一半;创意设计产业,涵盖工业设计、建筑设计、时尚产业、软件业等方面,对于上海发展先进制造业、现代服务业和战略性新兴产业都有重大辐射带动作用,是提升其他相关产业能级的重要支撑点。

同时,文化创意产业空间布局也逐渐显现特色,文化创意产业向"一轴两河多圈"集聚。在延安路城市发展轴的"一轴"上,环东华、静安时尚创意、800秀、淮海路时尚消费、8号桥、张江国家级文化科技融合示范基地等重要节点上的重大项目影响力不断提升;在黄浦江和苏州河"两河"沿线上,杨浦滨江工业设计、国际时尚产业园区、创邑河、"江南智造"等以创意设计为主的重点区域精彩纷呈。全市范围内呈现出环同济设计创意产业集聚区、复旦软件园、中广国际广告创意产业园等"多圈"型的空间布局特征,形成了产业和城市融合发展态势①。

3. 深圳

深圳市委市政府高度重视创意设计业发展,经过多年的发展积累了较扎实的基础,形成了较完整的产业体系,迸发出了蓬勃的活力。2017年,深圳文化创意产业实现增加值2243.95亿元,增长14.5%,占全市GDP比重超过10%,产业增加值在七大战略性新兴产业中位居第二。目前,深圳文化创意企业近5万家,从业人员超过90万,其中规模以上企业3155家。②

深圳各区充分彰显出各具优势的"文化+"特色。南山区"文化+科技",培育出腾讯、华强方特、迅雷、A8新媒体、环球数码等一批文化科技融合型企业,有17家企业获评市"文化+科技型示范企业",占全市半壁江山以上。福田区"文化+设计",全国十大女装品牌企业6家在福田区,还汇聚了建艺装饰、文科园林、亚泰国际、珂莱蒂尔、华视传媒等一批建筑、景观、服装、广告设计行业的领军上市企业设计基地。龙岗区"文化+影音"吸引了华侨城文化集团、开心麻花华南总部、深圳文交所等一批国内文创产业龙头企业落户,引进和培育了华夏动漫集团、叁鑫影视公司、大地动漫公司、迷迪音乐中心、乐杜鹃音乐节等一批具有一定影响力的影视、演艺、动漫类文化项目和企业。

---

① 《上海创意与设计产业发展"十三五"规划(全文)》,中国商业研究院-中商情报网,http://www.askci.com/news/chanye/20170411/18063995728_2.shtml,检索日期:2018年4月15日。
② 《深圳文化创意产业爆发式增长看点在哪?》,深圳新闻网,http://www.sznews.cn/news/content/2018-03/23/content_18728028.htm,检索日期:2018年4月15日。

中国文化产业年度发展报告2018 | 131

图 1-9-1　2013—2017 年深圳市文化创意产业增加值

资料来源：根据相关资料整理。①

4. 江苏省

江苏省作为东部重要的发展区域，近年来在制造业快速增长的同时，江苏文化产业快速发展。2015 年全省文化产业增加值 3481.94 亿元，占 GDP 比重 4.97%，全省目前共有文化法人单位 10 万多家，从业人员 120 多万人次，企业资产总规模、主营业务总收入分别达到 1 万亿元，其中年收入 500 万元以上规模企业 6500 家左右。全省共有 1 个国家级文化产业试验园区、16 个国家文化产业示范基地、3 个国家级文化和科技融合示范基地，以及 14 个省级文化产业示范园区、44 个省级文化产业示范基地。全省共有 96 家企业、27 个项目入选国家文化出口重点企业和项目。南京、苏州成功入选国家文化消费试点城市。2015 年，全省新闻出版业收入超过 2000 亿元；广告经营收入达 508 亿元；广播影视业收入超过 300 亿元；电影票房收入超过 40 亿元；文化产品进出口额达 73.59 亿美元；各类商业演出场次超过 1600 场次。

2016 年，江苏省省属 6 家文化企业资产总额达到 1156.22 亿元，同比增长 252.75 亿元，增幅 27.98%；净资产 743.04 亿元，同比增长 166.23 亿元，增幅 22.37%；累计实现营业收入 340.83 亿元，同比增长 9.6 亿元，增幅 2.82%；实现利润总额 50.26 亿元，较上年增长 0.65 亿元，增幅 1.29%。凤凰出版集团、省广电集团、江苏有线 3 家企业连续多届入选全国"文化企业 30 强"。

2017 年，幸福蓝海影视文化集团首次入选 30 强提名企业。文化产业发展指数

---

① 《2017 深圳文化创意产业增加值将达 2150 亿元　各区充分彰显出"文化+"特色》，中国商业研究院-中商情报网，http://www.askci.com/news/chanye/20171012/175349109532.shtml，检索日期：2018 年 4 月 15 日。

连续四年位居省域首位,涌现出一批在全国有影响的重点企业、园区和文化品牌,为培育国民经济重要支柱产业奠定了坚实基础①。根据文化部发布的统计数据,江苏文化产业综合指数连续三年位居全国前列。

江苏省提升文化创意和设计服务产业发展水平工作推进会下发了江苏省《关于加快提升文化创意和设计服务产业发展水平的意见》《关于加快提升文化创意和设计服务产业发展水平行动计划(2015—2017年)》等文件,对江苏省文化创意和设计服务产业发展作了全面部署,对于未来创意产业的各个行业提出新目标、新路径和新保障②。到2020年,全省文化改革发展的总体目标是:艺术创作全面繁荣,创作出一批精品力作。现代公共文化服务体系、现代文化产业体系、现代文化市场体系、文化遗产保护传承体系基本建成,文化产业在国民经济中的支柱地位进一步强化。"精彩江苏"品牌效应日益突显,江苏文化国际影响力显著增强。

5. 福建省

2016年1月,福建省人民政府发布《福建省国民经济和社会发展第十三个五年规划纲要(2016—2020年)》,提出要传承商贸人文历史,发挥海上海外优势,努力成为推进"一带一路"建设的主力军。积极为"走出去"企业在海上丝绸之路沿线国家和地区开展资本、产能合作提供信息、金融服务。加快发展文化服务业,推动文化制造业转型升级。推进文化和相关产业融合发展,鼓励文化企业开发新技术、新产品,发展新业态和新商业模式,提供优质丰富的文化产品和服务。

2016年6月,福建省人民政府办公厅发布《福建省"十三五"文化改革发展专项规划》,将创意设计与会展业列入重点发展的六大重点文化产业之一,要求加强文化创意和设计服务与制造业等相关产业融合发展,重点发展工业设计、文化创意、时尚设计等领域,推动工业设计向高端综合设计服务转变,支持国家工业设计中心建设,认定一批省级工业设计中心。

2017年1月,福州市人民政府领导在福州市第十五届人民代表大会第一次会议上所作的《福州市人民政府工作报告》中明确提出,重点支持德艺文化创意集团等一批具有自主知识产权、自主品牌出口企业加快发展,促进出口转型升级。

---

① 《江苏文化产业:呈现全方位纵深化发展态势》,搜狐,http://www.sohu.com/a/159650773_488939,2017年7月24日。
② 《江苏"文化创意产业+"目标:2020年建成创意设计强省》,中国江苏网—新华日报,http://jsnews2.jschina.com.cn/system/2015/04/11/024311318.shtml,检索日期:2017年4月15日。

第三节 创意设计业重点行业分析

1. 文化企业品牌建设行动计划

我国政府依托文化部文化产业公共服务平台，建设文化品牌服务平台。同时加强文化品牌宣传，加快文化品牌数据库建设，培育一批具有较强影响力和竞争力的品牌文化企业，打造系列文化品牌和服务，并加强文化企业品牌管理人才培养。2016年6月，工业和信息化部发布《促进中小企业发展规划（2016-2020年）》，规划支持中小企业针对不同的消费群体，采用独特的工艺、技术、配方或特殊原料进行研制生产，提供特色化、含有地域文化元素的产品；引导和支持中小企业树立新颖化理念，在样式、外观、规格、功能等方面加强个性化、艺术化等创意和设计，提供便捷化、人性化、细致化等产品和服务，以新产品、新服务满足需求，以新发明、新创造引领需求，通过技术、工艺、管理、服务的新颖化不断占据市场先机。2016年7月，工业和信息化部发布《轻工业发展规划（2016—2020年）》，将皮革、工艺美术、五金制品、日用陶瓷、自行车、钟表等行业列入发展规划的重点发展目标。明确提出要发挥中国传统历史文化优势，研发推广中国文化元素突出、有民族和地域特色产品。同时，鼓励实施精品制造，在相关行业推出一批科技含量高、附加值高、设计精美、制作精细、性能优越的精品。2017年1月，中共中央办公厅、国务院办公厅印发《关于实施中华优秀传统文化传承发展工程的意见》，提出加强"一带一路"沿线国家文化交流合作，鼓励发展对外文化贸易，让更多体现中华文化特色、具有较强竞争力的文化产品走向国际市场。受益于这些产业扶持政策，公司快速发展成为中国文化创意家居用品出口的优势企业，主要产品从单一的家居生活陶瓷用品逐步拓展到涵盖创意装饰品、休闲日用品、时尚小家具在内的家居生活全系列产品，在全球客户中积累了良好的口碑。根据中国轻工工艺品进出口商会统计，公司2014—2016年均位列文化创意时尚产品（自有品牌）出口全国前五强[①]。

2. 文化产业创业创意人才扶持计划

大力发展创意设计产业是加强国力的必经之路，而创意人才培养则是发展创意产业的重要环节。从2014年起，"双创人才扶持计划"每年举办作品征集评选活动，选拔年龄在45周岁以下、具有独立或主创设计能力的优秀青年设计人才进入创业创意设计人才库，给予参加大型会展宣传推广、召开项目推介与市场对接、参

---

① 《2017年中国文化创意行业监管体制与主要政策法律法规》，中国报告网，http://zhengce.chinabaogao.com/wenhua/2017/0g02w94h017.html，检索日期：2017年12月10日。

与培训交流、创业辅导等系列扶持服务,为发现、扶持青年创意设计人才提供了平台和示范,成为文化部强化人才培养、推进文化创意和设计服务与相关产业融合发展战略部署的重要抓手①。同时,面向全国征集优秀设计、音乐等创意作品和人才,并予以扶持,建设文化产业创业创意人才库。依托重点文化产业展会、全国"大众创业、万众创新"活动周等平台,加强对优秀作品和人才的宣传推介,促进市场对接和成果转化。

3. 纺织服装创意产业发展峰会

工业和信息化部 2017 年第 3 号公告指出,推进纺织服装创意设计试点示范园区(平台)建设旨在通过试点示范,典型引领,建设一批资源集聚能力强、专业服务水平高的纺织服装创意设计园区(平台),引导制造业企业专注创新和产品质量提升,推进纺织行业供给侧结构性改革,带动中国制造走向世界。这是工信部为贯彻落实《国务院办公厅关于开展消费品工业"三品"专项行动营造良好市场环境的若干意见》而开展的又一项"三品"战略实施行动,即设计引领产业,时尚改变生活,以设计创意为发展核心逐渐成为纺织服装产业发展的主旋律。创意设计产业发展加快了产业链、价值链和供应链的重构,促进了制造与设计、销售、消费各环节之间的资源配置,为中国纺织服装等消费品行业转型升级和自主品牌发展提供了强大助力。中国时尚产业处于起步阶段,纺织服装产业链的构建和联动在带动产业进步方面是关键。纺织服装创意设计试点示范园区(平台)将成为优秀设计师的聚集地、品牌建设的孵化器、产业发展的助推器,对提高行业设计水平、培育设计师队伍、提升中国文化软实力、促进行业转型升级发挥重要作用。

第四节 行业问题、对策与发展趋势

一、创意产业发展存在的问题及遭遇的瓶颈

中国发展创意经济的兴起,其实是建立在严峻的经济现实基础上:制造业处于产业链的低端,中国外贸 200 强中,企业出口值有 74% 是通过加工贸易方式实现的,资源严重匮乏、开发与规划无序……因此,从中央政府至地方企业,都迫切希望走出一条创意转化为财富的新路子。中国创意产业虽有一定的发展,但其所占比例还很低,在发展中面临一些亟待改进的问题。

---

① 《关于双创扶持计划面向全国征集青年优秀创意作品的公告》,中国经济网,http://www.ce.cn/culture/gd/201601/25/t20160125_8522664.shtml,检索日期:2018 年 4 月 11 日。

1. 创意概念亟待界定

基于创意产业在全世界的迅猛发展态势,国内知识界与政府部门热炒创意产业的概念,但遗憾的是,由于对相关概念的特定内涵与背景不了解,造成使用上一定程度的扭曲。

首先便是对"创意设计产业"概念界定的问题。从英国的创意产业的概念发展来看,给人突出印象的是对于文化和创新精神全面发展的重视,然后进一步肯定其对于经济领域的意义。于是,把建设有利于社会整体福祉与创意人才培养的宜居城市与宜居社区作为发展创意经济的基础性条件来发展。

中国对于创意产业概念的大力提倡,主要是出于急欲发展经济的目的,从而忽视了创意产业发展的真正内涵与目标。创意产业的真正内涵不是让人们通过将文化商品化直接去获取经济利益,而是因为该产业对于人类的过去、现在和未来都负有深刻的文化责任。对于人类过去的意义在于保护和开发人类的文明成果和文化资源,使其成为人类继续发展的动力和重要资源;对于现在的意义在于丰富人类的生活,提高人们的生活质量,建构和谐繁荣的文化生态,促进经济的发展和结构的升级;对于未来的意义在于,培养具有广泛人文关怀和良好精神风貌的新人,尽可能地减少对于自然资源的开采掠夺,依托日益丰富的文化资源和创意精神,建设人类可持续发展的未来与和谐社会。

2. 创意人才极度匮乏

创意产业是典型的以人为本的现代经济发展模式,人才是创意产业的灵魂。中国创意产业发展的瓶颈是创意人才的极端匮乏,中国创意产业人才总量、结构、素质还远不能适应产业发展的需要,急需大力引进和培养,其中亟需两大类人才:既通晓创意产业内容又擅长经营管理的管理者;灵感迸发、创意迭现的创作者。统计资料显示,在纽约,创意设计产业人才占所有工作人口总数的12%;伦敦是14%;东京是15%。而以上海为例,目前创意产业从业人员占总就业人口的比例还不到1‰。仅动漫产业中国至少需要2.5万名专业人员,而目前只有1万名受过大学教育的动漫专业人员。

3. 创意产品缺乏文化深度

在经济全球化的今天,中国理论界和企业界面临着一个巨大的历史课题,那就是如何把华夏五千年灿烂的文明变成实实在在的生产力,从而在全球经济竞争中产生巨大的竞争力。优秀产品的意义可超越产品本身,依托文化的渗透力使产品的辐射力得到空前增强,驱动经济的迅速发展。

4. 创意园区存在诸多问题

近年来,中国在发展文化创意园区的实践中,重复建设、同质化竞争、资源浪费等成了社会诘问最多的问题。京沪两地众多的创意产业园区,或由政府大力推动,或由企业摇身一变而来,园区规划多集中在硬件和形象建设上,对于软件方面,诸如商业模式、发展方向、园区定位等问题仍旧以粗线条勾勒,没有深入和细化。随着各大城市房地产业的高速发展,创业园区的租金日渐高企,如上海卢湾区8号桥园区的日租金已达每平方米6—7元,园区内许多知名企业纷纷外迁,制约了创意产业的发展。

二、解决措施及未来规划

中国创意产业的发展拥有自身独特的资源优势及市场优势,具备一定的基础,有着良好的势头,应当把创意产业提升到国家战略产业的高度,制定有针对性的产业政策,制定促进创意设计产业发展的战略规划和行动计划,创造良好的内外环境,引导创意设计产业实现持续、快速、协调、健康发展。

1. 加强宏观指导,加大政策扶持

产业发展理论以及英、美等国的经济实践告诉我们,推进创意产业发展并能取得预期成效离不开各方面的配套措施,其中最需要的是政府的战略推动。英国政府成立的创意设计产业专门小组,负责跟踪国际创意设计产业发展的最新趋势,规划英国创意设计产业的发展方向,英国首相还制订了"创意英国"的全球推广计划,将英国及伦敦的创意产业战略推向高潮。

我国政府目前还缺乏一个全面、系统的政策支持体系来推动创意设计业的发展。政府有责任营造一个适宜产业发展和企业公平竞争的外部环境。着力理顺产业体制,积极打造适合创意设计业发展的制度平台,从而形成成熟的创意设计产业链,培育出有国际影响力的品牌。政府应该从国家经济的长远发展的需要和整个产业的布局的系统优化方面,制定跨地区、跨部门、跨学科的政策与措施来促进创意设计业的发展。

为推动创意经济的发展,政府还要在公共设施、基础设施等方面为创意经济的发展提供良好的环境,在资金投入、人才培训、立项、用地、税收、价格、融资、生产、进出口以及社会保障等方面对创意经济予以政策性扶持。在实际发展中,政府既是创意设计产业最大的投资者和消费者,也是文化创意产品最大的需求者,可以不断扩大政府采购的份额,从市场上采购各种公共创意产品和服务。

2. 尊重创意人才,加大知识产权保护力度

创意人才是发展创意经济的核心竞争力。创意产业人才既包括处于产业链上游的创意设计人员,如设计师、工艺美术家、画家、作家、创意策划人等,也包括处

于产业链中下游、擅长将作品产业化的经营管理人才。因此,培养一流的创意人才,将人力资源潜在优势转化为创意人才资本,是发展创意经济的关键。今后人才培养要面向创意经济主战场,调整优化人才结构,加强对创意人才特别是高端人才、复合型人才、营销人才的引进,不拘一格选用人才;设立针对性的教育培训机构,加快对创意产业专门人才的培养,培养出立足本土同时又有国际视野的创意产业人才;同时要在基础教育中加强素质教育,提高全民族的创新意识和创新能力,并认真做好创意产业企业员工队伍的培训工作,大力提高员工的整体素质。与此同时,要完善人才评判标准及使用机制,形成激励人才发挥创意才智的氛围。

创意设计业作为知识产权活动需要严格和完善的知识产权法律保护。创意设计业的本质是基于人的创造力、技能和天赋来获取发展动力,并通过知识产权的开发和运用,创造潜在财富和就业机会的产业,它必须依赖于知识产权的国家保护体系。霍金斯指出,发展创意经济的核心基础是要有完备的知识产权保护法与法律促进政策,没有这个核心,创意活动将无法真正形成创意产业与经济。因此,制订严格的知识产权保护法律法规是促进创意产业发展的基本保障。只有具备了法制保障,才能使从事创意产业的人获得丰厚的回报,才能激发创意人士的创业、创意的积极性,最终促进整个创意产业的发展。

3. 立足民族文化,努力挖掘传统文化

创意经济的核心是文化内涵,中国有五千年深厚的历史文化积淀,优美的传说、动人的神话,以及令人回肠荡气的文学名著,极大地丰富了世界文化遗产宝库,这笔巨大的财富是发展创意产业取之不尽、用之不竭的源泉。所谓"越是民族的越是世界的",说明善于充分汲取民族文化的养分,对于打造创意精品十分重要。例如,在中国文化部和柬埔寨文化部共同支持下,2010年由云南文投集团投资的大型文化旅游驻场演出《吴哥的微笑》,被观众誉为"柬埔寨鲜活的文化艺术博物馆"。该演出项目自2010年11月28日公演以来,已经演出750余场,接待了来自60多个国家的50余万观众,受到了柬埔寨官方及各国观众的高度评价。2012年被中国政府授予"文化出口重点项目",被柬埔寨政府授予"柬埔寨旅游特殊贡献奖"。从总体上看,我们对传统文化的挖掘、开发还远远不够。这也是中国的文化创意产品难以走向国际化的重要原因。

4. 拓宽投融资渠道,加大资金投入

创意产业要发展,资金投入是重点。中国目前创意产业投资主体仍相对单一,以政府投资为主。需要进一步拓宽投融资渠道,降低市场准入门槛,鼓励社会资本对创意产业进行投资经营,实现投资主体的多元化、社会化。可借鉴韩国和我国香港特别行政区的做法,建立各种科技研发基金、文化创新基金、创业投资基金,搭建创意产业化平台,营造一个成本低、信息灵、效率高的投融资环境。因此,我们应该按照创意产业市场规律来制定和健全相关法规和制度,进一步改善投融资环境,促进企业、民间、外商对中国创意产业投资的积极性,形成"谁投资,谁受益"的产业化运作机制,搭建创意产业化的平台,营造有利于创意产业发展的投资环境,从而积极推动创意产业的发展。

行业报告十

网络文化业发展年度报告

赵菲菲　刘宇初　黄楠楠　渠性怡　周庆山*

第一节　网络文化业发展政策及宏观环境

网络文化业是以互联网为平台,通过文化内容的数字化创作、转化、传播和IP运营,面向网络及新媒体数字用户的数字内容产业集群,也被称为数字文化内容产业,主要包括网络文学出版、网络音乐、网络动漫、网络影视及演艺、网络艺术品交易等新业态。

一、互联网文化产业发展的政策环境

1."互联网+"战略促进网络文化产业高速发展

网络文化产业是数字内容产业的重要组成部分,也是驱动文化产业创新发展的重要引擎之一。文化部于2017年4月发布了《"十三五"时期文化产业发展规划》,其中明确提出发展目标:"到2020年,推动形成内涵丰富、技术先进、链条完整的网络文化业态发展格局,进一步增强网络文化的核心竞争力。提高网络音乐、网络动漫、网络演出、网络表演、网络艺术品等网络文化产品的原创能力和文化品位,发展健康向上的网络文化。鼓励文化内容与网络技术结合,不断创新文化业态,丰富文化表现形式。支持制作适合互联网和移动互联网传播的精品佳作,促进优秀传统文化和当代文化精品网络传播。"

中国互联网产业在移动网络时代实现了弯道超车,建立了"免费基础服务+收

---

* 赵菲菲,北京大学信息管理系2016级博士研究生。刘宇初,北京大学信息管理系2017级博士研究生。黄楠楠,北京大学信息管理系2017级硕士生。渠性怡,北京大学信息管理系2016级硕士生。周庆山,北京大学信息管理系教授,北京大学文化产业研究院研究员。

费增值服务"的本土商业模式,加之人口红利的充分释放,我国数字内容产业实现了持续十多年的快速发展。2016年,我国数字内容产业产值约为3820亿元。与日韩市场规模相当,位列全球前三名。① 在国家大力扶持"互联网+"战略的大背景下,以BAT为代表的网络经济也正在向游戏、影视、演艺、体育娱乐、艺术品运营等方向转型,各类投融资也开始进入这片热土,网络文化产业也得到了前所未有的大力支持和高速发展。2016年,互联网文化产业通过上市、新三板、股权、并购、众筹等渠道流入的资金达到3418.43亿元,相比2015年增长20.7%,互联网文化产业资本活跃显示出,只有与互联网相结合,文化产业才能找到价值增长点与市场开拓空间。②

2. 出台多项法律政策,推动网络文化产业内容和形式的丰富

2017年4月,文化部出台《关于推动数字文化产业创新发展的指导意见》,对丰富网络文化产业内容和形式提出了指导性意见。其中,提出要"实施网络内容建设工程,大力发展网络文艺,丰富网络文化内涵,推动优秀文化产品网络传播。鼓励生产传播健康向上的优秀网络原创作品,提高网络音乐、网络文学、网络表演、网络剧(节)目等网络文化产品的原创能力和文化品位。利用社交平台与用户开展线上线下交流,提升消费体验。保护激励原创,促进网络文化产业链相关环节的融合与沟通,研究建立规范合理的分成模式。深入推进互联网上网服务行业转型升级,开拓线下体验服务新领域。"

2017年3月1日,《中华人民共和国电影产业促进法》开始实施,这是中国文化体制改革的一座里程碑。其中将互联网电影也纳入促进其发展的范畴,将进一步推进网络电影业的发展。

3. 网络文化秩序通过综合治理进一步有序化和规范化

在网络文化市场监管方面,文化部《"十三五"时期文化产业发展规划》提出,要加强网络文化市场事中事后监管,完善监管模式,构建全网筛查、全国协作、标准统一、步调一致的网络文化市场执法机制。同时,加强网络文化市场日常巡查、专项整治和重大案件督查督办。

2017年6月1日,国家互联网信息办公室发布的《互联网信息内容管理行政执法程序规定》旨在规范和保障互联网信息内容管理部门依法履行行政执法职责,

---

① 《数字内容产业如何掌握全球文化产业主导权?》,腾讯研究院,http://www.tisi.org/4847,检索日期:2018年1月10日。

② 陈少峰等主编:《中国互联网文化产业报告2017》,杭州:浙江工商大学出版社2017年版,第26页。

正确实施行政处罚,促进互联网信息服务健康有序发展。同时,国家新闻出版广电总局印发了《关于进一步加强网络视听节目创作播出管理的通知》,强调网络视听节目要与广播电视节目同一标准和尺度。政策管控有利于行业整体内容质量提升,对各播出平台的内容布局产生了较大影响。2016年12月,《互联网直播服务管理规定》正式开始执行,在互联网直播服务的平台责任资质、主播实名制、黑名单制度、信用分级管理等方面落实具体要求。2016年7月,文化部还发布了《关于加强网络表演管理工作的通知》,督促网络表演经营单位和表演者落实责任;加强内容管理,依法查处违法违规网络表演活动;对网络表演市场全面实施"双随机一公开"等多项监管措施。2017年9月,国家新闻出版广电总局下发《关于加强网络视听节目直播服务管理有关问题的通知》,要求没有"信息网络传播视听节目许可证"的机构,均不得通过互联网开展相关活动,也不得利用网络直播平台(直播间)开办各类视听节目,不得开办视听节目直播频道。

二、发展宏观环境

1. 网络经济高速发展,文化产业融合创新

2016年,中国网络经济营收规模再创新高,增势稳定,移动网络经济领跑网络经济整体发展,营收贡献率超七成①。可以说,网络经济进入移动化时代。网络进一步提速降费,大幅降低中小企业互联网专线接入资费,促进数字经济加快成长,为网络文化产业的发展营造良好发展环境。根据腾讯研究院的统计,2015年,互联网内容提供商(Content Provider,简称CP)营收规模接近3000亿元,较上一年度增长35.1%,预计2016年营收规模将接近4000亿元;2015年,包括IP版权交易规模和授权衍生周边在内的广义产值突破4200亿元,较上一年度增长42.5%,预计2016年产值将突破5600亿元。② 同时,在传统产业进一步转型发展的大潮之下,文化产业作为依靠知识、技术、智力、灵感等再生性资源创造与发展的低能耗产业,是当前中国经济亟须培育壮大的新动能。文化产业与其他传统产业有着较强的关联性和渗透性,特别是网络文化产业,直接与"互联网+"行动和国家大数据战略等息息相关。通过产业融合发展、促进经济转型升级,文化产业在培育壮大新动能、改造提升传统动能、推动经济保持中高速增长、产业迈向中高端水平等方面取得了

---

① 艾瑞咨询,http://www.iresearch.com.cn/report/3067.html,检索日期:2018年3月15日。
② 《文娱消费升级下互联网内容产业潜力与趋势》,腾讯研究院,http://www.sohu.com/a/127186127_455313,检索日期:2018年3月15日。

长足发展。

2. 文化供给不断增加,文化消费有效扩大

2016年,文化部着力增加文化产品和服务有效供给,积极推进扩大文化消费试点,开展文化消费提升行动。随着扩大文化消费试点工作的逐步推进,第一批第一次26个试点城市因地施策,有效拓展了居民文化消费空间。① 积极推进文化供给侧改革,使得文化消费能够满足群众日益增长的精神文化需求,促进经济增长从单纯追求"以物为本"的国内生产总值向"以人为本"的国民幸福总值转变。在互联网发展、跨界融合与科技创新成为时代趋势的背景下,网络文化产业得到较大程度的发展,并不断催生出新业态、新模式。动漫游戏、网络文学、网络音乐、网络视频等数字文化产业迅速发展,与百姓生活越来越密切,已经成为目前群众文化消费的主要产品。

3. 网民规模高速增长,互联网技术日新月异

据第40次中国互联网络发展报告调查结果显示,截至2017年6月,我国网民规模已经达到7.51亿,半年共计新增网民1992万人,半年增长率为2.7%。互联网普及率为54.3%,较2016年年底提升1.1个百分点。我国手机网民规模达7.24亿,较2016年年底增加2830万人。网民中使用手机上网的比例由2016年年底的95.1%提升至96.3%,手机上网比例持续提升。上半年,各类手机应用的用户规模不断上升,场景更加丰富②。随着"互联网+"战略的深入实施,2017年迎来了新的技术浪潮,人工智能、虚拟现实、增强现实、大数据应用、云计算等技术日新月异,不断创新,成为网络文化产业发展的新驱动力。

第二节 网络文化产业年度发展概况

随着经济和科技的高速创新发展,国家对文化产业扶持力度的进一步加大,2016年到2017年,包括互联网文学、互联网音乐、网络动画、互联网演出、互联网影视以及互联网艺术品交易等行业在内的网络文化产业依然呈现出欣欣向荣的整体发展态势。

1. 网络文化产业发展速度保持高速增长

国家统计局发布数据显示,2016年,全国规模以上文化及相关产业5万家调

---

① 《文化部:2017年将积极推进扩大文化消费试点》,http://news.xinhuanet.com/politics/2017-01/03/c_129430738.htm,检索日期:2017年12月24日。

② 《第40次中国互联网络发展报告》,http://cnnic.cn/hlwfzyj/hlwxzbg/hlwtjbg/201708/P020170807351923262153.pdf,检索日期:2017年12月24日。

查企业实现营业收入 80314 亿元,比上年增长 7.5%,增速比上年加快了 0.6 个百分点。其中,以"互联网+"为主要形式的文化信息传输服务业收入 5752 亿元,增长 30.3%①,增速较文化休闲娱乐服务业、文化艺术服务业高出近 10 个百分点。

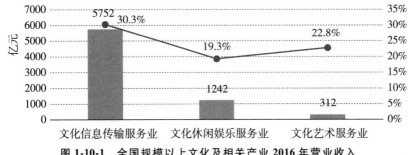

图 1-10-1　全国规模以上文化及相关产业 2016 年营业收入

数据来源:艾媒咨询,http://www.iimedia.cn/51310.html,检索日期:2017 年 12 月 24 日。

2. 内容付费成为新盈利增长点

随着互联网的快速发展,互联网与文化的深度融合使得文化企业走向内容生产专业化;同时,伴随着内容付费的广泛兴起和知识经济的规模爆发,使得以原创内容为主的内容付费成为网络文化产业新的盈利增长点,文化内容创作者与消费者距离不断拉近。2016 年,中国内容付费用户规模为 0.98 亿人,预计在 2017 年中国内容付费用户规模将超 1.8 亿人,增长率或超 100%,2018 年用户规模将超 2.9 亿人。可以说,从 2016 年开始,内容付费的时代已悄然到来。②

图 1-10-2　中国内容付费用户规模及预测

数据来源:艾媒咨询,http://www.iimedia.cn/51310.html,检索日期:2017 年 12 月 24 日。

随着互联网技术与文化各个领域的深度结合,文化内容的生产和展示的方式

---

① 《2016 年全国规模以上文化企业营收增长 7.5%》,人民网,http://finance.people.com.cn/n1/2017/0207/c1004-29061883.html,检索日期:2017 年 12 月 24 日。

② 艾媒咨询,http://www.iimedia.cn/51310.html,检索日期:2017 年 12 月 24 日。

都发生了巨大变化,知识经济的规模也将进一步扩大。调研数据显示,人们的付费行为与用户的兴趣存在一定的相关性,86.4%的手机网民曾有付费行为,其中49.3%的网民曾为影视作品付费,曾为文学作品付费的用户占比35.5%,而在音乐方面曾付费的用户占比为34.3%①。

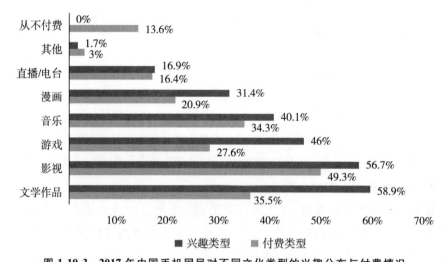

图 1-10-3　2017 年中国手机网民对不同文化类型的兴趣分布与付费情况

数据来源:艾媒咨询,http://www.iimedia.cn/51310.html,检索日期:2017 年 12 月 24 日。

3. 网络传播渠道多样化,网络文化产业的生态模式初步形成

对于网络文化而言,互联网极大地拓宽了媒体的传播渠道,使数字内容能够以多种形式和不同渠道渗透进入网民生活中的细节,社交属性突出的直播、电竞、在线演艺等新兴内容对新一代用户吸引力极大,成为新兴流量入口。与此同时,用户也不再是 PGC 时代的被动消费者,而是成为内容创造的深度参与者,互联网内容产业逐渐向"粉丝"经济过渡。手机网民的原创内容一方面不断丰富平台内容来源,另一方面在内容付费趋势下,优质的原创内容还为新媒体平台带来营收。

同时,文化休闲娱乐服务与互联网的结合离不开互联网巨头公司在垂直领域的进入,尤其是在音乐等内容方面的打造以及渠道建设,客观上给文娱领域带来强大用户流量以及高流量转化率,对于文娱与互联网的生态建设无疑是极大的促进。在过去,文化艺术的受众往往局限于某一特定人群当中,而互联网技术的运用不仅打破了大众与艺术作品尤其是传统文化的区隔,而且使过去抽象、晦涩、封闭的文

---

① 艾媒咨询,http://www.iimedia.cn/51310.html,检索日期:2018 年 3 月 15 日。

化艺术以一种通俗、生动、全新的面貌得到诠释,很大程度上促进了文化知识的普及,促进了手机网民对文化的认同和鉴赏能力的提高。

互联网改变了文化的传播和运营模式,并为文化传承提供推动力。未来,互联网在与文化结合的基础之上,将与金融、科技等领域结合,并且进一步衍生出诸多与文化相关的细分领域和创新形式,不仅能解决文化艺术和娱乐市场上的资金需求问题,还能促进文化产品广泛传播,使文化产业链不断延长。①

第三节 网络文化业重点行业分析

一、互联网文学发展特点

1. 数字阅读市场规模稳步扩大

随着互联网的发展以及智能手机、平板电脑的普及,网络文学逐步迈入移动互联网时代。中国音响与数字出版协会发布的《2016年度中国数字阅读白皮书》显示,2016年,我国数字阅读行业市场规模达到120亿元,增长25%,比上年提升6.5个百分点。②

图 1-10-4 2011—2016 年数字阅读市场规模

数据来源:中国音像与数字出版协会:《2016年度数字阅读白皮书》,2017年4月。

同时,2016年中国网络文学用户规模及使用率也呈逐步增长态势。2016年,我国网络文学用户规模有 3.3319 亿人,使用率达到 45.6%,手机网络文学用户达 3.0777 亿人,使用率 43.7%。两者均较去年有不同程度的提升。③

---

① 艾媒咨询:http://www.iimedia.cn/51310.html,检索日期:2017年12月24日。
② 中国音像与数字出版协会:《2016年度数字阅读白皮书》,2017年4月。
③ 国信证券:《网络文学市场深度报告》,2017年9月。

图 1-10-5　中国网络文学用户规模及使用率

数据来源：《网络文学市场深度报告》，国信证券，2017 年 9 月。

图 1-10-6　中国手机网络文学用户规模及使用率

数据来源：《网络文学市场深度报告》，国信证券，2017 年 9 月。

2. 数字阅读行业收入结构呈多元化发展

从 2015 年、2016 年两年的收入结构来看，收入途径呈多元化发展。版权收入、广告收入、其他收入均比上年有一定程度的提升，其中版权收入占比较 2015 年提升一倍，订阅收入虽较去年有所下降，但仍是主要收入来源。[①]

---

① 中国音像与数字出版协会：《2016 年度数字阅读白皮书》，2017 年 4 月。

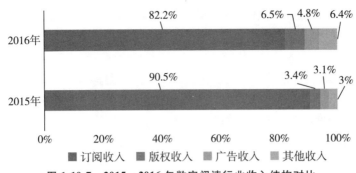

图 1-10-7　2015—2016 年数字阅读行业收入结构对比

数据来源:《2016 年度数字阅读白皮书》,中国音像与数字出版协会,2017 年 4 月。

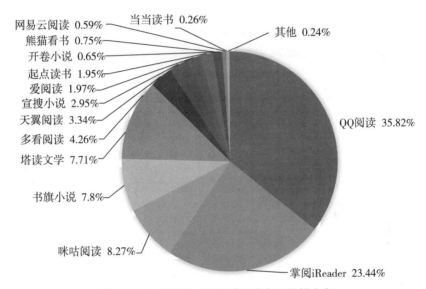

图 1-10-8　2017 年 Q3 移动阅读市场份额分布

数据来源:速途研究院,http://www.sootoo.com/content/673708.shtml,检索日期:2017 年 12 月 24 日。

随着网络文学市场的愈加规范化以及移动阅读的便利性的增强,网络文学快速发展,手机端注册用户呈几何数增加,订阅内容付费模式也越来越受到广泛认可。截止到 2017 年 9 月 30 日,移动阅读市场竞争逐渐进入白热化。其中,QQ 阅读以35.82% 占据市场首位;掌阅 iReader 以 23.44%屈居第二。

另一方面,伴随着 IP 改编的热潮,部分网络文学作品也频频被搬上银幕。在 2016 年的热播剧中,就有近 6 成改编自网络文学中广受欢迎的作品。其中较为成功的网络文学改编案例中作品连载时间较长的居多,时间的沉淀促进了优质作品的诞生,其中十年前开始连载的作品超过了50%。从题材上来看,都市小说改编成功的比例更高。①

3. 代表性企业分析

2016年,互联网文学领域业内前5位的企业分别是阅文集团、中文在线、掌阅文学、百度文学以及阿里文学。作为业内领先企业,背靠腾讯文学大树的阅文集团可以说是行业内的翘楚。旗下有包括创世中文网、起点中文网、起点国际、云起书院、起点女生网、红袖添香、潇湘书院、小说阅读网、言情小说吧等多个网络原创与阅读品牌。

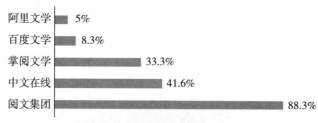

图 1-10-9　五大平台作家数量占比

数据来源:《网络文学市场深度报告》,国信证券,2017年9月。

在网络文学行业中,阅文集团作家资源始终保持在领先地位。集团旗下作家数量占到整体市场的88.3%;第二梯队中,中文在线、掌阅文学差距不大,分别占市场的41.6%和33.3%;百度文学和阿里文学仅占8.3%和5%。目前,阅文旗下有530万名作者,840万部文学作品,代表作包括《盗墓笔记》《鬼吹灯》《斗破苍穹》《择天记》《楚乔传》等。②

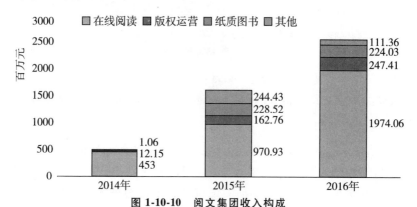

图 1-10-10　阅文集团收入构成

数据来源:《网络文学市场深度报告》,国信证券,2017年9月。

---

① 中国音像与数字出版协会:《2016年度数字阅读白皮书》,2017年4月。
② 《网络文学市场深度报告》,国信证券,2017年9月。

网络文学平台收入一般包括收费收入（在线付费阅读、纸质图书）、版权改编以及部分广告收入。以阅文集团为例，2014—2016 年，在线阅读收入分别达到了 4.53 亿元、9.7 亿元和 19.74 亿元，每年都以成倍的比例增加，是平台赖以生存的主要收入来源。①

虽然订阅的规则不太相同，但整体差异不大。一般来说，平台会先提供一部分章节供用户免费阅读，以达到吸引读者注意的目的。当作品受到足够关注时会被转移至 VIP 区域，读者付费获得相应的章节内容。读者还可根据个人的喜好给作者打赏，人气越高的作者往往能收到更多的打赏。

二、互联网音乐产业发展特点

互联网音乐产业是指通过互联网平台及各类软件应用模式进行音乐的作品传播、服务和利用的音乐传播新业态，其主要的盈利模式为音乐付费收听、广告、会员制、音乐产品的二次开发和应用等。互联网音乐产业是传统音乐充分应用科技特别是互联网平台所开展的具有衍生性和拓展性的新兴产业，这一产业的主导企业已经从传统的音乐制片机构转向互联网平台企业，并借助互联网思维实现了跨界融合与产业机制创新。目前，互联网音乐产业的平台化趋势更加明显，阿里大文娱整合阿里音乐，太合音乐与百度音乐、海蝶音乐等进行合并，腾讯 QQ 音乐与海洋音乐集团合并，从而形成了全新的互联网音乐产业生态。

1. 移动音乐市场活跃用户规模稳步上升

2016 年，我国移动音乐市场活跃用户规模基本处于稳步上升趋势，12 月活跃用户达到 5.4 亿，居全年最高。中国音像与数字出版协会的数据显示，2016 年中国音乐产业总规模约为 3253.22 亿元，数字音乐 PC 端与移动端的总产值达 143.26 亿元，保持了超过 39% 的增速，付费收听和下载成为其高速增长的重要推动力。从线上消费市场来看，互联网音乐用户规模达到 5.03 亿，付费用户数量加速膨胀，与 2012 年相比，音乐付费用户数增幅高达 113%②。

2. 用户版权意识提升，付费意愿明显

目前，随着用户消费行为的改变以及大众对于版权意识的提升，越来越多的用户愿意选择付费音乐。据艾媒咨询的调查显示，在 2017 年 Q3 中国手机音乐客户端用户调查中，超六成用户愿意为手机音乐客户端中音乐综艺相关内容付

---

① 《网络文学市场深度报告》，国信证券，2017 年 9 月。
② 《中国音乐产业突破 3000 亿"大关" 跻身全球音乐产业大国之列》，新华网，http://news.xinhuanet.com/fortune/2017-11/07/c_1121919719.htm，2017-11-7/2017-12-26，检索日期：2017 年 12 月 26 日。

费;其中,用户每月愿意付费的金额集中在 10—30 元之间,累计占比达七成①。用户付费习惯的养成也势必会随着未来移动端平台与实际的互动性增强而进一步提升。

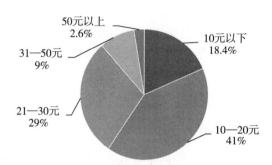

图 1-10-11　每月愿为音乐综艺相关内容支付金额

数据来源:艾媒咨询,http://www.iimedia.cn/59882.html,检索日期:2017 年 12 月 26 日。

3. 网络音乐类型多样化

互联网的快速发展推动了音乐行业新的业务模式与运营机制的产生,随着用户行为的改变,网络音乐目前主要以移动端为主,主要包括综合音乐播放器平台、移动 K 歌平台、演艺直播平台等类型。② 从应用类型分布上来看,移动 K 歌平台占比 11%,演艺直播占比 1.7%,综合音乐播放平台所占比例最高,达到 73.6%,用户使用程度最高。

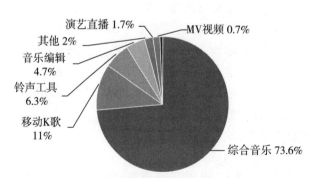

图 1-10-12　移动音乐应用类型分布情况

数据来源:易观,http://www.analysys.cn/analysis/8/detail/1000720/,检索日期:2017 年 12 月 26 日。

---

①　《2017Q3 中国手机音乐客户端市场动态》,艾媒咨询,2017 年。
②　《中国移动音乐行业发展年度综合分析 2017》,易观,2017 年。

4. 代表性企业分析

2017年1月24日,腾讯公司QQ音乐业务和中国音乐集团合并成立的音乐集团正式更名为腾讯音乐娱乐集团(简称"TME"),旗下包括QQ音乐、酷狗、酷我三大主流音乐播放平台。①

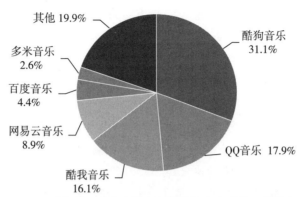

图1-10-13　2017年第三季度中国手机音乐客户端累计下载量占比排行

数据来源:艾媒咨询,http://www.iimedia.cn/59882.html,检索日期:2018年3月15日。

艾媒咨询数据显示,截至2017年第三季度,酷狗音乐以31.1%用户下载量居于首位,QQ音乐、酷我音乐以17.9%和16.1%占比分列第二、三位,TME集团稳居第一梯队。艾媒咨询分析师认为,当前手机音乐客户端市场趋于稳定,市场格局难有太大变动,金字塔结构基本形成。②

三、网络动画产业发展特点

网络动画(ONA,Original Net Anime),直译为"原创网络动画",是一种综合艺术,它集绘画、漫画、电影、数字媒体、摄影、音乐等众多艺术门类于一身,其技术表现形式随着技术演变分别经历了GIF(1994—2000年)、Flash(2000—2005年)、Video(2005年至今)以及新兴的VR动画等几个时期,接收终端也经历了PC、手机等智能终端变化③。

1. 网络动画内容丰富多元,盈利模式多样

2008年,原创动画网站兴起,先后出现"有妖气"、腾讯动漫、A站、B站等。主

---

① 《DoNews:QQ音乐和中国音乐集团合并正式更名为腾讯音乐集团》,http://www.donews.com/news/detail/1/2946845.html,检索日期:2017年12月26日。
② 《2017Q3中国手机音乐客户端市场动态》,艾媒咨询,2017年。
③ 《网络动画产业现状全解析》,《综艺报》,http://mini.eastday.com/mobile/170324000812146.html,检索日期:2017年12月26日。

要经营原创网络动漫、原创电影电视动画、纸质媒体漫画、网游、手游、数字娱乐系统和衍生产品等。目前网络动画的盈利模式主要包括如下几种形式：

（1）下游企业注资：由于网络动画的传播广泛，传统的动画下游企业包括玩具、服装等企业一般会选择注资形式支持行业发展。下游行业通过动画品牌为产品打响知名度，从中获得的盈利也能持续为动画作品提供支持，提升其品质，形成良好的循环。

（2）网络广告插播或植入：由网络媒体和动画企业共同招募插播片头、片尾或用暂停网络广告的方式来补偿制作成本。在动画片中植入产品品牌形象或LOGO，在作品中添加品牌隐性广告，补偿制作成本。

（3）品牌授权、转让部分版权：将品牌转让给品牌代理投资机构或媒体。通过影院动画、真人电影等方式获得更多市场回报。例如，《秦时明月之万里长城》向土豆网出售了1200万元网络播映权。①

（4）"打赏"模式、下载收费：这是动画平台最常见的盈利模式。向VIP用户收取服务费和动漫作品的下载收费。使用现金鼓励作者继续创作，打赏作者。

2. 用户规模成倍增长，实现全年龄段覆盖

相比于传统动画的民族化、低龄化，网络动画逐渐向全年龄段覆盖方向发展。网络动画中的无厘头、恶搞、性暗示、暴力、耽美等元素也比比皆是，玄幻、科幻、魔幻、都市、校园、搞笑、悬疑、恐怖、推理等细分类型的出现标志着网络动画的成人化趋势。据统计，截止到2017年8月，PC端互联网视频平台月度覆盖人数达到4.4亿人，移动端互联网视频平台月设备数达到10.1亿台，视频平台用户规模庞大，为动画行业的发展奠定了强大的用户基础。② 据iVideoTracker在2017年6月统计的不同类别视频播放覆盖人数占整体视频播放覆盖人数的比例，动画类视频占比35.2%，用户覆盖比例仅次于电视剧、综艺，并且高于电影。截止到2017年6月，PC端视频平台的动画类视频覆盖人数已达到1.76亿，视频平台对动画需求量不断增加，平台容量提升，动画作品发行渠道也逐渐增加。③ 相关统计显示，网络动画在20岁以下及20—30岁年龄段群体中覆盖率分别为43.8%和43.6%，其中以月收入较高人群（超过10000元）和无收入人群覆盖率最高，分别为36%和

---

① 《〈秦时明月〉上土豆》，《浙江日报》，http://zjrb.zjol.com.cn/html/2012-01/21/content_1318837.htm?div=-1，检索日期：2017年12月26日。

② 《中国动画行业报告2017》，艾瑞咨询，http://report.iresearch.cn/report_pdf.aspx?id=3049，检索日期：2017年12月26日。

③ 同上。

35.4%。这说明网络动画主要受众群以无收入的学生和有较高收入的都市白领为主。《泡芙小姐》系列、《江湖画之不良人》等众多网络动画作品成为追看和热议的对象①。

3. 发行渠道多样化,吸引各方企业泛娱乐化布局

动画作为文化产业的重要领域,放大 IP 价值,日益成为泛娱乐战略布局的重点。2016 年,大量互联网视频网站争相崛起,用户群体覆盖广泛。用户对文化内容需求的不断提高,为动画内容提供了新的发行渠道选择和广阔的创作空间,助推网络动画行业大力发展。早些年,国产动画主要由电视台购买播放。近两年,随着爱奇艺、腾讯视频、优酷土豆等视频平台日益成熟,国产动画有了更大的机会和空间,在很大程度上改变了动画市场。

在泛娱乐化大趋势下,动画成为各企业重点布局的一环,不同类型的企业通过投资出品的方式进军动画领域,一方面极大地解决了动画投入成本高的问题,另一方面也推进了企业的泛娱乐化布局。

4. 中外合作模式不断升级,国产动漫日趋成熟

网络视频平台对动画的涉足不断加深,中外合作模式升级,从单纯地向国外购买动画的在线播放权,到参与投资、主导制作,直至海外发行,视频平台与国外的合作模式不断升级,如长期引进日本经典的长篇动画作品,每个季度引进日本新节目;在投资上,积极投资国产动画制作公司,扶持国产动画;在海外交流上,推进中日合作,创作国产动画作品,中日同期播出,积累经验、提高产量。

2017 年,国产动画作品数量增多,影响力增强,在用户中的渗透率提高,预估覆盖将近 1.4 亿的用户群体。艾瑞咨询分析认为,国产动画隶属于文化内容,并不会出现爆发式的增长,而是通过产量的日益提升,用户稳步增长。与此同时,国产动画内容质量也在飞速提升。以《全职高手》和《狐妖小红娘》为代表的顶级 IP,改编成的动画作品人气高、表现优异。以《少年锦衣卫》为代表的新兴原创动画,制作精良,原创动画依旧存在很大的市场空间。随着用户群的成熟,国产动画商业模式也不断创新。现阶段,网络视频平台积极推出动画内容的用户付费模式,且对于优质动画内容购片意愿加强,有助于在动画内容方面直接产生收益。

---

① 《网络动画产业现状全解析》,《综艺报》,http://mini.eastday.com/mobile/170324000812146.html,检索日期:2017 年 3 月 24 日。

四、互联网演艺产业的发展特点

互联网演艺是依托演艺平台开展的网络表演、直播等相关娱乐服务形式。互联网演艺平台是依托于网页技术或客户端技术，为具有表演才艺（包括演唱、电台 NJ、脱口秀等）的个人或组织提供即时表演创作和分享的平台，属于互联网娱乐平台范畴。① 网络演出的主要形式就是网络直播，根据直播内容的类别，可以分为秀场直播、游戏直播、泛娱乐直播。除此以外，互联网对演出产业链其他环节的渗透也在不断加强。

互联网与演出产业链结合的一大重要环节是票务。比达咨询发布的《2017年第一季度中国在线电影票市场》显示，在线票务市场以猫眼电影、微影时代和淘票票三家平台三分天下。② 这三大平台都以票务为基础，向产业的上下游扩展。猫眼电影以电影为核心，参与从上游的投资制作到中游的宣发，以及下游的院线、售票、用户、服务、结算；微影时代打造泛娱乐生态圈，布局电影全产业，并向演出、体育赛事渗透；淘票票也积极发展泛娱乐产业，与大麦网展开合作，推出演出票务服务。

1. 网络直播用户规模日益庞大

与传统广播电视直播不同的是，用户通过互联网在直播平台上制作或观看直播视频，用户形成"粉丝"群体，用户互动构成表演内容，实现观看方与直播方的实时互动。2016 年，网络直播实现了井喷式发展。2017 年，中国演出行业协会网络表演（直播）分会在京正式成立，在成立大会上发布了全国第一份网络表演（直播）行业白皮书。从网络直播的内容类别来看，游戏直播和真人秀直播用户使用率明显增长。截至 2017 年 6 月，网络直播用户共 3.43 亿，占网民总体的 45.6%。其中，游戏直播用户规模达到 1.8 亿，较去年年底增加 3386 万，占网民总体的 23.9%；真人秀直播用户规模达到 1.73 亿，较去年年底增加 2851 万，占网民总体的 23.1%。③

---

① 《2015 年中国互联网演艺平台发展研究报告》，艾瑞咨询，http://www.iresearch.com.cn/report/2384.html，检索日期：2018 年 1 月 10 日。

② 《2017 年第一季度中国在线电影票市场》，比达咨询，http://www.bigdata-research.cn/content/201704/419.htm，检索日期：2018 年 1 月 10 日。

③ 中国互联网络信息中心：《第 40 次中国互联网络发展状况统计报告》，http://cnnic.cn/hlwfzyj/hlwxzbg/hlwtjbg/201708/P020170807351923262153.pdf，检索日期：2018 年 3 月 12 日。

图 1-10-14　2016 年 12 月—2017 年 6 月游戏直播/真人秀直播用户规模及使用率

数据来源:根据相关资料整理。①

2. 互联网演艺平台的类型多元化、垂直化、移动化

第一届中国互联网直播大会发布的《2017 年上半年中国直播行业发展分析报告》显示,中国在线正常运营的直播平台数量达到了 270 家。② 直播平台的热度基本符合长尾分布模式,巨头化格局已经形成,多家大型直播平台在 2017 年上半年完成高额融资。

表 1-10-1　中国直播平台热度排行榜(2017 上半年)

名次	直播平台名称	百度搜索指数(平均值)	安卓系统下载量	热度得分
1	虎牙直播	234689	147840719	61.72
2	一直播	42915	656935091	61.22
3	MOMO 陌陌	29818	630606212	56.35
4	YY	11242	248229327	22.08
5	龙珠直播	77625	28777533	18.82
6	斗鱼直播	22994	120189998	14.43
7	花椒直播	38164	79234786	14.41
8	荔枝 FM	31131	88355369	13.64

---

① 中国互联网络信息中心,http://cnnic.cn/hlwfzyj/hlwxzbg/hlwtjbg/201708/P020170807351923262153.pdf,检索日期:2018 年 1 月 10 日。

② 中国互联网直播大会:《2017 上半年中国直播行业发展分析报告》,http://www.sohu.com/a/166510052_247452,检索日期:2018 年 1 月 10 日。

续表

名次	直播平台名称	百度搜索指数(平均值)	安卓系统下载量	热度得分
9	映客直播	5131	116840495	10.36
10	熊猫直播	8314	79977143	8.11

数据来源:《2017上半年首份直播行业报告出炉"+直播"概念方兴未艾》,http://www.donews.com/news/detail/4/2965080.html,检索日期:2018年3月12日。

目前,网络直播已经形成了比较成熟的盈利模式。对于直播平台来说,主要依靠提供增值服务包括售卖虚拟道具、用户打赏、会员服务等,以及广告、游戏联运、电子商务等方式进行盈利。接下来,网络直播将是电商的一个重要流量入口。对于提供表演的主播来说,主要通过与平台对粉丝打赏和赠送道具的变现分成、与平台的签约费、广告,以及自己的淘宝店进行盈利。

网络直播的多种直播类型更迭兴起,业务向多元化、垂直化拓展。一是巨头布局直播,将其作为自有生态闭环的一部分,联动流量、数据、业务等各个方面。同时,巨头能够为直播平台/业务导入大量流量,并在运营策略、技术实力等方面给予支持。二是综合视频网站布局直播,在内容资源、流量基数、用户付费以及基础设施(如带宽)方面具有天然优势,以多种直播类型与自有版权类直播形成差异化搭配,能够同时收揽PGC与UGC带来的巨大流量。直播与其本身的视频业务构成视频生态圈闭环,丰富了其内容类型,扩大了原有的流量入口。同时还有其他互联网企业及其他非互联网企业积极布局直播业务,布局方式包括收购或控股直播平台、自建直播平台、在现有业务体系嵌入直播模块等,为直播平台提供内容资源和技术支持。

3. 线上线下融合,互联网演艺产业链愈加完备

互联网平台向线下渗透,乐视音乐参与主办了MTA天漠音乐节和李宇春2016年巡回演唱会;票务平台格瓦拉与十三月文化公司合资成立公司,全面布局艺人唱片、优质巡演的运营;演出票务网站大麦网冠名大连体育中心体育馆,参与线下场馆运营,着力打造智慧场馆。专业演出团体探索线上互动新模式,例如,上海交响乐团开发音乐会直播云平台;导演赖声川在网络情景喜剧《王子富愁记》的创作中融入了线上观众的意见。

线上线下平台开始向产业链的上下游扩展,努力构建完整的产业生态。北京保利剧院管理有限公司对下属的演出公司进行改组,搭建票务营销平台,了解会员需求,调整上游业务服务,逐步由单一的靠剧院管理、票房收入盈利向票务代理、演出组织、版权交易、线上剧院等多点盈利发展。微影时代通过资本连接了上下游产

业链的诸多资源,已形成了从原创内容、开发制作、发行营销到衍生品售卖的完整产业布局。接下来,互联网演出的内容在音乐、舞蹈、脱口秀的基础上会越来越广泛,直播技术、网络环境、移动支付、消费习惯会让互联网演出的O2O衍化出更多样的商业模式,线上线下的联动融合也会使互联网演出的产业链更加完整。

五、互联网影视产业发展特点

互联网影视产业,包括网络视频、网络电视剧、网络电影、网络综艺节目等在线视频产业和互联网电视产业。其中,网络在线视频产业是以互联网为传播媒介、以视频播出为主要形式并获得盈利的产业。互联网电视(OTT TV)是以公共互联网为传输介质、以绑定了特定编号的具备网络接入功能的电视一体机为输出终端,并由经国家新闻出版广电总局批准的集成播控平台,向全国范围内的用户提供视频点播和图文信息服务为主的内容服务及其他相关增值业务服务的电视终端。

1. 视频用户量稳步增长,市场规模不断扩大,商业模式日趋多元化

2017年,网络视频用户数量总体保持平稳增长态势。中国互联网络信息中心调查结果显示,截至2017年6月,网络视频用户规模约为5.65亿,较2016年年底增加用户2026万,增长率为3.7%;网络视频用户使用率为75.2%,较2016年年底提升0.7个百分点。其中,手机视频用户规模约为5.25亿,与2016年年底相比增加用户2536万,增长率为5.1%;手机网络视频使用率为72.6%,相比2016年年底增长0.7个百分点①。

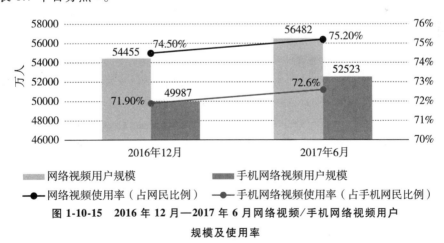

图1-10-15 2016年12月—2017年6月网络视频/手机网络视频用户规模及使用率

数据来源:《第40次中国互联网络发展状况统计报告》,中国互联网络信息中心,2017年8月。

---

① 中国互联网络信息中心:《第40次中国互联网络发展状况统计报告》,2017年8月。

2016年,中国在线视频市场规模为609亿元,同比增长56%。随着用户规模扩大,用户使用黏性增加,预计到2019年将达到千亿元级。①

图1-10-16 2011—2019年中国在线视频行业市场规模

数据来源:艾瑞咨询,http://www.iresearch.com.cn/report/2958.html,检索日期:2018年3月12日。

商业模式方面,视频网站盈利模式多元化。视频广告形式不断创新,视频内容营销潜力不断爆发,除网络视频剧内植入广告外,剧外原创帖、移花接木等创意式植入渠道备受广告主好评。同时,视频用户付费习惯逐渐养成,用户付费市场急速增长,依托于影视剧IP的其他收入模式,如游戏、周边衍生品等业务的收入也相应增长,促进行业盈利良性循环。此外,视频网站的直播频道/直播产品、短视频的繁荣,都会带动增值服务模式发展②。

2017年上半年,网络视频行业继续在竞争中发展,各大视频网站积极布局文学、漫画、影视、游戏及其衍生产品的泛娱乐内容新生态,生态化平台的整体协同能力正在逐步凸显。网络视频平台相继通过成立影视公司形式切入上游内容制作环节,不仅为平台提供了更具有差异化的内容资源,同时还加大了平台在下游的内容编播、用户付费、衍生品开发等多个环节的话语权,增强了对内容的价值挖掘能力③。

2. 网络电影数量和播放量有小幅度提升

2017年7月18日,教育部、国家语委在北京发布《中国语言生活状况报告

---

① 艾瑞咨询,http://www.iresearch.com.cn/report/2958.html,检索日期:2018年1月10日。
② 《第40次中国互联网络发展状况统计报告》,http://cnnic.cn/hlwfzyj/hlwxzbg/hlwtjbg/201708/P020170807351923262153.pdf,检索日期:2018年1月10日。
③ 易观智库,https://www.analysys.cn/analysis/trade/detail/1000469/,检索日期:2018年1月10日。

（2017）》，网络大电影入选 2016 年度中国媒体十大新词。① 自 2014 年 3 月提出"网络大电影"概念以来，网络大电影市场一直保持着高速发展的状态，并将在 2017 年持续增长。随着网络大电影制片方整体水平的提高，网络大电影也从之前"单兵作战"开始和院线电影、游戏、网剧、文学等打通、融合。

2017 年上半年网络电影数量和播放量较 2016 年上半年有小幅度提升。中国网络视听节目服务协会《2017 中国网络视听研究发展报告》中来源于"娱影智库"的统计数据显示，2017 年上半年上线网络电影共计 1158 部，与 2016 年上半年的 895 部相比，增加了 263 部，数量同比上涨 29.4%，播放量为 48.44 亿次，同比增长 26.7%。

2016 年 7 月至 2017 年 6 月，全国播放量在 1 亿元以上的网络电影共有 21 部，其中有 7 部网络电影在多个平台播出。从平台分布来看，腾讯视频播放次数在 1 亿元以上的网络电影数量为 12 部，位居各平台之首。此外，搜狐 7 部、爱奇艺 6 部、乐视 5 部、优酷 3 部、聚力传媒 2 部、1905 电影网 1 部。

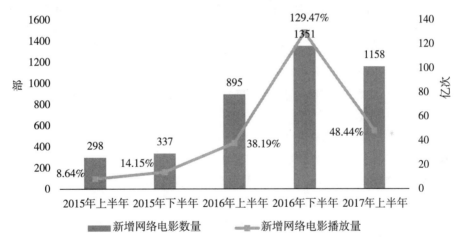

图 1-10-17 2015—2017 年网络电影数量(部)/新增网络电影播放量

数据来源：中国网络视听节目服务协会：《2017 中国网络视听研究发展报告》，http://www.199it.com/archives/663363.html，检索日期：2018 年 3 月 12 日。

3. 网络剧的影响力与日俱增

网络剧在经历了 2014 年兴起、2015 年爆发、2016 年调整期后，在 2017 年重新出现上升趋势。国家新闻出版广电总局监管中心的数据显示，2016 年 10 月 16 日

---

① 张玥：《2016 年度热词新鲜出炉，这些热点你都蹭过吗？》，http://www.sohu.com/a/158363077_619317，检索日期：2018 年 1 月 15 日。

至2017年10月15日,在优酷等21家网站共新上线网络剧206部,3485集,总时长约102815分钟。2017年网络剧上线数量较2016年同比增长46%,剧集数量较2016年同比增长33%,网络剧总时长较2016年同期增长65%。①

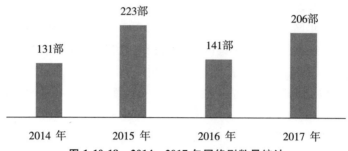

图1-10-18　2014—2017年网络剧数量统计

数据来源:国家新闻出版广电总局监管中心:《2017网络剧发展分析报告》,http://www.sohu.com/a/209368218_728306,检索日期:2018年3月12日。

2017年的网络剧的播放总量较去年实现了大幅度增长,从一个侧面反映出网络剧的影响力与日俱增。统计数据显示,2017年上线的206部网络剧播放总量833亿次,2016年上线的141部剧播放量总计319亿次。②

从单部播放量来看,2017年共有25部网络剧播放量超过10亿次,其中11部播放量超过20亿次,而2016年播放量超过10亿次的仅有8部,20亿次的播放量已经成为热门网络剧的新门槛。③

4. 网络综艺节目具有发展潜力

网络综艺节目数量和播放量较去年有小幅度提升,节目样式、思路和效果都越来越多元化,体现出无限潜力。相对于网络剧、网络电影而言,头部网络综艺节目的播放平台多集中在腾讯视频、爱奇艺、优酷、乐视等主流平台上。

据统计,2016年仅在网络平台播出的综艺节目为83部,全年播放量为257亿次,2017年上半年上线的节目为57部,占2016年节目数量的68.7%。截至2017年6月30日,2017年上线节目的播放量达172亿次,占2016年网络综艺市场总流量的66.9%。④

2016年7月至2017年6月上线的网络综艺节目中,播放量排在前20位的节

---

① 中国网络视听节目服务协会:《2017中国网络视听研究发展报告》,http://www.199it.com/archives/663363.html,检索日期:2018年1月15日。
② 同上。
③ 同上。
④ 同上。

目类型主要是体验类真人秀(7档)、脱口秀(5档)、竞技类真人秀(3档)、表演类真人秀(2档)、选秀类真人秀(2档)、访谈类节目1档。其中在芒果TV、优酷播出的体验类真人秀节目《爸爸去哪儿4》的播放量为34.3亿次,排在首位;排在第二位的是在芒果TV播出的《明星大侦探2》;排在第三的是《单身战争》,总播放量为17.8亿次。相对于网络剧、网络电影而言,头部网络综艺节目的播放平台更为集中。腾讯视频迎合年轻群体,构建多元化网络综艺矩阵,在总体节目数据上表现出更高的水准,共有8档节目进入前20,居各平台之首。芒果TV作为国内一家强IP内容平台,6档节目播放量进入前20,排名第二。优酷、爱奇艺、乐视分别有4档、3档、2档节目进入前20。①

5. 互联网电视行业产业链式发展

2013年中国智能电视市场开始高速增长,智能电视的保有量迅速提升。2016年中国智能电视保有量突破1.3亿台。智能电视设备的普及,将会为互联网电视整体生态的发展奠定坚实的基础,整体内容层面的收入及广告收入都以足够的用户量为前提。未来随着设备的普及,整体互联网电视生态系统的收入也会得到快速提升。②

互联网电视的整体产业链呈现出两头大中间小的"哑铃式"结构,产业链上游内容端集中了大量的内容提供商,内容提供商汇集了多家内容生产商和制造商的内容资源,从而为互联网电视提供了丰富的内容资源。产业链下游输出终端集中了大量的电视、机顶盒及无屏电视等产品。

2016年互联网电视产业链可以分为三个环节。第一个环节是内容提供方,是互联网电视所谓"OTT"的最主要表现,不同的内容提供商,包括影视公司、电视台、互联网视频网站等,共同构成了互联网电视丰富的内容体系。第二个环节是牌照方,包括内容牌照商和集成平台牌照商。这一环节是政府部门对于互联网电视行业监管的核心,同时也是产业链当中连接内容和终端的通道,根据政策只有牌照商的存在才能打通内容与终端的通道。集成平台牌照已经停止发放,成为产业链当中的最稀缺资源。而内容提供和牌照商都在视频服务商的范围内。第三个环节是终端,终端包括纯硬件和系统软件。系统和软件部分还要受到监管,由牌照商做一

---

① 中国网络视听节目服务协会:《2017中国网络视听研究发展报告》,http://www.199it.com/archives/663363.html,检索日期:2018年1月15日。
② 《2017—2022年中国智能电视市场分析及发展趋势研究报告》,智研咨询,http://www.chyxx.com/research/201610/456676.html,检索日期:2018年1月15日。

定的掌控,终端生产则依靠传统的电视厂商以及新兴的互联网企业电视品牌商①。

六、互联网艺术品交易发展概述

互联网艺术品交易,即艺术品电商交易,主要包括网上画廊和网络艺术品拍卖两种形式,其产销两端的商务模式一般包括 B2C(商业对消费者)、C2C(消费者对消费者)和 O2O(线上与线下结合)等方式。

随着互联网和社交媒体的广泛应用,线上艺术品平台的推出不仅打破了艺术品交易时间与空间的束缚,更使买家能够方便清晰地洞察市场。对于通过网站完成 75% 以上交易额的、单价在 5000 美元以下的低端市场而言,这一点显得尤为突出。在 2016 年秋拍期间,许多传统知名拍卖行相继尝试网络拍卖,包括中国嘉德、北京保利、广东崇正等均开展网络竞拍,争夺新拍卖渠道。②

网络拍卖如果按照拍卖公司归属可分为拍卖公司自行建立的在线拍卖网站和中介交易网站。前者通常是与拍卖公司举办的线下拍卖同步的在线竞拍,如比较著名的有佳士得拍卖行(Christie's)和苏富比拍卖行(Sotheby's)等;后者是非拍卖公司所属中介类型的艺术品交易网站,这类网站还会综合提供交易,其中包括组织线上艺术品博览会和拍卖会等,例如国内颇有名气的成都中艺复兴文化艺术商城。有些拍卖公司提供的拍卖信息较为国际化,如易拍全球等,易拍全球以古董拍卖为主,提供了多种模式的竞拍,主要把全球的拍卖资源和买家资源汇集起来,为买家提供全球的艺术品信息。

从全球视角来看,一半的艺术品交易是在线上完成的。2017 年 3 月有数据显示,与 2015 年相比,2016 年全球艺术品市场交易额下降了 11%,大概为 560 亿美元,其中,公开销售拍卖额为 221 亿美元,比去年下降了 26%,画廊、艺博会等占主要部分的经销商销售额大概为 325 亿美元,比去年上涨约 3%,其中艺博会的线上交易占 8%③。

艺术品在线交易模式不同于一般的电商模式,因为其市场定位和服务方式需要基于不同的用户群体和不同的市场需求定位其商业模式,否则,难以实现其经济价值和平台效应,艺术品在线交易还没有找到在商业模式上的可持续发展路径,除

---

① 《2017 年中国互联网电视行业研究报告》,艾媒咨询,http://www.iimedia.cn/51310.html。易观智库,https://www.analysys.cn/analysis/trade/detail/1000970/,检索日期:2018 年 8 月 15 日。
② 《全球艺术品在线交易持续升温趋势不可逆转》,凤凰艺术,https://news.artron.net/20171011/n964871.html,检索日期:2017 年 12 月 15 日。
③ 裴刚:《黄雅君:未来亚洲也有能力可以成为艺术中心》,雅昌艺术专稿,http://news.artron.net/20171127/n970569.html,检索日期:2018 年 3 月 26 日。

了一些知名电商品牌外,大部分仍然在为生存而苦苦挣扎。

艺术品在线交易不仅是一个虚拟的交易场所,还是一个交流艺术信息、分享艺术品知识、传播艺术品投资价值和社会价值的平台。因此,这一模式的未来发展应当是综合平台,这一平台的要素资源需要经过严格审核把关,并且具有专业性和标准化。与此同时,结合线上线下的互动,实现现实与虚拟优势互补;并且充分建立起标准化、规范化的交易流程,保护消费者权益;利用大数据和云计算技术,实现艺术品资源的集成和整合。

第四节 行业面临的问题、发展策略及趋势

一、行业发展面临的问题

1. 网络文化内容原创不足,碎片化及低俗化仍然严重

近些年来,互联网迎来了"内容为王"的时代,网络文化产业需要以内容的创新性、丰富性来保证产业的持续发展。综观目前的网络文化内容产品,碎片化、低俗化等趋势日益凸显。目前互联网文化内容多是将传统媒体的内容进行数字化转型和开发利用,进行二次传播,其中很多内容没有严格遵守版权法规定,存在侵权纠纷隐患。同时,有些内容为了适应商业化需要,进行了改头换面的修改和集成,造成内容的系统性、准确性和来源的模糊性等问题。此外,由于移动媒体的小微特征,目前很多内容存在碎片化趋势,在两微一端兴起之后,很多内容的大量转发和重复传播非常严重。

互联网的经济属性决定了其内容运营模式较为注重内容的商业价值,从而忽视了内容的积极、健康和寓教于乐等正面作用,存在很多的低俗和违规问题,如网络文学由于进入门槛较低,作品创作向大众化发展,网络写手众多,水平良莠不齐,内容存在着一些渲染暴力、迷信和色情的内容,经过整顿,有多个网站因色情内容被整顿或关闭。为了在短期内获得较高的阅读率从而获得经济效益,作品的文学性、思想性不被重视,更多考虑的是如何迎合读者的阅读趣味,因此造成作品内容单调重复,难以支撑长期发展①。此外,很多新兴的媒体形态,也使得监管存在困难,如社交媒体产生的数据量是极大的,人工可以监管的内容有限,大部分工作都需要机器来完成,但是机器对视频内容的识别还处于起步阶段。

低俗违法的直播内容也不断出现,一些直播平台下的各个类目都有很多主播

---

① 毛菁华:《青岛网络文化产业存在的问题与发展策略》,《青年记者》2017 年第 27 期。

竞争,在内容大量同质化的情况下,一些主播为了吸引眼球,传播低俗违法的内容,严重违背了社会主义核心价值观,给内容监管带来了巨大的挑战。由于直播的信息发布与接收是实时的,监管部门对直播内容的传播实施拦截具有滞后性,因而直播的劣质内容产生的负面影响的范围也更大。

2. 网络文化产业的产业链生态尚不成熟,网络内容运营的商业模式和盈利机制尚需完善

网络文化产业由于网络文化的产业链长、涉及面广,不同的运营商可根据自身的特点架构产业链,选择最能发挥自己特长的环节切入,从资源的开发、加工整合、中介营销到创造知识产权各个方面加以掌握和完善。而在未来,要实现网络文化产业的真正繁荣,就必须改变时下网络文化产业"有产无链"的尴尬格局,实现网络文化产品开发企业、衍生产品生产商、网络文化产业教育学院等部门之间的品牌合作、产品授权、产品开发,从而拉动上下游业务,培育网络文化原创产品,带动整个产业链的兴盛。①

此外,目前的很多网络文化内容的运营仍然以传统广告模式为主,收费模式尚处于摸索和微利状态,因此,如何建构成熟的商业模式还需要进一步完善其要素市场的组合机制和价值变现能力。网络内容的各个环节的组织和运营不仅需要从技术角度考虑,还要注重内容版权成本、内容的制作成本等因素。从目前网络内容的生产角度来看,由于网络文化内容的制作成本,影响了网络内容的盈利。相比于网络视频和网络文学来看,网络动画行业的用户付费行为仍旧未足够成熟,愿意为网络动画产品付费的用户所占比重仍然不多,所以各大平台作品也基本上全部为免费作品,只在极少数作品的部分章节收取一定费用。近些年来,互联网迎来了"内容为王"的时代,网络动画行业也不例外。目前我国国产动画创新能力依旧有待提高,数量大但缺乏精品,企业仅仅依靠极少数的精品来维持持续的发展道路。②

网络内容产业的未来发展趋势就是将优势资源集中于 PGC 内容(专业生产内容)生产。以网络直播为例,节目特色、媒体资源与运营能力将成为未来网络主播的三大核心竞争优势。腾讯旗下 NOW 直播和 YY 旗下虎牙直播均在上半年推出激励原创内容生产者的生态扶持计划,设立专项基金并投入媒体资源对主播的内容创作、曝光、运营等各环节进行支持③。

---

① 王爱云:《网络文化产业的发展方向与路径探讨》,《理论学刊》2009 年第 11 期。
② 《中国动画行业报告 2017》,艾瑞咨询,2017 年。
③ 中国互联网络信息中心:《第 40 次中国互联网络发展状况统计报告》,http://cnnic.cn/hlwfzyj/hlwxzbg/hlwtjbg/201708/P020170807351923262153.pdf,检索日期:2017 年 10 月 15 日。

3. 网络内容的侵权问题依然严重,版权管理模式有待创新

知识产权是网络文化产业的重要支撑,然而网络文化产业领域的很多产品因其流通和管理上存在的不规范问题,易被抄袭和复制。目前,网络音乐、网络文学、网络视频、网络动画等领域仍存在盗版猖獗、屡禁不止等现象,日益频发的网络侵犯知识产权问题,制约着行业的进一步蓬勃发展,成为网络文化产业面临的严峻挑战。2017年2月国家版权局发布《版权工作"十三五"规划》,有效提升了版权执法监管力度,平台规范化才是解决盗版问题的有效途径。2017年9月,国家新闻出版广电总局(国家版权局)版权管理司也就网络音乐版权有关问题约谈了腾讯音乐、阿里音乐等主要平台负责人,要求全面授权,广泛传播音乐作品。综合来看,2017年,随着数字传播技术的发展,网络著作权侵权案件新情况不断出现,侵权传播途径出现多样化、分散化趋势,网络版权规范和管理制度仍需进一步完善。

4. 网络文化产业发展基础不平衡,存在结构性失调问题

随着互联网技术的发展,网络的延伸能力也越来越强,互联网的品牌效应也不断强化,网络文化产业整体呈现出泛娱乐化现象,但仍面临发展基础不平衡、结构不合理等问题。我国目前主要的网络文化产业中,网络游戏在网络文化产品中所占的比值很大,而其他网络文化产业的发展相对缓慢;从网络文化品牌建设方面来看,几个知名度比较大的公司对我国网络文化市场形成垄断,这对于建设良好的网络文化竞争环境是极为不利的;从区域结构来说,内陆网络文化产业滞后于东部沿海地区,发展极不平衡。在产业内部,传统的盈利模式仍占主流。就以网络游戏的行业生产来看,它们所生产的产品类型也有待丰富。表现在针对性失衡,偏重城市人群,农村人群考虑较少;针对年轻人的多,针对老年人的少;倾向成年人的多,针对儿童的少。忽略或者不重视弱势群体,也是结构单一、发展不平衡的一个表现①。

5. 传统文化资源的挖掘和传播还不充分,原创性不足

近年来,我国网络文化产业由于缺乏自主研发的原创性作品和品牌,在总体规模上还远远落后于欧美一些发达国家。目前文学作品借助微信等新媒体的传播和推广,有望与公众号、微信小程序等形式达到进一步的结合。面临用户日益增长的网络文化内容产品高需求,网络内容产品的制作必须建立在对受众的深刻洞察之上,了解目标受众的需求和欲望,在此基础上确定自身特色,才能获得用户持续的关注。同时,还应在充分挖掘我国优秀传统文化资源的基础上,去开发以互联网为

---

① 毛牧然、刘星冉:《我国网络文化产业自主创新的现状及对策研究》,《湖北经济学院学报(人文社会科学版)》2016年第4期。

载体的游戏、动漫、图书、报刊等各种数字产品,发挥资源优势。目前网络文化产业的内容产品还未充分意识到传统文化资源挖掘与传播利用的重要意义和影响力,造成很多舍本逐末、制约发展的问题。例如,国外对我国输入的许多网络游戏产品都是以我国文化为背景进行开发的,而我国本土网络企业并没有意识到运用这些传统文化的重要性,很多是一味迎合网络游戏刺激、暴力、血腥的另类需要,结果往往导致网络文化产业内容生产陷入难以为继的局面。

6. 网络文化产业的文创与科技融合的复合型人才相对缺乏

网络技术设施是发展网络文化产业的首要条件和物质基础,人才是各个产业发展的关键要素。目前我国在网络技术发展方面已经取得了一定突破,互联网大数据、移动互联、人工智能等各个领域的新技术如雨后春笋,蓬勃发展。但同时,移动互联在无线接入网络、移动终端、应用服务以及安全隐患上都面临着前所未有的挑战,钓鱼、病毒植入、非法窃取信息、盗版、恶意应用等问题也日益挑战着我国的网络信息安全,制约着网络文化产业的发展。同时,在网络文化产业方面,同样面临专业人才数量严重不足、结构失衡等问题。例如,在网络动漫方面,动漫从业人员多为相对低端的制作人员,缺乏高级研发人才,造成虽然动漫企业众多,但原创作品质量不高、难出精品的现状。同时,高级管理人才的缺乏,仍然是网络文化产业发展的重要制约因素。

二、网络文化产业发展趋势与策略

1. 牢牢把握正确方向和导向,不断提升网络文化内涵

网络文化产业不仅需要提高经济效益,还需要注重网络文化的价值观和文化内涵,充分展现中华民族文化的传统价值和当代优秀思想,并加以创新和升华,从而增强民族自豪和文化自信,在内容的深度和精度上做文章。从行业发展来看,网络内容的发展趋势是运营正规化和内容精品化,因此要提倡内容工匠意识和精神,鼓励原创,传承经典,文化艺术内容来源于生活,高于生活,积极反映现实生活的真善美,摒弃假恶丑,将时代的精神变成民族崛起的动力,从而进一步推进网络文化产业健康、有序发展。

2. 关注复合人才培养,应用互联网科技和人工智能技术,实现网络文化产业的创新驱动升级

随着AR、AI等新科技的出现,互联网技术与文化日益实现深度融合,互联网技术与文化艺术背景的复合型人才将有很大需求空间。未来,还需要更加注重人才培养和引进,进一步重视核心技术的创造与应用,完善网络文化产业人才的培养、流动和激励机制,打破网络文化产业人才流动的障碍,充分发挥网络文化产业

人才的积极性和创造性,以实现网络文化产业的进一步高速发展。

3. 完善网络文化产业的融合创新机制

当前的文化生产和传播,已经形成了内容为主全产业链布局的"数字内容产业",其发展模式不再局限于原先的电影、电视、报业的界域之内,早已打破先前文化艺术固有的边界,横跨通信、网络、娱乐、媒体及传统文化艺术的各个行业,进行了"除界域"的融合重铸过程。融合创新不是内容产品或内容形态某一点的融合,而是多环节、多维度、多层面的全面跨界融合,其最终目的则是通过技术的创新实现内容产品与消费需求的有机融合,实现内容与用户或消费者的根本融合。网络文化产业的融合创新就是通过政策和协同机制实现不同行业、不同性质的文化机构、文化系统、其他相关产业之间及相关资源要素的协同创新,跨界协作,主要包括产业融合、"文化+"融合、文化与科技协调融合、人才培养融合、资源要素融合,充分运用"互联网+"实现融合。其中,通过区域合作实现集群化发展也是融合创新机制的重要手段,目前我国很多地方在区域集群发展方面都有很多重要举措。

4. 内容创业平台化趋势凸显,内容制作专业化及 IP 运营模式日趋成熟

目前,文化传媒平台的盈利关键逐渐从用户规模竞争向内容竞争转变,内容变现的能力逐渐增强。尤其是多个内容平台计划投入大量资金扶植优秀内容生产者,未来不少已有一定人气的优秀自媒体人将迎来更广阔和富有前景的发展机会,进入人人都可以是创作者的时代。2017 年,内容创业风生水起,从图文到直播短视频,风口接踵而至;从过去单打独斗式大 V 崛起到如今机构公司化运作与平台化转型涌现;从内容创业者扎堆北上广到全国各地内容创业大潮兴起,本地化内容进一步受到追捧;内容创业逐渐呈现出视频化、机构化、本地化的趋势。

内容制作不再仅依赖用户生产内容的模式,而是向专业化自制内容方向发展,意味着文化企业精细化的内容制作有助于其在巨头公司布局中脱颖而出,生产出大众青睐的特色优质内容。各大主流视频网站均采取多元内容战略,除了网络电影和网络电视剧等内容外,在少儿、演唱会等内容方面均开始布局,多元内容覆盖为观众提供了更为丰富的观看选择,也成为增强用户黏性的重要手段①。此外,主流视频网站也提出网络剧分账,网台联动等各种业务创新模式。

IP 化运营模式更多的不是表现为规模经济,而是表现为更大意义上的范围经济。在网络内容为王的驱动下,网络文学版权问题会越来越受到人们的重视。越来越多的优秀作品也会不断被改编成影视作品或游戏,版权运营收入比例或将

---

① 《艺恩发布〈2016 年中国视频行业付费市场研究报告〉》,http://www.entgroup.cn/Views/38420.shtml,检索日期:2017 年 4 月 3 日。

逐年提高,其中网络文学行业未来有可能将持续为影视或游戏行业输入大量经典IP。而且随着用户对于知识需求的提升,高质量的作品也将成为网络文学的主流趋势。

5."粉丝"经济的社群运营催生了文化泛娱乐电商和内容付费模式的兴起,资本市场面临新机遇

"粉丝"经济是基于互联网互动交流和娱乐活动形态,由网络自媒体或者主播通过个人的人格魅力或者内容影响力吸引众多关注用户而形成的一种商业模式,这一模式的变现方式包括打赏、付费、购买周边产品等方式。随着"粉丝"与"网红"互动的机制日趋成熟,"粉丝"运营也呈现出组织化和专业化趋势。"粉丝"经济的兴起,进一步推动了网络文化内容与商业的有机融合,形成了全新的文化电商新模式。

与此同时,网络文化内容付费呈现超高速发展,各大平台也打造付费内容与服务的衍生体系,构建付费用户的多维度消费模式,以平台为基础,打通用户不同消费层级,从单一的内容消费转向泛娱乐产业消费,与其伴随的是平台品牌的建立和用户对平台品牌价值的认同。

目前互联网文化企业的资本运作呈现出多元化趋势,其中私募股权投融资显现集中化趋势,互联网企业成为传统企业转型升级的并购跳板。与此同时,新三板面临更为严格的监管,市场呈现优胜劣汰的局面,文化众筹呈现出规模效应,在上市方面,随着注册制的放开,互联网企业将迎来新的机遇。在这些背景条件下,目前的互联网文化产业的投资趋于垂直细分化、核心聚焦内容的优质领域,同时投资热点将会分散,并会出现一定的价值波动性的动态调整趋势。①

---

① 陈少峰等主编:《中国互联网文化产业报告2017》,杭州:浙江工商大学出版社2017年版。

行业报告十一

动漫业年度发展报告

卢正源*

第一节　行业发展宏观环境及政策条件

一、政策环境

进入21世纪以来,国家对动漫产业高度重视,先后出台一系列政策,在产业促进、税收补贴、人才培养、国产保护、资金扶持等多个层面为中国动漫产业的发展保驾护航。2017年,中央政府出台了动漫游戏产业专项资金扶持项目等政策文件,在宏观指导和具体实施方案上对相关企业给予了方向性的支持和行动上的助力。

2017年4月11日,文化部印发《关于推动数字文化产业创新发展的指导意见》,在着力发展数字文化产业重点领域的章节中提出推动动漫产业提质升级;发挥好动漫独特的艺术魅力和传播优势,创作生产优质动漫产品;坚持品牌化发展战略,促进动漫"全产业链"和"全年龄段"发展。

2017年4月,文化部发布了《文化部"十三五"时期文化产业发展规划》(以下简称《规划》)。《规划》提出重点发展演艺、娱乐、动漫、游戏、创意设计、网络文化、文化旅游、艺术品、工艺美术、文化会展、文化装备制造等11个行业。预计到2020年,动漫产业产值达到2500亿元左右,动漫创意和产品质量大幅提升,培育一批在国际上具有较强竞争力和影响力的国产动漫品牌和骨干动漫企业,打造3—5个具有广泛影响力的动漫展会。加强产业顶层设计,构建产业生态体系,推进动漫产业提质升级。提升动漫产品质量,扶持内容健康向上、富有创意的优秀原创动漫产品的创作、生产、传播和消费。培育民族动漫创意和品牌,加大对优秀动漫创意人才的扶持力度。推广手机(移动终端)动漫行业标准,鼓励面向新媒体渠道的动漫创作。

---

* 卢正源,北京大学艺术学院艺术管理与文化产业方向2017级硕士研究生。

加强动漫关键技术研发和动漫公共素材库项目建设。探索建设培育动漫品牌授权市场,促进动漫与实体经济的深度融合,引导促进动漫会展发展,活跃动漫消费市场。

《规划》还提出动漫游戏产业"一带一路"国际合作行动计划:发挥动漫游戏产业在文化产业国际合作中的先导作用,面向"一带一路"沿线各国,聚焦重点,广泛开展。搭建交流合作平台,开展交流推广活动,促进互联互通,构建产业生态体系。发挥中国动漫游戏产业比较优势,培育重点企业,实施重点项目,开展国际产能合作,实现中国动漫游戏产业与沿线国家合作规模显著扩展、水平显著提升,促进互利共赢,为青少年民心相通发挥独特作用。

在税收层面,为落实财政部、海关总署、国家税务总局 2016 年 8 月 26 日印发的《关于动漫企业进口动漫开发生产用品税收政策的通知》,中共中央办公厅、国务院办公厅于 2017 年 5 月 7 日印发并实施《国家"十三五"时期文化发展改革规划纲要》,提出:落实经营性文化事业单位转制为企业以及支持文化创意和设计服务、电影、动漫、出版发行等文化企业发展的相关政策,落实支持社会组织、机构、个人捐赠和兴办公益性文化事业的相关政策。

此外,财政部、国家税务总局于 2013 年 1 月 28 日印发的《关于动漫产业增值税和营业税政策的通知》中,关于"属于增值税一般纳税人的动漫企业销售其自主开发生产的动漫软件,按 17% 的税率征收增值税后,对其增值税实际税负超过 3% 的部分,实行即征即退政策。动漫软件出口免征增值税"的规定,在 2017 年依然有效(有效期为 2013 年 1 月 1 日至 2017 年 12 月 31 日)。

在扶持政策方面,"原动力"中国原创动漫出版扶持计划、动漫游戏产业专项资金扶持项目、动漫游戏企业(单位)参展展位费补贴申报等项目计划在漫画出版、动漫制作和节庆会展等方面都为动漫产业的发展提供了便利。2017 年 9 月 30 日成文、11 月 3 日由文化部印发的《中国文化艺术政府奖动漫奖评奖办法》开始实施,规定动漫奖每三年评选一次,设 6 个分项,评奖数量共 20 个。

二、经济环境

2017 年,在国家相关政策的推动之下,银行等金融机构不断创新金融产品与服务,改善我国动漫游戏产业的投融资环境。2017 年 9 月 15 日,国务院印发了《关于进一步激发民间有效投资活力促进经济持续健康发展的指导意见》,在提升银行金融服务的同时,积极引导民间资本的导入,进一步优化市场结构。

2017 年,中国动漫行业共完成 88 笔融资,相比 2016 年的 77 笔,动漫产业的融资数量有明显的提升。融资规模也大幅提升,其中达到亿元级规模的融资项目有 6 笔,达到千万元级的笔数最多,有 42 笔,百万元级的有 32 笔,总投资额约 30 亿元。

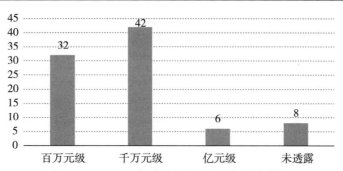

图 1-11-1 2017 年动漫行业不同区间融资笔数

数据来源：董亚楠：《2017 动漫行业年终盘点》，投资潮，http://www.investide.cn/news/367073，检索日期：2018 年 4 月 8 日。

虽然 2017 年动漫行业的融资数量和融资规模都大幅上涨，但总体来看，现在仍是动漫行业的开荒时代，大多数动漫公司还处于起步阶段，还没有探寻出清晰的发展模式，也未能实现盈利。

在 2017 年动漫行业的 88 笔融资项目中，大多数动漫公司处于早期阶段。处于种子天使轮的动漫公司最多，有 28 家，处于 Pre-A 轮的有 17 家，处于 A 轮的有 25 家，能够进行到 A 轮以后的动漫公司更少，A+轮有 3 家，B 轮有 7 家，进行到 C 轮的有 3 家，而获得 D 轮融资的动漫公司只有 2 家。另外，有 3 家公司获得了腾讯、光线传媒等巨头公司的战略投资。①

图 1-11-2 2017 年动漫行业不同轮次融资笔数

数据来源：董亚楠：《2017 动漫行业年终盘点》，投资潮，http://www.investide.cn/news/367073，检索日期：2018 年 4 月 8 日。

值得注意的是，在 2017 年发生的 88 笔动漫产业融资事件中，腾讯的身影频频

---

① 董亚楠：《2017 动漫行业年终盘点》，http://www.investide.cn/news/367073，检索日期：2018 年 4 月 8 日。

出现在投资方的阵营中。截止到2017年12月,腾讯在2017年共投资了16家动漫公司,投资总金额过亿元。其中包括老牌大厂玄机科技,也有新秀动画公司十字星、动漫堂、糖人动漫、悟漫田等。

在2017年11月召开的腾讯全球合作伙伴大会上,腾讯宣布成立内容开放平台,推出三个"百亿"计划:一百亿产业资源,一百亿流量,一百亿元资金打造自己的内容生态。由此可见,未来腾讯视频将会继续加大对旗下IP动画化的进程。

三、社会环境

随着互联网的普及以及"90后""00"后的崛起,大众观看动漫的渠道越来越多元,动漫已经不再是"只有小孩才会看的消遣",大众对于动漫的接受程度也越来越高。

从播放数量来看,在PC端,视频平台的动画类视频已经覆盖将近2亿的用户,动画用户覆盖比例(35.2%),仅次于电视剧(68.0%)、综艺(44.4%),且超过了电影(32.4%)。强大的用户基数为中国动画行业带来了广阔的市场空间。①

从年龄结构来看,儿童动漫仍是主流。艺恩智库数据显示,从2017年开年至2月12日,共计43天,动漫网络播放量前十名总流量达151亿次,第十名流量超过8.7亿次。其中,英国动漫凭借《粉红猪小妹》系列作品占据前十名四席,由爱奇艺、搜狐视频、乐视视频、腾讯视频、优酷视频联播,共斩获83.93亿次播放量。②

图 1-11-3　2017年1、2月动漫网络播放量前十名(亿次)

数据来源:《71天114亿播放量,视频网站动漫内容到底谁看》,艺恩咨询,http://www.entgroup.cn/Views/39093.shtml,检索日期:2018年4月8日。

---

① 《中国动画行业报告2017》,艾瑞咨询,http://www.iresearch.com.cn/report/3049.html,检索日期:2018年4月8日。

② 《71天114亿播放量,视频网站动漫内容到底谁看》,艺恩咨询,http://www.entgroup.cn/Views/39093.shtml,检索日期:2018年4月8日。

四、技术环境

2010年以来,中国动漫产业的技术呈现出了飞速发展的趋势。《龙之谷:破晓奇兵》《西游记之大圣归来》等3D动画电影的出现让我们对中国动画电影的制作水平充满信心,《大鱼海棠》《大护法》等2D动画电影更是让国人眼前一亮,在绘画功底和中国美学的展现方面都体现出超高的技巧。

在动画片方面,《镇魂街》《全职高手》《斗破苍穹》《武庚记》等都体现了超高的作画水平和制作水准,虽然在细节、分镜和人物动作表情刻画方面距离美国、日本等动漫产业先进国家还有一定距离,但是相较于过去已经有了很大的提升。

在漫画层面,大量科班出身的漫画家开始涌现,《黄雀传》《无常鬼》《镖人》等作者都展现出了高水准的作画水平,跟以往国漫人物刻画简单、背景绘画层次感弱、分镜凌乱相比发生了翻天覆地的变化。

第二节 行业发展概况与重点行业分析

一、行业发展概况

近年来,中国动漫产业快速发展,影视动画、漫画平台、主题公园、漫展及动漫衍生品等产业规模不断扩大。2016年,中国动漫产业总产值达到1497.7亿元,① 艾瑞咨询预计,2017年中国动漫产业总产值将达到1700亿元。相比于2009年的368.42亿元,中国动漫产业总值已经增长了4倍。

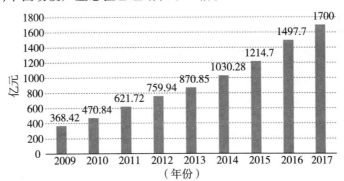

图1-11-4　2009—2017年中国动漫产业总产值

数据来源:孙立军、孙平、牛兴侦主编:《动漫蓝皮书:中国动漫产业发展报告(2017)》,社会科学文献出版社2017年版。

---

① 孙立军、孙平、牛兴侦主编:《动漫蓝皮书:中国动漫产业发展报告(2017)》,社会科学文献出版社2017年版,第3页。

二、重点行业分析

（一）动画电影行业分析

中国动画电影从 2012 年起一路上扬的票房总量,在 2016 年达到巅峰后,在 2017 年首次出现了下滑。

2017 年动画电影票房总量为 47.17 亿元,较 2016 年减少了 22.87 亿元,同比下滑 32.7%。其中,国产动画电影票房总量为 13.29 亿元,仅占总体票房的 28%,而进口动画电影票房总量为 33.88 亿元,占比 72%。

图 1-11-5　2012—2017 年国内动画电影票房收入趋势

数据来源:根据相关数据整理。

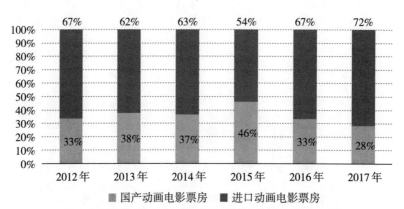

图 1-11-6　2012—2017 年国产、进口动画电影票房占比

数据来源:根据相关数据整理。

其中累积综合票房破亿的影片有 10 部,相比去年减少了 3 部。

表 1-11-1 2017 年国内动画电影票房过亿排行

排名	影片名称	总票房（万元）	国家	上映日期
1	《寻梦环游记》	110295.5	美国	2017.11.24
2	《神偷奶爸 3》	103780.3	美国	2017.7.7
3	《熊出没之奇幻空间》	51148.2	中国	2017.1.18
4	《欢乐好声音》	21620.6	美国	2017.2.17
5	《蓝精灵:寻找神秘村》	17392.8	美国	2017.4.21
6	《哆啦 A 梦:大雄的南极冰冰凉大冒险》	14889.6	日本	2017.5.30
7	《赛车总动员 3:极速挑战》	13704.6	美国	2017.8.25
8	《十万个冷笑话 2》	13363.7	中国	2017.8.18
9	《大卫贝肯之倒霉特工熊》	12635.9	中国	2017.1.13
10	《赛尔号大电影 6:圣者无敌》	10329.1	中国	2017.8.18

数据来源:根据相关数据整理。

总的来说,2017 年国内动画电影呈现如下特点:

1. 动画电影数量下降

2017 年一共有 62 部中外动画电影登上国内大银幕,与 2016 年持平,但其中有 9 部是往年动画电影的重映,国产新片数量缩水,是 2010 年以来首次下滑。

2. 爆款数量下降

跟《疯狂动物城》《功夫熊猫 3》《大鱼海棠》等爆款影片可以匹敌的爆款电影数量下滑。2016 年共有 13 部票房破亿元的动画电影,其中 5 部超过 5 亿元,而 2017 年票房破亿影片为 10 部,票房超过 5 亿元的仅 3 部。2016 年 3 月上映的迪士尼的《疯狂动物城》,最终票房 15.3 亿元,占到全年动画电影票房的 21.8%,2017 年 11 月上映的皮克斯的《寻梦环游记》,累积综合票房最终突破 12 亿元,占到国内全年动画电影票房的 23%。

3. 日本动画电影票房成绩下滑

2017 年,从日本引进的动画电影票房表现相较 2016 年下滑严重。2017 年一共有 6 部日本动画电影引进,累积综合票房总计约为 3.8 亿元,比 2016 年下滑了 62.3%。主要原因在于,2017 年只有《哆啦 A 梦:大雄的南极冰冰凉大冒险》1 部票房过亿元,而 2016 年则有 4 部;2017 年也缺乏《你的名字。》这样的现象级爆款。

4. 进口动画电影更加多元

随着日本动画电影批片成本的水涨船高,而票房收益却没有随之增长,批片商们开始在欧洲市场寻求性价比更高的优质动画电影引进。2017 年进口的 23 部动画电影中,来自于美国的有 7 部,日本的有 6 部,其余有 10 部电影则来自于法国、加拿大、俄罗斯、英国等 6 个国家。而 2016 年,单是美国和日本引进的电影就占了 20 部,仅 3 部来自于其他国家,批片商们的目标正逐渐从日本转向欧洲市场。

5. 国产动画电影挑战与机遇并存

8 年来,上映的国产动画电影首次出现数量下降,与 2016 年相比数量下降 9 部,票房减少 10.13 亿元。不过,在新片数量下滑的同时,2017 年国产动画电影票房过亿的新作共有 4 部,较去年增加了 2 部;但有 21 部电影累积综合票房未过千万元,票房两极分化严重。其中,华强方特和奥飞影业作为国内领先的动画制作公司,依靠强大的 IP 和精良的制作,在票房和口碑方面获得双丰收。此外,虽然票房成绩不佳,但《大护法》等动画电影在编剧、制作和口碑方面都大受好评,也体现出了中国动画电影产业的提升和发展。

虽然和 2016 年相比,2017 年国产动画电影的数量和票房成绩均有下降,但是从 2010 年至今的大趋势来看,中国动画电影依然是稳步发展的。内容层面,国产动画电影 IP 不断增加,内容不断充实,近年来作品不再拘泥于低幼向,开始出现多元繁荣发展的倾向,且出现大量叫好作品;产业层面,国产动画电影的制作水平不断提升,且出现了一大批技术过硬、资金充足的制作发行公司。由一到两个高票房作品到多部作品鼎足而立,中国动画电影的市场结构进一步优化。2017 年的短暂下降正是一种洗牌和酝酿过程。数量的下降表示国产动画电影不再盲目以量取胜,而是注重内容和画面的雕琢,出现了由量到质的转变。

(二)动画电视行业分析

根据国家新闻出版广电总局公布的数据,2017 年,国产电视动画片的备案时长已经达到 14.53 万分钟,实现自 2012 年总时长下跌后的首次反弹。

1. 国产动画片备案市场平稳发展,预计出现反弹

新世纪以来,我国国产电视动画制作量出现了持续的增长态势。直至 2012 年,国产动画首次出现了负增长。相比于前几年的波动,2013—2017 年,国产动画片制作渐趋平稳,波动明显减小。这是一次动画产业的洗牌,表明中国国产电视动画片的生产状态有回归理性,行业结构进一步优化。

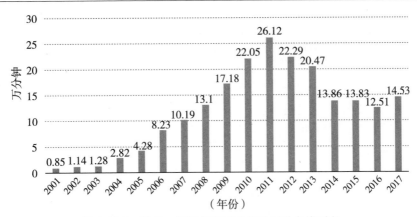

图 1-11-7　2001—2017 年国产电视动画片备案时长

数据来源：根据相关数据整理。

2. 备案数量大幅度降低，制作趋于理性

虽然备案时长出现了增长，但是在备案数量方面，国产动画片却出现了大幅度的下跌。截止到 2017 年 10 月，国产动画片的备案数量仅为 259 部，预计全年备案数量不会超过 300 部，与 2016 年的 425 部、2015 年的 405 部相比，数量下降明显。

从长远来看，国产动画片数量的下降表明行业对于动画片的制作趋于理性，盲目跟风现象得到遏制。在数量下降的情况下，总时长数量上升，说明单部动画片的时长大幅上升，表明单部动画片的投资额度增加，单位动画的制作成本显著提高。

3. 国漫改编动画片势头强劲，腾讯成最大赢家

据公开数据的不完全统计，在腾讯视频今年上线的 38 部国漫中，腾讯自制的有 18 部。诸如《斗破苍穹》《全职高手》，这两部改编自阅文集团旗下同名小说的动画，在上线 24 小时内点击量轻松过亿，最终在腾讯视频上的点击量皆突破 10 亿。之后陆续开播的《灵契》《银之守墓人》《理想禁区》《国民老公带回家》等，皆是腾讯动漫旗下的核心 IP。

而爱奇艺也在今年推出了三部自制动画，分别为《灵域》第五季、《剑王朝》和《万古仙穹》，类型多为奇幻、冒险类型。从点击量上看，《万古仙穹》是三部中唯一一部点击量破亿的作品，爱奇艺上点击量超过 1.1 亿。

4. 国产动画片播放量上升，大有反超之势

值得注意的是，在各大视频网站上，国漫的点击量已经逐渐超过日漫，即便是被认为受日本二次元文化影响最深的 B 站，点击量超过 1000 万的国漫也有 8 部。

表 1-11-2 2017 年国产原创动画片播放量前十名

动画名称	播放量
《斗破苍穹》	12.4 亿
《全职高手》	10.8 亿
《精灵梦叶罗丽》第五季	6.6 亿
《妖神记》	6.4 亿
《一人之下》第二季	4.4 亿
《血色苍穹》	3.4 亿
《太乙仙魔录之灵飞纪》第二季	3.3 亿
《峡谷重案组》	3.2 亿
《银之守墓人》	2.7 亿
《画江湖之换世门生》	2.7 亿

数据来源：中国动漫产业网。

5. 同质化现象和低龄化现象依然明显

国产动画片的同质化现象和低龄化现象依然严重。在 2017 年备案的国产动画片中，童话题材的动画片在数量和时长方面均占据 50%的比重，大量动画片存在同质化现象。童话题材大行其道，也证明了国产动画片的受众依然以低龄儿童为主。（见图 1-11-8，图 1-11-9）

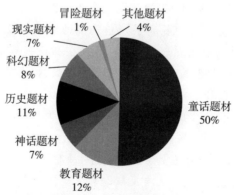

图 1-11-8 2017 年国产动画片不同题材时长占公示备案总数情况

数据来源：根据相关数据整理。

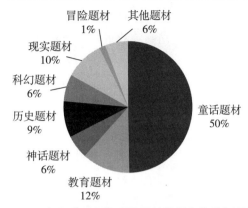

图 1-11-9　2017 年国产动画片不同题材数量占公示备案总数情况

数据来源:根据相关数据整理。

6. 开发模式有待进一步优化

上文所述单部动画片时长的增长也暴露出国产动画片的诸多问题。当前,单集动画片时长大都固定在 20 分钟左右,在单集时长不变的情况下,动画总时长大幅度上升,动画作品数量却大幅度下降,这说明单部动画片的总集数显著提高。这种大投资、规划生产、一次性投放的生产模式虽然能节约成本,但是在市场反馈、放映调整方面存在问题,会造成资源和资本的浪费。另外,多集数的设置也必定会使得动画的剧情拖沓,严重影响动画的内容质量和受众的观看体验。未来,国产动画片应该向美国和日本学习,以积极开发季播和半年播模式,注重动画片质量的提升。

7. 商业模式需要进一步探索

现阶段,动画片的商业模式大致分为用户付费、平台购片、IP 泛娱乐化和广告营销四类。2016 年至今,多个视频平台在多部作品上尝试了用户付费模式,比如《全职高手》在 B 站上采取会员提前一周观片的特权,且大结局限时免费模式。除了大结局播放当周,要想在 B 站观看《全职高手》大结局必须购买会员。这种用户付费的模式现在还处于发展初期,虽然现在人们的版权意识和付费观念正在不断发展和完善,但是这种模式在实行时依然受到很大阻力。除了"死忠粉",拖后一周观看的模式并不能为平台获取太多利益,而结局付费观看的模式更是遭到大量用户的抵制,用户付费模式未来发展仍需探索。

在 IP 泛娱乐化和广告营销方面,也是只有少数作品在进行探索。《全职高手》首次将"那么大甜筒"引入动画剧情中,取得了不错的效果。这种在动画中加入广告的模式因其新颖性以及二次元、三次元的混合性而产生了奇妙的效果。尤其用在以现代生活为背景的动画片中时,对于打破次元壁、引发观众认同起到了意想不到的效果。但是在精品作品稀缺、动画片故事背景大都发生在古代的情况下,新的广告模式还需要探索。

(三)漫画行业分析

对于漫画产业来说,2017年是转型与调整的一年。一方面,大量精品国漫涌现,国漫盈利能力进一步提高,国漫产业结构不断完善;另一方,国漫的融资活动在2017年出现了一定程度的降温,产业投资趋于理性。

1. 大量精品国漫涌现,人们对国漫的需求越来越高

根据腾讯动漫官方公布的数据,腾讯动漫全平台月活跃用户已经达到1.2亿;签约漫画作品达到888部,制作动画27部。2017年,Questmobile发布了数字阅读APP用户规模数据,数据显示,在数字阅读领域,数字漫画用户量快速提升。在数字阅读APP用户规模排行榜中,"快看漫画"以3146万的月活跃用户排名第三,仅次于掌阅和QQ阅读。当下青少年对于漫画的需求量正在慢慢逼近网络文学并有超越势头。[①] 数据显示,近年来我国互联网漫画用户规模一直保持着增长趋势,从2013年的2257.6万人到2015年的4014.6万人,再到2016年的7074.7万人,2017年则有望达到近亿人,实现9725.3万人的规模。[②]

2. 用户付费意愿增加,平台盈利能力提升

随着市场的发展,互联网漫画也逐步从过去免费阅读的时期进入付费阶段。其中"有妖气"从2010年开始尝试漫画付费,目前平台上大约有500部付费漫画,付费规模已超过千万元;而腾讯动漫现阶段则有约1700部付费漫画,同时会要求部分作品在连载一定时间后转向收费,付费形式与价格会根据实际情况进行调整,仅在过去一年,腾讯动漫分给创作者的分成就超过1.4亿元,其中8000万元来自于付费阅读;此外,在掌阅平台上,大约有1500部付费漫画,付费作品的比例超过70%。[③]

3. 女性向漫画崛起

以恋爱、青春题材为主的女性向漫画作品,在2017年依旧保持了持续升温趋势,在各大漫画平台的人气排行榜中表现不俗。在腾讯动漫12月12日的人气总

---

① QuestMobile:《2017年移动互联网内容平台带动生态流量崛起》,https://baijiahao.baidu.com/s? id=1579177809782186411&wfr=spider&for=pc,检索日期:2018年4月25日。

② 《互联网漫画消费市场有多大》,http://www.mcprc.gov.cn/whzx/bnsjdt/whcys/201702/t20170228_491451.html,检索日期:2018年4月25日。

③ 同上。

榜月榜排名中，前30名中就有14部女性向漫画上榜，在近半数的女性向漫画中，最高排名的《猫妖的诱惑》排在了第三名。

除了人气增长外，女性向漫画的付费阅读市场也在稳步发展中，在腾讯动漫12月4日至10日的月票榜中，有4部女性向漫画上榜。而在"有妖气"漫画平台12月12日的订阅上升榜中，前30名中有17部女性向漫画，其中女性向漫画《男女受受不清》排在了第一名，超过了《端脑》《斗罗大陆》等有妖气经典少年漫画，女性向漫画的市场潜力进一步得到释放。

4. 漫画创作者的待遇进一步提升，创作得到有效保障

2017年12月在杭州举办的"动漫创作者大会"上，腾讯提出了腾讯动漫未来发展的六大方向，其中提到要从资源、资金上同时扶持创作者。在2017年上半年，腾讯已投资10个动漫类团队。

5. 内容龙头企业崛起，国漫产业迎来新的春天

2017年，腾讯旗下的阅文集团上市，开盘大涨63%，目前市值800亿港元。2017年12月1日，最大的国漫平台快看漫画获得D轮1.77亿美元的漫画领域最大单笔融资，国漫产业迎来了新的春天。

6. 融资并购出现降温，投资趋于理性

国漫在迎来繁荣发展机遇的同时也在进行着产业内的调整，相较于2016年漫画行业的投融资的红火，2017年出现了一定程度的降温。去年不少漫画平台和CP公司完成了早期融资轮次，市场上的优质存量标的有限，相比去年的23笔融资，今年融资事件减少到了16家公司18起，资本继续收割已经有IP积累或知名作者加持的漫画CP公司。①

第三节 存在的问题及发展策略

一、存在问题

（一）缺少专门化法律保护，多头管理现象依然存在

自2004年国家大力扶持动漫产业以来，我国的动漫产业取得了长足的发展，其中政府的扶持政策在这一过程中扮演了重要角色。2017年，各项宏观政策的提出，对于推动动漫游戏产业的持续快速发展具有积极的意义。但是，跟动漫产业相关的政策都是在大多数产业政策或者文化产业政策中被连带提及的，专门针对动

---

① 陈小小：《2017年漫画年终盘点：资本收割存量，整体融资热度有所降温》，http://news.pedaily.cn/201712/424483.shtml，检索日期：2018年4月21日。

漫产业的政策文件尤其是法律、法规还欠缺,行业规范还没有完全健全。另外,动漫产业还是存在政府部门多头管理的现象,没有明确的政府主管部门。

(二)动漫产业国际竞争力欠缺

国家动漫产业的发展是在政府扶持下发展起来的,但是国产动漫行业依然无法离开政府的扶持和政策的保护。这一方面体现在国内进口动漫的消费能力明显高于国产动漫,另一方面体现在国内的动漫产品无法在国际上获得认同。如何提升中国动漫产业的国际竞争力,使得中国动漫产业能在脱离政府保护后与其他国家尤其是美国、日本的动漫产业在竞争中取得优势依然是中国动漫产业需要探索和发展的。

(三)产品内容亟须改进,行业自律关注社会责任

动漫游戏产业的一大特殊性是其受众中有相当部分的少年儿童。近年来,在动漫游戏产业快速发展的同时,关于动画片、游戏中暴力元素误导儿童的争论不绝于耳。现阶段,国内动漫行业中依然存在着含有暴力、低俗、危险情节、不文明语言的动画片,如何切实保证动画片在未成年人成长中发挥积极健康的引领作用、如何在保障动画片发挥积极健康引导作用的同时不失去对成年观众的吸引力,依然值得探索。

(四)人才不足制约产业发展,亟须探索培养新模式

人才问题仍然是产业高速发展背后的一项顽疾,尽管目前开设动漫游戏专业的学校日益增多,但依然不能满足产业发展的需求。不少高校动漫游戏教学过于注重灌输理论知识,使学生难以将理论与实践相结合,企业内容培训不足、社会培训机构缺乏且水平不高、缺乏向国外先进研发学习的渠道等都制约着高素质专业人才的培养,无论学界还是业界都亟须大胆创新人才培养模式。

二、发展策略

1. 健全管理体制

健全管理体制首先是健全国家的监管体制,建立起针对动漫产业的完整的法律体系和与之配套的行政监管体制。在法律上,要做到有法可依、有法必依,这首先要求动漫产业须有完善的法律保护,其次要求动漫产业领域中有良好的守法意识;在监管上,要做到违法必罚、处罚得当,这要求动漫监管部门必须厘清各自职责,避免多头管理。

2. 形成文化品牌

要想在国际竞争中胜出,国产动漫必须拥有自己的民族特色,这就要求我们立

足中国文化,面向世界,形成文化品牌。中国动漫的文化品牌首先是扎根于中国文化的,东方审美的画面风格、中国味道的故事内容和儒释道精神的人文关怀要求我们在画面、内容和价值观上都要形成自己的特色。中国动漫的文化品牌还要是讲述人类命运共同体的,这就要求我们在立足中国文化的基础上超越中国文化,用中国的方式讲述全人类的故事。在此基础上,我们要形成自己的文化品牌,这种文化品牌首先是民族的,这是品牌之根,讲述品牌文化的深度;文化品牌还要是世界的,这是品牌之叶,追求品牌文化的包容度。只有根深叶茂,中国动漫的文化品牌才能在世界竞争中占据一席之地。

3. 完善产业生态

完善动漫产业生态,关键是加强动漫产业上下游之间的联系。中国动漫产业经常出现的漫画改动画少、续集动画电影少、高品质动漫衍生品少的情况其根本是动漫产业上下游联系不紧密导致的。内容制作和衍生品开发的脱节使得内容不能有效地转化为衍生品,衍生品也不能有效地为产品内容服务。加强上下游之间的联系,缩短内容和衍生品开发之间的距离,在内容生产之初就在动画形象、产品功能等方面为衍生品开发打好基础,对于提升衍生品质量、有效完善动漫产业生态意义非凡。

行业报告十二

游戏业年度发展报告

李安琪*

第一节 游戏业发展政策环境

2017年5月,中共中央办公厅、国务院办公厅印发《国家"十三五"时期文化发展改革规划纲要》,要求"深入贯彻《中共中央关于繁荣发展社会主义文艺的意见》,着力扶持优秀文化产品创作生产,推出更多传播当代中国价值观念、体现中华文化精神、反映中国人审美追求的精品力作",同时还要求"加快发展网络视听、移动多媒体、数字出版、动漫游戏、创意设计、3D和巨幕电影等新兴产业",该《纲要》成为现阶段游戏业发展的重要政策基础。

2017年,新闻出版及广电部门不断改革创新支持游戏业发展。根据《网络出版服务管理规定》和《关于移动游戏出版服务管理的通知》,国家新闻出版广电总局强化机制与制度建设,发挥各级新闻出版广电部门效能,优化办事程序,提高办事效率,游戏出版数量大幅提升,质量显著提高。

此外,著作权相关规范有利于游戏企业实现公平竞争。近几年,我国先后完成《中华人民共和国著作权法实施条例》和《信息网络传播权保护条例》的修订,深入推进《著作权法》第三次修订工作。2017年1月25日,国家版权局印发《版权工作"十三五"规划》,提出加快版权强国建设总体目标,推进完善版权法律制度体系、版权行政管理体系、版权税务服务体系和版权涉外工作体系等重点任务,很大程度上为游戏作品确权及维权提供了根本保障。

中国鼓励游戏产业"引进来"和"走出去"的理念有利于增强我国游戏产业的全球竞争力。一方面,坚持开放创业与兴业,举办展览会、观摩展示会等,为全球游戏产业进入中国市场提供交流技术、洽谈贸易与合作的渠道;另一方面,相关单位

---

* 李安琪,北京大学艺术学院艺术管理与文化产业方向2017级硕士研究生。

组织中国游戏企业参加美国E3、日本东京电玩展和我国台北国际数字内容交流会等活动,进行国际和区域间交流合作。①

第二节 行业发展概况

一、游戏业发展整体概况

2017年,中国游戏市场实际销售收入达2036.1亿元,同比增长23%。用户规模达5.83亿人,同比增长3.1%。移动游戏市场实际销售收入1161.2亿元,份额继续增加,占57%;客户端游戏市场实际销售收入648.6亿元,份额减少,占31.9%;网页游戏市场实际销售收入156亿元,份额大幅减少,占7.6%。②

2017年,国家新闻出版广电总局批准出版游戏约9800款,其中国产游戏约9310款,进口游戏约490款。在约9310款国产游戏中,客户端游戏约占1.5%,网页游戏约占2.3%,移动游戏约占96%。在约490款进口游戏中,客户端游戏约占9.8%,网页游戏约占1.6%,移动游戏约占75%。③

二、细分产品市场发展概况

1. 移动游戏

2017年,中国移动游戏市场实际销售收入达1161.2亿元,同比增长41.7%。用户规模达5.54亿,同比增长4.9%。④

移动游戏市场增速放缓,两极化、细分化趋势明显。一方面,优质产品收入持续大幅增长;另一方面,大量中游甚至中上游的游戏实际销售收入锐减。部分游戏公司为避免与优质产品直接竞争,将研发和运营重心转向细分市场。2017年发布的新品已经明显具备细分市场的特点,加之用户对游戏的个性化需求等因素的共同作用,移动游戏行业开始注重细分化、差异化的经营策略。

2. 客户端游戏

2017年,中国客户端游戏市场实际销售收入648.6亿元,同比增长11.4%。用

---

① 伽马数据(CNG中新游戏研究):《2017中国游戏产业报告》,http://www.cgigc.com.cn/industrydt/16925.html,检索日期:2018年3月18日。
② 同上。
③ 同上。
④ 同上。

户规模 1.58 亿人,同比增长 1.7%。①

受成本上升等因素影响,客户端游戏产品呈现少而精的特征,新品产出数量有所下降,但 2017 年中国客户端游戏市场增长出现反转态势。其原因主要有以下几点:第一,客户端游戏对应的市场需求仍然存在。客户端游戏用户更强调游戏性,更注重游戏的体验与玩法。客户端游戏市场不再通过产品数量获得增长,而是依靠产品质量。第二,原有的经典客户端游戏依旧表现出色。一方面,作为市场主力的竞技类客户端游戏继续保持良好发展,这类产品的稳定表现成为客户端游戏在长周期内维持增长态势的重要因素。借助于赛事等手段,电子竞技客户端游戏有较长的生命周期、稳定的用户群体以及付费潜力。另一方面,经典角色扮演类客户端游戏依然保持生命力,部分产品依旧保持收入的正向增长。第三,直播有助于客户端游戏发展。直播平台的迅速发展,为客户端游戏提供了新的推广渠道。得益于更具观赏性、更富技巧性等原因,客户端游戏一直是直播平台内容主力,而直播对游戏内容直观的展示,也有利于帮助客户端游戏聚拢用户,并拉动新用户的增长。此外,带有创新性玩法的产品在客户端游戏市场中时有出现,是客户端游戏能获得新发展的重要因素。

3. 网页游戏

2017 年,中国网页游戏市场实际销售收入为 156 亿元,同比下降 16.6%。用户规模为 2.57 亿人,同比下降 6.6%。2017 年,排行前十网页游戏开服量约 10 万,相比 2016 年下降了 3 万。2017 年,一线平台发行网页游戏开服量约 29 万,相比 2016 年减少 1.6 万。②

受用户需求改变、新产品减少等因素影响,网页游戏市场进一步萎缩,市场实际销售收入明显降低,用户数量减少。原因如下:第一,网页游戏产品吸引力正在降低,受限于网页这一载体,网页游戏在游戏表现力、画面创新力上都面临挑战。目前,网页游戏产品依然以角色扮演类为主,游戏玩法雷同,产品同质化严重,近两年未有新突破。同时,虽然网页游戏实现了游戏产品"点开即玩",但无法如移动游戏一样"随时随地"体验游戏,便捷性存在欠缺。第二,网页游戏吸引用户效果正在下降,目前,网页游戏产品依然靠投放广告获取用户,广告成本已经大幅攀升,用户导入效果不佳,抬高了网页游戏运营成本。第三,网页游戏新品大量减少,网页游戏企业业务转型,新产品供给快速减少,市场收入主要由老产品贡献,市场缺

---

① 伽马数据(CNG 中新游戏研究):《2017 中国游戏产业报告》,http://www.cgigc.com.cn/industrydt/16925.html,检索日期:2018 年 3 月 18 日。

② 同上。

乏活力。随着用户的成熟，以上因素使得网页游戏产品无法满足用户个性化需求。①

三、游戏产业链

游戏产业链大致可分为四个环节：研发、发行、平台或渠道以及其他相关辅助公司。

1. 游戏研发公司

游戏研发公司（Content Producer，简称 CP），负责生产和制作游戏内容，是整个游戏产业链的基石。据保守估计，2016 年至 2017 年，全国两万余家游戏研发公司，因生存艰难倒闭或转型，仅剩 5000 家左右。从 2015 年起手游产品在美术、装备、稳定等方面都在向精品发展，拥有足够优质游戏的腾讯、网易等行业巨头开始垄断优质渠道资源，手游竞争加剧。2017 年手游竞争更为激烈，腾讯与网易的游戏产品轮番上市，巨头厂商的核心竞争力越来越明显。中小研发公司的研发风险极高，资金不足，无法购买昂贵的 IP，且人才流失严重，渠道站在行业顶端，拥有绝对话语权，也使研发商利益严重缩水。②

2. 游戏发行公司

发行商是沟通研发与渠道、沟通产品与用户的中介。在洗牌过程中，手游巨头与专业发行商不断拔高游戏发行门槛，在比拼产品、渠道关系、营销手段甚至资本储备等各项综合实力的情况下，必定只有极少数发行商可以存活。

作为中间环节，手游发行商必须建立足够的专业度。而这样的优势，源自产品基础、市场手段、运营能力及流量获取能力。洗牌之后的手游发行商，手握成功产品、背靠渠道关系、知悉高效营销打法，将会成为极少数的市场分羹者。③

3. 游戏渠道公司

游戏渠道指提供游戏下载与更新等服务的平台。手游渠道可分为 IOS 系统和安卓系统两部分。IOS 系统为单一的苹果商店。安卓系统则包括专门提供各类应用下载与更新的应用商店、提供游戏下载与更新渠道的游戏渠道和安卓智能机出厂自带的内置应用商店等。2017 年，安卓移动游戏渠道市场变化迅速，其中以硬核联盟为代表的硬件渠道取得了最大的市场渗透率，约为 56.5%，大幅领先其他渠

---

① 伽马数据（CNG 中新游戏研究）：《2017 中国游戏产业报告》，http://www.cgigc.com.cn/industrydt/16925.html，检索日期：2018 年 3 月 18 日。
② 微信公众号：《在现实和理想的夹缝中苟延残喘　游戏 CP 前途在何方？》，游戏观察，2017 年 8 月 3 日。
③ 《未来手游发行必定是极少数人的大蛋糕》，微信公众号：手游那点事，2016 年 9 月 28 日。

道。渠道整体流量也在向头部集中,进而提升了其对行业的话语权。此外,出现各种新型渠道实行流量变现。激烈竞争下渠道服务本身也在不断发展,硬核联盟推出的联运游戏买量服务促进了行业正规化与规范化,提升了渠道服务质量。①

4. 其他相关辅助公司

其他相关辅助公司主要包括游戏直播公司、支付渠道平台、游戏公会以及垂直资讯公司等。游戏内容为游戏直播平台的主要直播内容。2017年,中国游戏直播发展进入成熟期,直播平台进入PGC内容时代,移动电竞成为新的内容焦点,平台盈利需求变强,游戏直播平台进入精细化运营阶段,市场趋于理性,中国游戏直播产业链迅速完善。②

四、技术

1. 4G网络到5G网络

4G网络比家用宽带ADSL(4Mbps)快25倍,并能够满足几乎所有用户对于无线服务的要求,对于移动游戏的发展有着不容忽视的意义,但4G网络下仍然存在时延等影响游戏用户体验的问题。随着技术的发展,5G网络将会实现真正意义上的融合网络,提供人与人、人与物以及物与物之间高速、安全和自由的联通。5G网络将于2020年实现商用,带来更高的数据带宽、更快的传输速度和更低的延迟。从无延迟的电子竞技,到下一代增强现实游戏,再到借力云计算能力的虚拟现实游戏,未来十年的游戏体验将会有全新的可能性。

2. 虚拟现实(VR)

虚拟现实(VR),是一种可以创建三维空间图形,并与用户产生交互性互动,从而为用户营造虚拟现实体验的技术。

VR擅长的场景是沉浸,与泛娱乐相关的内容产业自然首当其冲,成为VR的试验场。在游戏产业中,VR眼镜、体感设备等都包含在虚拟现实技术中。在VR的世界里,没有鼠标、手柄、键盘、手机等传统操作设备的限制,玩家无论是听觉、触觉还是视觉上的体验,都显得更加真实。

VR基础产业链大致分为三部分:VR硬件、VR内容和VR软件。首先,硬件角度,各种VR头盔迭代不断,虽有明显的性能提升但无法彻底解决产品体积过大、戴久后易眩晕的问题。部分企业已在调整头戴式显示设备的定位精度、重量、延时

---

① 《2017年中国移动游戏渠道创新白皮书》,艾瑞咨询,http://report.iresearch.cn/report/201712/3110.shtml,检索日期:2018年4月15日。

② 《2017年中国游戏直播行业研究报告》,艾瑞咨询,http://report.iresearch.cn/report/201709/3058.shtml,检索日期:2018年4月15日。

等问题,但 VR 先天自带许多问题,目前无法根除。其次,VR 内容与 VR 硬件之间缺乏有机结合。再次,VR 软件作为产业承上启下的连接点至关重要,但构成 VR 软件的三个部分,即 VR 操作系统、内容分发平台和 VR 播放系统都存在急需解决的问题。①

3. 增强现实(AR)

增强现实(AR),是一种将真实世界信息和虚拟世界信息"无缝"集成的新技术,把原本在现实世界的一定时间空间范围内难以体验到的实体信息(视觉信息、声音、味道和触觉等),通过电脑等科学技术,模拟仿真后再叠加,将虚拟的信息应用到真实世界,被人类感官所感知,从而达到超越现实的感官体验。AR 应用于游戏的最大特点是将虚拟的游戏角色利用增强现实技术通过手机、游戏机等媒介在现实环境下展示出来。AR 游戏从位置服务、图像识别、数据处理三个方面实现了游戏与 AR 技术的优化结合,让原本在电子设备中才会出现的虚拟画面与现实环境结合,AR 游戏在玩法和形式上的重大突破给玩家带来了全新的游戏体验。

基于技术成熟和载体普及这两个前提条件,AR 游戏蓄势待发。AR 游戏的硬件设备——以智能手机为主的移动设备普及率已经达到了 96%,将移动设备的即时即地性与增强现实相结合是 AR 游戏与移动设备最为契合的一点。在硬件设备基础之上,技术平台的搭建也已经初现端倪。2017 年,苹果与谷歌已经先后在 IOS 系统和安卓系统上推出了属于自己的增强现实工具——苹果 ARKit 和谷歌 AR-Core。

"AR 当立"的另一个原因在于 AR 游戏对于游戏社交和游戏行为的变革。从数字游戏步入人们生活起,游戏便加速了人们从线下走向线上这一过程,部分游戏的游戏性,乃至人们的游戏行为或多或少产生了异化。而 AR 游戏基于虚拟与现实结合的特点,使用户从屏幕前回到现实。VR 游戏从虚拟角度融合现实与虚幻,而 AR 游戏则是从现实角度消弭现实与虚幻之间的矛盾,这是游戏社交的意义回归,也是游戏性的回归。②

4. 人工智能(AI)

人工智能(AI)是研究、开发用于模拟、延伸和扩展人的智能的理论、方法、技术及应用系统的一门新的技术科学,是计算机科学的一个分支。它试图了解智能的实质,并生产出一种新的、以与人类智能相似的方式做出反应的智能机器,该领

---

① WJ 尚捷:《大梦初醒的 VR:补不齐的产业链,迈不过去的硬件、内容坎儿》,http://www.tmtpost.com/2997875.html,检索日期:2018 年 4 月 15 日。

② 李卓:《都 2018 年了,为什么一直被爆炒的 AR 游戏还没火呢?》,《文化产业评论》2018 年 1 月 17 日。

域的研究包括机器人、语言识别、图像识别、自然语言处理和专家系统等。随着人工智能相关理论和技术日益成熟,其应用领域也不断扩大。

"游戏 AI"过去泛指一切非玩家操作的游戏角色,包括游戏敌人、怪物等。这些角色仅仅按照规则和脚本活动,一切行为都遵循游戏设计者的安排。随着深度学习技术突飞猛进,游戏 AI 将会拥有自己的"思考能力"。首先,从玩家角度出发,AI 搭配大数据和云计算等技术,可以模拟高水平对手或者队友,提高游戏趣味性。其次,从研发到运营、战略投资,AI 能够提高游戏研发的深度和广度,推动游戏产业发展。

五、资本市场

据统计,2017 年游戏行业共发生 164 起资本事件,总额约 392 亿元。

投融资方面,共有投融资事件 140 起,总额约 147 亿元;有 131 家公司获得融资,并购事件 24 起,总额约 245 亿元。在 140 起投融资事件中,共有种子轮 7 次、天使轮 48 次、Pre-A 轮 13 次、A 轮 29 次、A+轮 3 次、B 轮 12 次、B+轮 2 次、C 轮 1 次、C+轮 1 次、D 轮 3 次、投资 18 次、定增 1 次、Pre-IPO 轮 1 次和 IPO 后募资 1 次。金额方面,亿元以上的投融资事件共 30 起,单笔金额最高达 22.7 亿元。融资金额排名前四的公司分别是:DotC、英雄互娱、斗鱼和熊猫。其中 DotC 完成 22.7 亿元的 B 轮融资,英雄互娱完成 17 亿元的 Pre-IPO 轮融资,斗鱼和熊猫分别完成 10 亿元的 D 轮和 B 轮融资。

估值方面:有 46 家企业披露了估值,总额约 882 亿元。26 家公司估值过亿元,过 10 亿元的有 13 家,估值超过 100 亿元的有 3 家,最高估值达 150 亿元。在已披露估值的公司中,估值金额排名前三的分别是斗鱼、英雄互娱和西山居,估值分别为 150 亿元、100 亿元和 14.4 亿美元(约合人民币 93.83 亿元)。

业务角度:游戏公司占比 67%,电竞和直播投融资事件频发。游戏领域资本事件总金额约 344.7 亿元,占比约 87.9%。其中主营游戏研发业务的有 48 家、主营发行业务的有 13 家、同时具备研发发行业务的有 21 家。电竞领域资本变动金额约 10.4 亿元,占比约 2.6%。其中包括陪玩代练、电竞赛事运营、俱乐部经纪、电竞馆等细分领域。直播领域资本变动金额约 33 亿元,占比约 8.6%。VR 游戏领域资本变动金额约 3.9 亿元,占比约 0.9%。[①]

资本市场主要呈现以下特点:第一,中国游戏产业经历大量资本投入的阶段

---

① 以上数据来源于 DoNews:《2017 年中国游戏行业投融资报告》,http://www.9k9k.com/touhangbg/27146.html,检索日期:2018 年 4 月 12 日。

后,大批游戏公司上市、部分团队被收购并购或接受投资,可低成本介入的投资项目数量下降。第二,因游戏产业具有高估值、业绩增长快等特点,仍然是投资界关注与看好的领域,对比影视及院线、营销、教育、传统媒体、互联网及其他产业,业绩增速仍然最快。第三,因为游戏业务的不确定性,风险较高,加之投入成本的快速增长,市场竞争的日趋激烈,投资人对投资风险的把控更加严格,一级市场投资门槛明显提升,强大资金实力或业务协同、细分市场发展预判能力已经成为高溢价收购的重要保障,二级市场对产品可持续增长、新品爆发性增长、不同品类游戏生命周期和收入曲线等方面的研究更为细致。总体而言,多数投资人更侧重于内生而非外延增长对游戏公司的投资,更强调游戏公司发展的稳定性和抗风险能力。第四,上市公司仍看好游戏市场发展,目前跨界收购已占据游戏投资较高比重,发起方以主营重金属加工、房地产、印刷业等传统企业为主,交易金额数亿元至数十亿元为主,在证监会关于上市公司跨界定增、涉及游戏等产业定增收购或者募集资金管理趋严后,游戏收购并购开始向海外拓展,中国企业跨行业收购海外游戏公司的现象正在形成。第五,游戏产业与资本市场的关系越来越密切的同时,游戏企业的资本运作角色正在发生转变,呈现双向性,不再如以往仅做融资方,而是呈现出投融资双向并举、相互渗透的局面。①

六、知识产权(IP)

泛娱乐产业基于互联网和移动互联网之间的多领域共生,打造明星IP的"粉丝"经济,涵盖影视、动漫、小说、游戏等众多产业,并渗透至周边衍生品、主题乐园等线下领域。泛娱乐产业的核心是IP,通过IP实现不同产业间协同,满足用户全方位娱乐需求,放大用户价值,推动市场规模的增长。泛娱乐产业已经成为我国新经济的重要组成部分和拉动力量,而游戏是泛娱乐领域中商业价值最高的一个部分。

2017年,中国IP移动游戏市场实际销售收入达745.6亿元,同比增长36.2%,占中国移动游戏市场实际销售收入的64.2%。②

以知识产权为媒介,与其他娱乐产业联动的游戏产品越来越多,融合方式从"消耗知识产权"向"培养知识产权"转变,由单纯将影视作品改编为同名游戏向多层次转变。其特点是:第一,企业层面的融合,既有游戏企业布局影视业务,也有影视企业涉足游戏领域,从企业层面打通两个产业,实现高效融合,腾讯、华谊、完美

---

① 伽马数据(CNG中新游戏研究):《2017中国游戏产业报告》,http://www.cgigc.com.cn/industrydt/16925.html,检索日期:2018年3月18日。

② 同上。

世界等企业，均在影视文化和游戏产业的结合上进行了诸多探索；第二，产品运营层面的相互转化，以知识产权为媒介，经营用户，实现价值的最大化，从以知识产权研发游戏向"影游联动"和"动漫、游戏、小说联动"拓展。游戏企业利用游戏知识产权，联合国内外知名的影视剧、动漫团队打造了大电影、网剧、游戏、3D动画等全新的商业发展模式。其内容从游戏角色、游戏模式、游戏内容进行延展，对于游戏用户来讲有非常深刻的代入感，对于非游戏用户则以影视剧及动画内容来增加吸引力。

七、海外市场

鉴于国内人口红利减退，行业集中度上升，监管政策趋严，中国游戏企业竞相出海掘金。伴随着中国游戏市场份额的提升和中国游戏公司体量增大，中国游戏在世界游戏领域的话语权凸显。尤其在移动游戏市场，表现更加突出。

从出海应用来看，仍然遵循典型的L形分布原则，无论是营收还是下载量，都呈现二八分布的格局。在长尾化的游戏产品之外，头部明星产品已经崭露头角，月收入超过百万美元的游戏达到数十款。从畅销榜成绩来看，中国移动游戏产品在海外APP畅销榜上也拥有一席之地。

从当前出海游戏企业来看，移动游戏巨头争相出海，但初创公司仍占主流。从端游时代为主的授权代理模式到自研发行一体化，未来走向平台化趋势，游戏出海正经历从单向进口到反向出口的裂变。同时，资本出海也已进入常态化发展，巨头布局、泛娱乐产业协同和硬件渠道等海外市场资源的先发联动，都为游戏出海营造了良好的产业发展空间。

在23个游戏出海热点国家或地区中，共有10个为"一带一路"沿线国家，占比达到43%。更重要的是，中国移动游戏进入畅销榜前一百名次数最多的国家和地区中，绝大部分都是"一带一路"国家。中国游戏企业沿着"一带一路"的路径，不断向东南亚、中亚、北非、东欧等明星或新兴地区，输送成熟的游戏产品和运营方式，并以此为基础，潜移默化地提升中国的文化影响力。[①]

第三节 重点行业分析

2017年，中国游戏行业竞争白热化趋势已不可逆转。横向上，各厂商的泛娱乐化IP战略已经初具规模。纵向上，对类型市场的精细化研发也逐渐深化。

---

① 腾讯研究院：《中国游戏出海全景观察白皮书》，浙江出版集团数字传媒有限公司2018年版。

一、电子竞技

2017年,中国电子竞技游戏市场实际销售收入达730.5亿元,同比增长44.8%。其中,客户端电子竞技游戏市场实际销售收入为384亿元,同比增长15.2%;移动电子竞技游戏市场实际销售收入达346.5亿元,同比增长102.2%。①

从电子竞技平台构成来看,基于客户端游戏的电子竞技保持了稳定的增长。同时,受《王者荣耀》等知名电子竞技产品的拉动,移动电子竞技游戏市场实际销售收入大幅度增长,已经成为电子竞技市场的重要组成部分。其发展主要呈现以下特点:第一,电子竞技游戏产业链逐渐完善。游戏、直播平台、场地、俱乐部、赛事组织进一步融合发展,电子竞技赛事体系成型,相关赛事在快速发展,并且培养出了一批知名赛事选手及游戏主播,明星引发"粉丝"效应反过来拉动了游戏的关注度。第二,电子竞技与综艺结合。斗鱼、熊猫等均推出了以热门游戏项目或知名主播为核心的综艺节目以此来实现"圈粉效应",打造"粉丝"经济。第三,电子竞技小镇是2017年兴起的一种模式。由游戏厂商和地方政府合作,在地理位置适宜的区域来构建电子竞技产业园区。这类园区通常聚集电子竞技产业链上下游企业、引进电子竞技俱乐部、设置职业选手训练基地、建造比赛举办场地等,同时将上述要素集合成旅游景点。电子竞技小镇尚处于探索阶段,其成效仍然有待市场验证。②

二、二次元游戏

2017年,中国二次元移动游戏市场实际销售收入达159.8亿元,同比增长45%。③ 二次元游戏市场成为移动游戏市场重要的细分领域。

角色扮演类(RPG)、卡牌类、动作类为中国二次元游戏市场最常见的三大类型,也是二次元用户最为偏好的类型。恋爱养成类虽然用户偏好程度不高,但用户付费能力较强,产品数量也仅次于三大常见类型。此外,在二次元用户中无特别偏好的比例仅占16.2%,也说明二次元用户对于产品类型具有鲜明的自主选择倾向。

二次元经过多年动漫文化培育,代表的是青年巨大的消费潜力。作为二次元移动游戏用户主体的"90后"与"95后",正逐步成为可支配收入较高的社会群体,消费能力较强。同时,移动通信技术的发展,打破了二次元游戏"小众"的标签,将

---

① 伽马数据(CNG中新游戏研究):《2017中国游戏产业报告》,http://www.cgigc.com.cn/industrydt/16925.html,检索日期:2018年3月18日。

② 同上。

③ 同上。

其成功推向了更多的泛二次元用户。①

三、VR 游戏

2017 年,VR 游戏共实现销售收入约 4 亿元,同比增长 28.2%,热门 VR 游戏超过 800 款。②

VR 游戏设备方面。不同档次产品价格分化较大,反映了市场对 VR 设备仍有较大热情,市场消费潜力有待开发。以进口产品为主的高端 VR 设备的销量相比 2016 年有所提升,其品质受到国内核心玩家认可,非核心玩家更青睐 VR 视频和 VR 游戏功能兼顾的国产设备。

VR 游戏内容方面,VR 游戏的浸入式体验更强,场景体验分类成为该类游戏的独特细分门类。根据国内主流 VR 应用平台数据,VR 游戏集中于射击、冒险、休闲等类型,比例依次为 16%、14%、14%。因为技术限制,射击和休闲类相比动作格斗类在研发层面较容易实现,玩家的游戏体验更佳。

四、棋牌游戏

2017 年,中国棋牌游戏市场实际销售收入达 145.1 亿元,同比增长 107.4%。随着移动通信技术发展,客户端棋牌游戏用户大量向移动端迁移,移动棋牌游戏市场规模加速上升。2017 年,地方性棋牌游戏市场实际销售收入达 112.5 亿元,同比增长 189%;全国性棋牌游戏市场实际销售收入达 32.6 亿元,同比增长 4.9%。2017 年,中国棋牌游戏用户规模达 2.79 亿人,同比增长 8.1%。③

受房卡模式带动,棋牌游戏迎来了用户的快速增长。这主要是因为房卡模式依托于真实的社交关系链传播,激活了线下棋牌爱好者,借助移动互联网的高普及度与碎片化特征,实现了用户从线下到线上的转移。④

五、H5 游戏

2017 年,国内 H5 小游戏的市场规模已经达到 38 亿元,同比增长 124%,H5 游戏用户数达到 3.5 亿。⑤

---

① 伽马数据(CNG 中新游戏研究):《2017 中国游戏产业报告》,http://www.cgigc.com.cn/industrydt/16925.html,检索日期:2018 年 3 月 18 日。

② 同上。

③ 同上。

④ 同上。

⑤ 速途研究院:《2017 年国内 H5 小游戏市场研究报告》,http://www.youxiguancha.com/hangyezixun/46442.html,检索日期:2018 年 4 月 12 日。

H5游戏的跨平台性和可移植性,使其拥有众多的流量入口。成为H5游戏新平台的微信小程序,为H5游戏的发展带来新的机会,使H5游戏的次日留存率提升到65%,7日留存率达到52%。此外,新浪微博、今日头条等拥有大流量的客户端及应用商店等也成为小游戏的重要分发渠道。H5小游戏的前景逐渐明朗,众多游戏开发商纷至沓来。

角色扮演小游戏市场份额不断增加。统计数据显示,2017年,H5小游戏类型占比中,角色扮演和休闲益智类型的游戏约占据全部类型的一半之多。其中,角色扮演类型的市场份额约占总游戏类型的26.4%,并且这一比例在不断扩大,最初以休闲益智为主的游戏也逐渐转向角色扮演等重度化游戏。而其他诸如体育竞技、飞行射击、模拟经营等类型的游戏也保有一定的市场占有量,H5游戏类型百花齐放,呈现一派繁荣景象。[①]

六、游戏游艺及家用游戏机

2017年,中国游戏游艺机销售收入约135.8亿元,同比增长25.7%,游艺娱乐场所营业收入约981.8亿元,同比增长41.6%。2017年前三季度,约有532款新品游戏游艺设备通过审批,第三季度过审机型中,儿童娱乐、环境体验、电子竞技类机型权重最高,礼品彩票类机型占比明显减少。[②] 其中,电子竞技类和体育运动类机型增幅较大,契合全民健身的趋势,反映了电子竞技高速发展的风潮。

2017年,游戏游艺设备收入的主要增长点为新开业游艺娱乐场所设备的添置与更新换代。2017年,中国游艺娱乐场所收入主要受以下因素影响:第一,行业转型升级收效明显,在淘汰落后场所的同时,新增连锁经营门店较多,营业收入增幅明显;第二,主题乐园带动场所副业(饮食、衍生品、增值服务等)收入增长,随着电子竞技和全民健身概念的盛行,行业正面形象明显提升,消费群体扩大。

第四节 行业问题、对策与发展趋势

一、行业发展面临的问题及对策

第一,部分游戏作品仍然存在迎合低级趣味、忽视社会责任的问题,侵权盗版、

[①] 速途研究院:《2017年国内H5小游戏市场研究报告》,http://www.youxiguancha.com/hangyezixun/46442.html,检索日期:2018年4月12日。

[②] 中国文化娱乐行业协会:《2017年中国游戏行业发展报告》,http://www.cnccea.com/index.php?m=newscon&id=408&aid=770,检索日期:2018年4月12日。

粗制滥造作为行业久治难愈的问题依然存在。这不仅制约着游戏产业的良性发展,还充分反映出目前产业整体发展的不平衡和不充分。针对这些问题,应继续改进和完善游戏作品出版审批工作,在严把内容质量关口的同时,进一步提高审批效率。认真履行监管职责,提升属地监管能力,净化网络游戏市场环境。继续组织实施"中国原创游戏精品出版工程",扶持引导企业加强精品力作的创作出版,推动产业繁荣发展。

第二,市场竞争主体实现了优胜劣汰,市场回归理性,排名靠前的网络游戏产品研发和运营企业占据市场主要份额,中小企业在产品技术、运营手段以及品牌影响力等方面缺乏优势,难以与大企业形成对等竞争,甚至因此面临生存危机。游戏公司应抛弃以往一味追逐热点和利益的思路,注重挖掘客户需求和提升游戏品质。

第三,中国游戏产业仍存在巨大的专业游戏人员缺口。具体表现在对职业电竞选手、管理人员、电竞转播人员、VR游戏研发人员、游戏主播等的需求尤为迫切。中国传媒大学、蓝翔技校等相继开设了电子竞技相关专业,但有类似学科设置的院校仍属少数,且教学内容与电子竞技实践的契合度有待验证。因此,应大力发展与此相关的高等教育及职业教育。

第四,中国游戏企业开拓国际游戏市场并非一帆风顺,法律、文化、技术、设施等方面的问题不同程度地带来消极影响。游戏出海需要考虑基础设施的因地制宜,守住遵守当地法律法规的底线并保证游戏内容的健康正面,同时也需要把握文化折扣下本地化运营这一关键,突破这些核心挑战,才能够在竞争中脱颖而出。①

二、中国游戏行业发展趋势

第一,随着移动游戏市场成熟和游戏用户消费观念升级,网络游戏市场仍有较大增长潜力,移动游戏仍将带动整体市场营收持续稳定增长,市场规模将继续扩大。角色扮演、多人在线战术竞技和射击求生类游戏仍将是最受中国用户欢迎的游戏类型。主要游戏开发商和平台将继续获得主要游戏类型的大部分收入,移动用户流量向少数主要平台聚集,用户流量的获取成本上升。中小游戏开发商和运营商的焦点由外部流量分流转移到与第三方用户平台深度合作。

第二,细分领域将继续发展。移动游戏和电子竞技的成熟,将推动移动电竞在中国的发展。移动电竞将逐步朝向专业化、商业化、职业化方向发展。而移动电竞游戏发展方向也将是轻重双向。一方面是面向大众化的由休闲类及棋牌类游戏构

---

① 腾讯研究院:《中国游戏出海全景观察白皮书》第四章第二节,浙江出版集团数字传媒有限公司2018年版。

成的轻度移动电竞游戏,另一方面是面向职业电竞选手的射击类及多人在线竞技类游戏等重度移动电竞游戏。

第三,IP本身不再是网络游戏成功的保证。主要的游戏大厂和独立的游戏开发商都正致力于提升IP移植后的质量。游戏品质、营销及运营对收益的可持续增长将更为重要。此外,2018年将有更多网络游戏IP与其他娱乐模式互动。

第四,游戏相关技术将继续带动游戏业发展。随着未来5G技术的发展,移动游戏安装包大小受网络限制等问题将得到解决。未来移动游戏将会具备更加精致的画面和更丰富的元素。随着人工智能的快速发展,其以计算、感知、认知为代表的核心能力将进一步完善游戏体验。在未来,对于开放程度高、游戏元素复杂的游戏而言,图像识别、机器学习等人工智能技术将会大幅增强游戏的可玩性,并有极大可能创造出一些新的游戏类型。

第五,游戏成为中国文化海外输出的重要形式,将有更多的中国游戏公司参与海外市场的竞争。随着中国游戏特别是移动游戏产品质量的提升,走出去步伐将日益加快。

第六,未来中国游戏产业将会迎来进一步的发展,在与传统PC及手机产业积极互动的同时,将进一步依托人工智能、可穿戴设备、虚拟现实、大数据与云服务等新兴科技,结合动漫、文学、影视、直播、主题乐园等传统娱乐行业,创造更多带有颠覆性的产业价值。

行业报告十三

艺术培训业年度发展报告

于悠悠*

第一节 艺术培训业政策环境分析

一、宏观经济拉动文化消费需求

经济快速增长是文化艺术发展的有力保障。文化消费需求的增长和消费水平的逐年提高有力地拉动了艺术培训产业发展。党十九大报告指出，目前我国社会主要矛盾在于人民日益增长的美好生活需求与不平衡不充分发展之间的矛盾。因此，满足人民对美好生活的需求是我国未来相当长时期的中心建设任务。随着我国进入新时代，人民在追求美好生活时，除了物质追求日益丰富、完善，同时，对于精神和文化生活的追求也不断提升。艺术教育培训产业的快速崛起正呼应了这个时代的召唤，呼应了人民的需要，为人民的精神文化需求营造了氛围，提供了环境。

近些年，全国居民文化消费总量呈明显上升趋势，成为我国经济社会全面发展的助推器。截止到2016年，居民文化消费总量年均增长16.24%，其中城镇年均增长16.51%，农村年均增长14.52%，我国文化消费总量不断增大，需求规模不断扩大，艺术培训行业消费作为文化消费的重要组成部分，规模也不断扩大，已成为文化、经济发展的新增长点。2016年，文化及相关产业增加值30254亿元，占国内生产总值的比重为4.07%，比2012年提高0.59个百分点，2013—2016年均增长13.7%。2012—2016年，全国人均文化事业费从35.5元上升至55.7元，增长56.9%。广播、电视、电影和影视录音制作业、文化艺术业、娱乐业发展势头强劲，其规模以上企业

---

* 于悠悠，北京大学艺术学院艺术管理与文化产业方向2017级博士研究生。

营业收入年均增长分别为15.9%、24%和20.9%,文化机构的文化消费总量占国内生产总值的比重也逐年增加。①

国家统计局数据显示,在过去两年中,文化市场经营机构数由2015年的222262个上涨到2016年的231573个,文化部门艺术教育业机构则略微下滑,从2015年的131个降到2016年的125个。但是艺术教育从业人员从2015年的12453名上涨到2016年的12907名,文化市场经营从业人员也有了大幅上涨,从2015年的1363319名上涨到2016年的1370412名。2016年群众文化机构参与培训人数4250万人次,参与文艺活动人数42337万人次,举办训练班59.1万场。② 文化机构、经营场馆、文化活动、参加人次稳步增加,可见文化消费升级带动了大众对文教娱乐的支出不断增加,文化艺术的消费驱动作用日益凸显,越来越多大众的艺术素养得以熏陶,进一步激发了大众对艺术培训的需求。可以说,未来我国艺术教育培训行业增长空间大、后劲足,具有巨大的发展潜力,并反向助推文化产业成为经济增长新引擎,提供经济新动能。

二、政府推动、学校发力、企业助力艺术教育培训

从整体上看,近年来我国的教育事业快速发展,教育投入不断增加,教育资源更加公平。"2016年,教育经费总投入38866亿元……国家财政性教育经费31373亿元,占国内生产总值的比重为4.2%。民办教育和职业教育快速发展。2016年,各级各类民办学校17.1万所,比2012年增加3.1万所,民办学校各类在校生4825万人,增加914万人。2013—2016年,规模以上教育企业营业收入年均增长13%,其中,职业技能培训、体校及体育培训、文化艺术培训企业营业收入年均增速分别为11.5%、26.2%和12.2%"。③ 我国艺术职业教育也呈现良性快速发展态势,"国家先后出台若干政策,召开各类专项会议,推动艺术职业教育的发展;政府加大基本教育经费和基础设施建设的投入;行业专家和学术团体发挥了引领、带动和协同作用;艺术职业人才培养模式不断创新;教学、赛事喜获双丰收,人才、作品相继涌现;社会服务能力和社会影响力不断扩大;民族文化相关专业发展迅速,有效推进民族文化传承创新"。② 艺术职业教育的逐年火热同样推动了艺术培训市场的专业化、职业化发展,更多青少年学生从业余艺术培训,加入艺术职业教育的大军。教育行业整体的迅猛发展,使艺术培训产业呈现全面升温态势。中西部地区、中小

---

① 中华人民共和国国家统计局:《中国统计年鉴2017》,中国统计出版社2017年版。
② 同上。
③ 全国文化艺术职业教育教学指导委员会:《2016中国艺术职业教育发展报告》,2017年12月。

城市的艺术培训市场规模较往年有明显扩张,艺术教育培训越发受到社会各界、全国各地的普遍关注。

从推动主体来看,政府大力扶持艺术教育,中小学借力艺术院团与高校推进艺术普及,社会企业则助力课后艺术培训。为了进一步提升全民对艺术的重视,全面实施素质教育,提高学生审美和人文素养,近几年,国务院、教育部等相继出台了一系列加强审美教育、推进艺术课程进校园的政策。政府对校园艺术教育发展的推动为艺术培训产业加温。2014年发布的《教育部关于推进学校艺术教育发展的若干意见》,就推进学校艺术教育发展提出建立"课堂教学、课外活动和校园文化"三位一体的艺术教育发展机制,其中北京市教委启动"高等学校、社会力量参与小学体育美育发展"项目,要求国家和市级艺术机构、艺术院团等参与并支持美育特色发展工作在小学阶段开展。中国戏曲学院、北京舞蹈学院、中央美术学院、中央芭蕾舞团等相关艺术院团、高校单位陆续进入对口小学推行艺术进校园的美育课程,助力学校特色教育的发展。2015年9月教育部发布的《国务院办公厅关于全面加强和改进学校美育工作的意见》中特别强调,鼓励和引导高校艺术专业教师、艺术院团专家和社会艺术教育专业人士到中小学校担任兼职艺术教师,开展"结对子、种文化"活动。学校要开设如"音乐、美术、舞蹈、戏剧、戏曲、影视"等的优质美育课程,创新艺术人才培养模式,并且应与产业发展、社会需求、艺术前沿有机衔接,为经济发展、文化繁荣培养高素质、多样化的艺术专门人才。这些政策在很大程度上促进了学校美育课程、活动、展演的开办。学校本校艺术课程、课后艺术社团等兴趣班、校外艺术培训三方互促互助,形成了"政府推动、学校发力、企业助力"的艺术教育培训现状。

三、升学需求倒逼艺术培训产业热

随着人们对文化生活和审美要求的提升,社会对艺术人才需求的扩大,更多高校开设艺术专业,艺术类学生体量逐年增多,更推动了艺术培训产业的火热发展。

一方面,"艺术特长生"在中、高考中的加分政策是学生、家长投资艺术培训学习的重要动因。教育部提出,普通高校为活跃校园文化生活,推进学校素质教育,经批准后每年可以录取一些成绩达到一定要求,又有艺术专长的考生。一般而言,通过招生院校艺术水准测试,符合学校艺术特长生招生要求的考生,可在高考中享受适当的降分录取优惠。《国务院关于深化考试招生制度改革的实施意见》和《教育部关于做好2017年普通高等学校部分特殊类型招生工作的通知》指出,从2018年起,已开设有艺术类专业的试点高校不再单独招收相应专业项目的艺术特长生,而是通过建立高校高水平艺术团进行艺术特长生招生。目前,经教育部批准可在全国招收高水平艺术团的高校有53所,包括北京大学、清华大学、中国人民大学、北京师范大学等在京高校10余所,以及南开大学、浙江大学、上海交通大学、天津大学等京外院校30多所。除此之外,很多地方已将艺术特长生加分政策纳入中考。2017年,江苏省将试点音乐、美术纳入中考,并将考核结果计入中考总分。根据江苏省教育厅部署,在2020年前全省初中毕业生艺术素质测评结果计入中考成绩。上海市从2016年起重点采取七项举措,全面加强和改进学校美育工作,力争到2020年基本形成大中小幼美育相互衔接,课堂教学和课外活动相互结合,普及教育与专业教育相互促进,学校美育和社会与家庭美育相互联系的美育体系,更好落实艺术特长生的日常培养。山东省教育厅发布《山东省中小学生艺术素质测评指导意见》,将小学生艺术素质测评结果纳入素质报名书,将初中毕业生艺术素质测评结果计入中考成绩,将普通高中艺术课程纳入学业水平测试并作为高考艺术专业录取依据。中小学生艺术素质测评将在2017—2018学年下学期全面推开,测评结果将纳入学生艺术素质成长档案,并作为高中、高校录取的重要依据,这一系列政策措施促使艺术培训课程受到更广大家长、考生的青睐。

另一方面,持续升温的"艺考热",带动艺术考级、考证热,双向倒逼艺术培训市场火热发展态势。近几年"艺术生"大幅增多,报考人数不断攀升,"艺考热"连年不退,已成一种社会现象。中高考的升学压力和对演艺的向往促使越来越多的青少年走上"艺考"这条路,艺考连年热度不减,竞争愈发激烈。于是,课外艺术培训补习成为考生、家长的抢手选择,全国艺术培训行业发展蓬勃。仅2017年,全国共有约6.5万人次报考中国美术学院,比2016年增加了近万人;北京电影学院总报考38144人次,更创历史新高;中央戏剧学院报考考生达3.6万多人次,为该校历年之最。其中,戏剧影视表演的报名人数为6148人,计划录取仅25人,报录比高达246∶1。① 越来越多的家长将艺考作为高考的捷径,为了迎合市场需求,各类艺术培训机构遍地开花,高额的学费把整个艺术培训市场炒得异常火热。

第二节 艺术培训行业类型及特征

艺术培训产业按消费诉求、目标人群和内容要素可以划分成不同产业类型,并各自具有不同产业业态。

---

① 《艺考热度"高烧"不退,如何过好"独木桥"?》,央广网,http://china.cnr.cn/yxw/20170221/t20170221_523613677.shtml,检索日期:2018年4月15日。

1. 按内容要素分类,可分为美术、声乐、乐器、舞蹈、表演、戏曲、书法、主持等

目前,在表演艺术和视觉艺术两大艺术培训领域中,舞蹈、音乐(声乐、乐器)、美术等是艺术培训行业的主力军(见图 1-13-1)。舞蹈艺术培训以稳定上涨速率逐年攀升,音乐艺术教育从 2014 年起越发火热,赶超舞蹈培训跃居第一,美术培训呈现增幅放缓的态势。可见,表演艺术培训占据主要市场。

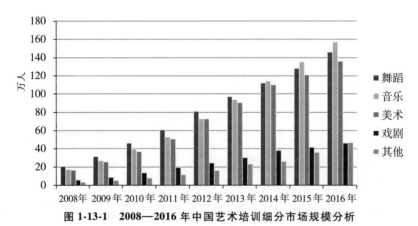

图 1-13-1　2008—2016 年中国艺术培训细分市场规模分析

数据来源:智研咨询:《2017—2023 年中国艺术培训行业市场监测分析与发展趋势预测报告》,http://www.chyxx.com/research/201706/530153.html,检索日期:2018 年 4 月 15 日。

2. 按培训诉求分类,可分为艺考培训和兴趣培训

根据艺术培训消费者的需求不同,可大致将艺术培训行业划分成艺考培训和兴趣培训两大类。由于对艺术的追求不属于马斯洛需求层次理论中生理、安全等个人生活必需层面,而是个体精神层面的充实和享受,这也决定了艺术培训市场的非刚性需求特征。在艺考培训和兴趣培训两大阵营中,随着开设艺术专业的高校逐年增多、艺考规模的年年攀升,艺考培训趋于稳定扩张的发展态势,消费者需求弹性相对较小。据调研数据估算,2017 年我国高考艺术培训市场规模达 416 亿元,未来三年规模有望超过 500 亿元(见表 1-13-1)。而对于以培养兴趣爱好为培训诉求的市场来说,大众参与的功利目的较小,持久性和延续性往往也相对较弱。

表 1-13-1　艺术高考培训市场规模测算

	2015 年	2016 年	2017 年	2018 年	2019 年	2020 年
高考艺考生人数(万人)	100	101	102	103	104	105
年增长率		0.98%	0.98%	0.98%	0.98%	0.98%
人均艺术培训花费(元)	35000	37800	40824	44090	47617	51426

续表

	2015 年	2016 年	2017 年	2018 年	2019 年	2020 年
年增长率	8%	8%	8%	8%	8%	8%
高考艺术培训市场规模（亿元）	350	382	416	454	495	540
年增长率		9.06%	9.06%	9.06%	9.06%	9.06%

数据来源：根据相关资料整理。

3. 按目标人群分类，可分为青少年艺术培训和成人艺术培训

不同细分群体的艺术培训消费者参与的动机不同。由于文化、年龄、职业、收入水平、消费心理等影响艺术消费者需求的因素众多，艺术培训的细分市场也呈现多而散的形态，按目标人群的差异化、多样性可大致将艺术培训参与者划归为求知求新型、休闲享乐型、审美享受型、个人喜好型、从众尝鲜型、社交需要型等。对于青少年而言，由于课业压力较大，该群体可支配的课余时间相较成人更少，因此课后艺术培训往往目的性更明确，多以升学或者习得额外艺术技能为导向。对于成人而言，艺术培训是娱乐休闲生活中的众选之一，长期参与艺术学习的成人主要以兴趣爱好、缓压娱乐为动机。数据分析显示，由于升学需求和二胎政策的放开，青少年艺术培训市场在未来几年中将更加火热。据估算，2017 年我国青少年艺术培训市场规模达 814 亿元，2020 年规模将增至千亿元（见表 1-13-2）。

表 1-13-2　青少年艺术培训市场规模预测

	2015 年	2016 年	2017 年	2018 年	2019 年	2020 年
中小学在校人数（万人）	14004	14319	14641	14971	15308	15652
年增长率		2.25%	2.25%	2.25%	2.25%	2.25%
参与率	10.82%	11.82%	12.82%	13.82%	14.82%	15.82%
人均艺术培训花费（元）	3790	4055	4339	4643	4968	5316
年增长率		7%	7%	7%	7%	7%
青少年艺术培训行业规模（亿元）	574	686	814	960	1127	1316
年增长率		19.52%	18.67%	17.94%	17.33%	16.79%

数据来源：根据相关资料整理。

第三节 行业存在的问题

1. 艺术教育受重视程度低

艺术教育是素质教育的重要组成部分,也是美育的有效途径。但在我国以考试和升学为导向的教育现状下,文化课教育始终排在首位,艺术教育培训并未普遍引起学校和家长的足够重视。艺术科目的重要程度弱、认可度低导致了校内艺术课程常被文化课占用,学校开设的课后兴趣班又不足以满足学生需求,这在一定程度上都制约了艺术培训产业的发展。而在欧美国家,艺术教学一直被列为非常重要的课程。美国《艺术教育国家标准》特别强调艺术教育的重要性,并在全国各州推行,确立了从学前、小学、初中、高中到大学一体化的教育标准体系,将舞蹈、媒体艺术、音乐、戏剧和视觉艺术作为艺术教育实施的五大学科门类。除此之外,美国对公共艺术教育的重视还体现在通过减税、免税、发放基金等政策鼓励艺术家个体、艺术团体进入艺术普及教学工作。培养艺术人才在英国教育体系中也占有重要地位,艺术教育的基础课程主要划分为艺术、视觉传播、设计三个方向,鼓励学生从小参与艺术创作,培养创意思维能力和艺术实践能力,实现全民艺术素养的持续性培养。日本、韩国对本国传统文化艺术的传承、传播也高度重视。2016 年,欧洲艺术教育培训市场规模为 175.47 亿美元,较 2015 年的 169.18 亿美元增长 3.7%;美国艺术教育培训市场规模达 167.79 亿美元;日、韩市场规模分别约 30.72 亿美元和 37.81 亿美元[①]。而我国目前的艺术教育培训在国人观念中仍排位于文化学习之后,近些年艺术培训市场的持续升温,主要是由于升学政策需要、考级考证火热而变相推动,并非对于美育重要性和艺术素养提升的意识加强所致,艺术教育受重视程度低是艺术培训产业发展的根本短板。

2. 培训产业整体发展不平衡

艺术培训产业整体发展、资源配置不平衡。首先,沿海和内地、一线和其他城市、城市和乡镇等区域间差别显著。国务院、教育部多次发文要求地方政府推进中小学艺术教育,但没有在全国获得实质、有效的进展。以北京、上海为代表的文化都市尚在艺术教育的探索阶段,大多数二、三线城市更难以切实落实相关意见。利好政策"雷声大"、地方推行"雨点小",可见政策的落实不到位使得全国艺术教育培训整体发展不平衡。教育资源分配、利好政策的推行也不完全公平一致,地方上

---

① 《2017 年全球主要地区艺术教育培训行业发展状况分析》,智研咨询,http://www.chyxx.com/industry/201708/547338.html,检索日期:2018 年 4 月 15 日。

的艺术师资、专业场所、系统教材都较匮乏,这加剧了艺术培训市场的整体发展不均衡。其次,艺术培训产业整体行业格局分散,缺乏协调性,细分市场分散众多,不同地理环境、经济发展水平、消费者心理的差异性和多样性都加剧了全国艺术培训行业细分市场的分散格局,产业协同亟须加强。

3. 培训机构资质不健全

艺术教育培训生源不断,利润丰厚,行业发展空间可观,成为当下有"钱景"的产业之一。加之该市场准入门槛低,进入的技术壁垒和资金壁垒相对较低,在商住两用写字楼,甚至居家都能形成小型艺术培训工作室,这也吸引了众多个体、组织投入艺术培训市场,而正规注册并取得教学资质的培训机构少之又少。在办学政策放宽以及行业标准和监管机制都缺位的情况下,市场上大大小小的艺术机构遍地开花,家庭作坊式艺术教学机构不计其数,并且绝大多数艺术培训机构并不具备开班的教学硬件、软件条件与教学资质,运营模式单一雷同,争相抢夺利润空间,形成一片无人监管的红海,也带来很多隐性问题。例如舞蹈等艺术科目对艺术场地有严格要求,不合规的培训机构极易产生安全隐患,艺术消费者权益难以保证。同时,没有监管机构的管控,许多培训中心以"高校名师""艺考通过率"等虚假宣传吸金,造成市场乱象。

4. 专业艺术师资缺位

不同于文化课的群体性教学,艺术培训受到场地、教学内容的限制,很难形成规模化教学,这对专业艺术教师的数量和质量提出了更高的要求。目前市场上具备教学资质和艺术技能的专业艺术师资严重短缺,师资水平高低不一,很多采用艺术爱好者和艺术院校的学生兼职代课,教学经验缺乏,教学科研力量薄弱,教学敷衍了事。再者,由于艺术培训行业的教师没有师资认证和准入门槛,流动性较强,导致行业整体教学质量的参差不齐。

5. 教学质量参差不齐

课程是教学最关键的核心,直接关系到受众艺术素养的正确养成。当前市面上的艺术培训机构良莠不齐,课程内容杂乱无章,缺乏完整性、连续性、衔接性与系统性。以艺术培训为附加业务的健身会馆,加盟连锁的艺术培训机构,以艺术从业者个人工作室为代表的艺术培训机构开班随意性大,以考级考试为办学目标的急功近利的培训班招生混乱,严重背离美育的初衷,教学质量更难以保证。相比成熟的文化培训行业,艺术培训产业的质量依然滞后。因此,完善行业教学体系、提高整体艺术培训行业教学质量、进一步改进和完善教学反馈机制迫在眉睫。

第四节　艺术培训业发展策略及未来趋势

科技创新、规范创建、品牌创立、艺术创优、经济创利、人文创兴是艺术培训产业未来发展的策略和目标。

1. 艺术培训行业的规范化、系统化、专业化发展

新时代，随着人们对美好生活、精神文化的更高追求，艺术培训行业将迎来新一轮的洗牌。最先亟待建立的是行业标准、监管机制和行业规范。对艺术机构教学资质严格把控，教师专业性的不断加强，师资数量、教学资源的稳步扩张，培训内容的统一和规范，将促使艺术培训市场逐步由原先散乱纷杂的市场乱象，向系统化、规范化的产业运营过渡。在艺术培训纷乱招生的草莽时代过后，未来即将进入细分化招生、规范化管理、专业化师资、系统化授课、品牌化运营的艺术培训新时代。

2. 新媒体转型和"互联网+艺术培训"商业模式

传统艺术培训产业以线下实体机构经营为主体，在"互联网+"的新常态语境下，借互联网东风，利用新媒体信息技术，发展新时代艺术培训商业模式受到越来越多艺术培训商家的追捧。绝大多数艺术培训中心以实体场所营业为基点，更多利用新媒体进行线上宣传营销推广，拓展寻求受众。不少艺术培训甚至已经开始尝试线上艺术教学。

在艺术培训产业链中，艺术机构往往充当内容供应、平台搭建、教学运营等角色。线上通过网络新媒体平台的搭建，进行艺术知识普及、艺术课程推介和目标受众开发，线下通过实体教学场所的运营和对教师教学内容的把关，进行艺术培训教学运营。整体形成线下教学为主、线上宣传为辅的产业模式。随着自媒体的流行风靡和移动终端在全民受众的深入抵达，越来越多的艺术工作者尝试拓展线上艺术教学业务。由于艺术教学自身的特殊性，线上开展教学并能顺利进行教学互动的艺术种类目前集中在声乐、台词等听觉艺术以及绘画、书法等视觉艺术上，乐器和舞蹈等需要教师实操指导的表演艺术也在逐渐突破赛博空间的教学壁垒，被越来越多具有新鲜事物接受度、自主学习能力的年轻受众所认可。

3. 艺术教育培训的品牌化发展

目前，艺术培训呈现小、多、散的局面。艺术培训行业前十大品牌企业市场占有率不足5%，市场以中小培训机构为主，竞争激烈且呈现"长尾效应"，具有较强品牌效益、市场竞争力、口碑度的领军艺术培训机构少之又少。因此在未来，艺术培训产业的品牌化发展呈现良好走向。目前，中国教育培训行业已逐渐形成以专

业化、标准化、一体化为特点的品牌化格局,然而艺术培训产业尚未出现一个对标"新东方"教育培训的艺术培训品牌,可以说是"群龙无首、各成一派"。在品牌营销驱动下,未来大型艺术培训机构将呈现多元化、标准化的连锁经营,小型专业艺术机构将突出其专业性和差异性,进行特色化开发。总的来说,艺术培训市场的品牌化发展是大势所趋。

4. 建立艺术社区互塑共生机制,营造全民艺术美育生态

艺术教育培训不应该只着眼于艺术技能的掌握,或只将艺术培训作为达成升学、考证、社交等功利性目的的手段,而是以艺术为媒介,培养受众的审美能力和人文关怀。艺术教育培训的终极目的是以艺术之名开发人的兴趣,培养个体的创造性和对美的追求,通过对多元文化艺术的了解,将文化、生活与社会发展紧密相连,培养尊重他人、关怀社会的情操,加强艺术文化涵养,最终实现健全完整人格的构建和"高素养文化公民的养成"①。艺术培训产业不只是文化消费的推进器或是艺术传承的桥梁,更是艺术生活化和生活艺术化发展的引擎。因此,艺术培训产业应该全面进入社区,深入大众日常生活,尝试将艺术教育与社区营造融合发展,建立与社区互塑共生机制,从艺术培训产业切入并发端,营造出全民艺术美育的生态圈。

追求美好生活离不开文化的指路,文化强国的建设离不开艺术的引领。任何一门艺术只有经历了"引发、认同、固化、传承",才能打下文化烙印。在新时代树立文化自信的道路上,艺术教育培训是文化艺术传播、传承和国民文化素养全面提升的必经之途。一方面艺术培训通过艺术技能的教学、体验、传承,陶冶受众审美情操,挖掘国民美感意识,提升文化艺术修养和审美鉴赏能力,培育和开发艺术观众市场,进一步促进文化艺术消费,推动演出展览产业发展。另一方面,艺术培训从艺术认知习得着手,通过文化艺术传播,树立全民文化认同,强化文化自信,构建文化强国。因此,在观众培育、审美提升、文化消费、文化自信等方面,艺术教育培训产业都将发挥着潜移默化和不可替代的作用,在未来成为艺术产业生态圈中越来越重要的一环。

---

① 王一川:《新时代艺术产业的文化使命》,2018年中国文化产业新年论坛演讲稿。

行业报告十四

体育休闲业年度发展报告

何文义　郭　彬　余　清　封　英*

从 2014 年开始,三年来中国的体育产业呈现出由火热趋向冷静的状态。政府依然是支持体育产业的顶梁柱,市场在浪静淘沙中分封土地,独角兽企业尚未出现。2017 年乐视体育的轰然倒塌,让众多买家意识到媒体版权应理性竞争,版权变现能力道路曲折。体育赛事方面,顶级赛事中超、CBA 等依然火爆且尚有盈利,持续高涨的马拉松赛依托政府支持成为赛事中盈利最多的项目。体育运动装备方面,以李宁和安踏为代表的港股上市公司度过了线上零售的艰难期,纷纷实现了盈利。资本对于体育的投资热情减弱,体育融资的寒冬还在持续。总体而言,2017 年的体育产业朝着行业正轨发展,尤其是电竞、冰雪以及体育小镇成为最热门的发展项目。本文从产业发展环境以及市场化的角度分析 2017 年体育产业以及未来体育产业的发展和投资机会。

第一节　体育休闲业政策环境分析

一、党的十九大精神引领体育产业的繁荣发展

习近平总书记在党的十九大报告中指出:"广泛开展全民健身活动,加快推进体育强国建设,筹办好北京冬奥会、冬残奥会。"同时指出"人民健康是民族昌盛和国家富强的重要标志"。一个人民健康水平不断提高的社会,才是充满生机活力而又和谐有序的社会。这是决胜全面建成小康社会、夺取新时代中国特色社会主义伟大胜利的重要工程,是实现中华民族伟大复兴中国梦的艰巨而光荣的使命。当前我国人民运动习惯正逐渐养成,运动意识不断提升,全民健身活动是促进体育消

---

* 何文义,北京大学中国体育产业研究中心执行主任、研究员;郭彬,北京大学中国体育产业研究中心秘书长,副研究员;余清,体育产业自由撰稿人;封英,北京大学中国体育产业研究中心副研究员。

费的基石,是发展体育产业的原动力。在党的这一指导思想下发展体育行业,把体育变成一种生活方式、一种教育手段、一种精神载体,有利于培养人的健康体魄、塑造健全人格、促进人的全面发展。

二、中央政策支持力度不减,细则更加全面

自2014年国务院颁发"46号"文件后,各省、自治区、直辖市陆续颁发了相关体育产业政策,尤其是2016年颁布的体育产业政策更倾向于细分领域,冰雪、航空以及水上运动项目的相关政策初次颁布。相比于2016年,2017年第十三届全运会的举办,政策也更加集中于竞技体育以及群众体育,出台的体育产业方面的宏观政策较少。

表1-14-1 2017年国家体育总局发布的相关体育产业政策

序号	时间	政策	出台部门
1	2017.11.21	《体育标准化管理办法》	国家体育总局
2	2017.11.8	《关于进一步加强武术赛事活动监督管理的意见》	国家体育总局
3	2017.10.23	《体育标准制修订工作实施细则》	国家体育总局
4	2017.10.25	《关于进一步加强马拉松赛事监督管理的意见》	国家体育总局
5	2017.8.11	《全民健身指南》	国家体育总局
6	2017.8.11	《体育总局公布首批96个运动休闲特色小镇试点名单》	国家体育总局
7	2017.6.10	《航空体育运动管理办法》	国家体育总局
8	2017.6.6	《关于修订第十三届全国运动会田径竞赛规程部分条款的通知》	国家体育总局
9	2017.5.24	体育总局办公厅关于印发《中央集中彩票公益金资助青少年体育活动管理办法(试行)》的通知	国家体育总局
10	2017.4.20	《室外健身器材配建管理办法》	国家体育总局
11	2017.3.2	《2017年青少年体育工作要点》	国家体育总局

数据来源:根据相关资料整理。

表 1-14-2 2017 年体育休闲业相关政策

序号	时间	政策	出台部门
1	2017.12.20	《城市公共体育场馆用地控制指标》	国土资源部
2	2017.12.19	《关于加强竞技体育后备人才培养工作的指导意见》	国家体育总局、教育部
3	2017.9.1	《深圳市足球中长期发展规划（2017—2050年）》	深圳市文体旅游局、市发展和改革委员会、市教育局、深圳市足球协会
4	2017.7.10	《支持社会力量举办马拉松、自行车等大型群众性体育赛事行动方案（2017 年）》	国家发改委
5	2017.6.20	《关于强化学校体育促进学生身心健康全面发展的实施意见》	贵州省政府办公厅
6	2017.6.13	《河北省冬季项目后备人才基地认定管理办法（试行）》《河北省冬季项目青少年体育俱乐部认定管理办法（试行）》《河北省冬季体育传统项目学校认定管理办法（试行）》	河北省体育局、河北省教育厅
7	2017.6.16	《关于本市举办全民健身赛事活动的指导意见》	上海市体育局
8	2017.5.9	《关于做好足球场地设施布局规划建设的指导意见》	国家住建部办公厅、发改委办公厅、教育部办公厅、国土资源部办公厅、体育总局办公厅、国务院足球改革发展部际联席会议办公室等部门
9	2017.2.14	《关于推进学校体育场馆向社会开放的实施意见》	国家体育总局、教育部

数据来源：根据相关资料整理。

通过表 1-14-1、表 1-14-2 我们可以看到，2017 年国家体育总局单独颁发的体育产业政策有 11 个，其他省、市政府以及联合印发的体育产业政策有 9 个。首先，这些政策中集中于竞技体育运动、青少年体育活动以及全民健身活动。其次，这些政策也是体育"十三五"规划的体现，更加细分以及标准化，更易落地和操作执行。最后，中央多个部门联合印发的关于《支持社会力量举办马拉松、自行车等大型群众性体育赛事行动方案（2017 年）》，是这一年中最为重要的体育纲领性文件，由此可见,办好大型赛事、做好群众赛事是促进体育产业发展的重要方式。

三、海外体育投资市场环境分析

2016年中国投资海外体育达到了空前的规模。据新浪财经数据统计,2016年内共10宗入股或收购宣告,其中手笔最大的是中欧体育投资管理长兴有限公司以5.2亿欧元的价格购买了意大利AC米兰俱乐部99.93%的股权,海外投资总额达到14亿美元。2017年的海外投资并购案例也有明显增长的趋势。但在2017年年初,发改委称有关部门将继续关注中国企业在房地产、酒店、影视、体育俱乐部等领域的对外投资风险,让海外投资的风声开始收紧。8月,国务院办公厅转发《关于进一步引导和规范境外投资方向的指导意见》,明确限制了体育俱乐部的境外投资行为。中资海外并购交易市场由热转冷。在这种环境背景下,中国企业未来将海外俱乐部作为收购潜在标的的可能性大大减少。

四、2017年中国体育产业投融资环境

2017年体育投融资市场较为冷淡。根据懒熊体育统计,2017年1月至12月中旬,国内体育领域共发生投融资约180起,融资总额近90亿元。对比2016年全年,2017年发生在该领域的投资总数量与总额度都有一定程度的下滑。

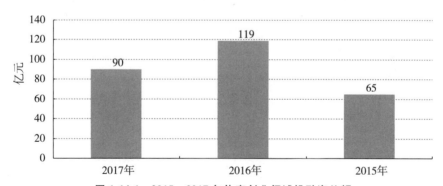

图1-14-1 2015—2017年体育创业领域投融资总额

数据来源:懒熊体育。

根据图1-14-1显示,2015年投资数量有65个,2016年有119个,2017年没有持续上升,总投资数量为90个且大多项目集中在A轮。2017年获得融资最多的五个赛道是健身、电竞、培训、赛事运营及服务、体育营销。其中,电竞成为2017年投资市场的香饽饽,总融资额度大约25亿元。体育培训市场上,动因体育获得了曜为资本领投的5亿元,成为2017年单笔融资额度最大的项目。体育营销在这一

年也得到了资本的青睐,共有 9 家体育营销公司获得了投资。

第二节 体育休闲业市场分析

根据 2015 年国家最新的体育产业统计分类,将体育产业分为核心层、外围层、相关体育产业层。具体分为体育管理活动、体育竞赛表演活动、体育健身休闲活动、体育场馆服务、体育中介服务、体育培训与教育、体育传媒与信息服务、其他与体育相关服务、体育用品及相关产品制造、体育用品及相关产品销售、贸易代理与出租、体育场地设施建设等 11 大类。本文依据此分类,对 2017 年体育产业市场进行分析。

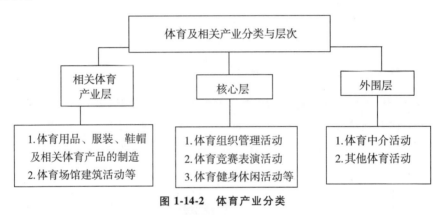

图 1-14-2 体育产业分类

一、体育管理活动:中职篮管办分离,媒体人任协会秘书长

体育管理活动包括公共体育事务管理活动、体育社会组织管理活动以及其他体育管理活动。其中各级政府部门体育行政事务管理机构的活动是重要的组成部分。对于 2017 年的体育管理活动来说,有两个人事变动值得关注。一是姚明担任 CBA 公司董事长,二是著名媒体人房学峰任中国冰球协会秘书长。

2017 年 7 月 19 日、20 日在广东东莞召开了公司第一届第二次股东大会及第三次董事会、监事会会议。会议宣布,经中国篮协提名,公司董事会表决通过任命姚明为 CBA 公司董事长。除此之外,2017 年 CBA 公司也实行了管办分离,CBA 公司的股东是 CBA 2 支球队,每家占股 5%。在中国篮协实体化过程中,根据新的工作形势,中国篮协将此前 6 个部门整合扩建成了 9 大职能部门,让中国篮协的机构设置比篮管中心时代更加细化,职能也重新进行了整合划分,使得中国篮协的体育管理活动逻辑更明晰。

2017年,中国冰球协会在北京体育大学举行的协会负责人调整会议上宣布,曾供职于中央电视台的知名媒体人、策划人房学峰任秘书长。这次人事调整是中国冰球协会实体化改革的一个重要措施,是协会完全和体制脱钩的一个前兆。近年来,我国体育改革措施频频,足协及篮协的管办分离以及协会与体制的脱钩,无疑都会促进体育产业市场化运作,促进体育管理活动的有序进行。

二、体育竞赛表演活动:全运惠民,搏击和电竞赛事火爆

2017年没有奥运会、世界杯等大型赛事,是体育小年,其中最大的赛事当属在天津举办的第十三届全运会以及顶级联赛"中超"。全运会方面,第十三届天津全运会堪称是体育改革的先行和试验田,在大刀阔斧改革的基础上又创造了全运会历史上新的奇迹。首先,天津全运会增设田径、游泳青少年组比赛以及轮滑、冰球等项目,同时增设跑跳、骑跑等10个全能小项比赛,力图打通职业体育、专业体育与业余体育的人才通道;其次,全面取消全运会奥运金牌积分,不设金牌榜、奖牌榜,只公布比赛成绩榜,各地之间的总体排名退出历史舞台。同时,设置了19个大项、126个小项的群众项目,不设参赛门槛,体育爱好者都可以参加。据统计,参与报名人数达千万人,近8000名业余选手进入了决赛阶段比赛。

在市场开发方面,天津全运会充分体现了"全运惠民"的办赛主题,同时也较好地开发了天津当地的市场资源。在票务方面,组委会指定了不同赛事阶段的票价,让每个群众都能够观赏到赛事,其中柔道、跆拳道、田径、轮滑冰球、武术套路、拳击、排球男子U21、排球女子U21等8个项目11个场次,开设惠民专场,票价全部为10元。

图1-14-3　第十三届天津全运会赞助商一览表

近年来，全运会的投入越来越高，总体投入达千亿元级别，赞助商开发则是赛事保持盈亏平衡的重要手段。通过图1-14-3我们可以看到，天津全运会的赞助商体系庞大，且分级比较多，包括合作伙伴、赞助商、独家供应商、供应商特许经营和票务经营。其中合作伙伴8家，赞助商1家，供应商（独家、非独家）56家，总计65家赞助企业。值得一提的是，本届全运会得到了天津市企业的大力支持，包括渤海银行、天津航空、天津住宅建设发展集团有限公司、天睦行科技（天津）有限公司、天津肯德基有限公司等34家企业。而乔丹体育更是提供现金及装备赞助总价值超过8000万元。

拳击进入中国市场已近百年，自由搏击也有50多年的历史。自2011年以来，国内搏击市场逐渐火爆，尤其是在2014年达到了顶峰，先后出现了《武林风》《武林传奇》《昆仑决》《中国真功夫》等众多赛事。据不完全数据显示，截至2016年年底，中国的自由搏击赛事/栏目已不下60档。

图1-14-4　2011—2015年搏击行业市场规模增速

数据来源：智研咨询。

赛事的众多也突出了搏击市场存在的制度不成熟、体系不健全现象，其盈利能力也不尽看好。但是2017年，在资本较冷的时候，搏击顶级赛事《昆仑决》却已完成5轮融资，估值达4.5亿美元。这是在2016年搏击市场疯长后留存下来的精品赛事。与其他赛事不同的是，搏击目前在国内的认同度不高，门票收入较低，但颇受赞助商以及电视台的青睐，包括CCTV-5、江苏卫视以及UFO等媒体。

2003年11月，国家体育总局已经正式承认电子竞技是我国开展的第99个体育项目，电竞赛事也在这个契机下实现了职业化。2017年中国移动电竞用户达2.25亿人，尤其是2017英雄联盟全球总决赛北京站鸟巢一票难求，超过4万名观众到场观赛。2017年上半年国内电竞游戏市场规模达到360亿元，全年达到700亿元，比2014年的226.3亿元增长了3倍之多。

图 1-14-5　2017—2021 年电竞市场规模

资料来源：艾瑞咨询。

据艾瑞咨询报告显示如图(1-14-5)，到 2020 年，中国电竞生态整体将逐步完善，作为电竞生态核心部分的俱乐部将获得巨大的增长，预计在 2020 年收入规模会达到 40 亿元。而电竞衍生生态方面，主场建设所带动的场地配套商圈将会有接近 22 亿元的收入规模。此外，赛事版权、直播平台等也将获得大幅增长。

三、相关体育产业：体育用品企业实现扭亏为盈

2015 年国家体育总局公布的统计数据显示，我国体育产业总产出（总规模）为 1.7 万亿元，增加值为 5494 亿元，占同期国内生产总值的比重为 0.8%。从国家体育产业 11 个大类看，体育用品和相关产品制造业总产出和增加值最大，分别为 11238.2 亿元和 2755.5 亿元，占国家体育产业总产出和增加值的比重分别为 65.7% 和 50.2%。毋庸置疑，体育用品业和相关产业在我国体育产业中的贡献率相当高。2017 年上半年，在 A 股体育概念上市公司中就有 13 家布局体育装备业务，包括贵人鸟、探路者、嘉麟杰、奥康国际、双象股份、姚记扑克、信隆健康、真视通、金晶科技、金陵体育、奥拓电子、同洲电子、三夫户外。13 家公司 2017 年上半年营收合计达 99.66 亿元，盈利约为 6.4 亿元。而在港股上市公司中，以安踏、李宁、361°为代表的国内体育用品业港股上市公司从 2015 年开始业绩逐渐上扬。李宁开始复苏、361°业绩稳定增长、安踏突破百亿元大关。最新的数据显示，2016 年中国体育用品行业增加值突破 3000 亿大关，达到 3077 亿元。这是 2014 年在突破线上零售的暴击后，整个体育用品行业开始复苏回暖。最新的数据统计显示，我国体育用品业的总收入已经跨过了万亿元大关，近五年来，平均保持了两位数的高增长。

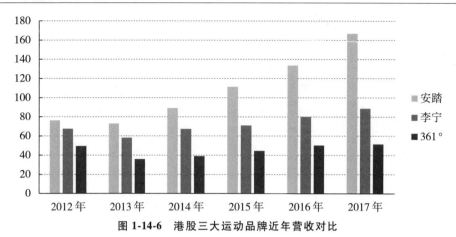

图 1-14-6　港股三大运动品牌近年营收对比

数据来源：根据相关资料整理。

以安踏为代表的体育用品业上市公司业绩斐然，2017年上半年营业收入73.23亿元，营收同比增长19.22%，最新市值已经达到895亿元。进入2017年，安踏也进行了转型升级，朝着多品牌的方向发展。先是收购斐乐并实现盈利；后联合迪桑特成立合资公司，拓展中高端市场；拿下斯潘迪、与韩国品牌科隆成立合资公司，瞄准儿童市场收购小笑牛等儿童品牌；9月，与北京2022年冬奥会和冬残奥会组委会达成战略合作，成为官方体育服装合作伙伴，跻身2022年北京冬奥会最高级别赞助层级。

李宁在2017年的发展也很迅猛。其上半年的财报显示，营收近40亿元，并首次实现了盈利，利润达1.89亿元，净利润同比增长66.79%。2017年，李宁获得了CBA未来五年的装备赞助权，同时获得了美国女性专业舞蹈运动服装品牌Danskin在中国的独家代理经营权。而李宁旗下另外一家上市公司——非凡中国，则在2017年承担了李宁体育布局的其他版块，包括体育经纪、体育社区和体育运动品牌。在2017年6月，非凡中国与中建国际投资（中国）有限公司签署战略合作协议，在香港、深圳、安徽合肥和马鞍山等地发展体育园、体育小镇及体育社区项目。9月，与中国华融旗下的华融置业共同成立了一支规模为15亿元的体育文化产业基金，以投资于李宁体育园等社区发展项目。

361°上半年实现营收27.98亿元，同比增长9.5%；净利润3.18亿元，同比增长16.5%。鞋类、服装、配饰集团三大核心产品营收占比分别为46.8%、40%与13.2%。三类产品收益均呈上升趋势，分别增长13.5%、6.3%及40.2%。在门店数目方面，361°将维持在约6000间至6500间的理想规模；同时，在重点推广的童装品牌方面，其网点数目约1600个至2000个。

与其他三大品牌不同的是,2017 年特步的业绩明显下滑。在转型的阵痛期中,特步上半年的业绩,由于 2017 年上半年广告及推广费用恢复至占收入 12.2% 的正常水平,净利润下滑 18.4%;同时由于特步儿童部门重组,集团收入微降至 23.108 亿元。

四、体育传媒:乐视体育出局,体育媒体呈三足鼎立

2017 年体育版权市场瞬息万变,伴随着乐视体育的出局以及 CBA 版权的尘埃落定,中国的体育版权格局在这一年基本形成了三足鼎立的局面。各大体育媒体平台也在探索着变现的方式和可复制的商业逻辑。

表 1-14-3　2017 年顶级体育 IP 一览表

顶级 IP	价格	媒体平台
NBA(2015—2020 赛季)	5 亿美元	腾讯体育
中超	80 亿元	体奥动力(2016—2020 赛季)
	27 亿元	乐视体育(2016—2018 赛事新媒体)已解约
	13.5 亿元	PP 体育(2016—2018 赛季新媒体)
AFC(2017—2020 赛季)	1.1 亿美元	乐视体育(体奥动力接盘分销给 PP 体育)
英超	8 亿元	新英体育(2013—2019 赛季)
	7.21 亿元	PP 体育(2016—2020 赛季新媒体)
西甲(2015—2020 赛季)	2.5 亿欧元	PP 体育
德甲(2018—2023 赛季)	2.5 亿美元	PP 体育
CBA	不详	腾讯体育(2018—2021 赛季新媒体)
		直播 TV(2018—2021 赛季新媒体)
		哔哩哔哩(2018—2021 赛季上海队新媒体)

数据来源:根据相关资料整理。

对于近年来的中国体育市场而言,版权的争夺无异于上演了一场充满硝烟的逐鹿之战。自体奥动力搅局中超 5 年 80 亿元开始,乐视体育疯狂购买体育版权,顶峰时期大大小小的体育版权超过 200 个,其中包括中超独家新媒体版权以及亚洲杯版权。然而,随着贾跃亭的出走和乐视帝国的瓦解,充当着融资角色的乐视体育也终究是泡沫一场。从表 1-14-3 中我们可以看到,乐视体育最为重要的中超以及亚洲杯已遭 PP 体育围剿。2017 年 3 月前后,PP 体育顺势从体奥手中拿走了中超及亚足联赛事版权。在随后的 4 月,德甲 5 个赛季版权也被其拿下,价格在 2.5 亿

美元以上。彼时 PP 体育已经成为版权市场的大东家，形成了强大的足球版权帝国，旗下收割的足球版权包括中超、英超、德甲、西甲、意甲、法甲等。与 PP 体育版权布局类似的还有腾讯体育，只是其垄断的是篮球。NBA 一直是腾讯体育深耕运营的王牌，而在 2017 年 10 月拿下的未来三年 CBA 新媒体版权则让腾讯体育在篮球领域真正成了巨无霸。表 1-14-3 中的顶级体育 IP 的统计表明，PP 体育一统国内外足球头部版权，与几乎垄断了篮球版权的腾讯体育一起，成了版权市场上仅有的两大体育新媒体平台，与手握奥运会、世界杯、亚运会和 CBA 十年之约的央视体育形成了三足鼎立的格局。

未来几年，中国的体育媒体还依然会是寡头的游戏，而如何平衡头部版权与用户变现能力则是这些平台遇到的大难题。除了传统的广告赞助外，各家也在借助独家内容权益向体育产业上游布局。比如腾讯体育开始尝试赛事赞助、自制赛事、体育经纪业务，包括超级企鹅篮球名人赛、国乒地表最强 12 人赛、中国女排独家商务运营权等。PP 体育在 PC 端、移动端和智能电视 OTT 端进行，采用付费+差异化运营方式。对一些赛事直接进行付费直播，针对特定人群通过飞猫直播、荐彩直播等满足用户个性化需求。同时依靠苏宁集团这棵大树，PP 体育有更多的时间去培育市场，通过苏宁体育打通零售、金融、文创、地产等业务。

五、体育小镇"遍地开花"，成为地产公司布局新宠

2017 年，体育休闲业除了电竞外，最火的当属"体育小镇"。根据我国住房和城乡建设部、国家发改委、财政部三部联合发布的《关于开展特色小镇培育工作的通知》提出的目标，到 2020 年，我国要培育 1000 个左右各具特色、富有活力的特色小镇。2016 年，国内的体育小镇已经有 100 多个；2017 年 8 月，国家体育总局公布了首批 96 个运动休闲特色小镇名单，这把体育小镇推上了资本风口。恒大、万科、绿城、佳兆业、华夏幸福、雅乐居、碧桂园等老牌房地产企业纷纷布局体育小镇，中青旅、莱茵置业、中体产业等大公司也不甘示弱，都有着各自的主打运动项目。目前，体育小镇的建设主要围绕户外、马拉松、冰雪、足球、自行车这些大众参与度高的体育项目，以户外运动为主。

对于体育小镇而言，其本质上更多的是文旅地产，运动项目则是盘活场地的重要嫁接工具。因此，对于体育小镇的运营来说，首先要注重体验，其次是循环消费，最终形成可复制的模式。目前，体育特色小镇应实现以企业主体、政府服务，政府负责小镇的定位、规划、基础设施和审批服务，引进民营企业建设体育特色小镇的运营模式。因此，在国家政策的红利支持下，体育小镇无异于 20 年前的房地产业般的火热，除各大地产公司跑马圈地占据山头外，体育公司、旅游机构以及投资机构也加入这个阵营,其各自的运营模式也不尽相同。

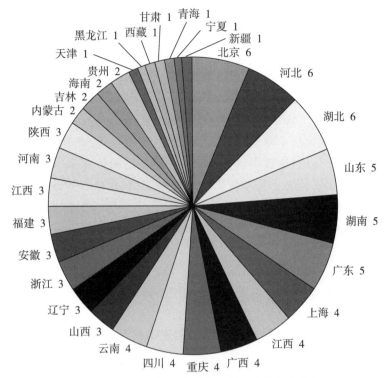

图 1-14-7 2017 年 96 个体育小镇示范性试点分布

数据来源:国家体育总局。

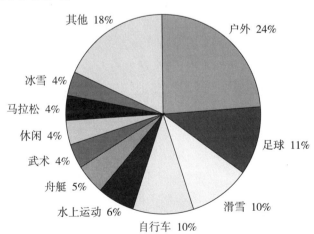

图 1-14-8 2017 年体育小镇项目分布

数据来源:赛迪顾问。

首先，以海宁马拉松小镇为例，主要借助马拉松这一赛事，将盐官打造成"马拉松小镇"，通过举办永久性的马拉松赛事，完善配套服务，带动全民健身活动，成为在长三角乃至全国具有一定知名度的运动休闲目的地和马拉松项目及相关产业发展的集聚区，属于体育赛事运营为主。这类体育小镇通过挖掘新型赛事资源，承接成熟赛事项目来盘活当地城市资源。其次，以正在建设的德清莫干山"裸心"体育小镇为代表的产业运营型体育小镇，通过"一心，一带，两翼，多区"的功能布局将体育产业、文化、旅游三元素有机结合，把山水特色的"户外运动赛事集散地、山地训练理想地、体育文化展示地、体育用品研发地、旅游休闲"等产业综合起来，产生联动效应。最后，以万科冰雪小镇为代表的度假旅游型体育小镇。万科公布的数据显示，2016年万科冰雪度假区滑雪人次达34万，同比增长48%，营收1.1亿元，同比增长27%，同时度假区地产销售突破3亿元；冬令营有5127位儿童参加，滑雪学校共培训31217名学员，这也是国内为数不多的市场运营反响不错的体育小镇之一。

第三节 行业发展的主要特点与发展策略

一、群众体育不断发展，全民运动的实现指日可待

2017年，国家体育总局召开全国群众体育工作电视电话会议，强调各地体育相关部门要把群众体育摆到整个体育事业重中之重的位置。2017年天津全运会增加了19个大项的群众体育比赛项目，是实施体育改革的重要措施。全运会增设群众比赛项目，是构建大体育格局的新尝试和推动全民健身国家战略落实的重要举措，也是发现优秀体育人才的重要平台和激发市场活力的有效途径。

近年来，我国群众体育不断发展，越来越多的人参与到全民健身运动中来。尤其是大受群众喜爱的马拉松项目，2016年的马拉松赛达328场，2017年预计超过500场。以上海市为例，《2016年上海市全民健身发展报告》显示，2016年上海市经常参加体育锻炼的人数比例从2015年的40.8%增加到42.2%，开展各级各类赛事9703场，群众体育活动8052场，赛事和活动参与人次超千万。上海市2016年新增体育场地面积1620113平方米，人均体育场地面积从第六次全国体育场地普查的1.72平方米（2013年年末），增加到1.83平方米。市民的体育消费水平也逐年提升，在居民健身状况调查中，88.6%的受访者表示在2016年发生了体育消费，体育消费的中位数为1500元，41.3%的受访者消费金额在1001元至5000元。除上海市外，2017年我国群众体育开展得如火如荼，社区体育赛事、校园体育赛事、

企业趣味运动会等群众赛事在百姓中广泛开展。

二、体育产业泡沫粉碎，开始回归商业本质

乐视体育的溃败无疑给体育行业投机者敲响了警钟，也让投资者更加理性。2017年体育产业除了电竞的融资比较顺畅外，其他项目都遭遇到了寒冬，有些本身商业模式不清晰的企业也濒临破产。据亿欧网数据统计，2016年有20多个体育初创企业倒闭，而2017年上半年倒闭的初创企业就达20多家，一些烧钱的企业终究没有熬过寒冬。2017年体育创业公司的CEO已经不再整天拿着商业计划书到处找投资人，而是钻研如何寻找精准客户梳理商业模式，拥有较为充足的现金流才能维持企业的发展，才能获得投资人的青睐。版权竞争市场的泡沫化也在CBA的非独家出售后回归理性的轨道，让当初叫喊CBA五年超100亿元的人大跌眼镜。2017年姚明担任CBA董事长后，明确表明要去制度化，实现市场化的运营，这或许是CBA版权最终能够非独家低价出售的原因。让精彩体育赛事在更多的平台呈现，让更多的体育爱好者观赛，这本身就是为体育行业打基础，也是体育产业在初级阶段需经历的必然过程。由此，泡沫化严重的中超版权则面临着变现的巨大压力，寻找产业延伸价值空间是中超版权拥有者体奥动力长期需要思考的事情。这也反映了整个体育产业需要脚踏实地地探索可盈利的商业模式，回归商业的本质。

三、"体育+"成为产业发展的新动力

跨界融合发展一直是体育试图打开的产业增值大门，在体育产业逐渐迈向成熟的阶段，"体育+"的变量也不断变化，并逐渐成为产业发展的新动力。首先，"体育+教育"即体育培训业，体现体育教育要回归教育的本质，目的除了让孩子从运动中获得强健的体魄外，也要注重体育的教育手段，培养孩子和运动员自强不息的精神。2017年，动因体育获5亿元融资，是今年单笔最大的融资额度，其主营业务就是体育培训。据悉，动因体育在行业深耕多年，专门为4—17岁的青少年提供体育培训服务，让孩子们在完成课业目标的同时，拥有更好的身体素质和体能，同时培养青少年团队合作精神以及建立积极、坚韧、乐观的健康人格。所以，对于体育培训来说，在运动的同时，应当更加注重课程的设置和运动心理学等教育理念的渗入。

其次是"体育+共享经济"。2017年随着ofo、摩拜这类共享单车的盛行，共享的触角也伸到了体育行业。共享篮球和共享健身仓也广受投资市场的追捧，比如觅跑的"共享健身仓"在公园、社区等地方投放，一个小房间和一台健身设备即是全部成本，短短三个月便获得了三轮融资。但是共享经济下是否能够产生稳定的

收益，设备的维护与用户的黏性就成为共享体育发展的瓶颈。此外，"体育+医疗"也正茁壮发展，以弘道体育为代表体育医疗企业兴起，主要围绕运动医学诊所，为专业运动员和运动损伤者进行检测与康复。但是我国运动医疗的意识不够强，这也是"体育+医疗"所面临的困难。

最后，"体育+游戏"与"体育+地产"组合成的电竞与体育商业综合体则是2017年度体育跨界最热门的领域。尤其是在鸟巢举办的S7（第七届英雄联盟全球总决赛）创造了9成的上座率。同时，电竞入奥运、电竞俱乐部主客场落地等行业事件催生了电竞融资的集体爆发。虽然国家体育总局早已把电竞列为体育运动项目，但天然的游戏属性与体育的强身健体的本质相违背，导致电竞的体育属性在市场上的认可度依然不高。体育运动拥有天然的社交和体验属性，在互联网已构建强大虚拟世界的时代，运动则能够破解线下产业人流量少的窘迫。比如商场可以通过体育活动来吸引更多的顾客，延长其滞留的时间，同时满足主流消费人群对健康生活的消费趋势。而体育小镇则通过各种运动项目把小镇打造成度假旅游胜地和运动的欢乐天堂。但现今有些体育小镇的"创造者"并不是以体育为真正内容的，而是以体育为幌子去获取低价的土地。因此，如何让体育小镇去掉地产的外衣，真正实现城镇的活力和产业发展，这才是行业发展的重要课题。

专题报告

专题报告一

新时代我国文化产业政策发展的新思路

——2017年度我国文化产业政策研究综述

黄　斌*

2017年是中国特色社会主义进入新时代的一年,也是我国文化发展中至关重要的一年。党的十九大提出"坚定文化自信,推动中国特色社会主义文化繁荣兴盛",既是对十八大以来各项文化建设的总结和肯定,也是对未来五年甚至更长一段时间文化建设的总目标的描绘和展望。以习近平新时代中国特色社会主义思想为纲领,全面梳理和重新认识十八大以来我国各项文化政策措施,对理解近年来我国文化发展脉络、进一步深化文化体制机制改革具有十分重要的现实指导意义。

就文化产业而言,十八大以来我国文化产业相关法律、政策和改革措施不断完善和深化。尤其2017年"十三五"规划集中发布,除了文化产业"十三五"规划以外,包括文化旅游、文化科技,以及新闻出版、广播影视、版权工作等相关细分领域"十三五"规划、意见和实施方案密集出台,明确了中国特色社会主义文化繁荣兴盛,及其在全面建成小康社会、建设社会主义现代化强国中的具体任务。

一、十九大报告及多项"十三五"规划为文化产业发展指明方向

要实现"坚定文化自信,推动社会主义文化繁荣兴盛"总目标,提升国家文化软实力,扩大中华文化影响力,促进全党全社会思想团结统一,文化建设各项工作要坚持时代特征(以马克思主义为指导,坚守中华文化立场,立足当代中国现实,结合当今时代条件)和人民导向(为人民服务、为社会主义服务,百花齐放、百家争鸣,坚持创造性转化、创新性发展),牢牢掌握意识形态工作领导权,培育和践行社会主义核心价值观,加强思想道德建设,繁荣发展社会主义文艺,推动文化事业和

---

* 黄斌,国务院发展研究中心副研究员,东方文化与城市发展研究所副所长。

文化产业发展。

　　文化产业是文化自信的重要基础,也是人民美好生活需要的精神保障。十九大报告要求"健全现代文化产业体系和市场体系,创新生产经营机制,完善文化经济政策,培育新型文化业态",并提出了"高度重视传播手段建设和创新,加强互联网内容建设,建立网络综合治理体系";"繁荣文艺创作,提升文艺原创力,推动文艺创新";"推动中华优秀传统文化创造性转化和创新性发展,加强文物保护利用和文化遗产保护传承";"加强中外人文交流,推进国际传播能力建设,讲好中国故事"等相关任务。结合《国家"十三五"时期文化发展改革规划纲要》《文化部"十三五"时期文化发展改革规划》和《文化部"十三五"时期文化产业发展规划》,以及相关规划,可以认为今后我国文化产业政策体系建设将聚焦于如下方面。

　　一是要管好导向。牢牢把握党对意识形态工作的领导权,贯彻落实"二为""双百"方针,坚持时代特征、人民导向,以社会主义核心价值观引领各项文化工作发展。主要政策措施包括深入发掘中华优秀传统文化内涵,推动创造性转化和创新性发展(以下简称双创);依托国家艺术基金、舞台艺术精品、戏曲、剧本、美术等多项扶持工程,培养文艺大家,支持现实题材、爱国主义题材、重大革命和历史题材等文艺精品创作,推动传统戏曲、民族歌剧、西部及少数民族地区艺术发展,并改革评价激励机制,以评奖、节庆等活动提升优秀艺术作品知名度和观众覆盖面。

　　二是要优化文化产业结构。在产业方面,要着力增加中高端文化供给,加快发展网络视听、移动多媒体、数字出版、动漫游戏、创意设计、3D 和巨幕电影等新兴产业,推动出版发行、影视制作、工艺美术、印刷复制、广告服务、文化娱乐等转型升级,鼓励演出、娱乐、艺术品展览等传统业态线上线下融合。在空间方面要围绕"一带一路"建设、京津冀协同、长江经济带发展等国家战略,加强重点文化产业带建设;支持中西部地区、民族地区、贫困地区发展特色文化产业;在城市层面重点推进城市文化中心建设。

　　三是要建设统一开放、竞争有序的现代文化市场体系。这既包括完善文化市场准入退出机制、鼓励国有骨干企业做大做强、鼓励社会资本进入、加强行业组织建设、发展中介服务、规范统计等,也包括对文化产品市场尤其是基于互联网的新型文化市场的服务和监管,更要健全文化要素市场,尤其是建设好文化金融对接融合机制。

　　四是要增强文化科技创新能力,促进文化科技成果转化,培育文化新业态。重点依托"文化+"和"互联网+"战略、相关科技计划(专项、基金等)、国家级文化和科技融合示范基地和国家文化科技创新工程等,加强文化资源的数字化采集、保存和应用,推动高新科技尤其是"三网融合"、云计算、人工智能、物联网、虚拟现实技术等科技成果在文化产业等各环节的研发与运用,大力发展数字文化产业与新型文化业态,促进文化产业与相关产业融合发展,提高文化核心技术装备制造水平,制定文化产业领域技术标准。

围绕着十九大文化总目标和相关"十三五"规划具体要求,2017年我国文化产业各项政策的制定、实施都呈现出承前启后、继往开来的重要特点。

二、数字文化产业是文化产业结构优化和新业态培育重点

2016年年底,《"十三五"国家战略性新兴产业发展规划》首次纳入了数字创意产业,并提出到2020年数字创意产业将成为产值规模达8万亿元的新支柱产业。2017年,文化部发布了《关于推动数字文化产业创新发展的指导意见》(以下简称《指导意见》),并将数字文化产业写入"十三五"文化产业发展规划,明确了数字文化产业是推进文化产业和战略性新兴产业发展的重点。

该《指导意见》从优化数字文化产业供给、优秀文化资源数字化、与相关产业融合发展、扩大和引导数字文化消费等四个方面提出了数字文化产业发展方向;提出了动漫、游戏、网络文化、数字文化装备、数字艺术展示等主要产业领域引导和支持重点。其中在内容生产方面重点支持应用游戏、功能性游戏和数字艺术展示等产业;规范和提升电竞、网络音乐、文学、剧(节)目等网络文化产品发展,提高其原创能力和文化品位。在文化装备方面重点支持可穿戴设备、智能硬件、沉浸式体验平台、应用软件及辅助工具,智能化舞台演艺设备和高端音视频产品,推动智能制造、智能语音、三维(3D)打印、无人机、机器人等技术和装备在数字文化产业领域应用。

该《指导意见》高度重视标准、内容和技术装备的协同创新,要求我国积极参与数字文化领域国际标准建设,为全球数字文化产业发展提供中国模式。相关措施包括加强手机(移动终端)动漫标准(我国文化领域的首个国际技术标准)应用推广,推动虚拟现实、交互娱乐等领域相关产品、技术和服务标准研究制定,建设数字内容生产流程、产品和服务质量管理体系并加强推广应用。

在产业支持基础上,该《指导意见》从培育市场主体、推进创新创业、引导集聚发展、参与国际分工合作、构建标准体系、优化市场环境等方面提出了数字文化产业创新生态体系建设路径。重点依托国家级文化产业示范园区等载体,衔接国家级新区、自主创新示范区、自由贸易试验区等政策区域,推动文化内容数字资源平台、产业创新中心、双创服务平台建设,形成若干数字文化产业发展集聚区。鼓励优势企业到境外设立研发机构,参与境外投资并购,并针对数字文化产业特点提出了规范数字文化产品版权交易市场,建立司法、行政、技术和标准相结合的数字文

化知识产权保护体系,完善快速维权机制。

该《指导意见》还在财税金融政策、创新服务和人才支撑、"放管服"改革和部门协调等方面提出了政策保障,包括将数字文化产品和服务纳入《战略性新兴产业重点产品和服务目录》,支持设立相关创业投资引导基金和股权投资基金,鼓励金融机构投贷联动;评定和支持数字文化方向的文化部重点实验室和相关智库,通过国家社科基金、国家文化科技创新工程等支持相关领域重大课题和创新项目,培养数字文化产业人才;放宽准入条件、简化审批程序,积极探索建立适应互联网传播和用户创造内容趋势的内容监管机制,构建以信用监管为核心的事中事后监管体系,并加强与相关部门沟通合作。

三、以文化要素市场和市场主体改革为核心的供给侧结构性改革不断深化

文化产业体系建设和结构优化取决于文化市场体系,尤其是以文化要素市场和市场主体为核心的供给侧结构性改革不断深化。

文化要素三大核心是人才、科技和金融。在人才市场,十九大提出要"造就一大批德艺双馨的名家大师,培育一大批高水平创作人才"。文化部提出文化产业创业创意人才扶持计划,建设人才库,重点扶持优秀设计、音乐等创意作品和人才,并通过重点文化产业展会等平台促进市场对接和成果转化。

文化金融市场建设的核心是健全投融资体系,激发投资活力。一是强调要发挥财政、金融、产业政策协同效应,落实以奖代补、基金注入等政策,以文化领域政府与社会资本合作(PPP)模式为抓手,形成一批可复制、可推广的示范案例,扶持引导社会投资进入文化领域。二是强调创新文化产业融资模式,激发市场自身活力。包括通过文化金融创新工程、文化与金融合作示范区创建等措施,搭建文化与金融合作服务平台和中介服务机构,推进文化企业无形资产评估、确权、登记、托管、流转服务,健全文化企业信用评价体系、融资风险补偿机制和融资信用担保体系,引导和促进金融机构创新金融产品和服务模式,推广无形资产评估和融资担保、保险、版权质押等投融资服务体系,并支持文化企业利用资本市场上市融资、再融资和并购重组,研究设计"文创债"。

文化科技市场建设的核心是建立健全以企业为主体、市场为导向、产学研相结合的文化技术创新体系,加强科技创新与成果转化。政策包括通过建立文化部重点实验室、文化部工程技术研究中心、文化科技创新联盟和协同创新平台等,支持数字文化资源开发关键技术研究与应用,加强文化领域重要装备、工艺、系统、技术平台等相关研究,加快文化行业标准和国家标准的制定修订,推进以新一代信息技术为核心的高新技术在文化产业领域的集成与应用。

而推进文化和金融、科技融合的核心是健全的知识产权保护制度。2016年中央全面深化改革领导小组部署开展了知识产权综合管理改革试点，2017年我国已经基本形成了以《知识产权综合管理改革试点总体方案》为引领，以《新形势下加快知识产权强国建设的若干意见》《"十三五"国家知识产权保护和运用规划》《深入实施国家知识产权战略行动计划》为支撑，以深圳、长沙等6个知识产权综合管理改革试点和一批知识产权保护中心、快速维权中心等为载体，知识产权创造、运用、保护、管理、服务全链条权界清晰、分工合理、责权一致、运转高效、法治保障的知识产权体制机制，并通过修改《专利审查指南》《关于规范专利申请行为的若干规定》《专利优先审查管理办法》等，开展"新一代地方专利信息服务中心检索及分析系统"试点工作等，深化了"放管服"改革。重点针对高校制定了《高校知识产权信息服务中心建设实施办法》，针对企业"走出去"进一步完善了知识产权海外信息平台"智南针"网建设。

在与文化产业密切相关的版权领域，2017年印发的《版权工作"十三五"规划》部署了26项重点任务，包括继续推进《著作权法》修改、加大版权执法监管力度、持续推进软件正版化工作、优化版权社会管理工作、加强版权宣传培训工作、推动建立合作共赢的新型版权国际关系等，涵盖版权创作、运用、保护、管理、服务等各个方面，并通过全国版权示范城市、单位、园区（基地）等创建带动各地版权产业发展。针对数字文化内容增加趋势，国家版权局还专门发布了《关于规范电子版作品登记证书的通知》。

企业是市场的主体。国有文化企业在"重点发展骨干文化企业，推动产业关联度高、业务相近的国有文化企业联合重组，推动跨所有制并购重组"政策基调上，2017年还在落实双效统一、规范文化国资评估交易、推进国资监管"放管服"改革、探索国资预算改革等领域出台了不少细则和办法。如《中央文化企业国有资产监督管理暂行办法》提出进一步完善党委和政府监管有机结合、中宣部有效主导、财政部代表国务院有效履行出资人职责的中央文化企业国有资产监督管理工作机制，推动中央文化企业实现政企分开，建立健全有文化特色的现代企业制度。《关于加强中央文化企业负责人社会效益和经济效益综合考核的意见（试行）》提出要完善综合考核评价制度，社会效益考核权重占50%以上。对文化企业的资产问题，《关于中央文化企业国有资产评估管理的补充通知》和《关于进一步规范中央文化企业国有资产交易管理的通知》按照简政放权和市场配置资源原则，明确了中央文化企业国有资产评估项目备案分级管理，规范了国有产权转让、增资扩股和资产（包括文化特殊资产）转让行为，并提出要打造文化国资交易平台，提高文化产权交易所市场的影响力和公信力。

对民营文化企业,现有政策持续降低社会资本准入门槛,重点支持"专、精、特、新"中小微文化企业发展,鼓励社会资本进入文化企业孵化器、众创空间、文化资源保护开发等新兴领域。

随着文化体制改革深入推进,文化领域行业组织在提供决策咨询、服务行业发展、规范市场秩序、扩大对外交往等方面发挥了积极作用。为此,中办国办印发了《关于加强文化领域行业组织建设的指导意见》,在明确职能定位、做好培育发展工作、加强自身建设、强化规范管理等方面提出具体要求,率先在中国文联和中国作协进行了改革。

四、中华优秀传统文化创造性转化和创新性发展滋养了文化产业发展

中华优秀传统文化是中国特色社会主义文化的重要组成部分。中央高度重视中华优秀传统文化创造性转化和创新性发展,2017年中办国办先后印发了《关于实施中华优秀传统文化传承发展工程的意见》《国务院办公厅关于转发文化部等部门中国传统工艺振兴计划的通知》和《国务院办公厅关于进一步加强文物安全工作的实施意见》等,着力推动"互联网+中华文明"行动计划,中央文化产业发展专项资金也新增了支持中华优秀传统文化传承发展项目。

保护是"双创"的基础。除了加强文物、大遗址和历史文化名城、名镇、名村保护的力度,近年来,相关政策措施还包括:一是通过"非遗"工作站、国家级文化生态保护实验区和民间文化艺术之乡等建设,支持了非物质文化遗产展示传习,健全了生产性保护制度。二是加强传统文化、文物和场所(博物馆)的数字化,通过实施中华文化资源普查工程,构建准确权威、开放共享的中华文化资源公共数据平台。三是推动了中华民族音乐传承出版工程、中国民间文学大系出版工程、戏曲振兴工程、中国经典民间故事动漫创作工程、中华文化电视传播工程和网络文艺创作传播计划(包括经典诵读、文化讲坛、专题展览)等一系列重大工程,多渠道传播中华优秀传统文化。

在保护尤其是数字保护基础上,中华优秀传统文化已经成为滋养文艺创作、推动新时代文化产业发展的重要动力。中央和各地均加大了对中华优秀传统文化纪录片、动画片、出版物、节目栏目以及相关网络文学、网络音乐、网络剧、微电影等扶持力度,积极推动社会力量和现代文化产业参与中华优秀传统文化,尤其是文物和非物质文化遗产传承创新。相关政策支持措施包括鼓励民间合法收藏文物,培育文物旅游品牌,开发文博创意产品;实施传统工艺振兴计划,通过众包、众创、众筹等方式,促进传统工艺与现代设计融合,培育具有民族特色的知名品牌等。

中华优秀传统文化尤其是特色文化也是脱贫攻坚的重要生产要素。《"十三

五"时期文化扶贫工作实施方案》及相关文件明确要依托特色文化产业发展工程、文化志愿服务行动计划、边境地区文化建设工程和藏羌彝文化产业走廊建设等，引导、支持和鼓励贫困人口依托民族特色文化、红色文化、乡土文化和非物质文化遗产，参与民族手工艺品、民间演出、乡村文化旅游，推动少数民族文化产品进入国内国际市场，促进特色文化产业发展与民族文化传承、群众就业增收、生态环境保护、特色小（城）镇建设和特色民居保护等融合发展。

五、文化消费对文化产业发展的重要性日益显现

消费已经成为我国经济增长最大动力。随着互联网技术与经济社会深度融合，我国文化消费快速发展，呈现出线上线下相融合的新形态。2017年国务院印发《关于进一步扩大和升级信息消费 持续释放内需潜力的指导意见》，提出丰富数字创意内容和服务，实施数字内容创新发展工程，加快文化资源的数字化转换及开发利用，构建新型、优质的数字文化服务体系，支持原创网络作品创作，发展知识分享平台，加强知识产权保护，同时加强重点文艺网站、交互式网络电视（IPTV）、手机电视、有线电视网宽带服务等渠道扶持，推动优秀作品网络传播。

这是对《文化部财政部关于开展引导城乡居民扩大文化消费试点工作的通知》的重要肯定。文化部在2016—2017年开始实施促进文化消费计划，评选了首批国家文化消费试点城市。一方面支持改善文化消费条件，加强场所建设，鼓励企业、机关、学校的文化设施向社会开放，鼓励各地形成文化消费活动品牌，并积极培育和发展农村文化消费市场。另一方面支持开发文化消费服务平台和信息数据库平台，完善综合信息服务，加强监测分析和数据分析利用，发布文化消费指数，引导文化企业扩大文化产品和服务有效供给。通过政府购买、税费补贴、积分奖励等多种手段，激发群众文化消费意愿。同时积极开发新型文化消费金融支持和服务模式，创新信贷产品，鼓励网络文化运营商开发更多低收费业务和优质产品，提高文化消费便利化水平，并在此基础上形成若干行之有效、可持续和可复制推广的促进文化消费模式，逐步建立促进文化消费长效机制。

六、国际文化交流进一步提升文化产业国际竞争力

国际文化交流不仅是新时代我国文化产业发展的重要动力，还是通过文明交流互鉴建设人类命运共同体的有效途径。

国际文化交流受惠于国家深化对外开放。2017年我国先后修订了《外商投资产业指导目录（2017年修订）》《自由贸易试验区外商投资准入特别管理措施（负面清单）2017年版》和《中西部地区外商投资优势产业目录（2017年修订）》，新增

了鼓励外商投资工艺品、电影、数字电视、虚拟现实、增强现实等设备研发和制造，以及知识产权服务、演出和体育场所经营等；取消了外商投资互联网上网服务营业场所、从事美术品和数字文献数据库及其出版物的进口业务、建设和经营主题公园的限制，并放宽了进入演出经纪机构的限制。对于中西部地区，鼓励外商投资会展服务业，旅游景区保护开发和配套措施经营，动漫创作制作及其衍生品开发，艺术表演培训和中介服务，陶瓷、工艺美术品和少数民族手工艺等特色产品的研发创作生产。同时，《深化改革推进北京市服务业扩大开放综合试点工作方案》还允许外商在特定区域投资音像制品制作业务，投资设立演出场所经营单位、娱乐场所。

2017年新增第三批7个自由贸易试验区也对文化产业，尤其是知识产权综合管理改革试点提出了新要求。包括建立高效的知识产权综合管理体制、构建便民利民的知识产权公共服务体系、大力发展知识产权专业服务业、探索支撑创新发展的知识产权运行机制和跨部门知识产权执法协作机制、探索建立自贸试验区重点产业专利导航制度和重点产业快速协同保护机制、探索开展知识产权抵质押融资业务和市场化风险补偿机制，并开展出入境旅游试点等。针对不同的自贸区，也有相关文化产业发展要求。如辽宁自贸区要探索与东北亚各国开展投资合作；河南自贸区要探索建设中部地区知识产权运营中心、郑州国家知识产权服务业集聚区、华夏历史文明传承创新区，探索与"一带一路"沿线国家文化交流、文化贸易创新发展机制。湖北自贸区要探索建立长江经济带知识产权运营中心、武汉东湖国家知识产权服务业集聚区、高校知识产权运营等特色平台等；重庆自贸区要搭建加工贸易转型升级的技术研发、工业设计、知识产权等公共服务平台和中德、中韩等国际经贸、产业、人文合作平台，加快保税文化艺术品业务和影视后期制作等对外文化贸易；四川自贸区要探索规范开展文化、教育、信息服务的内容审查，发展动漫创意等服务外包产业、艺术品保税业务和传统手工技艺等非物质文化遗产与旅游会展、品牌授权相结合产业等；陕西自贸区要打造面向"一带一路"的高端产业高地和人文交流高地，打造"国风秦韵"等文化品牌，大力促进文化艺术、数字出版、动漫游戏开发等服务贸易发展，保护和传承中华老字号，大力推动中医药、中华传统餐饮、工艺美术等企业"走出去"，开展博物馆国际交流与合作，开展文化产品跨境电子商务试点，创新军民融合发展机制等。

在主动对外文化交流方面，文化部出台了《文化部"一带一路"文化发展行动计划（2016—2020年）》，提出了健全"一带一路"文化交流合作机制、完善交流合作平台、打造文化交流品牌、推动产业繁荣发展，促进文化贸易合作五项重点任务，并提出了"一带一路"国际交流机制建设计划（包括文化合作协定等政府间文件，以及丝绸之路国际博物馆联盟等一系列公共文化设施和艺术节、艺术院校联盟）、国内合作机制建设计划、沿线国家中国文化中心建设计划、文化交流合作平台建设计划(包括艺术节、博览会以及在现有重要国际展会等综合性平台设立"一带一路"文化交流板块)、艺术创作扶持计划、文化遗产长廊建设计划、文博产业繁荣计划、文化贸易拓展计划、"丝绸之路文化之旅"计划、"丝绸之路文化使者"计划和动漫游戏产业"一带一路"国际合作行动计划等12项计划。除此之外,还通过为此成立文化部"一带一路"工作领导小组,设立专项资金和重点项目库,培养文化外交人才队伍等措施对以上计划予以保障。

七、文化立法进程加快,执法监管与时俱进

2017年是我国文化产业法治化进程不断加快的一年。文化产业首部法律《中华人民共和国电影产业促进法》和文化领域的首部基本法《公共文化服务保障法》实施,《文化产业促进法》也在立法中。原有法律也根据新形势和新要求在不断调整,《文物保护法》完成修订,进一步规范了文物保护单位原址保护、国有文物收藏单位之间借用馆藏一级文物、文物商店售前审核等工作。在《国务院关于修改部分行政法规的决定》中,也修改了《文物保护法实施条例》《历史文化名城名镇名村保护条例》,简化了对文物利用和历史文化名城名镇名村利用的行政审批。

在监管方面,2017年我国不断探索和调整对文化领域新兴业态的监管模式。文化部制定和修订了《娱乐场所管理办法》《互联网文化管理暂行规定》《网络游戏管理暂行办法》和《营业性演出管理条例实施细则》等法规,印发了《关于规范营业性演出票务市场经营秩序的通知》和《关于引导迷你歌咏亭市场健康发展的通知》,对互联网内容、游戏、演艺和演出票务市场出现的新问题及迷你KTV等新兴业态进行规范和管理。国家新闻出版广电总局发布了《关于进一步加强网络视听节目创作播出管理的通知》《网络文学出版服务单位社会效益评估试行办法》《关于规范报刊单位及其所办新媒体采编管理的通知》和《点播影院、点播院线管理暂行规定》《关于规范和促进4K超高清电视发展的通知》等新规,对新媒体和数字出版中的信息采编、网络文学、视听节目及其播放设备、播放平台进行规范。国家知识产权局发出《关于开展知识产权纠纷仲裁调解试点工作的通知》,启动了第四批试点工作,《〈关于严格专利保护的若干意见〉任务分工和工作进度方案》《行政复议案件办理工作规范》和《国家知识产权局信访工作办法》等行业规定落实了专利行政执法人员持证上岗和资格管理制度,确定了不同岗位专利行政执法人员的执法责任,提高了调节和矛盾化解能力。

在执法检查方面,全国人大常委会对多省、直辖市《著作权法》实施情况进行了检查,据此提出了修法意见并纳入立法规划。公安部、国家文物局加大了对文物

破坏、非法交易等行为的打击。住房和城乡建设部、国家文物局联合开展历史文化名城名镇名村保护工作评估检查。尤其是在备受关注的知识产权执法领域,国家版权局对16个省(自治区、直辖市)的软件正版化工作进行了重点督查,并重点通过"剑网2017"整治了影视和新闻侵权盗版行为和电子商务平台、APP平台版权秩序,对20家大型视频网站、20家大型音乐网站、8家网盘、20家大型文学网站开展了重点版权监管,巩固了近年来网络版权治理成绩。国家知识产权局也深入开展"护航""雷霆"专项行动,全面深化跨地区执法协作机制。

八、新时代文化产业发展新机遇及其政策展望

2017年是我国文化和文化产业发展历史上承前启后的关键一年。十九大和相关"十三五"规划明确了文化产业发展基本导向,中华优秀传统文化"双创"成为文化产业发展不竭动力,数字创意产业纳入战略性新兴产业规划,文化产业发展正进入新时代。

数字文化产业是未来现代文化产业体系的重要组成部分和结构优化的重要抓手,预计政策将从内容生产、相关设备研发生产、标准制定等方面给予更多支持,并将与健全文化市场体系的供给侧结构性改革措施相贯通。其中人才政策仍须加强,既要打通人才流动渠道,鼓励现有人才以多种形式释放创作活力,也要基于新一代信息技术形成的新产业生态,鼓励更多具有原创能力和核心技术的人才投身文化原创,繁荣文艺创作。在人才流动的基础上进一步促进科技成果转化,尤其是促进高技术领域和军用领域科技成果向文化领域转化;进一步深化中华优秀传统文化双创体制机制改革,开放传统文化资源,释放传统文化活力,同时在文化金融市场中,以市场融资为主体,政府投入为引导,鼓励社会资本参与文化产业,鼓励国有资本通过股权投资等方式参与"专、精、特、新"中小微文化企业创新,鼓励行业组织更好地发挥中介和服务作用,共同形成"航母+舰队"的市场主体体系。

全面深化供给侧结构性改革有助于提高文化产品和服务质量,满足人们对美好生活的文化需求,同时,高质量文化消费也能更好地引导导向、繁荣原创。近年来我国文化消费增长趋缓,各地应结合大数据平台建设和相关分析,进一步出台普及文艺教育、提高文化素养、优化消费环境、完善消费渠道、差异化提供文化产品等措施,鼓励文化消费,并引导消费者消费符合社会主义核心价值观的文化产品和服务。

深化国际文化交流是文化产业讲好中国故事、打造国际竞争力的必由之路。应进一步明确国家文化安全范围,在开放和管好文化产品和服务市场的同时,逐步加大要素市场开放,引进先进人才和技术,加强传统文化和优势领域创新能力,提升电影等现代文化产业核心领域竞争力,鼓励在网络文化等前沿领域探索中国模式,共同形成既具中华文化内涵,又具全球竞争力的现代文化产业体系。

在实践总结的基础上,结合我国文化产业发展阶段、主要特点和核心矛盾,针对性加快立法进程,完善政策法规体系;并在加强行政执法能力的基础上进一步提高司法能力,共同建立起完善的文化产业法治环境,保障文化产业长期健康、稳定和持续发展。

专题报告二

数字创意产业的基本内涵、发展逻辑和主要趋势

肖怀德　朱垚颖[*]

一、数字创意产业的爆发逻辑

近年来,数字创意产业从初现雏形到获得国家战略层面的关注,再到多领域全面发力,在中国实现了从无到有的突破,产业爆发速度快、力度强。

本专题报告聚焦数字创意产业在中国的诞生和发展,主要关注数字创意产业如何实现国家层面和产业层面的快速成长,以及产业发展过程中的核心爆发点和爆发背后的根源动力。

（一）数字创意产业概念的提出和首轮热潮

2009—2016年,是数字创意产业概念的萌芽阶段。这一时期,政府出台的文件中开始出现数字内容产业、文化创意产业等内容。如2009年9月发布的《文化产业振兴规划》指出数字内容产业是新兴文化业态发展的重点;2010年10月发布的《国务院关于加快培育和发展战略性新兴产业的决定》提出"大力发展数字虚拟技术,促进文化创意产业发展";2011年3月的《"十二五"规划纲要》提出"发展数字内容服务,大力发展文化创意、影视制作、出版发行、印刷复制、演艺娱乐、数字内容和动漫等重点文化产业";2014年2月发布的《推进文化创意和设计服务与相关产业融合发展的若干意见》提出促进文化产业与科技的融合,包括移动互联网在内的数字文化产业、动漫、手游等文创企业都将获得政府支持。[①]

数字创意产业在国家层面的首次提出,是2016年3月5日第十二届全国人民代表大会第四次会议上发布的《2016年政府工作报告》。报告指出要"大力发展数

---

[*] 肖怀德,中国艺术研究院文化发展战略研究中心副研究员。朱垚颖,北京大学新媒体研究院2015级博士研究生。

① 程丽仙:《解读〈2016中国数字创意产业发展报告〉发布》,《中国文化报》2016年9月30日。

字创意产业"①。同月17日,《"十三五"规划纲要》再次强调"支持数字创意产业发展壮大",并将数字创意产业的发展列入支持战略性新兴产业发展任务当中②。

2016年11月29日,国务院发布的《"十三五"战略性新兴产业发展规划》正式将数字创意产业列为五大战略性新兴产业之一,提出"以数字技术和先进理念推动文化创意与创新设计等产业加快发展,促进文化科技深度融合、相关产业相互渗透。到2020年,形成文化引领、技术先进、链条完整的数字创意产业发展格局,相关行业产值规模达到8万亿元"。③ 战略性新兴产业是以重大技术突破和重大发展需求为基础,对经济社会全局和长远发展具有重大引领带动作用,知识技术密集、物质资源消耗少、成长潜力大、综合效益好的产业,是引导未来经济社会发展的重要力量。数字创意产业首次被纳入国家战略性新兴产业发展规划,成为与新一代信息技术、生物、高端制造、绿色低碳产业并列的五大新支柱。"十三五"战略规划的出台预示着未来五年成为数字创意产业发展的重要机遇期。

在数字创意产业概念正式提出的近两年时间里,数字创意产业迎来政府、业界和学界的高度关注。在政府"十三五"战略性新兴产业发展的宏观政策支持下,业界企业纷纷出手,抢滩数字创意产业的兴起红利。

2017年9月,国家信息中心发布的《数字创意产业投资热点》报告显示:2016年到2017年上半年,共有859起数字创意产业的投资案例,投资金额达到659.3亿元。尤其在2016年年底的"十三五"规划提出后,2017年上半年数字创意产业投资额大幅上升④。

图2-2-1 数字创意产业投资额变化

数据来源:根据相关资料整理。

---

① 《2016年政府工作报告》,新华网,http://news.xinhuanet.com/fortune/2016-03/05/c_128775704.htm,检索日期:2017年5月4日。

② 《中华人民共和国国民经济和社会发展第十三个五年规划纲要》,新华网,http://news.xinhuanet.com/politics/2016lh/2016-03/17/c_1118366322.htm,检索日期:2017年4月8日。

③ 《国务院关于印发"十三五"国家战略性新兴产业发展规划的通知》,中华人民共和国中央人民政府网,http://www.gov.cn/zhengce/content/2016-12/19/content_5150090.htm,检索日期:2017年4月8日。

④ 《数字创意产业投资热点》,国家信息中心,http://www.ce.cn/culture/gd/201709/13/t20170913_25936800.shtml,检索日期:2017年10月8日。

其中，数字创意内容制作领域的投资风口最为强盛，在一年半的时间内共有495项投资案例及516.8亿元投资金额，紧跟其后的领域分别是外围融合发展产业、创意设计服务和数字创意技术和装备。而在数字创意产业制作领域中，直播、网络资讯和媒体、影视制作三个具体领域获得的投资额最高①。

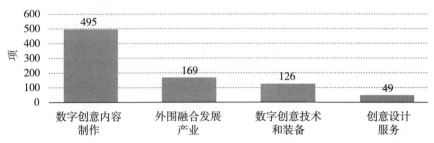

图 2-2-2　2016 年至 2017 年上半年数字创意投资案例数

数据来源：根据相关资料整理。

（二）技术和创意成为数字创意产业的爆发点

在数字创意产业的起步和发展过程中，技术和创意成为两大核心爆发点。

技术的革新带来了数字内容、文化产品等的进一步升级，成为数字创意产业发展的助推器。虚拟技术、深度学习技术、人机交互技术、人工智能技术等前沿技术不断研发并获得投资。以虚拟技术为例，它包括虚拟现实、裸眼 3D、全息成像等技术创新，目前已结合影院娱乐、媒体制播、游戏控制、手机电视等进行创意发展，成为数字创意产业中的重要组成部分，并带动了内容和服务的升级。国家也十分重视数字技术的发展，2016 年 7 月 28 日发布的国务院《"十三五"科技创新规划》指出，要大力发展新一代信息技术，其中就包括人机交互技术中的智能感知与认知、虚实融合与自然交互、语义理解和智慧决策、云端融合交互和可穿戴等技术研发及应用，在文化、娱乐等行业实现专业化和大众化的示范应用，培育虚拟现实与增强现实产业。②

除了技术之外，内容的创意设计和制作，始终是创意产业的立足根本。数字创意产业内的"创意"包含文化创意类和创意制造类。

文化创意类延续了传统内容创意产业的属性，强调文化艺术和科学技术的融

---

① 《数字创意产业投资热点》，国家信息中心，http://www.ce.cn/culture/gd/201709/13/t20170913_25936800.shtml，检索日期：2017 年 10 月 8 日。

② 《国务院关于印发"十三五"国家科技创新规划的通知》，中华人民共和国中央人民政府网，http://www.gov.cn/zhengce/content/2016-08/08/content_5098072.htm，检索日期：2017 年 10 月 8 日。

合。其中较具代表性的是数字创意内容制作,这也是目前数字创意产业最火热的投资领域。数字创意内容制作指的是依托各个新媒体、新平台、新技术进行开发和传播音乐、动漫、影视、戏剧、游戏、出版物、广告等创意内容,实现创意的升级。值得注意的是,在数字创意产业快速发展的这段时间内,创意不再局限在单一领域内,许多优秀的具有价值的创意往往能够衍生成为重要精品 IP 品牌,在诸多内容领域内形成创意矩阵。例如腾讯公司正在将腾讯视频、影视板块、腾讯游戏、小说、动漫等领域进行组合①,围绕一个 IP 进行开发,形成具有市场效应和广泛影响力的产业。数字创意产业在蓬勃发展的过程中,随着市场对数字创意产业的定位和认知越来越明确,势必将涌现出一批具有影响力的品牌形象和 IP 作品,成为文化创意精品。

创意制造类则是以环境设计、建筑设计等创意产品为主,产品类型主要是物理产品,包括建筑、景观、城市设计等。创意制造类在传统创意产业时代并不被重视,而在中国城市化建设速度飞快的背景下,创意制造类的投资占比也在不断提升。

(三) 中国数字创意产业爆发的消费潜力

在技术和创意这两个核心爆发点外,消费者的需求始终是数字创意产业发展需要关注的核心。用户是数字创意产业服务的对象,用户的消费潜力无疑是数字创意产业得以持续发展的动力来源。

中国用户在数字创意领域的消费潜力,一方面体现为国内居民人均收入和消费能力的不断提升。"十二五"期间,我国城乡居民人均收入年均增速分别是 7.7% 和 9.6%②。2011—2016 年,我国居民的可支配收入稳步提高,详见图 2-2-3:

图 2-2-3 2011—2016 年全国人均可支配收入

数据来源:国家统计局 2011—2016 年中国统计年鉴。

---

① 任宇昕:《中国网络文化创意产业年总产值约 3000 亿,三年后将翻一倍》,http://baijiahao.baidu.com/s?id=1570236706580785&wfr=spider&for=pc,检索日期:2018 年 4 月 25 日。

② 《详解十三五:我国城市居民人均收入年均增速 6.5% 以上》,新华网,http://news.xinhuanet.com/finance/2016-05/12/c_128978913.htm,检索日期:2017 年 6 月 13 日。

人均收入的不断增加,使得我国居民的消费规模不断扩张、消费需求不断升级,居民在教育文化娱乐领域的消费支出越来越多。伴随着"80后""90后"甚至"00后"成为社会主要的消费群体,年轻消费群体的崛起和旺盛的内容娱乐需求,使得数字创意产业不断焕发新的动力,影视、娱乐、教育等产业表现出了可观的盈利能力和不容小觑的后劲。

而结合国际环境分析我国数字创意产业的潜力时,不难发现,我国数字创意产业发展迎来黄金时期的另一重要原因是我国数字创意产业规模占比较小,增长空间较大。2015年年底,我国数字创意产业占全国 GDP 总值的 0.7%。对比其他国家,英国数字创意产业占 GDP 比重 8%,居全球首位,紧随其后的是美国(4%)和日本(2.4%)。① 中国数字创意产业占 GDP 比值和发达国家之间的差距很大,这也佐证了产业具有巨大的提升空间,可以不断挖掘消费者的需求潜力,推动未来数字创意产业进一步发展。

二、数字创意产业的内涵和外延

数字创意产业从诞生之初起,关于概念的界定问题就受到各界关注。如何正确认识数字创意产业的概念、如何定位数字创意产业的产业分类和产业链,是数字创意产业发展过程中亟待解答的重要问题。

(一) 数字创意产业的概念界定

2016年,我国在国家层面正式提出"数字创意产业"后,国内数字创意产业快速发展,许多政府政策、行业报告及学界研究中都对数字创意产业的内涵有所界定。如2016年9月27日发表的《2016年中国数字创意产业发展报告》就将数字创意产业界定为"是以文化创意、设计服务为核心,依托数字技术进行创作、生产、传播和服务,满足人们现代生活需求、引领新供给新消费的战略性新兴产业"。② 我国"十三五"规划中提出的数字创意产业,则明确指出数字创意产业是以创意为核心、数字技术为引领的战略性新兴产业。

国内学界关于数字创意产业的研究也层出不穷。如陈洪等就将其界定为"以创意内容为核心,依托数字技术进行创作、生产、传播和服务,引领新供给、新消费,高速成长的新型文化业态,并主要通过互联网、手机和移动智能终端等与 ICT 密切

---

① 《2017—2023年中国数字创意市场运行态势及投资战略咨询报告》,中国产业信息网,http://www.chyxx.com,检索日期:2017年4月15日。

② 《2016中国数字创意产业发展报告》,人民网,http://comic.people.com.cn/n1/2016/0927/c122366-28744111.html,检索日期:2017年4月15日。

相关的新兴媒体进行传播，呈现生产数字化、传播网络化、消费信息化的特点"①。倪霓则指出数字创意产业是传统文化资源与数字创意产业融合在一起后形成的一种新的经济形态②。潘云鹤在2017年11月24日中国创新设计大会的报告中，指出数字创意产业"需要巨大的想象力，且非常需要用想象力来组织和引领知识与制造力"③，并通过三维坐标形象地展示了数字创意产业所需要的能力。

结合各国政府、行业和学界对数字创意产业的定义和介绍，我们可以将创意产业和数字创意产业进行以下对比，从而更好地理解数字创意产业的概念内涵。

表 2-2-1 创意产业和数字创意产业的对比表

	创意产业	数字创意产业
创意生产	创意者生产与构思	强调创意者和用户共同生产和共创
创意传播	更多的单向传播	更强调双向互动和影响
创意消费	单独场景行为	多场景联动行为
技术环境	工业化技术环境	数字化技术环境和场景
经济规律	遵循工业社会、现代社会经济规律	遵循后工业社会、后现代社会经济规律
创意主体	更强调个体创意者	更强调集体智慧
生成与运行机制	强调线性运行	更强调跨学科、跨领域的跨界合作
产业融合度	产业融合度相对不高	产业关联度、融合度很高
产业规律	因果率、线性逻辑、意义预设	不确定性、非线性逻辑，意义涌现

在理解数字创意创业的概念内涵时，需要突出三点：第一，从创意产业的演变逻辑来看，数字创意产业是创意产业在发展过程中结合数字技术而融合产生的一种新的产业形态，它与传统创意产业有交叉，是创意产业的数字化2.0成果；第二，数字创意产业是以创意内容为核心、以数字技术为依托、与当今社会各个领域行业都有融合的新型业态；第三，数字创意产业强调想象力，并通过想象力的发展来带动知识力和制造力，从而推动创意的生产、传播和消费。

（二）数字创意产业的产业分类

数字创意产业是融合多个产业类别的产业形态，而至于其所包含的行业分类，

---

① 陈洪、张静、孙慧轩：《数字创意产业：实现从无到有的突破》，《中国战略新兴产业》2017年第1期，第45页。

② 倪霓：《宁波优秀传统文化资源数字创意产业融合发展的研究》，《经济研究》2017年第6期，第73页。

③ 潘云鹤：《中国数字创意产业的发展方向》，http://mp.weixin.qq.com/s/aR3xA9cHmXsxJRfGbx7H6Q，检索日期：2017年12月31日。

有着不同的说法。如《2016年中国数字创意产业发展报告》指出数字创意产业的下属部门"主要包含网络文学、动漫、影视、游戏、创意设计、VR（虚拟现实）、在线教育七个细分领域"①。而我国"十三五"规划中指出的数字创意产业则包括网络文学、动漫、影视、游戏、工业设计、人居环境设计、VR、在线教育八个细分领域。

目前来看，对数字创意产业的分类最为全面的是国家发改委在2017年1月发布的《战略性新兴重点产品和服务指导目录》，目录将数字创意产业分为数字文化创意、设计服务、数字创意与相关产业融合应用服务三大类，其中各个子行业及界定分别如下（见表2-2-2）。

表2-2-2　数字创意产业子行业分类②

数字文化创意	数字文化创意技术装备	虚拟现实、增强现实、全息成像、裸眼3D、交互娱乐引擎开发、文化资源数字化处理、互动影视等领域先进装备。 数字化艺术展演展陈技术装备、文物数字化保护和传承装备、智慧博物馆和文化遗产地转化保护展陈装备、图书馆、美术馆和文化馆数字化装备等。 移动电子书、移动电视、手机电视等终端。
	数字文化创意软件	数字内容加工处理软件、虚拟现实处理软件、动漫游戏制作引擎软件和开发系统、家庭娱乐产品软件，其他体现交互式、虚拟化、数字化、网络化特征的文艺创作、文化创意设计和产品制作软件。
	数字文化创意内容制作	主要包括依托互联网、移动智能终端等新兴媒体进行传播的数字化音乐、动漫、影视、游戏、演出、艺术品、电子出版物、广告和移动多媒体等的设计开发制作。
	新型媒体服务	依托现代化信息基础设施，在三网融合等领域，基于下一代广播电视网、移动互联网、云计算、物联网等新技术、新模式、新业态开展的传统媒体和新兴媒体的融合发展。包括媒体数字化建设，电子期刊和数字智能出版发行、网络图书馆、数字家庭图书馆、数字电视电影院线、网络视频、网络广播、交互式网络电视、互联网社交、手机媒体等新产业新媒体。
	数字文化创意内容应用服务	文化创意内容数字化加工整合、数字内容投送平台、数字内容多网络通道传输、语义分析及搜索等。

---

①　《2016中国数字创意产业发展报告》，人民网，http://comic.people.com.cn/n1/2016/0927/c122366-28744111.html，检索日期：2016年12月31日。

②　国家发改委：《战略性新兴产业重点产品和服务指导目录（2016年版）》，http://www.ndrc.gov.cn/gzdt/201702/W020170204632980447904.pdf，检索日期：2017年2月21日。

续表

设计服务	工业设计服务	运用大数据、云计算、物联网、虚拟现实等先进技术,结合新材料、新技术、新工艺等,从社会的、经济的、技术的角度进行的产品设计、系统设计、工艺流程设计、商业模式和服务设计等。工业设计工具和软件、3D打印等领域工业设计大数据与知识库。设计服务在广告营销策划和品牌价值体系构建中的应用。
	人居环境设计服务	基于大数据、虚拟现实等先进技术和先进理念的人居环境设计服务,在城乡规划、园区和建筑设计、园林设计和装饰设计等方面的应用。
	其他专业设计服务	基于新创意、新技术、新工艺、新材料,面向社会和生产生活提供服务的专业设计,包括多媒体设计、动漫及衍生产品设计、饰物装饰设计、美术图案设计、展台设计、模型设计等专业化设计服务。
数字创意与相关产业融合应用服务		主要包括数字创意在电子商务、社交网络、教育、旅游、医疗、体育、三农、展览展示、公共管理等各领域的应用业态。

从表2-2-2的产业分类可以看出,一方面,数字创意产业主要包括和内容、文化有关的创意产业,尤其强调创意产业在发展过程中的技术运用;另一方面也需要重视数字创意产业在设计服务方面的新发展,将城市规划、园林设计、材料工艺等传统行业和数字创意相嫁接,从而实现新的创意产生和新的产业路径。

(三)数字创意产业的产业链条

由于数字创意产业的产业分类较为多样,对其产业链条的分析需要将诸多产业模式进行抽象和归纳。

结合数字创意产业中"创意"这一核心爆发点,我们可以对数字创意产业的产业链条概括如下:数字创意产业中创意的生产和策划是产业发展的核心,围绕"创意"而来的是产品的生产制作、渠道分发(包括产品传播、产品应用等)、创意消费。

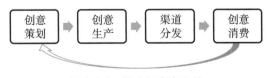

图 2-2-4 数字创意产业链

数字创意产业各个环节的发展,并不是单向的,而是双向互动、互相影响的。用户作为创意消费端,可以通过多种渠道影响创意策划,优化产业升级。每个环节都离不开数字技术的应用,数字技术带来的是产业形态的全新升级。而当一个创意产品足够优秀时,它就能够在被用户消费的过程中进一步进行创意策划的升级,衍生出新一轮的产业链条,最终实现图 2-2-4 的良性循环。

当然,数字创意产业链的每个环节的附加价值是不同的。夏光富、刘应海在对数字创意产业中的产品分工和附加值分析中,也是以创意产品为核心,对产业链的不同环节进行分析,并由此提出了数字创意产业链价值的"微笑曲线"①。

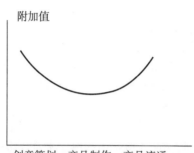

图 2-2-5　数字创意产业产品环节的附加值

"微笑曲线"强调了创意策划和产品流通在产业链中的重要地位,优秀的创意策划是产业发展的根本,而产品流通中的附加值提升亦是提升产品持续发展力的重要因素。想要提升数字创意产业的产业价值,就需要政府、业界等多方主体合作共赢,营造良好的创意策划氛围,实现产品的广泛流通和消费升级。

三、数字创意产业的发展概况

数字创意产业在过去短短几年时间里,迎来了产业规模的急剧扩张和产业形态的不断升级。

伴随着政府政策的支持和业界的资本关注,中国数字创意产业的发展趋势是不断向上的。总体来看,过去几年产业的发展呈现出政府支持力度不断增强、技术关联性不断提升、产业类型不断延伸三大趋势。

1. 政府支持力度不断增强

自从《2016 年政府工作报告》和"十三五"规划提出要大力发展数字创意产业以来,各级政府部门开始高度关注数字创意产业的发展,并在政策制定上为产业的

---

① 夏光富、刘应海:《数字创意产业的特征分析》,《传媒产业》2010 年第 3 期,第 71 页。

发展提供了支持。被纳入《战略性新兴产业重点产品和服务指导目录(2016版)》的数字创意产业和服务,得到了战略性新兴产业融资风险补偿试点工作等政策措施的支持。

2016年1月修订的《高新技术企业认定管理办法》已经将数字创意领域的大部分行业都纳入了高新技术企业范围内,享受按减15%征收企业所得税等税收优惠政策。数字创意企业进行创意设计活动而发生的相关费用,可按照规定进行税前加计扣除。①

2017年4月11日,文化部发布《关于推动数字文化产业创新发展的指导意见》,为数字创意产业的发展提供全面支持。意见明确指出,"要发挥各级政府部门规划引导、政策扶持和组织协调作用,激发数字文化产业创新活力与投资活力"②。

在文化部的号召下,各级地方政府纷纷出台支持数字创意产业发展的相关政策。如上海市政府2017年度促进文化创意产业发展财政扶持资金项目申报中,支持范围包括媒体业、艺术业、工业设计业、建筑设计业、时尚业、网络信息业、软件业、咨询服务业、广告及会展业、休闲娱乐业等重点领域,明确提出为文创项目和课题研究提供资金支持。在政府大力支持的背景下,北京、上海、江苏等地纷纷建立起数字创意园区,为数字创意产业的发展提供基础建设支持和产业孵化保障。

2. 技术关联性不断提升

从内容产业到创意产业再到数字创意产业,产业的内容形态在不断升级,数字技术的关联程度也在不断提升。

在数字创意产业内部,数字技术本身的概念是非常广泛的,任何数字化、网络化、智能化技术都有可能成为创意产业存在与发展的技术支持,技术也成为数字创意产业爆发性发展的重要动力。

技术关联性的升级,还表现在数字创意产业区块链的发展上。区块链是一种对于技术的新型应用模式,它强调数字技术和数字资源之间的共享管理,建立新的协议和规则,从而实现数字创意技术的新交流和新发展。澳大利亚皇家墨尔本理工大学的Jason Potts在2017年11月11日"2017文化科技创新论坛"主题发言中指出,区块链作为第二代互联网技术,可以对文创的每一个环节进行加密,实现数字协议环境下的共享,让文化产品的价值得以数字化,继而为互联网时代知识产权

---

① 成琪、魏金金:《文化部:推动数字文化产业创新发展指导意见将于近日发布》,中国经济网,http://www.cinic.org.cn/hy/wh/414.html,检索日期:2018年2月25日。

② 中华人民共和国文化和旅游部:《文化部关于推动数字文化产业创新发展的指导意见》,http://zwgk.mcprc.gov.cn/auto255/201704/t20170424_493319.html,检索日期:2018年4月15日。

的保护提供技术保障。① 换言之,区块链技术的应用为数字技术之间的合作提供了前提保障,既从技术层面保护了创意内容的版权问题,也实现了技术开发之间的去中介化,进一步推动数字技术之间的合作,并使得创意产业从创意策划到生产、分化、消费的流通过程更加顺畅。

3. 产业类型不断延伸

各类官方对数字创意产业的界定和分类中,产业类型在逐渐增加:从2016年9月发布的《2016年中国数字创意产业发展报告》中将其分为网络文学、动漫、影视、游戏、创意设计、VR(虚拟现实)、在线教育7个细分领域,到2016年年底"十三五"规划中提出的网络文学、动漫、影视、游戏、工业设计、人居环境设计、VR、在线教育8个细分领域,再到2017年1月《战略性新兴重点产品和服务指导目录》中的数字文化创意、设计服务、数字创意与相关产业融合应用服务3大类划分和9个细分领域,数字创意产业在短短半年间,产业类型延伸拓展。这一方面是产业快速发展的结果,另一方面也体现了数字创意产业尚未完全成型,在未来一段时间内都将不断进行产业调整。

目前来看,数字创意产业已经从创意产业的数字化发展演变成为融合多类产业模式,也从以无形资产和无形产品为核心发展到了有形产品和无形产品品种的局面,尤其表现为工业设计类、人居环境设计类以及在"三农"、展览展示、公共管理等领域的产业延伸。

从数字创意产业的长期发展来看,产业分类的扩展是必然的,与此同时,也将逐渐形成产业的一个集聚化效果。诸多数字创意园区内部的产业分工合作,实现了产业链条之间的上下游流通。例如常州创意产业基地就整合了常州国家动画产业基地、国家数字娱乐产业示范基地、国家火炬计划软件园、环球恐龙城等相关产业园区,以恐龙旅游娱乐园区为产业核心,围绕VR技术实现了企业在产业链上的合作,并形成了一套融"科研开发、生产生活、商务交流、中介服务"等为一体的服务体系,为产品链提供支持。建立起完整的数字创意产业链是提升产业附加值、推动产业健康持续发展的关键因素。

四、数字创意产业的发展制约因素

在数字创意产业发展趋势向好的大背景下,我们仍然需要认识到当前数字创意产业的发展存在许多制约因素。只有了解了这些产业发展中的制约点,才能为

---

① 《2017文化科技创新论坛主题发言一:数字创意产业的未来趋势》,搜狐网,http://www.sohu.com/a/204136187_488486,检索日期:2018年1月31日。

数字创意产业的发展创造更好的环境。

（一）产业发展状况良莠不齐

创意产业发展至今，出现了一批优秀的创意园、企业和产品，但由于整个市场的准入门槛并不固定，有些水平较低的产品出现，产业发展情况良莠不齐。如前文所言，我国游戏行业仍然存在精品少的问题。可以说，我国目前数字创意产业的生产水平无法支撑起中国居民日益增长的消费需求。

产品的良莠不齐还体现在地区发展不均衡上。目前国内以北京、上海为代表的长江三角洲地区、以广州和深圳为代表的珠江三角洲地区是数字创意产业发展的三大主要集群，而其他地区的数字创意产业发展水平较低，产品的设计和生产能力不足，无法生产出优秀的数字创意产品。产业集群能够聚合产业力量，为产业发展质量保驾护航，以英国、美国、日本、韩国为代表的数字创意产业成熟国家都具备优秀的核心产业集群。我国产业集群的地区性发展结构不平衡，势必将影响数字创意产业的长期发展。

（二）数字创意人才缺乏

创意是产业发展的根本，创意人才则是数字创意产业最为关键的生产资源。早年数据显示，在人才总量上，"美国纽约创意产业的从业人员占所有工作人口总数的12%，在伦敦是14%，在东京这一比例高达15%，而我国数字创意人才不足就业人口总量的千分之一"[①]。

近年来国家层面越来越重视数字创意人才的培养，也正在开展一些创意人才的培养计划：如Adobe系统软件2016年12月宣布与上海视觉艺术学院签订合作备忘录，在上海视觉艺术学院建立一个新的"创意资源中心"，并通过一系列联合开展的项目和计划，帮助学生在中国的创意和设计行业中建立竞争优势。[②] 但目前来看，中国数字创意人才的不足问题仍然十分严峻，行业需求与人才储备之间依旧存在着巨大的缺口。

数字创意人才的缺乏一方面是源于目前国内高校中开设数字创意人才培养的课程体系的院校并不多，相关的培训数量较少，"教育培训和实践相对脱节，中国创意人才培训政策尚未完善"[③]。另一方面也是源于国内对数字创意人才的重视刚

[①] 厉无畏：《创意产业导论》，上海：学林出版社2006年版，第234—235页。
[②] 杨光：《培养创意人才助力数字经济发展》，《中国信息化周报》2016年第45期，http://www.fx361.com/page/2016/1227/441256.shtml，检索日期：2016年12月31日。
[③] 范周：《文创发展的下一个风口：数字创意产业》，搜狐网，http://www.sohu.com/a/154087584_323778，检索日期：2016年12月31日。

刚起步，人才价值和市场回报程度不匹配，行业内部对于数字创意人才的重视程度尚未达到其发展所需要的程度。

(三) 市场管理不完善

虽然文化和旅游部等政府部门已经出台了相应政策对数字创意产业进行管理，但由于缺少一个专门部门来进行统筹，政府多头管理的问题仍然存在。这会导致各部门交叉分管一个部分，以及各个地方的监管力度和具体政策差异较大，在管理结构等方面会存在一定问题。政府多头管理的问题反映到现实中体现为市场管理的不够完善。

目前国内市场数字创意无形产品中，有相当比例的产品出现了负面的社会效应。由于立法的缺失，政府对这类灰色地带的市场监管力度不够，无法在管理上杜绝这类产品。

此外，数字创意产业内部还没有形成具有权威影响力的产业联盟或协会，缺少产业长期发展的自组织、自净化和自我管理能力。政府监管中存在的空缺和市场自管理能力的不足，使得数字创意产业在内容监管、产品管理上存在严重问题。

(四) 知识产权问题严重

当前，知识产权侵犯问题是数字创意产业发展的"毒瘤"。音乐、影视、游戏、动漫、设计等产业的内容抄袭问题层出不穷，网络平台上的非法传播、非法下载与消费行为大量涌现。数字技术本应该成为创意产业发展的助推器，但在一些不法分子手里却变成了侵犯知识产权、非法传播产品的工具。很多时候，数字产品具有可分割性，即内容产品可以被分割为不同的组成部分，并结合相应的数字技术投放到各自领域的市场中去。在这个过程中，一些企业或机构可能会在某一特定领域对内容进行盗用或者改版，从而牟取暴利。

知识产权的问题，不仅体现在内容产品上，还体现在数字技术本身上。一些门槛较低的数字技术，也可能会成为不法分子抄袭和模仿的对象，甚至会出现品牌之间恶意竞争的情况。

无论是数字技术还是创意内容，数字创意产业内部的知识产权问题会对数字创意产业的长期发展形成阻力，也无法形成良好的企业竞争环境。想要实现数字创意产业的长期发展，知识产权保护问题的解决迫在眉睫。

五、数字创意产业发展的政策建议

数字创意产业在快速发展的过程中，存在产业发展状况良莠不齐、数字创意人才缺乏、市场管理不完善、知识产权保护乏力等问题。为解决产业发展中的制约瓶颈,推动数字创意产业健康成长,本文深入探讨政策管理层面的改进方案,并提出以下政策建议。

(一)整合多方力量,制定行业标准

目前,国务院、文化部、国家发展改革委及各级地方政府都出台了指导数字创意产业发展的政策文件。但这些政策文件对数字创意产业的界定、分类、发展规划等没有统一的认识,也缺少对行业标准的明确制定。

数字创意产业是包含多个细分产业、和传统创意既有交叉又有延伸发展的新型产业。面对这样一个新兴的融合产业,制定科学、统一、规范的行业标准对产业长期发展至关重要。

未来政府各级部门需要整合力量、形成合力,为数字创意产业的发展制定统一标准,在国家战略层面明确主导部门、制定发展规划,在地方操作层面明确责任主体、落实规划标准。这一方面能够明确产业未来的发展路径,另一方面也为政府对产业的宏观指导和政策优惠提供依据,规范行业发展。

(二)出台相应法规,完善版权保护

知识产权保护始终是创意产业的关切问题。目前,我国针对文化领域的著作权保护法律,无法完全适用于数字创意内容领域,网络空间和数字创意领域成为版权侵犯的"重灾区"。我国在数字创意产业领域立法和执法的缺失,使得侵犯版权问题泛滥成灾。

因此,政府部门需要正视数字创意内容的版权保护问题,明确自身作为法规制定者和强制监督者的角色和定位。立法机构需要完善立法,在法律法规层面制定数字技术和创意内容的法律法规,明确产业内部侵犯版权后所要面对的法律后果。执法机构需要严格执法,及时查处数字创意产业内违反法律法规的行为,对版权侵犯等问题绝不姑息,从而保护数字创意产业的健康发展。

(三)加快人才培育,优化生产环境

当前,数字创意人才的缺乏是制约数字创意产业持续发展的重要因素。我国数字创意人才数量少,优质内容生产能力弱,这需要政府部门出台政策,大力支持数字创意产业优秀人才的培育。

政府部门可以鼓励高校开设相关专业和出台人才培养计划,推动数字创意产业的人才培育。在地方人才引进计划上,向数字创意人才提供相应优惠政策,平衡地区人才储备。此外,政府还可以通过国际交流项目、国际合作、国际资源共享等模式,推动国内数字创意产业人才的国际化培育,甚至吸引国际人才流入国内市场。

在培养数字创意人才的过程中,政府部门需要转变思路,从管理者转变为服务者,真正尊重优质人才,为数字创意产业提供良好的生产环境。

(四) 引导产业升级,优化产业链条

目前国内数字创意产业迎来投资热潮,但资本角逐最多的仍是科技赋值较低、门槛进入度低的初级产业,在产业链条的分布上也侧重创意的传播和消费。国内数字创意产业在创意生产和技术升级上的发展脚步和发达国家、地区相比,存在着明显差距。

针对产业发展不均衡、初级产业占主导的这一现状,政府部门需要在政策上引导产业的升级换代,重视高新技术和优秀文化的融合,鼓励企业研发更多更优秀的产品内容,强调产业发展模式从"快速扩张"优化为"精化生产"。

政府可以通过建设优秀创业园区,培育精品产品,形成"以区带点,以点带面"的升级模式,逐步实现数字创意产业向高精技术和优秀创意生产的过渡和发展,完善与优化产业发展模式。

专题报告三

加快发展新时代中国特色工业文化
助力制造强国崛起

韩 强 *

习近平总书记在党的十九大所作的工作报告是在中国历史进程又一次处在承前启后、继往开来的关键节点上,对我国发展所处历史方位作出的新的重大政治论断,为制定党和国家大政方针提供了理论依据,进一步指明了党和国家事业的前进方向,具有重大的现实意义和深远的历史意义。

党的十九大报告提出了一系列新思想、新观点,新判断、新概念,新战略、新部署,是马克思主义中国化的最新理论成果和伟大实践结晶。报告既是中国特色社会主义进入新时代,决胜全面建成小康社会,进而全面建设社会主义现代化强国的动员令和宣言书,也为实现中华民族伟大复兴的中国梦提供了科学的行动指南和强大的精神力量。

在十九大报告中,习近平总书记将文化的地位和作用提升到了一个崭新高度,向全党全国人民发出了"坚定文化自信,推动社会主义文化繁荣兴盛"的伟大号召。他强调"文化自信是一个国家、一个民族发展中更基本、更深沉、更持久的力量",提出要"坚持中国特色社会主义文化发展道路,激发全民族文化创新创造活力,建设社会主义文化强国"。中国特色社会主义文化是习近平新时代中国特色社会主义思想的重大理论创新,极大丰富了中国特色社会主义的内涵,充分体现了中国共产党对中国特色社会主义的认识进一步深化。

我们都知道,在人类社会发展进程中,文化与经济,犹如车之两轮、鸟之两翼,缺一不可。特别是当今世界,文化与工业科技的联系日益紧密,与实体经济深度交融,对工业化进程和产业变革发挥着基础性、长期性、决定性的影响。我国的工业

---

* 韩强,工业和信息化部工业文化发展中心主任助理。

文化正是在中国工业化进程中得以衍生、积淀和升华,是中国特色社会主义文化在工业领域的具体体现,是社会主义文化的重要组成部分。本文将从工业文化的理论基础与发展思路等不同层面,深入探讨如何加快工业文化发展、助力制造强国建设。

一、工业文化的产生是人类文化发展的必然阶段

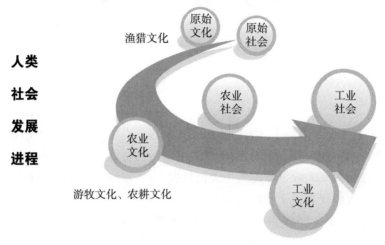

图 2-3-1　人类社会发展进程

文化是人类社会的自然产物,人类文化史是自然史的一部分。文化形态的多样性呈现为逐步演进的各个阶段,这些阶段把人类最落后到最文明的文化彼此联结成一个不可分割的系列。

如果按照生产力水平以及与此相联系的经济结构作为标准,人类社会的进程可以大致划分为原始社会、农业社会、工业社会。与之相对应,人类文化的进程也可以分为原始文化、农业文化(包括游牧文化、农耕文化)和工业文化。

不同国家和地区迈入工业社会的步伐呈现出不一致的特点。发展较快的欧美国家已经基本完成了工业化,正在大步跨入信息时代。一些发展较慢的国家和地区,尚在农业社会徘徊。而大多数国家正在经历着由农业社会向工业社会的转型。但是从近现代世界发展的总体趋势判断,我们认为人类已经基本告别了农业社会,跨入了工业社会。

正如人类从原始社会向农业社会发展进程中,农耕文化产生并逐渐占据了主导地位,当人类步入工业社会之后,工业文化的产生是历史发展的必然,具有自发性和客观性。同时,作为文化的子集,工业文化既具有文化的共同属性,也反映

着工业发展进程中形成的特殊属性。显然,工业文化将会成为工业社会的主流文化。

广义的工业文化是工业社会的文化,它具有工业化时代的典型特征,与人类社会发展的形态相对应。狭义的工业文化,是在工业化进程中产生的、与工业生产活动紧密联系的文化现象。那么,只要人类社会存在第二产业,工业不消亡,工业文化就会存在。因此,从某种程度上讲,工业文化将会伴随着人类社会的进步而不断发展。

从产业的角度来看,狭义的工业文化又可以进一步分为两类。一类是工业和文化的自然融合,比如:工艺美术和工业设计,技术与文化因为生产的需要自然融合到了一起。它们也因此具备了双重属性,既有经济属性,又有文化属性;既是生产形态,也是艺术形态。而另一类则是最先有了工业产品或技术,随着不断的普及应用,其后融入了文化的元素,比如:电影、电视、游戏、动漫等。这些业态都是由工业技术催生的,没有现代工业就不可能产生这些文化业态。

事实上,我们发现工业技术越发展,工业与文化的融合就会变得越紧密,由此又可能形成新的工业文化业态。比如:我们的手机原先只是单纯的通信工具,在信息技术突破之后,演化成为智能手机,开始更多地融入文化元素,并进一步发展成为一种新的文化业态。而近几年迅速发展起来的3D打印、虚拟现实等新技术,它们在产生之初就已经和文化融合得非常紧密了。

可以展望的是,随着人类工业技术和产品的进一步发展,工业与文化的融合必然会越来越深入,新型工业文化业态形成的可能性也必然会越来越大。

二、工业文化的基本内涵和一般规律

(一)工业文化的基本内涵

研究工业文化的内涵,有助于我们更加深入地认识并发挥它的作用。我们总结了7条工业文化的本质。

1. 工业文化是人类生产过程中衍生和创造出来的;2.工业文化是学而知之的,它是依靠后天习得的经验和知识;3.工业文化是共有的,是社会性产物,必须为一个社会的全体成员共同接受和遵守,才能成为共有的文化;4.工业文化是工业生产生活过程中形成的一种文化脉络,具有一定的层次结构;5.工业文化有着连续不断的积累、传承、创新和发展的过程,也就是说它是动态的、可变的;6.工业文化具有民族性和阶级性;7.工业文化具有一定的规律性。

在这里,笔者想强调的是,任何文化都具有民族性和阶级性,工业文化也不例外。不同国家和地区的工业文化一定是存在差异的。但与此同时,工业文化也具有一定的发展规律,可以借助科学的方法加以分析。

图 2-3-2　工业文化的承载形式

工业文化的传承与创新、传播与弘扬需要依靠各种载体来承担。

一是物质环境的载体,这里既包括在制造过程中工业文化的承载物,比如工业产品设计、生产装备工具、工业生产流水线、生产制造工艺等,也包括在使用过程中工业文化的承载物,比如工业建筑、交通工具等,工业遗产和工业博物馆也是物质环境的载体。

二是精神产品的载体,包括工业题材的文学、影视作品和媒体宣传等。2017年,工业和信息化部工业文化发展中心联合出品了一部工业题材电影《逆境王牌》,主要以中宣部、国资委重点宣传的石化行业领导干部的先进事迹为题材,讲述了主人公"王溪"作为一名国企领导干部敢于担当、从严管理、关爱员工、带领企业扭亏脱困的感人故事,塑造了新时期国有企业领导干部对党忠诚、敢于担当、攻坚克难的形象,唱响了以企业家精神、工匠精神、创新精神为核心的工业精神,彰显了当代中国工业文化。该片获得了第31届中国电影金鸡奖最佳中小成本故事片的提名。

三是活动的载体,包括各种工业博览会、技能表演和竞赛活动、工业旅游等。我们可以发现,这些重要博览会、竞赛活动的主办城市或获奖国家、地区往往都是工业重镇,其工业文化也各具特色。

四是企业的载体。包括企业的战略目标、经营理念、核心价值观和行为规范等,对企业发展起到了基础性、支撑性作用。我相信大家都会有一个共识,企业员工的行为不可能仅仅依靠规章制度来约束,还需要共同价值观和企业文化的引导。很多全球知名企业事实上已经进入了文化管理的阶段。以上这几种载体实际上都是工业文化的外在表现。

那么,工业文化到底是什么?根据研究,我们给出了一个宽口径定义,即工业文化是伴随工业化进程而形成的,工业发展中的物质文化、精神文化和制度文化的总和。

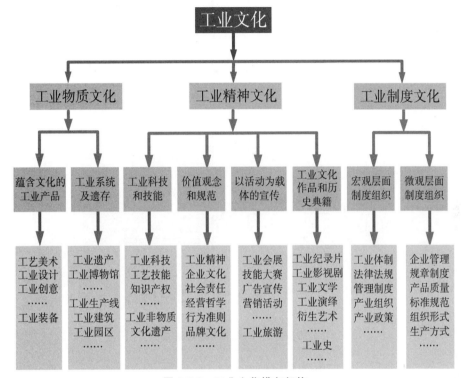

图 2-3-3　工业文化横向架构

其中,工业物质文化是基础和前提,它处于工业文化的表层,是最活跃的要素,也是衡量一个国家或一个时代工业文化发展程度的外在标志。

工业精神文化是核心和根本,它沉于里层,是一个国家或地区在特定的自然与历史环境中长期积淀而成的,是最难改变的部分。

工业制度文化是协调和保障,它居于中层,是人与工业社会交互作用的产物,一旦形成将制约着特定群体中人们的行为,它具有相当的稳定性与继承性。

而此定义实际上也可以看成是工业文化的横向架构。

如果按照宏观、中观、微观层面分类,工业文化还可以划分为国家工业文化、工业文化产业、工业领域文化、工业行业文化和企业工业文化。这是工业文化的纵向架构。

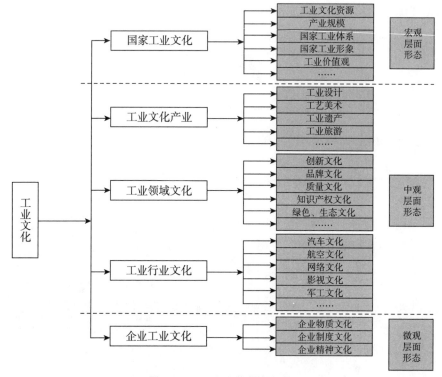

图 2-3-4　工业文化纵向架构

(二) 工业文化的一般规律

文化本身是一个动态的过程。工业革命不仅催生了真正意义上的工业文化，还使文化的传播途径和手段发生了革命性的变化。全球范围内，相较历史上其他的文化形式，工业文化的传播与交融更加广泛、更加深入。它主要有五种传播方式——自然传播、商贸传播、战争传播、移民传播和媒介传播。我们可以看出，工业文化的传播与人类活动息息相关，与人类文化发展并行交叉。现代社会的工业文化主要是以商贸传播和媒介传播为主。工业的发展和资本的流动才是工业文化传播的根源和动力。

工业文化的传播发展具有一定的规律性，它传播的基础取决于工业文化的价值特性，有价值的文化才能传播得更好；工业文化是从先进文化地区传播至其他国家或地区的；同时，工业文化载体也会影响传播的范围，互联网和报刊的传播速度肯定是不一样的；此外，工业强国的文化更多地被关注和接受，谁的技术先进，谁的国力强盛，它的文化就更容易被接受；相比较而言，物质文化比精神文化更容易传播与接受，也承担着潜在的、重要的文化输出和渗透的功能；最后，文化的风格决定传播的程度。这是我们总结的工业文化传播发展六条规律。

工业文化的传播发展还表现在世界工业重心的变迁之上。世界工业重心是世界工业在区域上发展不平衡的现实体现。我们认为,世界工业重心应该既是全球工业制造、工业科技的中心,也应该是工业文化的中心。历史上,只有英国、德国、美国先后成为世界的工业重心。

今天,世界工业的重心有从欧洲、北美地区向东亚地区转移的趋势,这表面上看是地理位置的更替,实质上是工业创新与发展能力强弱转换的结果,当然其中也包含着深厚的文化根由。目前,虽然中国已经成为世界制造业中心,但尚未成为世界工业科技中心和文化中心。

三、中国工业文化是中国特色社会主义文化的重要组成

一个国家的工业文化是国家文化的重要组成,与这个国家的民族文化密不可分,同时在一定程度上也受经济、文化,甚至政治、军事等活动的影响。所以,中国工业文化的基因不是凭空创造出来的,它是中国特色社会主义文化的重要组成,它的源泉主要来自以下三个方面。

首先,中国工业文化根植于中华民族文化之中。中华民族文化层次分明、内涵丰富,既是孕育我国工业文化的沃土,也是发展中国特色工业文化的活水源泉。我国工业领域自力更生、艰苦奋斗、无私奉献、爱国敬业等富有特色的精神宝藏,正是源于中华民族血脉和灵魂的、以爱国主义为核心的伟大民族精神与文化。

其次,中国工业文化来源于我国工业化的伟大实践,这既包括新中国成立后辉煌的工业化历程,也包括根据地、解放区时期我们党领导下自力更生、艰苦创业的工业实践与活动,这使得我国工业文化天然融入了革命的红色基因,烙印上了无产阶级属性。我们的大庆精神、"两弹一星"精神、航天精神等工业精神实际上是一脉相传,脱胎于这种红色基因与阶级属性的。

最后,我国工业文化也离不开对发达国家先进工业文化的吸收与借鉴。特别是在全球化趋势迅速发展的今天,工业企业之间、产业之间的互动与合作日益增强,国内外工业文化之间的渗透与交融持续深入。

当然,西方发达国家都是经过了二三百年的工业化进程才形成了自己独特的工业文化,在推动本国工业发展的同时,也深深地影响着本国乃至全球工业化进程与价值体系。我们今天说,德国人严谨、美国人创新、日本人敬业、英国人规范,实际上都是与他们的工业文化息息相关的。

而我国的工业化起点低、起步晚,目前尚处于工业化中期阶段,工业文化与工业精神还有待进一步挖掘培育和大力弘扬。因此,中国要实现从制造大国到制造

强国的转变,除了硬实力上要追赶,文化上同样要补上"短板"。

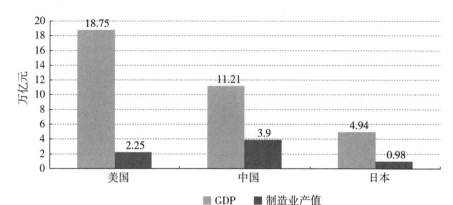

图 2-3-5　2016 年美、中、日 GDP 与制造业产值

数据来源:根据国际货币基金组织数据库材料绘制。

四、新时代中国特色工业文化发展面临新形势、新机遇

随着中国特色社会主义进入新时代,我国工业经济持续健康发展,社会主义文化更加繁荣兴盛,既对工业文化建设提出更高要求,也带来了工业文化发展重大历史性机遇。

首先,工业化发展新进程需要工业文化。

制造业是国民经济的主体,是一个国家综合实力最重要的表现。没有强大的制造业,就没有国家和民族的强盛。我国自 2010 年超越美国之后,一直稳居世界第一制造业大国地位。与此同时,我国制造业的年均增长速度在世界主要经济体中也名列前茅。数据显示,2016 年我国制造业产值为 3.9 万亿美元,是美国、日本和德国之和,占我国 GDP 的比重超过了三分之一,达到了 34.6%。而这一数据也明显高于世界发达国家。正是由于制造业近年来的快速发展,直接促进了我国经济发展速度、质量和效益的提升,提高了中国在全球化格局中国际分工的地位。

但是,我国制造业大而不强也是一个不争的事实。虽然我们在载人航天、载人深潜、大型客机等重大装备上取得了历史性的突破,在通信设备、高速轨道交通装备、发电和输变电装备、家用电器、工程机械等重要产业处于世界领先水平,但是多数领域我们的自主创新能力还相对较弱,部分关键核心技术缺失;产品质量也不高,缺乏世界知名品牌和跨国企业;产业结构不够合理,传统产业产能过剩和新兴产业供给能力不足并存;资源环境承载能力和要素供给能力接近极限;产业国际化程度亟待提高,全球化经营能力不足。

2015年起，我国组织实施了《中国制造2025》①，制造业从高速增长阶段转向高质量发展阶段，工业化发展迈入了新征程。这个阶段需要高度重视和大力建设与之相适应的工业文化，这也意味着我国的工业文化建设面临着新的历史使命。

一是提供价值引领和精神动力。改革开放以后，随着我国工业化与城镇化进程的逐步加速，农业户口的劳动力已经成为产业工人队伍的主体。他们更多地受着农耕文化的影响，小富即安、做事不够精细、纪律观念不够强、协作意识较弱等特征比较明显，不能完全适应当前工业转型升级的需求。此外，我国长期的粗放型发展模式，使工业领域存在着投机取巧、急功近利等浮躁之风，产品质量和安全问题时有发生。我们迫切需要以社会主义核心价值观为引领，反映工业发展新时代的内涵，努力培育和发展正确的工业价值观，大力弘扬"劳模精神""工匠精神""企业家精神""创新精神""诚信精神"等中国工业精神，进一步强化价值引领和激发行为自觉，为实施制造强国战略提供精神动力。

二是提高工业综合竞争力。国家工业综合竞争力不是一个简单的指标，也没有统一的衡量标准。但是我们认为一个工业综合实力较强的国家至少应该具备几个基本的共性特征，包括规模较大、制造水平领先、创新能力强，处于价值链的较高端地位等。为此，我们需要推动工业文化与产品研发、生产制造等有机结合，丰富中国制造的文化内涵，强化制造产品的人文关怀，规范制造管理的模式方法，增强制定规则的能力，为实施制造强国战略提供有力保障。

三是培育工业发展新增长点。作为工业技术、产品与文化深度融合后所形成的产业，工业文化产业大多具有技术含量高、资源消耗小、环境污染小、附加值高等优势。同时，工业文化产业多数采用柔性生产模式，能够满足个性化和定制化的需求，是推进工业转型升级新的强劲引擎。我们要加快发展工业文化产业，促进工业设计、工艺美术、工业旅游、工业遗产保护以及创意产业发展，为实施制造强国战略提供新生动能。

四是优化工业发展环境建设。我们需要进一步加强工业文化的传承与创新，努力改变"重商轻工"的社会心理，凝聚发展工业文化的社会共识。同时，大力整合工业文化各类资源，构建全方位多层次宽领域的工作机制。注重与其他经济政策的配合与转换，努力营造一个良好宽松、公平有序的发展环境，为实施制造强国战略提供柔性支撑。

其次，社会主义文化发展新局面包括工业文化。

当前，世界正处于大发展大变革大调整时期，世界多极化、经济全球化、社会信

---

① 《中国制造2025》，2015年5月8日签发，5月19日发布制造强国战略第一个十年行动纲领。

息化、文化多样化深入发展,各种思想文化相互激荡更加频繁,文化在综合国力竞争中的地位和作用更加凸显。只有推动社会主义文化繁荣兴盛,才能更好展现中华文化独特魅力,使中华文化影响更加广泛深入,形成与我国综合国力和国际地位相适应的国家文化软实力,为我国日益走近世界舞台中央提供有力的硬支撑。

党的十八大以来,我国正在加速推进社会主义文化强国建设,努力在中国特色社会主义文化发展道路上实现文化新跨越、创造文化新辉煌。工业文化作为中国特色社会主义文化在工业领域的具体体现,理应在繁荣社会主义文化、提高国家文化软实力进程中发挥积极作用。

为此,我们应该做到:一要坚持先进文化的发展方向,不断发展壮大中国特色工业文化,切实加强工业物质文化、工业制度文化、工业精神文化建设,进一步丰富和繁荣社会主义文化。二要大力推广先进的工业技术,着力弘扬优秀的工业精神,推动工业和文化有机融合,推动文化行业的结构性调整和创新性发展,促进社会主义文化繁荣兴盛。三要创新发展文化产品和文化装备,满足人民群众的精神文化追求和美好生活需要。四要通过积极发展工业文化重塑国家工业形象,展现工业整体实力,增强人民群众对中国工业产品的认同感,增强国外公众对中国工业产品的认可度,增强文化自信。

最后,中国特色工业文化发展进入新阶段。

新中国成立以来,我们在推进工业化的探索实践中,孕育了大庆精神、"两弹一星"精神、载人航天精神等一系列先进工业文化典型,形成了自力更生、艰苦奋斗、无私奉献、爱国敬业等精神宝藏,涌现出一大批彰显工业文化力量的优秀企业,也留下了一大批承载工业文化的物质财富。改革开放以后,我国工业文化的发展也取得了一系列成就,在一些行业或领域形成了各具特色的文化成果,"劳模精神""工匠精神""企业家精神"等工业精神已经深入人心。

党的十八大以来,以习近平同志为核心的党中央把振兴实体经济摆到了更加突出的位置,提出了"实体经济是国家的本钱""把实体经济抓上去"的重要论断。2015年5月,国务院印发了《中国制造2025》,重新思考中国工业经济发展之道,在绘就战略目标、明确主攻方向、聚焦重点任务的同时,首次提出了培育有中国特色的制造文化。

2016年12月,工业和信息化部联合财政部发布了《关于推进工业文化发展的指导意见》[①]。《指导意见》结合工业文化发展的实际,聚焦当前制造业发展过程中

---

① 工业和信息化部、财政部:《关于推进工业文化发展的指导意见》,工信部联产业〔2016〕446号,2017年1月6日发布。

的突出问题,充分吸收已有的研究成果,在产业层面、制度层面和精神层面着力,大力推动工业文化发展,进而更好地发挥工业文化对制造业的支撑作用。目前,工业和信息化部正会同有关部门研究制定配套政策文件,同时提出分批推进重点工作任务的基本思路和实施方案。总的来看,目前中国特色工业文化建设拥有了更加良好的内外部发展环境,工业文化建设进入快速发展的新阶段,需要加快形成与我国工业发展相适应的文化软实力。

五、准确把握十九大对中国特色工业文化提出的新要求

党的十九大报告是我们进入新时代、开启新征程的宣言和行动纲领,报告关于"建设现代化经济体系"和"推动社会主义文化繁荣兴盛"的重要论述,有许多涉及工业文化的内容,不仅使我们倍感振奋、充满信心,更是我们着力推进中国特色工业文化发展的根本遵循和行动指南,必须学深悟透,抓好贯彻落实。

十九大报告强调,要"激发和保护企业家精神,鼓励更多社会主体投身创新创业",要"培育具有全球竞争力的世界一流企业"。企业家精神是工业文化的核心要素之一。近代以来,我国涌现出许多杰出的企业家,他们始终紧密围绕实业报国、振兴中华这个核心目标不懈奋斗,取得了辉煌的成就。今天,新一代中国企业家不忘初心,大力继承与发扬这种精神,加速打造中华民族的世界品牌,着力引领中国制造的强势崛起。因此,建设中国特色工业文化,必须把激发和保护企业家精神作为一项非常重要的内容。

十九大报告指出,要"建设知识型、技能型、创新型劳动者大军,弘扬劳模精神和工匠精神,营造劳动光荣的社会风尚和精益求精的敬业风气"。大国工业的竞争力,既取决于企业家的创新开拓,也取决于产业工人等基层劳动者的辛勤工作。以尊重劳动、尊重创造、爱岗敬业、精益制造等为核心的劳模精神和工匠精神,是社会主义核心价值观的重大实践成果,是工人阶级先进性的集中体现,也是代表中国特色工业文化的一种宝贵精神文化。由此,建设中国特色工业文化,弘扬劳模精神和工匠精神也必须是题中应有之义。

十九大报告高度重视创新,强调要"加快建设创新型国家",指出"创新是引领发展的第一动力,是建设现代化经济体系的战略支撑"。报告还从基础研究、体系建设、成果转化、知识产权保护、人才培养等方面作出了战略部署,其中明确提出,要"倡导创新文化"。创新精神是工业精神的一项重要内容。我们建设中国特色工业文化,必须大力培育创新文化,努力营造创新氛围,推动创新成果更快转化为现实生产力。

十九大报告多次对工业文化产业提出明确要求,比如"加快发展现代服务业,瞄准国际标准提高水平";"加强文物保护利用和文化遗产保护传承";"健全现代文化产业体系和市场体系,创新生产经营机制,完善文化经济政策,培育新型文化业态"等。建设中国特色工业文化,必须把发展工业文化产业作为重要的着力点。

六、建设新时代中国特色工业文化的基本思路

新时代赋予新使命,新形势提出新要求。历史规律告诉我们,文化与经济的结合不会自动产生,需要我们不断深化认识并努力推进。我们要认真贯彻落实党的十九大精神,加快发展中国特色工业文化,大幅提升我国工业软实力,为制造强国和文化强国建设作出积极贡献。

一是健全完善工业文化发展体系。工业文化体系是工业文化发展的重要基础。要把工业文化建设融入工业化发展的全过程,在吸收传统优秀工业文化的基础上,借鉴国际先进经验,吸收世界工业文化精髓,博采众长、兼收并蓄,推动中国特色工业文化的传承与创新,建立健全符合新时代要求的中国特色工业文化理论体系、政策体系和工作体系,补齐工业文化短板,提升工业软实力。

二是弘扬新时代中国工业精神。文化承载着经济社会发展的道德力量,工业精神是工业文化的思想内涵。我们需要进一步适应新时代新要求,大力培育和宣传新时代的工匠精神、创新精神、诚信精神、企业家精神等中国工业精神。树立"大国工匠"标杆,发挥模范带动作用;鼓励举办创新创业大赛,重要领域技能大赛、创业训练营、行业领军人才培训等活动,树立创新创业典型,传播创新精神;打造一支敢于担当、勇于作为、把握时代脉搏、具有全球视野的企业家队伍。努力营造有利于工业发展的舆论氛围和社会环境,为建设制造强国提供强大的精神动力和思想支撑。

图 2-3-6 工业文化产业

三是发展工业文化产业。工业文化产业是工业文化的重要载体，也是工业文化作用最凸显的领域。大力支持建设创新设计公共服务平台，打造具有国际影响力的工业设计集群；加强对传统工艺美术品种、技艺的传承与创新，培育一批示范性创新创业区域和大师工作室，促进工艺美术特色化和品牌化发展；开展工业遗产认定试点，推动建立工业遗产名录和分级保护机制；鼓励各地利用工业文化资源，打造具有鲜明特色的工业旅游产品；注重利用数字技术、网络技术和虚拟现实技术等现代技术手段，推动工业文化创新发展。促进工业文化与新领域的深度融合，大力推进工业文化新业态发展。

四是融入质量品牌建设。质量是制造强国建设的生命线。当前，我国制造业正处于由大变强、爬坡过坎的关键阶段，必须把提高产品和服务质量作为制造业转型升级的重点，加快形成以质量品牌为标识的竞争新优势。同时，随着生活水平的不断提高，人们的消费层次和对物质的需求已发生很大变化，对制造业的供给能力和水平提出了更高要求。需要不断丰富产品内涵、提升产品质量、塑造中国品牌，体现产品的人文关怀，这是加强工业文化建设是一条重要的路径。

五是塑造国家工业新形象。国家工业形象指的是国家的内部公众和外部公众对国家工业本身、国家工业行为、国家工业成果所给予的总体评价和认定。国家工业形象是国家形象的核心组成部分，也是工业文化建设成果的直接体现。我们很多的老百姓只要听说这个产品是德国制造的，即便没有真正使用过，潜意识里都会认为它的质量是过硬的，也愿意以更高的价格购买它。显而易见，正面的、积极的国家工业形象能够影响一个国家工业产品的价格与销量，促进国际经贸活动，提升工业软实力甚至扩大国家影响力。我们要着力塑造我国工业诚信、质优、创新、绿色等新形象，不断丰富中国制造的文化内涵，提升中国制造的美誉度。要进一步提高对外交流水平，讲好中国工业故事，传播中国特色工业文化，展示大国工业新形象。

中国特色社会工业文化建设任重道远。当前，我们需要准确把握和深入贯彻党的十九大对中国特色工业文化提出的新要求，进一步理清工作思路、明确目标任务，把握好制造领域与文化领域之间的协同，发展好制造企业与文化企业，切实形成各任务主体的横向联动与纵向贯通。

专题报告四

我国文化创意企业投贷联动融资模式研究

杨玉娟*

文化创意产业是创意经济时代的产物,是我国经济发展新的增长点。文化创意产业在我国的发展是一个产业发展与金融支持不断融合创新的过程。目前,我国文化创意产业的发展总体上还处于起步阶段,且以中小企业居多,融资难、融资贵、融资慢成为影响这一新兴产业持续健康发展的瓶颈。因此,研究我国文化创意企业不同发展阶段的融资策略,着力解决文化创意企业的融资难问题,可以实现文化创意产业、商业银行、股权投资机构等金融机构的双赢,具有突出的现实意义。在国家政策的大力支持下,投贷联动融资模式为我国文化创意企业融资难题提供了新的解决思路。

一、文化创意企业投贷联动融资模式的产生

投贷联动主要是指"信贷投放"与"股权投资"相结合的一种融资方式。银行信贷投放主要由商业银行来完成,股权投资的主体则根据不同的投贷联动运作模式会有不同,分为内部和外部两大类主体。内部主体主要是银行集团内部成立的具有投资功能的子公司(类似风险投资公司)或基金,常见的外部股权投资主体包括VC、PE、创投孵化器、基金公司、资管公司等金融机构。合作双方通过相关制度安排,以"股权+债权"的模式对企业进行投资,可以有效降低银行的信贷风险,提升银行的投资收益,实现贷款企业持续的现金流支撑和股权投资机构的投资收益。投贷联动融资模式要求投资机构能够对企业进行充分的评估和前期投资,商业银行要具有严格的风险隔离机制,目前主要应用于中小企业。在以银行为主的我国金融体系中,投贷联动模式是一种较为适合文化创意企业的融资模式,不仅可以满足文化创意企业的融资需求,有效增加文化创意企业的金融供给,还能够充分发挥

---

* 杨玉娟,北京大学艺术学院助理研究员。

银行业金融机构在客户资源、资金资源方面的绝对优势。

2015年3月,中共中央、国务院在《关于深化体制机制改革加快实施创新驱动发展战略的若干意见》中提出"要选择符合条件的银行业金融机构探索投贷联动模式"。2016年3月两会的政府工作报告中也明确提到要开展投贷联动试点工作。2016年4月21日,银监会与科技部、中国人民银行正式联合对外发布《关于支持银行业金融机构加大创新力度开展科创企业投贷联动试点的指导意见》,首次批准5个地区和10家银行作为试点单位,正式开启投贷联动试点工作。2017年2月文化部发布《文化部"十三五"时期文化发展改革规划》,提出"加快建设完善文化产业投融资体系,鼓励社会资本进入文化企业孵化器、文化众创空间、文化资源保护开发等新兴领域"。2017年4月,《文化部关于推动数字文化产业创新发展的指导意见》发布,提出"建立投融资风险补偿和分担机制,鼓励开发性、政策性、商业性金融机构支持数字文化产业发展,推进投贷联动,实现财政政策、金融政策、产业政策的有机衔接"。2017年5月,中共中央办公厅、国务院办公厅印发《国家"十三五"时期文化发展改革规划纲要》,提出"支持符合条件的文化企业直接融资,完善文化金融中介服务体系,促进文化金融对接"。2017年11月21日,北京市文化改革和发展领导小组办公室出台了《北京市实施文化创意产业"投贷奖"联动推动文化金融融合发展管理办法(试行)》,此办法有助于推动文化金融融合发展。

采取投贷联动融资模式作为一种文化创意企业融资模式,具有多个层面的必要性,可使参与各方均能获益。第一,对于文化创意企业来讲,投贷联动模式有助于其未来的股权增值,还能为文化创意企业带来当前亟需的融资额度,满足处于初创期和成长期的文化创意企业的资金需求,同时,银行的实际财务支持又能为文化创意企业的股权投资价值背书。第二,对于商业银行来讲,投贷联动模式有利于促进商业银行的转型和发展。银行提供给文化创意企业的贷款损失风险,部分可以通过股权投资的未来收益来补偿,这样银行的业务得以拓展,可以服务更多的成长性好的文化创意企业。另外,商业银行通过从股权投资的新的角度来判断其客户的综合价值,再辅以传统的风险评估,可以进一步提升其分析行业、企业的能力,提高风险防控的能力。商业银行可以更加全面地掌握企业的各方面金融需求,从而通过混业经营的多产品和服务组合的模式,为文化创意企业提供综合化金融服务。因此,在当前我国金融体系深化改革的大背景下,投贷联动模式可以有效推动商业银行加快业务转型,提升服务能力。第三,对于股权投资机构来讲,投贷联动模式有利于其所投文化创意企业获得更多的银行信贷资金和政府补贴、奖励资金,满足企业快速发展的资金需求,从而提升企业股权价值和投资机构的盈利能力以及投资积极性。另外,股权投资机构可以充分利用商业银行广泛的客户资源,筛选出优质企业进行投资,解决其寻找优质企业难的问题;可以利用商业银行的贷款支持、财务顾问和托管的中间业务服务和银行的信誉增值,既有利于提高风险投资机构投资资金收益,又有利于降低投资风险,进而保障投资人的权益。第四,对于政府来讲,投贷联动模式作为一种新型的连通商业银行和文化创意企业的有力工具,不仅能够发挥政府的能动性,为金融对文化创意产业的支持提供更有效的政策环境和市场空间,还能切实解决文化创意企业的融资难题,有效推动文化创意产业的蓬勃发展。

二、文化创意企业投贷联动融资模式分析

我国文化创意企业的显著特点是大部分资产均为无形资产,可供抵押和质押的有形资产不足,而文化创意企业无形资产又难以得到公允的评估,导致很少有金融机构和投资人认可这些资产。文化创意企业普遍经营规模小,早期发展速度快,短期内就需要大量的资金投入;但是,高成长性伴随而来的高风险性一定程度上影响了创意项目的可行性、经济合理性和投资成功率,从而导致文化创意企业融资难。

文化创意企业投贷联动融资模式可以将信贷资金与创投资本深度结合,充分发挥各自的优势和特长,更好地服务于文化创意企业,从而解决文化创意企业经营管理中的问题。目前,我国的文化创意企业投贷联动业务尚处于起步阶段,成熟的经验和可供借鉴的案例不多。当前,我国的商业银行主要从内外两方面和股权投资机构开展投贷联动业务,并逐步发展出以下几种模式(见表2-4-1)。

表 2-4-1 投贷联动模式

分类	模式	内容	案例
内部	商业银行自有股权投资牌照	商业银行内部直接设立股权投资公司、基金公司、资管公司、境外证券公司等子公司,这些子公司与商业银行本身合作,为文化创意企业提供贷和投的融资服务。	国开金融+国开证券
	商业银行间接投资文化创意企业股权	具有国外投行牌照的商业银行,通过集团内境外子公司在国内设立股权投资机构,间接投资企业股权,并与母公司实现贷款业务联动,从而绕开相关政策法规的限制。	工银国际设立的鄱阳湖产业投资基金和 Harmony China 房地产基金

续表

分类	模式	内容	案例
内部	商业银行用高端理财或者机构理财的资金参与投资	商业银行通过私人银行部门联动信托公司等资产管理机构,作为优先资金,参与产业投资基金,同时对产业基金所投企业提供信贷支持。	工商银行北京分行和浦发银行北京分行共同参与的北京水环境基金 PPP 融资项目
外部	商业银行通过与第三方机构联动	商业银行与 VC、PE、创投孵化器、基金公司、资管公司等金融机构合作,形成"外部机构股权投资+银行信贷支持"的联动模式。	江苏银行开展的"1+N+3"开放式创新创业生态圈

资料来源:根据相关资料整理。

在上述几种模式中,商业银行通过与第三方 VC、PE、创投孵化器、基金公司、资管公司等金融机构合作形成的"外部机构股权投资+银行信贷支持"的联动模式①(见表 2-4-2)发展较为迅速,也比较成熟。这种模式的具体运作流程(见图 2-4-1)是首先由投资机构对企业进行风险评估,并已开展前期投入,然后银行以"跟贷+投资选择权"的模式②,对具有高成长性的优质文化创意企业提供信贷支持。商业银行采取这种"债权+选择权"的选择权贷款模式要求银行在授信的同时,必须事先约定贷款转换为股票、期权的比例,在被投企业 IPO(首次)或股权增值后,银行可以选择行权,并由代持机构卖出股票从而实现收益。业务原理与可转债投资类似,业务关键在于股权转换比例、代持条款和退出条款的确定。目前,美国的硅谷银行(Silicon Valley Bank)和国内的中信银行等中小商业银行大多选择这种方式。例如,江苏银行开展的"1+N+3"开放式创新创业生态圈即为此种模式(其中 1 为银行,N 为创投,3 代表券商、会计、律所三类中介服务机构),其目的是为目标客户提供覆盖全生命周期的一站式综合金融服务。

表 2-4-2 商业银行与第三方金融机构投贷联动模式

	投	贷
合作双方	第三方金融机构(VC、PE、创投孵化器等)	商业银行

① 高丽:《社区银行、关系型借贷与创业创新金融支持》,《新疆财经》2017 年 10 月。
② 王静文:《借"双创"东风推投贷联动》,《中国农村金融》2016 年 4 月。

续表

	投	贷
收益	股权收益	债权+投资收益
结构化设计	风险评估+前期投入	跟贷+投资选择权
风险缓释	股权收益	未来期权转让或行权收益,贷款利息
激励条件	高额的股权收益	分享文化创意企业成长带来的超额收益,不局限于贷款利息收入。降低银行对文化创意企业授信的风险,降低信息不对称带来的问题,创造出风险收益相匹配的投资组合
注意事项	退出机制的完善	股权比例转换、代持条款和退出条款约定

资料来源:根据相关资料整理。

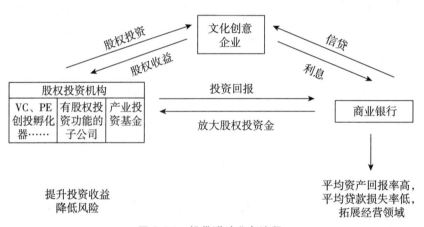

图 2-4-1 投贷联动业务流程

这种模式的优势是可以有效地采取更加开放的方式,吸收更多市场上的金融资源作为合作伙伴,共同投资文化创意企业,提高商业银行的资金使用效率,并且股债双方能够完全按照各自的风险评价和偏好进行前期决策,互不影响,能够最大限度地防范风险。这种模式的劣势是双方流程的大量重复,总体效率较低,且商业银行对项目和风险的把控度明显会受到削弱,主要原因是两种相对独立的机构无论是投资经营理念、风险偏好,还是盈利模式和分配方式均不相同。

总之,上述投贷联动的多种业务模式均优劣并存。通过几种模式的对比分析可知,我们需要适当地运用平台思维来考量各类投资机构、各层次的资本市场主体之间的利益,从而探索出一条更加可行的文化创意企业投贷联动融资模式。

三、文化创意企业利用投贷联动模式融资遇到的主要问题

我国文化创意企业投贷联动融资业务发展面临的主要问题如下:

(一)法律法规政策不健全。当前,对于商业银行开展文化创意企业投贷联动业务的政策限制主要来自于《商业银行法》和《流动资金贷款管理暂行办法》中的相关条款。其中,我国的《商业银行法》规定,银行机构"不得向非自用不动产投资或者向非银行金融机构和企业投资",又规定"商业银行在境内不能进行股权类投资"。因此,我国商业银行的股权类直接投资机构绝大多数都设在境外。另外,我国能够获得人民币股权直投牌照的商业银行少之又少,这种内部投贷联动的文化创意企业融资模式难以得到复制和推广。商业银行的资本性质决定了其无法以较多的资金参与到文化创意企业的股权投资业务中,限制了其在文化创意企业发展中的收益和对文化创意企业的融资支持。

(二)风险管控机制不健全。文化创意企业投贷联动融资模式是对传统金融的创新,各利益相关方之间的关系更为错综复杂,各项风险因素和传导途径也要比传统单一型贷款复杂得多,因此对投贷双方的风险管控机制的要求也更高。当前文化创意企业投贷联动融资模式还处于起步期,商业银行和第三方投资机构均未能建立起与此融资模式相适应的完善的风险防范体系,主要表现为:第一,商业银行针对文化创意企业的贷款业务一直比较慎重,主要源于文化创意产业的轻资产、高风险等深层的产业特性,商业银行无法很好地规避这样的产业发展风险。这一现象在商业银行针对文化创意企业的传统贷款业务中就一直存在,在文化创意企业投贷联动融资模式中也依然存在。例如,北京银行天津分行将1000万元的资金分为普通贷款和股权投资两部分,向天津画国人动漫创意有限公司发放,用以支持企业《摇滚藏獒》的拍摄及后期宣发。但是,《摇滚藏獒》投资金额高达5000万美元,最终收益却远远不能覆盖投入。第二,跟传统信贷模式相比,文化创意企业投贷联动融资模式中新增了第三方投资机构的经营风险。一般来讲,从投资开始到利益收回都要经历一个漫长的时期,第三方投资机构能否保证在这一时期内妥善经营和持续跟进仍是未知数,商业银行需要考虑到这一新增合作伙伴的经营风险。

(三)复合型专业人才不足。一是文化创意产业复合型经营管理人才不足。人才是推动文化创意产业发展的核心力量,既懂企业经营管理,又能在文化艺术领域有精深造诣的复合型人才是发展壮大文化创意企业的关键,也是吸引投资人和

银行青睐的关键因素。我国文化创意产业起步较晚,仍面临人才总量不足、结构失衡、复合型人才奇缺的难题。二是当前商业银行和第三方投资机构均严重缺乏文化创意产业金融专业人才。金融机构中缺乏文化创意产业领域中的风险投资专业人才和专业团队,不能从资本运作、股权投资的专业角度对优质的文化创意企业、文化项目和有价值的历史文化资源有所发现、挖掘和整合。三是文化创意企业无形资产评估与交易人才不足。文化创意企业的核心价值就是其以知识产权为核心的多种类型的无形资产。无论是商业银行在评估贷款额度还是第三方投资机构在评估股权价值的时候,首先需要对文化创意企业的核心价值进行估值,然而,评估人才的缺乏限制了这一业务的发展。另外,完善的知识产权交易市场也是文化创意企业投贷联动融资模式开展的基础,当前缺乏统一的交易平台,市场交易不活跃,无形资产的转让和交易的复杂程序均不利于投贷联动业务开展。

(四)投贷双方合作机制有待完善。文化创意企业投贷联动融资模式涉及多个主体,且每两个主体间均保持明确的双向利益共享机制。多主体间信息完整准确的传递是一个非常不好解决的难题。因此,处于初创期、发展期的文化创意企业的研发能力、经营状况以及发展前景等都是各方需要持续关注的重要信息。然而,当前商业银行与第三方投资机构之间仍旧没有建立起成熟的合作共享机制,在信息交换、业务交流等方面的沟通机制还很弱,必然会影响其投贷联动模式的有效开展。

四、完善文化创意企业的投贷联动融资模式的对策建议

随着国家不断加强对文化创意产业发展的支持,多项文化金融政策相继出台,金融监管体制也在积极调整方向,文化创意企业投贷联动融资业务的发展空间会越来越大。在下一步发展过程中,需重点做好以下几个方面的工作。

(一)健全投贷联动的顶层政策设计。投贷联动业务的发展会突破现有的金融行业监管框架,为进一步解决文化创意企业的融资难问题,亟须对阻碍投贷联动创新业务的相关法律、法规和监管政策进行适当调整。监管机构要适当放宽商业银行参与股权投资的比例,允许商业银行根据自身的优势,在一定范围内自行调整其股权投资的规模、结构和方向,促进有能力支持文化创意企业的商业银行更多地开展文化创意企业投贷联动业务。政府要积极转变管控职能,着力建设公平、公正的市场竞争机制,给予文化创意企业、商业银行以及股权投资机构等各主体足够的发展空间,合理配置资源,提升金融资源在文化创意产业领域的利用效率,推动文化创意产业发展。

（二）构建风险隔离与防控机制。投贷联动的模式没有能够改变银行提供商业性贷款的基本业务，因此，贷款的风险防控仍然是此模式首先需要解决的问题。其次，还要防范股权投资集中度风险，实现投资组合的分散化。通过投贷联动投资项目的多样化组合来分散风险，投贷双方进而可以获得更加稳健的收益。例如可以明确规定，投资单一文化创意企业的比例不得超过投资机构自有资金的5%等，这样可以通过分散化投资组合来规避集中度风险。再次，持续发挥商业银行以风控为核心的业务模式，做好投贷业务的整体风险防范协同机制。商业银行不仅要建立投资和信贷的独立审批原则，设立严密防火墙，防止投贷联动业务风险波及其他业务，还要做好风险控制的融合和对接工作，不但要谨慎选择有成长性的优质文化创意企业作为贷款对象，还要能够对风险投资机构所投比重与投资杠杆有所约束，密切跟踪整体投贷联动业务的进展和文化创意企业的发展，随时做出调整，业务风险保持在可控的范围内。最后，各级政府也要明确投贷联动业务的推广扶持政策，对开展投贷联动的商业银行和股权投资机构提供更多的投资风险缓释措施或贷款损失风险补偿等①。

（三）强化第三方机构的专业能力。理想的文化创意企业投贷联动融资模式需要对文化创意产业比较了解的商业银行和股权投资机构共同合作，为文化创意企业提供全生命周期的综合化的金融支持和管理提升服务，从而满足文化创意企业多元化的快速增长需求。这一模式要求投贷双方均要积极采纳资产评估机构、律师、会计师等专业机构的意见和建议，打通一级市场和二级市场，连通创业板、新三板和区域股权交易中心等场内及场外资本市场，充分发挥资本市场的融资、定价和退出等功能。因此，在每一环节都要求具体的业务经理有很高的综合素质，既要懂文化创意产业的经营管理，又要有经济、金融、法律的专业知识。随着文化创意企业投贷联动业务的增多、涉及资金额度的增大，培养一批文化创意产业的复合型专业人才至关重要。

（四）加强投贷双方的有效联动。第一，投资机构要积极与商业银行和文化创意企业加强沟通与合作，更多地了解文化创意企业发展的特点和规律，及时掌握文化创意企业最新发展情况，扩大目标企业的范围，能够更加深入地参与到文化创意企业的核心决策，发挥其专业的评估、战略规划和高效管理等优势，为投资双方以及文化创意企业提供更加专业的服务。第二，商业银行在传统业务中已经建立起良好的风险管理和预警机制，在文化创意企业的投贷联动新业务中应结合传统业务经验，创新文化创意企业融资标准，提升文化创意企业评估的准确性，并在投后、

---

① 王静文:《借"双创"东风推投贷联动》，《中国农村金融》2016年4月。

贷后对所支持文化创意企业进行不间断的评估和全面总结,及早发现相关风险,提升投资质量和成功率。第三,投贷双方明确建立互相制约的业务退出机制。商业银行应根据一贯的风险偏好,明确投贷联动业务退出的触发条件和机制,制定退出程序。有了明晰的退出标准、退出制度、退出流程和操作细则,一旦风险超过预警,应立即采取相应措施。股权投资机构也要有明确的管理和财务退出机制,确保文化创意企业风险过大时能够迅速而有效地止损。

专题报告五

中日韩内容消费市场比较研究

韩聿琳[*]

为促进文化产业的发展与合作,掌握中日韩三国的市场规模、潜在增长率以及流行内容等信息,以更好地取长补短,推进文化产业的良性发展,北京大学文化产业研究院与日本数字内容协会(Digital Content Association of Japan,DCAJ)及韩国文化产业振兴院(Korea Creative Content Agency,KOCCA)协同合作,将中日韩三国2015年文化产业的统计数据进行了收集、整理,并统一口径梳理比较。

需要说明的情况是,由于各国数据来源及统计口径不同,数据的收集、分类及横向比较较为困难;此外,部分项目沿用了往年的数据,会与实际情况有所出入。

本报告中涉及的数据以美元为基准进行了换算,所用汇率按照IMF在2015年的每日外汇汇率平均值进行了折算(见表2-5-1)。

表2-5-1 中日韩2015年内容消费统计折算汇率

	中国	日本	韩国
2015年平均外汇汇率	6.23元/1美元	121.11日元/1美元	1131.68韩元/1美元

本报告将内容划分为影像、音乐/声音、游戏、图书/报纸四大类,每一类别根据传播媒介的不同又大致可以分为实体、数字/在线、场所类、广播类等四个部分进行统计(见表2-5-2)。

表2-5-2 内容分类

媒介 类别	实体	数字/在线	场所类	广播类
影像	影像软件(销售、租赁)	影像的网络传播 (电脑、手机)	电影 舞台	地面波播放 卫星播放 CATV

---

[*] 韩聿琳,北京大学艺术学院艺术管理与文化产业方向2016级博士生。

续表

媒介类别	实体	数字/在线	场所类	广播类
音乐/声音	音乐软件（销售、租赁）	音乐网络传播（电脑、手机）	卡拉OK 演唱会	广播播放
游戏	游戏机专用软件	网络游戏 手机游戏	游戏厅	
图书/报纸	书籍 杂志 报纸 免费图书/免费杂志	电子书籍（电脑、手机） 网络广告（电脑、手机）		

一、中日韩内容消费市场概况

（一）总体规模

2015年中日韩三国内容消费市场规模为：中国1382.48亿美元、日本995.61亿美元、韩国421.92亿美元（见图2-5-1）。中国内容消费市场庞大，超过日本的40%，几乎是韩国3.3倍。在内容消费市场，中国于2013年超过日本，仅次于美国，跃居全球第二位。

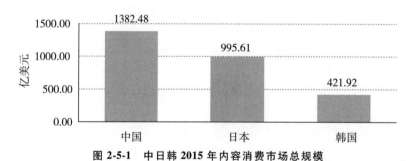

图 2-5-1　中日韩2015年内容消费市场总规模

资料来源：根据相关资料整理。

（二）按类别的内容消费市场比较分析

2015年中日韩三国内容消费市场，四个类别的消费量依次为图书/报纸1124.57亿美元，影像889.87亿美元，游戏462.21亿美元，音乐/声音323.36亿美元。三国的图书/报纸均占较大比重，约为总量的40%～50%，其次是影像，在总量的 26%～36%之间。中国的音乐/声音类、日本的影像类、韩国的图书/报纸和游戏类所占比例相对较高(见图 2-5-2、图 2-5-3)。

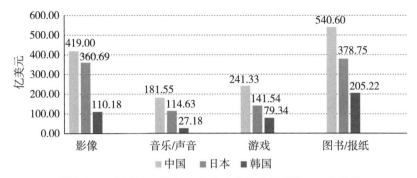

图 2-5-2　中日韩三国 2015 年内容消费市场规模——按类别

资料来源:根据相关资料整理。①

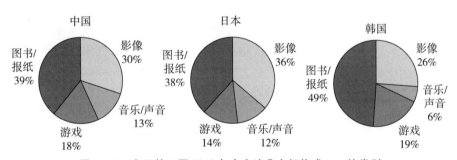

图 2-5-3　中日韩三国 2015 年内容消费市场构成——按类别

资料来源:根据相关资料整理。

三国在 2015 年的内容消费市场总增长率为:中国 14.9%、日本 0.5%、韩国 3.5%。中国继续维持两位数的增长率,遥遥领先,并在四个类别均保持了较高的增长率。游戏领域尤为突出,有着 31.4%的增长率。同样是游戏领域,日本却只有 -0.2%,这是自 2009 年六年以来日本该领域第一次出现负增长;韩国是 3.6%,增长放缓的倾向明显(见表 2-5-3)。

---

①　说明:中国的数据中未包含"影像软件销售额—租赁""音乐软件销售额—租赁""游戏厅游戏销售额""免费报纸/免费杂志";韩国的数据中未包含"影像软件销售额—租赁""音乐会门票收入""音乐软件销售额—租赁""免费报纸/免费杂志"。

表 2-5-3　中日韩三国 2015 年内容消费市场增长率——按类别[1]

类别	中国	日本	韩国
影像	12.4%	0.7%	1.3%
音乐/声音	6.9%	3.9%	5.4%
游戏	31.4%	-0.2%	3.6%
图书/报纸	13.4%	-0.5%	4.3%
总计	14.90%	0.50%	3.50%

资料来源：根据相关资料整理。

（三）按媒介的内容消费市场比较分析

从传播介质来看，2012 年以后中日韩三国均由实体为主转向以数字/在线为主，后者的比例逐年增加，2015 年三国数字/在线类总消费量达 1085.69 亿美元。然而三国侧重有所不同，中韩两国数字/在线约占总量的五成，保持了绝对优势，其中中国的数字/在线类总量达 651.07 亿美元，远超日韩两国；日本的数字/在线类仅有 21% 的比例，总量 204.15 亿美元，相比之下实体传播市场依旧强劲，总量 358.58 亿美元，市场占有率 36%（见图 2-5-4、图 2-5-5）。

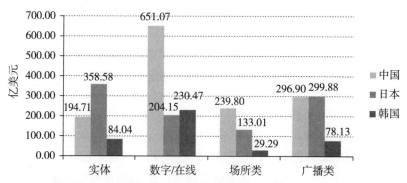

图 2-5-4　中日韩三国 2015 年内容消费市场规模——按媒介

资料来源：根据相关资料整理。

---

[1] 说明：总增长率为各内容领域增长率加权求和所得；各内容领域的增长率在 2014 年、2015 年均有数值的基础上，按照各国货币计算得出。

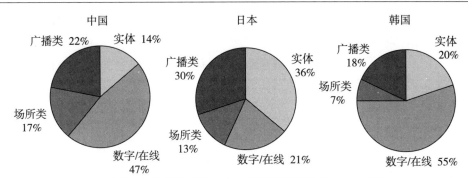

图 2-5-5 中日韩三国 2015 年内容消费市场构成——按媒介
资料来源：根据相关资料整理。①

三国按照媒介不同，增长率最高的项目为"数字/在线"，分别为中国 35.4%、日本 7.8%、韩国 8.1%（见表 2-5-4）。三国广播类的增长率均未超过 1%，市场规模与前一年大体持平。韩国的场所类出现了负增长，为 -8.9%。2015 年，一种名为 MERS 的传染病（中东呼吸综合征）流行，对提供内容的专用场所"场所类"的消费产生了负面影响，成为导致市场出现负增长的一个主要因素。

表 2-5-4 中日韩三国 2015 年内容消费市场增长率——按媒介

媒介	中国	日本	韩国
实体	-11.8%	-5.2%	-0.3%
数字/在线	35.4%	7.8%	8.1%
场所类	16%	5.8%	-8.9%
广播类	0.7%	0.7%	-0.1%
总计	14.9%	0.5%	3.4%

资料来源：根据相关资料整理。②

二、中日韩内容消费细分市场

（一）影像领域

在影像领域，按照消费总量的排序依次为广播类 639.38 亿美元、电影票房

---

① 说明：中国的数据中未包含"场所类—游戏厅""实体—视频软件（租赁）""实体—音乐软件（租赁）""实体—免费报纸/免费杂志"等 4 项的销售额；此外，在线游戏的数据包含在"实体—游戏机专用软件"中。

② 说明：总增长率为各内容领域增长率加权求和所得；各内容领域的增长率在 2014 年、2015 年均有数值的基础上，按照各国货币计算得出。

103.82亿美元、影像网络传播76.26亿美元、舞台门票40.11亿美元、影像软件30.3亿美元(见表2-5-5)。

表 2-5-5　中日韩三国 2015 年影像消费市场规模　　（单位:亿美元）

影像	中国	日本	韩国	合计
影像软件	1.52	28.64	0.14	30.30
影像网络传播	45.44	11.64	19.18	76.26
电影票房	70.74	17.93	15.15	103.82
舞台门票	25.96	14.15	—	40.11
广播类	275.34	288.33	75.71	639.38
地面波:卫星:CATV	—	70:16:14	55:07:38	
总计	419 (2610.35亿人民币)	360.69 (43683.18亿日元)	110.18 (124693.87亿韩元)	889.87

资料来源:根据相关资料整理。①

三国的广播类收入远超其他类别,占影像总量的绝对多数,其中日本的广播类占影像类消费收入的80%,比上一年上升了2个百分点。而随着网络普及率的提高及影像网络传播的高速增长,中韩两国的广播类收入持续减少。两国比前一年下降了2~4个百分点。此外,中国的电影票房收入和舞台门票收入、日本的影像软件销售额、韩国的影像网络传播销售额,均高于其他两国同类型收入所占的比例(见图2-5-6)。

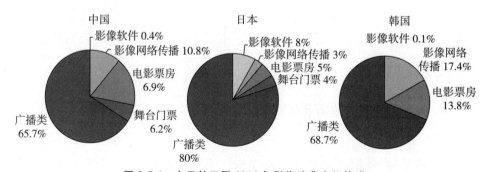

图 2-5-6　中日韩三国 2015 年影像消费市场构成

资料来源:根据相关资料整理。②

---

① 说明:由于收集项目的内容有所不同,各国间的定量比较存在与实际有所出入的情况;中国的数据不含"视频软件—租赁"的销售数据;韩国的数据不含"视频软件—租赁"和"舞台"门票的销售数据。

② 说明韩国无舞台门票收入数据。

中国的影像网络传播销售额的增长率最高,为70.9%。主要原因有三点:一是在线视频广告市场发展已经日趋成熟,各视频巨头积极改进用户体验环境,使得付费用户数量不断增长;二是版权保护逐步完善,盗版影像日渐减少;三是大数据增强了视频广告的精准性与创新性,帮助广告商面向不同的用户群实现诉求,推动视频广告量的新增长。

中国电影票房收入继续高歌猛进,2015年的增长率为48.7%,比前一年增长了约49%。特别是国产电影实现了约68%的增长率,究其原因,主要有三点:首先,国产电影优势明显。在电影票房年度排行榜前十名的影片中,国产电影占据了七个席位,国产片在类型的丰富性、对本土观众消费需求的接近性以及创作和制作水平上都有了长足提升。其次,三线城市以下的电影院线得到迅速扩展,2015年城市人口人均年观影次数已达1.6次,观众观影习惯初步养成。观众观影行为受到互联网口碑的深刻影响,"票房黑马"往往借助于互联网口碑实现逆袭。再次,观众的观影偏好呈现多元化,从对大导演拍摄、豪华明星阵容的人气大片趋之若鹜,转向新生代导演、低预算的文艺片等所谓的"小众"电影也可以在市场上占有一席之地。2015年,中国电影业新人辈出,80%的高票房电影来自新生代导演。

舞台门票收入也实现了9%的增长率,新业态的出现推动了舞台演出行业转型升级。热门文学、影视、游戏IP改编的舞台作品不断涌现。剧场与商场相互结合,剧场获得了受众群、配套设施和地理位置的优势。演出营销推广方式多样化、渠道多元化,自媒体(微博、微信公众平台)成为演出营销推广的重要渠道。与国际接轨更加全面、紧密。2015年,越来越多的国际知名乐团、剧团、舞蹈团来到中国演出。中外演出项目联合制作进一步加深。政策方面,2015年政府逐步转变对文艺表演团体的扶持方式,由直接拨款转变为购买服务、基金资助、公益演出补贴等形式,有剧目创作、有演出场次才能获得政府补贴,扶持方式的转变促进资源配置优化,政府资金发挥出更大的引导激励作用。

日本2015年影像网络传播销售额增长率最高,这是由于Netflix和Amazon在日本登陆,加之消费者对影像网络服务整体的认知提升,二者的综合作用推动了影像的网络传播销售量大增;同时也导致影像软件销售额的进一步减少,比前一年下降了2个百分点。

韩国的影像网络销售额近年来呈2位数字的大幅增长,IPTV的迅猛发展功不可没。由于其服务提供的多样性,2015年用户突破了1000万,用户增长率为17.5%;用户增加也带来了广告及电视购物手续费的增加,这也成为影响网络销售额增长的重要因素。而实体影像软件的销售额与前一年相比,则显著减少了48.4%。这也再次说明,影像内容的消费方式呈网络化是大势所趋,销售/租赁的需求大幅减少。

表 2-5-6　中日韩三国 2015 年影像消费市场增长率

影像	中国	日本	韩国
影像软件	3.2%	-9.8%	-48.4%
影像网络传播	70.9%	12.4%	30.3%
电影票房	48.7%	4.9%	3.1%
舞台门票	9.0%	11.3%	—
广播类	0.7%	0.8%	-0.2%
总计	12.4%	0.7%	1.3%

资料来源:根据相关资料整理。①

(二) 音乐/声音

在音乐/声音领域,卡拉 OK 一枝独秀,总量达 185.97 亿美元,其他四类基本持平,按照消费总量的排序依次为演唱会 35.95 亿美元、广播播放 35.53 亿美元、音乐网络传播 34.33 亿美元、音乐软件 31.58 亿美元(见表 2-5-7)。

表 2-5-7　中日韩三国 2015 年音乐/声音消费市场规模　　(单位:亿美元)

音乐/声音	中国	日本	韩国	合计
音乐软件	0.9	29.68	1.00	31.58
音乐网络传播	15.99	8.29	10.05	34.33
卡拉 OK	135.79	36.99	13.19	185.97
演唱会	7.31	28.12	0.52	35.95
广播播放	21.56	11.55	2.42	35.53
总计	181.55 (1131.04 亿元)	114.63 (13882.94 亿日元)	27.18 (30759.19 亿韩元)	323.36

资料来源:根据相关资料整理。②

三国的卡拉 OK 销售额所占比例均为最大值,其中最高的中国,卡拉 OK 销售额约占到音乐类消费市场总量的 75%。卡拉 OK 作为音乐产业的重要组成部分,其发展惠及房地产、餐饮与服务业、专业音响设备等多个行业领域。除去日本卡拉 OK 之外,音乐软件销售额和演唱会门票收入较高韩国的卡拉 OK 销售额占比最高,达 37%(见图 2-5-7)。

---

① 说明:市场增长率按各国当地货币进行了计算。
② 说明:由于收集项目的内容有所不同,各国间的定量比较存在与实际有所出入的情况;中韩两国的数据不含"音乐软件—租赁"的销售额。

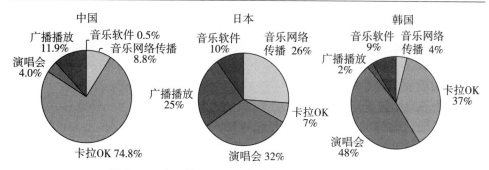

图 2-5-7　中日韩三国 2015 年音乐/声音消费市场构成

资料来源：根据相关资料整理。①

在音乐/声音领域,中国占比最大的卡拉 OK 销售额在上一年曾一度下滑,但在 2015 年又重新回到增长态势。中国的音乐网络传播销售额的增长率约为 32%,自 2009 年以来连续 6 年呈 2 位数字的增长。音乐版权保护环境的持续改善,技术的不断创新,音乐服务的完善化,使得在线音乐市场整体规模呈稳步上升的趋势。2015 年腾讯旗下的多家网络运营公司与唱片公司加强了战略合作关系,旨在扩充公司的音乐内容库。此外,2015 年 9 月下旬定额制音乐网络销售服务"苹果音乐"正式开始运行,也成为市场扩大的一个原因。

日本的演唱会门票收入自 2009 年以来持续增长,是音乐类中增长最快的部门,2015 年总量与音乐软件销售额持平(见表 2-5-7)。

韩国的音乐网络传播销售额自 2009 年以来呈现持续增长态势,付费在线音乐的服务市场不断扩大是主要原因。

表 2-5-8　中日韩三国 2015 年音乐/声音消费市场增长率

音乐/声音	中国	日本	韩国
音乐软件	-9.1%	0	6.8%
音乐网络传播	31.9%	2.8%	14.2%
卡拉 OK	5.8%	-4.1%	-0.3%
演唱会门票	4.2%	25.2%	7.3%
广播播放	1.1%	-0.2%	2.8%
合计	6.9%	3.9%	5.4%

资料来源：根据相关资料整理。②

---

① 说明中国的卡拉 OK 数据包含了该行业的所有相关数据,如餐饮等。
② 说明：总增长率为各内容领域增长率加权求和所得；市场增长率按当地货币计算。

（三）游戏领域

在游戏领域，按照消费总量的排序依次为网络游戏291.53亿美元、手机游戏115.45亿美元、游戏厅36.24亿美元、游戏机专用软件18.99亿美元（见表2-5-9）。

表2-5-9　中日韩三国2015年游戏消费市场规模　　　　（单位：亿美元）

游戏	中国	日本	韩国	合计
游戏机专用软件	0.35	17.17	1.47	18.99
网络游戏	158.38	86.49	46.66	291.53
手机游戏	82.60	2.06	30.79	115.45
游戏厅	—	35.82	0.42	36.24
总计	241.33（1503.5亿元）	141.54（17142.39亿日元）	79.34（89782.78亿韩元）	462.21

资料来源：根据相关资料整理。①

三国的数字/在线媒介类游戏（网络游戏和手机游戏）销售额均占绝对优势。而三国对于为智能手机开发的游戏，其销售额的统计部门有所不同，中韩两国计入手机游戏，中韩两国的网络游戏主要指的是PC端的在线游戏；日本则更为细化，智能手机的游戏销售额也计入网络游戏中，日本的手机游戏指的是非在线的移动端游戏，因此，日本的手机游戏消费市场规模与中韩两国相比，明显过于微弱。中韩两国的游戏消费市场构成较为相似，网游与手游占据绝对优势。日本的游戏厅和游戏机专用软件两类线下实体、非数字的游戏介质依旧占据了游戏消费市场总量的三分之一强（见图2-5-8）。

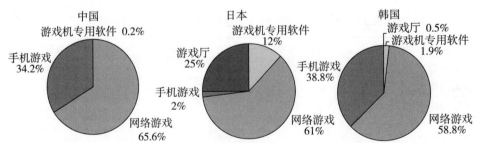

图2-5-8　中日韩三国2015年游戏消费市场构成

资料来源：根据相关资料整理。②

---

① 说明：由于收集项目的内容有所不同，各国间的定量比较存在与实际有所出入的情况。中国的数据中未包含游戏厅游戏营业额。

② 说明：中国未包含游戏厅游戏营业额。

各国的数字/在线游戏(网络游戏销售额和手机游戏销售额)均保持持续增长。这与智能手机日益普及密切相关。其中,中国的手机游戏销售额大幅增长,达87.2%。中国是三国智能手机的普及以及移动网络发展最为迅猛的国家,特别是2015年4G网络的向下发展,向着全球规模最大的4G网络发展。移动用户特别是移动端游戏用户的增加尤为显著,这就吸引了大量资本转向数字/在线游戏领域,推动了游戏在该领域的爆炸式发展。

日本的网络游戏销售额增长了5.2%,与移动游戏销售额合计达到88亿多美元。为了应对急速增长的手机游戏市场,韩国的游戏开发公司创新了可在短时间内开发多款游戏的机制,通过改编,投入了大批量的小规模游戏开发项目,2015年的手机游戏销售额大幅增长,达19.6%。

表 2-5-10　中日韩三国 2015 年游戏消费市场增长率

游戏	中国	日本	韩国
游戏机专用软件	—	-17.5%	3.9%
网络游戏	13.5%	5.2%	-4.7%
手机游戏	87.2%	-47.7%	19.6%
游戏厅	—	2.8%	-10.3%
总计	38.56%	0.82%	4.71%

资料来源:根据相关资料整理。①

(四) 图书/报纸

在图书/报纸领域,按照消费总量的排序依次为网络广告441.23亿美元、报纸208.16亿美元、书籍207.64亿美元、网络传播(电子书)125.81亿美元、杂志122.72亿美元、免费报纸/免费杂志19.02亿美元(见表2-5-11)。

表 2-5-11　中日韩三国 2015 年图书/报纸消费市场规模　(单位:亿美元)

图书/报纸	中国	日本	韩国	合计
书籍	100.16	61.26	46.22	207.64
杂志	34.65	84.59	3.48	122.72
报纸	57.13	119.30	31.73	208.16

---

① 说明:中国的数据不含游戏厅游戏营业额,同时前一年的游戏机专用软件销售额无统计数据,故此二项为空栏;市场增长率按照各国当地货币进行计算。

续表

图书/报纸	中国	日本	韩国	合计
免费报纸/免费杂志	—	19.02	—	19.02
网络传播(电子书)	11.95	18.67	95.19	125.81
网络广告	336.71	75.91	28.61	441.23
总计	540.60 (3367.95亿元)	378.75 (45870.20亿日元)	205.22 (232244.63亿韩元)	1,124.57

资料来源：根据相关资料整理。①

在图书/报纸领域，中韩两国数字/在线媒介(网络传播和网络广告)的销售额占到了总量的六成以上：其中中国的网络广告收入占总量的62%，远超日韩两国；韩国则是网络传播(电子书)的销售最优。而日本的实体图书报纸状况良好，书籍、报纸、杂志以及免费书报的收入占总量的3/4，网络传播(电子书)一块电子漫画有压倒性的人气优势。2015年韩国的网络传播(电子书)销售额比重较大的主要原因为 e 学习的市场广阔，韩国人无论儿童还是成人，习惯使用 e 学习服务(见图 2-5-9)。

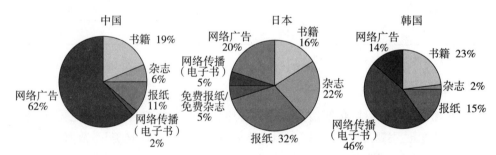

图 2-5-9　中日韩三国 2015 年图书/报纸消费市场构成

资料来源：根据相关资料整理。②

中国的报纸收入减少了 38.2%，其主要原因是都市类报纸降幅严重，党报虽以机关订购为主，情况良好，但都市类报纸比重较大且可替代性强，正逐渐被新媒体所取代。此外，中国的网络广告收入比增长了 36.2%。如前所述，这与 2015 年 4G 的普及推广、手机移动用户急速增长使得电子广告进一步扩展不无关系。

---

①　说明：中韩两国的数据中未包含"免费报纸/免费杂志"；韩国的书籍销售收入中包含了部分杂志销售收入。

②　说明：中韩两国的数据中均未包含"免费报纸/免费杂志"项。

日本的杂志收入和书籍销售收入持续缩减。尽管网络传播销售额和网络广播收入呈2位数的大幅增长,但实体媒介的减少量更大,二者无法持平,故该领域整体呈现出0.5%的负增长率。

韩国的网络传播销售额大幅增长了10.0%。2015年网络小说异军突起。大量网站首页提供了网络小说相关服务,并推动部分人气作品出版。另外,电子漫画与前一年相比大幅增长了23%。由于现有的免费电子漫画服务中一部分开始收费,消费者关于电子漫画免费的意识也开始发生转变。

表2-5-12 中日韩三国2015年图书/报纸消费市场增长率

图书/报纸	中国	日本	韩国
书籍	12.8%	-1.7%	-0.5%
杂志	-6.7%	-7.0%	-10.1%
报纸	-38.2%	-3.3%	1.3%
免费报纸/免费杂志	—	-0.6%	—
网络传播(电子书)	6.7%	11.7%	10.0%
网络广告	36.2%	11.5%	0.3%
总计	13.4%	-0.5%	4.3%

资料来源:根据相关资料整理。①

三、总结

研究表明,中国的内容消费市场整体大幅增长了14.9%。而根据国家统计局公布的数据,2015年中国文化及有关产业增加值27235亿元,比上年名义增长11%,比同期GDP名义增速高4.6个百分点,在2014年增长12.2%的基础上持续两位数增长,同时增速远高于同期GDP增长,呈迅速增长态势。在中国经济面临较大下行压力、寻求经济转型新动力的关键时刻,文化产业正以矫健的步伐向国民经济支柱性产业迈进。

不难发现,2015年中日韩三国的内容消费市场呈现出明显倾向:正进一步由实体转向数字/在线化。数字/在线媒介的内容消费均为三国增速最高的部门,而实体市场均有着较大程度的下滑,出现了负增长,即便是在实体媒介占据了当年市

---

① 韩国的书籍销售收入中包含了部分杂志销售收入;总增长率为各内容领域增长率加权求和所得;市场增长率按照当地货币计算。

场三分之一强的日本也不例外。这说明,"互联网+"在推动数字/在线媒介的内容消费方面日臻日上,无论各国持开放还是保守的态度,都不可避免地以各种方式参与到这一全球的时代洪流中来。

中国的内容消费市场保持了两位数增速,其中游戏市场的增幅最大,为31.4%,这与互联网的深入发展、智能手机的普及、无线网络覆盖以及技术的深化发展息息相关。数字技术的进步已对中国乃至世界的发展产生了极其深刻的影响。而游戏市场的增幅,也是数字技术的发展带来产业变化的缩影。移动技术将进一步改变产业格局成为文化产业等诸多领域的普遍判断。

2015年12月16日,第二届世界互联网大会在中国乌镇开幕。会议凝聚了共识——文化互联网行业将迎来新的发展。这一判断是基于"互联网+"在文化产业领域的广泛应用。通过互联网在生产要素资源配置中的优化和集成作用,文化产业的创新力、生产力不断增强,并不断变革着文化产品的生产和消费模式,带来文化产业提质升级的新业态。

附 本文数据来源:

分类		中国	日本	韩国
影像	影像软件	国家新闻出版广电总局:《2015年新闻出版产业分析报告(摘要)》,http://www.sapprft.gov.cn/upload/files/2016/8/9153448117.pdf	日本数字内容协会根据一般社团法人日本影像软件协会、日本影像伦理审查机构发布的数据推算。	韩国文化产业振兴院:《2016年内容产业统计调查报告书》。
	影像网络传播	《传媒蓝皮书:中国传媒产业发展报告(2016)》,社会科学文献出版社2016年版,第130页。	根据一般社团法人移动/内容/论坛调查推算。	播放通信委员会:《2016年度播放产业实态调查报告书》;韩国电影振兴委员会:《2015年韩国电影产业决算》;韩国文化产业振兴院:《2016年内容产业统计调查报告书》。

续表

分类		中国	日本	韩国
影像	电影票房	《2016中国广播电影电视发展报告》，中国广播影视出版社2016年版，第212页。	一般社团法人日本电影制作者联盟。	韩国电影振兴委员会：《2015年韩国电影产业决算》。
	舞台门票	中国演出行业协会：《2015中国演出市场年度报告》http://www.capa.com.cn/news/showDetail/81366	票务网站pia。	无
	广播类	《2016年中国传媒产业发展报告》，社会科学文献出版社2016年版，第4页。	一般社团法人日本民间播放联盟：《电视、广播影业收入预测》；NHK：《业务报告书》；总务省：《2015年度民间播放企业的收支情况》。	播放通信委员会：《2016年度播放产业实态调查报告书》。
音乐/声音	音乐软件		一般社团法人日本唱片协会。	韩国文化产业振兴院：《2016年内容产业统计调查报告书》。
	音乐网络传播	中国音像与数字出版协会音乐产业促进工作委员会：《2016中国音乐产业发展报告（总报告）》，http://www.sohu.com/a/118826992_483389，检索日期：2017年12月5日。	手机音乐：根据一般社团法人移动/内容/论坛调查推算；电脑音乐：日本数字内容协会根据一般社团法人日本唱片协会发布数据推算。	
	卡拉OK		全国卡拉OK企业协会：《卡拉OK白皮书》。	
	演唱会		票务网站pia。	
	广播播放	《新媒体蓝皮书：中国新传媒发展报告No.7(2016)》，社会科学文献出版社2016年版，第349页。	一般社团法人日本民间播放联盟：《电视、广播营业收入预测》；总务省：《2015年民间播放企业的收支情况》。	

续表

分类		中国	日本	韩国
游戏	游戏机专用软件	中国音像与数字出版协会游戏出版工作委员会：《2015年中国游戏产业报告（摘要版）》，http://cdn.cgigc.com.cn/report/2015/report_2015_12-1.pdf	一般社团法人电脑娱乐协会：《CESA游戏白皮书》。	韩国文化产业振兴院：《2016年内容产业统计调查报告书》。
	网络游戏		一般社团法人日本网络游戏协会：《JOGA网络游戏市场调查报告》。	
	手机游戏		根据一般社团法人移动/内容/论坛调查推算。	
	游戏厅	无	日本娱乐产业协会：《娱乐产业界的实际情况调查》。	
图书/报纸	书籍	《传媒蓝皮书：中国传媒产业发展报告（2016）》，社会科学文献出版社2016年版，第114页。	社团法人全国出版协会：《出版指数年报》。	韩国文化产业振兴院：《2016年内容产业统计调查报告书》。
	杂志	《2016年中国传媒产业发展报告》，社会科学文献出版社2016年版，第4页。	社团法人全国出版协会：《出版指数年报》；电通股份公司：《日本的广告费》。	
	报纸	《2016年中国传媒产业发展报告》，社会科学文献出版社2016年版，第4页。	社团法人日本报纸协会。	
	免费报纸/杂志	无	电通股份公司：《日本的广告费》。	
	网络传播（电子书）	中国数字出版产业年度报告课题组：《2015—2016中国数字出版产业年度报告》。中国新闻出版广电报微信公众号：https://mp.weixin.qq.com/s?__biz=MjM5MzIwMTgyNA==&mid=2650614051&idx=1&sn=1f276fc8189067429cc1345faa368728&scene=0#wechat_redirect。	智能手机的电子书传播：根据根据一般社团法人移动/内容/论坛调查推算；智能手机以外的电子书传播：IMPRESS R&D股份公司：《电子书籍商业调查报告书》。	

续表

分类		中国	日本	韩国
图书/报纸	网络广告收入	《2016年中国传媒产业发展报告》,社会科学文献出版社2016年版,第4页;《新媒体蓝皮书:中国新传媒发展报告No.7(2016)》,社会科学文献出版社2016年版,第3页。	电通股份公司:《日本的广告费》。	

区域与案例报告

区域报告一

北京地区文化产业发展报告

张京成　沈晓平*

《北京城市总体规划(2016—2035)》(以下简称《总规》)作为新中国成立以来北京第七个版本的城市总体规划,以习近平总书记两次视察北京重要讲话精神为根本遵循,紧紧围绕"建设一个什么样的首都、怎样建设首都"这一重大问题,明确了北京未来发展的基本框架和目标任务。《总规》围绕全国政治中心、文化中心、国际交往中心、科技创新中心的城市战略定位展开;其中,文化中心是四个中心建设的重要任务。

在北京市推进全国文化中心建设领导小组第一次会议上,北京市委书记蔡奇同志强调,文化中心建设要着重做好首都文化这篇大文章,重点是"一核一城三带两区",即以培育和弘扬社会主义核心价值观为引领,以历史文化名城保护为根基,以大运河文化带、长城文化带、西山永定河文化带为抓手,推动公共文化服务体系示范区和文化创意产业引领区建设,把北京建设成为弘扬中华文明与引领时代潮流的文化名城、中国特色社会主义先进文化之都。

在如何推进文化中心建设方面,《总规》提出历史文化名城保护计划,即从旧城、中心城区、市域和区域四个空间层次范围,建设长城、大运河、西山永定河三条文化带,同时加强世界遗产及文物等九个方面的保护、传承与合理利用。《总规》要求建设"公共文化服务体系示范区和文化创意产业引领区",为北京文化创意产业的发展提供了政策驱动。

一、发展与优势

(一)系列政策出台激发文化创意产业创新创业活力

加强首都全国文化中心建设,既是落实《北京城市总体规划(2016—2035)》、

---

* 张京成,中国创意产业研究中心、北京市科学技术情报研究所研究员;沈晓平,中国创意产业研究中心、北京市科学技术情报研究所副研究员。

加快建设国际一流和谐宜居之都的重大战略举措,也是首都文化创意产业激发创新活力、实现创新发展的新机遇。

2016年,北京市聚焦全国文化中心建设,加强政策引导力度,发布了《北京市"十三五"时期加强全国文化中心建设规划》(以下简称《规划》),积极推动首都文化改革发展,为北京建设国际一流的和谐宜居之都提供了强有力的文化支撑。这是北京首次将加强全国文化中心建设规划列为市级重点专项规划。《规划》将"激发文化创意产业创新创造活力"作为重点任务之一,既是文化创意产业发展的机遇,也对产业提高对文化中心的支撑能力提出了更高的要求。为切实推进全国文化中心建设这一重点工作,北京市于2017年8月成立由市委书记任组长的推进全国文化中心建设领导小组,为文化创意产业在未来一段时期的加速发展提供了组织保障。

为深入贯彻落实《京津冀协同发展规划纲要》及《中共北京市委北京市人民政府关于贯彻〈京津冀协同发展规划纲要〉的意见》,有序疏解北京非首都功能,加快建设全国文化中心,努力构建高精尖产业,2016年5月,北京市人民政府办公厅发布了《北京市文化创意产业发展指导目录(2016年版)》,将文化创意产业各业态分为鼓励类、限制类和禁止类,将不符合首都功能的部分劳动密集型的文化制造环节和占用过多土地资源的文化业态列入限制和禁止目录。有序转移、疏解文化创意产业不同业态和生产环节,有助于文化创意产业向更高形态发展。

2016年,北京市还出台了《北京市"十三五"时期文化创意产业发展规划》以及部分细分行业领域的发展规划或实施意见,为文化创意产业及细分领域的发展提供了政策引导。其中,《北京市"十三五"时期文化创意产业发展规划》提出,"到2020年,文化创意产业增加值占全市GDP比重力争达到15%左右"的目标,对产业发展布局和建设"高精尖"文化创意产业体系提出具体要求,并布置了六大重点任务。

陆续发布的细分领域政策对精准指导行业发展提供了政策依据。2016年2月,北京市人民政府发布了《关于促进旅游业改革发展的实施意见》。2016年6月,北京市旅游委、发改委发布了《北京市"十三五"时期旅游和会展业发展规划》。2016年7月,北京市人民政府办公厅发布《关于支持戏曲传承发展的实施意见》。同时,为贯彻落实《国务院关于加快发展对外文化贸易的意见》,推动北京市对外文化贸易发展,北京市人民政府于2016年3月发布《关于加快发展对外文化贸易的实施意见》,为推动北京文化创意走出去参与国际文化合作与竞争提供了政策支持。

（二）非首都功能疏解和京津冀协同发展为北京文化创意产业提供更好的发展空间

自 2015 年北京市开始实施疏解和调整非首都功能工作以来，对一般性制造业、区域性物流基地和区域性批发市场，部分教育、医疗机构，部分行政性、事业性服务机构等"不符合首都城市战略定位功能"的产业或领域通过控增量、疏存量等方式进行了重点疏解。疏解后的新北京，其产业将是代表国家参与国际竞争的重点产业，将插上"互联网+"和"绿色低碳"的翅膀。

为配合非首都功能疏解工作，北京市制定实施并修订完善了全国首个以治理"城市病"为目标的《北京市新增产业的禁止和限制目录》，全市禁限行业占国民经济行业分类的比重达到 55%，城六区达到 79%。目录实施以来，"聚"和"招"的态势进一步扭转，从严调控一般制造业、农林牧渔业、批发和零售业。同时未列入禁限目录的金融业、文化体育娱乐业、科技服务业同比分别增长 12.77%、26.76%、22.53%。①

通过疏解非首都功能，北京不断降低传统工业和低附加值服务业的比重，集中发展高端制造业、金融业、文化创意产业等，构建"高精尖"经济结构步伐进一步加快。随着非首都功能疏解的推进，文化创意产业发展的空间有所增大，疏解腾退空间被优先用于补充完善国家文化设施等功能，为文化创意产业的借势发展创造了良好的环境。

京津冀协同发展是当前中国三大国家战略之一，文化创意产业协同是实现京津冀协同发展的内容之一。2016 年以来，北京进一步加强文化创意产业优质资源的流动和配置，北京市与天津市、河北省在文艺创作、文物保护、产业发展等方面开展了全方位、多角度的合作，为北京文化创意产业拓宽了发展空间。北京通过与天津、河北两地合作举办文化创意创新创业大赛和设立北京国际设计周天津、河北分会场等形式，加强了京津冀三地文化创意产业的互动、合作、协同。

（三）文化科技融合示范功能区是北京文化创意产业发展的重要增长极

随着文化创意产业的不断发展升级，科技的支撑作用愈加重要，文化与科技融合的趋势日益明显。文化科技融合发展是北京市实现文化创新、科技创新"双轮驱动"战略的主战场，也是充分发挥国家级文化和科技融合示范基地作用及北京市科研资源与高新技术产业优势、提升文化创意产业增加值和成果转化率的政策载体。

---

① 《本市推进非首都功能疏解工作成果》，北京市发展和改革委员会网站，http://zhengwu.beijing.gov.cn/zwzt/sjfsdgn/zxjz/t1482699.htm，检索日期：2018 年 3 月 12 日。

北京市于2014年首次规划了20个文化创意产业功能区的空间布局[《北京市文化创意产业功能区建设规划(2014年至2020年)》],中关村国家自主创新示范区海淀园区和石景山园区属于文化科技融合示范功能区。

中关村海淀园区集聚了文化软件服务、互联网信息服务、文化增值电信服务、移动互联产业等重点产业。文化科技融合示范功能区的各项创收指标均远高于其他文化创意产业功能区,是北京文化创意产业功能区的重要增长极。

2016年,文化科技融合示范功能区中关村海淀园区文化创意产业的资产、收入、利润等继续稳定增长。规模以上文化创意产业单位数量为2160家,占20个功能区的40.7%;收入、税金、就业、资产和利润分别为5665.26亿元,占51%;272亿元,占60.5%;53.46万人,占57.7%;10320.17亿元,占53.5%;494.76亿元,占58.3%。

海淀区文化科技融合业态主要是基于互联网和移动互联网的文化创意产业形态。2016年,海淀区文化创意产业生产、传播、消费的数字化、网络化进程加快,文化科技融合业态成为海淀区文化创意产业发展的新动能和增长点,互联网文化产业优势明显。2016年主导行业软件和信息技术服务业收入合计4361.3亿元,产业占比68.3%,充分体现了海淀区"互联网+"产业优势。2016年,海淀区收入合计超100亿元文创单位8家,其中4家为文化科技融合业态,分别为腾讯、百度、神州数码和微软中国。

石景山区文化科技融合业态主要是网络游戏、影视动漫、数字媒体等文化创意产业形态。2016年,中关村科技园石景山园文化创意产业实现收入360亿元,同比增长10.5%。中关村科技园石景山园动漫网游及数字内容功能区形成了网络游戏、影视动漫、数字媒体互为支撑的发展格局。一方面,通过影游联动、实施大IP战略,2017年上半年已向市场投放一批游戏+影视产品,一些公司在美国成立分公司,布局海外市场。另一方面,VR产业表现良好,在VR产业链布局上,已经拥有了以搜狐畅游、蓝港等为代表的游戏公司,以华录百纳、华谊兄弟等为代表的影视文化公司,以暴风科技为代表的VR生态平台,以安趣科技、疯景科技为代表的VR全景软硬件服务等一大批优质企业。

(四)产业规模稳步增长,增加值占GDP比重稳中有升

为更好地反映创新对经济增长的贡献,2016年,北京市统计局按照国家统计局部署,改革了研发支出核算方法,将研发支出由原来作为中间消耗调整为计入地区生产总值。实施研发支出核算方法改革后,北京地区GDP总量及文化创意产业增加值相应增加,GDP增长速度和文化创意产业增长速度(可比价格)有所变化,

文化创意产业占 GDP 比重也有所变化。①

2016年,文化创意产业实现增加值(含研发支出)3570.5亿元②,占地区生产总值比重14%,按可比价格③计算比2015年增长8.0%,高于GDP增速1.2个百分点。2016年全年收入合计17885.8亿元,比上年增长12.6%;资产总计为37921.3亿元,比上年增长18.9%;从业人员平均人数为198.1万人,比上年减少2.1%(表3-1-1)。2007—2016年,文化创意产业年平均增速为15.8%。

表 3-1-1　2011—2016 年北京文化创意产业基本情况

年份	增加值(亿元)	资产总计(亿元)	收入合计(亿元)	从业人员平均人数(万人)
2011	1989.9	12942.6	9012.2	140.9
2012	2205.2	15575.2	10313.6	152.9
2013	2578.1	18234.2	11657.1	161.7
2014	2826.3	26441.8	13982.0	191.6
2015	3253.8	31893.9	15877.8	202.3
2016	3570.5	37921.3	17885.8	198.1

数据来源:北京市统计局《北京统计年鉴》(2012—2016年)和北京市统计局官网。

自2006年以来,北京文化创意产业增加值逐年稳步增长,增长速度震荡中趋于稳定。根据按可比价格计算的产业增速,大致可将产业发展分为两个阶段。第一阶段是2006—2009年,受2008年奥运会前的投资和消费拉动,产业保持两位数以上增长速度,并于2008年达到最大,2009年受全球范围金融危机影响,北京文化创意产业增速下滑,但仍然达到11.3%。2010年后,随着奥运经济热度的下降,国际国内经济形势的持续低迷和北京地区经济进入"稳增长调结构"时期,北京文化创意产业进入第二个发展阶段,震荡调整中趋于稳定。第二阶段多数年份产业增速在10%或以下,但在2013年增速冲高至14.7%,随后2014年增速大幅回落至6.2%,2015年和2016年增速反弹,为9.7%和8.0%,呈现震荡抬升的趋势(表3-1-2)。

---

①　目前,北京市统计局仅公布了2015年和2016年含研发支出的文化创意产业增加值的修订数据,因此本报告相应仅调整2015年和2016年文化创意产业增加值及其内部各领域的增加值数据,下同。

②　北京市自2016年4月1日起实施第一次修订的《文化创意及相关产业分类》(DB11/T 763—2015),调整了文化创意及相关产业的统计口径,新的分类方法仍将文化创意产业分为9个大类(具体名称有所变化),分别为:文化艺术服务、新闻出版及发行服务、广播电视电影服务、软件和信息技术服务、广告和会展服务、艺术品生产与销售服务、设计服务、文化休闲娱乐服务、文化用品设备生产销售及其他辅助服务,下设33个中类、131个小类。

③　本文计算可比价格时,采用第三产业缩减指数。文中未标明"可比价格"之处的增速均为现价增速。

表 3-1-2　北京文化创意产业增加值及其增速、占 GDP 比重

年份	文化创意产业增加值（亿元）	文化创意产业增加值占 GDP 比重(%)	文化创意产业增速（可比价格）(%)	地区生产总值增速(%)
2006	823	10.1	16.1	13.0
2007	1008	10.2	14	14.5
2008	1346	12.1	29.8	9.1
2009	1490	12.3	11.3	10.2
2010	1698	12	7.8	10.3
2011	1990	12.2	9.2	8.1
2012	2205	12.3	8.1	7.7
2013	2578	13	14.7	7.7
2014	2826	13.3	6.2	7.3
2015	3254	13.7	9.7	6.9
2016	3581	14	8	6.8

数据来源：根据北京市统计局公开数据测算，可比价格增速根据第三产业缩减指数计算。

自 2006 年以来，文化创意产业占地区生产总值的比重稳步提升，由 2006 年的 10.1% 提高至 2016 年的 14%。2016 年，文化创意产业增加值占地区生产总值的比重为 14%，比上年提高 0.3 个百分点。未来，随着非首都功能疏解和构建高精尖经济结构的推进，可以预见文化创意产业作为高精尖经济体系中的一员，在地区经济中的地位日益重要，产业在地区生产总值中的比重也会日益提高。

（五）艺术品交易、软件网络及计算机服务和广告会展三个领域增加值的年均增速较高

从各领域 2007—2016 年增加值年均增速情况看，近年来由于中国嘉德、北京保利等龙头拍卖企业的大额拍卖价格以及电子商务介入艺术品交易，北京艺术品交易领域的增加值连年实现较大幅度增长，2007—2016 年增加值年均增速（现价，未扣除价格因素）达到 20.6%，是文化创意产业九个领域中年均增速最高的领域。其次是软件、网络及计算机服务和文化艺术，这两个领域 2007—2016 年的增加值年均增速分别为 18.8% 和 16.4%，均高于 2007—2016 年文化创意产业整体年均增速（15.8%）。广告会展（15.6%），设计服务（15.1%），其他辅助服务（13.5%）和广播、电视、电影（12.2%）四个领域的增加值年均增速略低于文化创意产业整体年均

增速,旅游、休闲娱乐(9.4%)和新闻出版(9.1%)的增加值年均增速相对较低(图 3-1-1,图 3-1-2)。

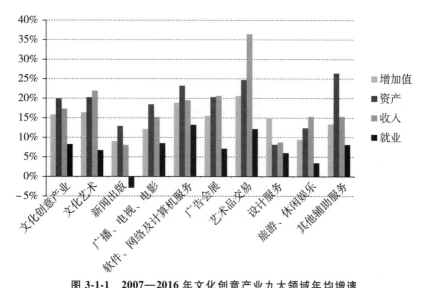

图 3-1-1　2007—2016 年文化创意产业九大领域年均增速

数据来源:根据北京市统计局《北京统计年鉴》(2007—2016 年)数据测算。

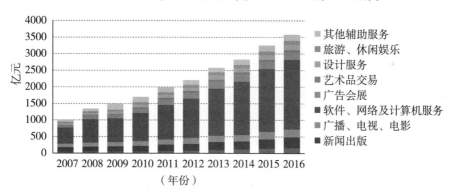

图 3-1-2　2007—2016 年文化创意产业九大领域增加值结构变动情况

数据来源:根据北京市统计局《北京统计年鉴》(2007—2016 年)和北京市统计局官网数据测算。

从 2007—2016 年资产年均增速情况看,其他辅助服务、艺术品交易、软件、网络及计算机服务、广告会展、文化艺术六个领域的资产年均增速分别为 26.4%、24.7%、23.2%、20.4%、20.2%,均高于文化创意产业总资产的年均增速(19.9%),说明从长期来看这些行业的资产规模得到了稳定的扩张,具有较好的发展性(图 3-1-1)。从九个领域资产结构看,软件、网络及计算机服务领域占绝对优势(图 3-1-3)。

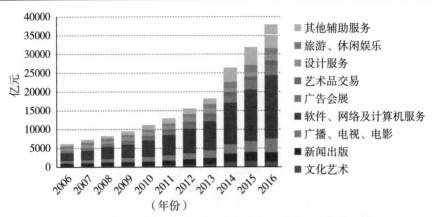

图 3-1-3　2007—2016 年文化创意产业九大领域资产结构变动情况

数据来源：根据北京市统计局《北京统计年鉴》（2007—2016 年）数据测算。

（六）广播、电视、电影领域人均创造增加值和人均资产最高，艺术品交易和文化艺术领域的收入年平均增速较高

文化创意产业从业人员人均创造增加值为18.1万元。分领域看，新闻出版领域人均创造增加值最高，为29.1万元。其次为广播、电视、电影领域，人均创造增加值28.4万元。其他辅助服务领域人均创造增加值最低，为8.6万元（表3-1-3）。

表 3-1-3　2016 年文化创意产业及其内部九大领域人均创收情况

领域	相比2015年人均增加值（万元/人）	人均资产（万元/人）	人均收入（万元/人）
文化创意产业	18.1	191.4	90.3
文化艺术	15.6	129.9	48.6
新闻出版	29.1	225.2	83.3
广播、电视、电影	28.4	454.1	123.1
软件、网络及计算机服务	21.5	170.9	71.3
广告会展	12.8	157.7	147.3
艺术品交易	20.8	374.4	421.2
设计服务	11.2	107.3	52.0
旅游、休闲娱乐	8.7	134.9	92.1
其他辅助服务	8.6	290.2	118.3

数据来源：根据北京市统计局公开数据测算。

从从业人员的人均资产情况看,广播、电视、电影领域从业人员的人均资产最高,为 454.1 万元;其次为艺术品交易,从业人员人均资产 374.4 万元;文化艺术和设计服务从业人员人均资产最低,分别为 129.9 万元和 107.3 万元。人均创收方面,艺术品交易领域从业人员人均创造收入最高,为 421.2 万元,远高于其他领域,是排名第二的广告会展业(147.3 万元/人)的近 3 倍;从业人员人均创造收入最低的两个行业是设计服务和文化艺术,分别为 52 万元和 48.6 万元。

从 2007—2016 年收入年均增速情况看,艺术品交易、文化艺术、广告会展、软件、网络及计算机服务四个领域的收入年均增速分别为 36.5%、21.9%、20.6%、19.5%,高于同期文化创意产业总收入的年均增速 17.3%,其次是旅游休闲娱乐、其他辅助服务、广播电视电影三个领域,收入年均增速分别为 15.4%、15.3%、15.2%,略低于文化创意产业总收入的年均增速,设计服务和新闻出版两个领域的收入年均增速最低,分别为 8.7% 和 8.0%(图 3-1-1、图 3-1-4)。

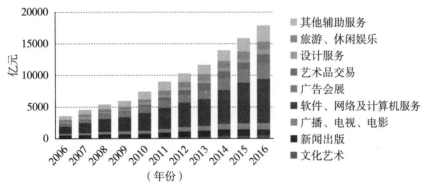

图 3-1-4　2006—2016 年文化创意产业九大领域收入结构变动情况

数据来源:根据北京市统计局《北京统计年鉴》(2007—2016 年)数据测算。

二、问题与分析

(一)规模以上文化创意产业创造了大部分的收入和利润,但收入比重近年来有所下降

规模以上文化创意产业创造了大部分资产和产出。2016 年,规模以上文化创意产业实现收入 15224.8 亿元,比上年增长 13.2%;利润总额达到 1095.1 亿元,比上年增长 3%;应交税金达到 586.1 亿元,比上年增长 2.9%;从业人员平均人数达到 125.7 万人,比上年增长 2.8%。2007—2016 年,规模以上文化创意产业收入年平均增长率为 16.6%(现价),利润年均增长 17.6%(现价),税收年均增长 14.5%,就业

年均增长17.6%。规模以上单位仍然是文化创意产业创收的核心力量。

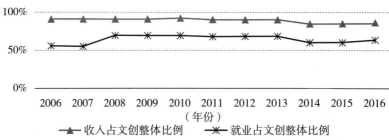

图 3-1-5　规模以上文化创意产业就业、收入及其占文创整体比重变动情况

数据来源：根据相关资料整理。

规模以上文化创意产业收入和就业比例近三年有所下降。从规模以上单位的收入和从业人员占文化创意产业整体比重的变动情况看，规模以上单位的收入占比和就业占比自2010年来有所下降，尤其是2014年以后下降明显（图3-1-5）。这在一定程度上是由于伴随近年来的"放管服"改革，北京中小文化创意企业创业增多。2013年以来，北京市先后取消调整行政审批1005项，精简比例达到64%。2016年，北京清理了220项非行政许可审批事项。通过简化优化政府服务，降低了交易成本，优化了文化创意产业创业创新环境，文化创意产业新的市场主体迅速增多，使得近几年规模以上文化创意产业虽然在绝对值上仍然保持比较稳定的增速，但在文化创意产业整体比重上有所降低。

（二）居民人均文化娱乐消费支出近三年出现负增长

从居民文化消费水平看，2016年，北京市城镇居民人均文化娱乐支出2635元，比上年减少292元；农村居民人均文化娱乐支出546元，比上年减少72元。城镇居民用于文化消费的人均文化娱乐支出占人均消费支出的比重，2008—2014年期间稳步上涨，由2008年的9.6%上升至2014年的11.3%；但自2014年以来出现较大幅度的下滑，2015年城镇居民用于文化消费的人均文化娱乐支出占人均消费支出的比重为8.7%，2016年人均文化娱乐支出占人均消费支出的比例进一步降低到6.9%（图3-1-6），文化消费对文化创意产业的支撑力仍显薄弱。

城镇居民人均文化娱乐支出实际增速①自2011年以来呈现下滑态势，2014年

---

① 在计算人均文化娱乐消费支出实际增速时，2016年采用"文化娱乐"价格指数作为缩减指数，2008—2015年采用"娱乐教育文化用品及服务"价格指数作为缩减指数。另外，自2015年起，居民收支数据将城镇地区的村委会由原来的农村划入城镇进行统计，一定程度上影响到城镇人均数据。

以来人均文化娱乐支出实际增速下滑剧烈,2015年和2016年增速为负,2016年的城镇居民人均文化娱乐支出实际增速虽然比2015年有所上升,但仍然是负增长。从城镇居民人均文化娱乐支出实际增速与城镇居民人均消费支出实际增速的走向可以看出,2008—2014年,城镇居民的人均文化娱乐消费支出实际增速高于城镇居民人均消费支出增速,而2015年和2016年城镇居民的人均文化娱乐支出实际增速则远低于城镇居民人均消费支出的增长速度(图3-1-6)。

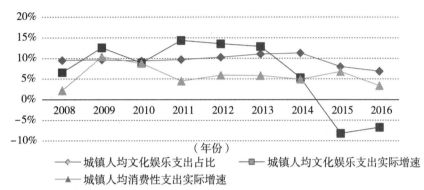

图3-1-6　2008—2016年北京城镇居民人均文化娱乐消费支出比重、增速

数据来源:根据北京市统计局《北京统计年鉴》(2008—2016年)和北京市统计局官网数据测算。

(三)新闻出版领域和旅游、休闲娱乐领域增加值份额逐年下降

从增加值构成看,2006—2016年,软件、网络及计算机服务领域所占比重远高于其他八个领域,2011年以来,增加值比重始终在50%以上(表3-1-4)。

新闻出版、广播电视电影、文化艺术这三个领域增加值份额呈逐年降低态势,需要引起关注。受新媒体迅速发展和媒体融合等的冲击影响,新闻出版领域增加值所占比重连年降低,由2006年的16.4%逐年降低至2014年的8.5%,2015年和2016年比重略有上升,新闻出版领域也是九个领域中增加值年均增速最低的(9.1%)。广播、电视、电影领域除2007年和2012年增加值比重比上年有所提高外,其他年份增加值比重均在降低,其比重由2006年的8.9%逐步降至2016年的6.5%。旅游、休闲娱乐领域增加值份额也呈现逐年小幅下降的态势,其增加值比重由2006年的5.9%逐年降至2016年的3.3%(表3-1-4)。

文化艺术领域增加值份额为先降再升,而艺术品交易领域的增加值份额则是先升后降。其中,文化艺术领域增加值比重经历了小幅下降再小幅上升的过程,2006—2010年文化艺术领域增加值比重逐步由4.3%降低至3.2%,2011年以来又逐步上升到2016年的4.5%,比重波动幅度不大。与文化艺术领域形成对比的是

艺术品交易领域,艺术品交易领域的增加值份额经历了先升后降的过程。2006—2016年期间,艺术品交易的增加值份额始终是九大领域中最低的,以2011年为分界,其增加值份额经历了前期稳步提高、后期逐年回落的过程。其增加值比重自2006年的1.2%稳步提高到2011年的2.8%这一最高值,其后逐年回落至2016年的1.8%(表3-1-4)。与此同时,艺术品交易领域是增加值年均增长速度最快的领域,2006—2016年其年均增速达到20.6%。

表3-1-4　2006—2016年文化创意产业内部九个领域增加值的构成情况(%)

领域＼年份	2006	2007	2008	2009	2010	2011	2012	2013	2014	2015	2016
文化艺术	4.3	3.8	3.2	3.3	3.2	3.4	3.4	3.8	4.1	4.3	4.5
新闻出版	16.4	14.1	11.4	10.7	10.1	9.6	9.4	9.4	8.5	8.7	9
广播、电视、电影	8.9	10.2	8.9	8.4	8.2	7.7	8.1	7.4	7.1	6.9	6.5
软件、网络及计算机服务	45.6	47.9	52.2	47.7	49.9	52.4	54.0	55.1	56.8	58.4	58.9
广告会展	6.3	6.4	8.3	6.6	7.5	8.0	7.6	8.0	7.8	6.7	6.2
艺术品交易	1.2	1.4	1.5	2.1	2.5	2.8	2.7	2.3	2	2	1.8
设计服务	4.9	4.9	3.9	5.1	5.0	4.6	4.4	5.1	4.5	4.1	4.6
旅游、休闲娱乐	5.9	5.0	4.3	4.1	4.1	3.9	3.8	3.6	3.5	3.3	3.3
其他辅助服务	6.4	6.3	6.2	12.1	9.6	7.5	6.5	5.3	5.7	5.6	5.2

数据来源:根据北京市统计局《北京统计年鉴》(2007—2017年)和北京市统计局官网数据测算。

三、思考与展望

(一)加强整合协调,促进文化创意产业提质增效

2017年8月,北京市委成立了"北京市推进全国文化中心建设领导小组",作为统筹全国文化中心建设各项工作的机构。领导小组的组长为市委书记,第一副组长为市委副书记、市长,副组长为市委常委、宣传部部长和市政府分管副市长,小组成员包括市委办公厅、市委组织部、市委宣传部等43个部门。领导小组下设一个办公室和七个小组,办公室设在市委宣传部,七个专项工作组分别为老城保护组、大运河文化带建设组、长城文化带建设组、西山永定河文化带建设组、文化内涵挖掘组、文化建设组和产业发展组。

建设首都文化创意产业发展引领区是北京市推进全国文化中心建设领导小组的工作之一。随着北京市推进全国文化中心建设领导小组的成立和运转,北京文化创意产业的发展有了更高级别的领导协调机构,再加上当前及今后一段时期处于强化首都核心功能、疏解非首都功能的历史背景,首都文化中心功能建设必然提速,而文化创意产业作为首都文化中心功能中的一个重要组成部分,今后一段时期是提质增效的关键期。

(二)统筹规划三个文化带建设,铺陈首都文化创意产业发展蓝图

为落实习近平总书记系列重要讲话,特别是两次视察北京重要讲话精神,传承发扬中华优秀传统文化、加快全国文化中心建设,北京正在积极推进"三个文化带"——大运河文化带、长城文化带、西山永定河文化带的建设。三大文化带以空间布局的形式将北京市主要文化资源串联成片、叠加成面,北京文化创意产业也将依托这三个文化带铺陈开来。因此,三个文化带是北京建设全国文化中心的重要抓手,也将是首都文化创意产业的基本空间依托。

大运河文化带主要是指世界文化遗产——中国大运河北京段,自北京西北方向穿过中心城区并经城市副中心通向东南方向,全长82千米,横跨昌平、海淀、西城、东城、朝阳、通州六区,沿线分布有密集丰富的高等级文物,在城市发展中承载了重要的文化记忆,是北京城流动的文化。通过统筹规划大运河文化带建设,将进一步挖掘这些文化地标的价值,进一步擦亮世界认可的国家文化符号。

长城文化带是指围绕长城保护开发衍生的文化体验地带。北京域内长城始建于北齐,大规模修建于明代,东起平谷西至门头沟,途径密云、怀柔、延庆、昌平四区,全长573千米。相应的长城文化带是长城沿线及其周边旅游休闲地带,建设长城文化带,将使历史上拱卫京城的军事设施转变成当今北京北部的历史文化体验带和生态环境保护带。

西山永定河文化带是指沿北京西部的太行山余脉和永定河沿线周边,历经从史前至当代漫长历史时期积淀形成的丰富的文化遗存。西山文化形态主要有:以清代"三山五园"为代表的特征鲜明的皇家文化,以大觉寺、卧佛寺等为代表的历史悠久的宗教文化,以妙峰山为代表的传统民俗文化,以景泰陵为代表的陵墓文化。永定河文化资源主要在门头沟地区,形成了以爨底下村、灵水村、琉璃渠村等为代表的古村落古道文化,以古幡盛会、太平鼓、秧歌戏等为代表的民间民俗文化,以潭柘寺、戒台寺、仰山栖隐寺、妙峰山惠济祠等300余座寺庙为代表的宗教寺庙文化,以及平西红色文化和生态山水文化等文化形态。

北京市提出长城、运河、西山永定河三个文化带的建设,有利于疏通古都北京

的历史文脉,为构建北京历史文化景观与自然生态景观相结合的古都风貌的基本格局奠定基础。

（三）做强做大国家文化产业创新实验区,引领京津冀文化协同发展

国家文化创新实验区位于朝阳区,是连接中心城区与北京城市副中心的关键节点。国家文化创新实验区以"北京商务中心区（CBD）—定福庄"一带为核心承载空间。该核心承载空间西起东二环朝阳区与东城区界,东至八里桥朝阳区与通州区界。经过近三年的建设发展,核心区高端文化资源要素聚集加快,文化产业提质增效升级发展,示范带动作用日益增强,逐步成为北京实施"文化创新"发展战略的重要承载区,成为首都"全国文化中心"建设的"新名片"。

国家文化创新实验区核心承载区文化创意产业的持续创新发展,将会形成对东城区、西城区等中心城区和通州区北京行政副中心等的辐射带动作用,并形成以东部中轴线沿线为主要承载地的文化创意产业发展轴,成为推动中心城区与北京行政副中心文化创意产业协同发展的地带。与此同时,借助通州区的地缘优势,通过加快该发展轴与河北、天津两地的文化创意产业合作,在京津冀一体化发展过程中形成文化创意产业发展的网络化效应,推进京津冀文化创意产业一体化进程。

（四）着力提升科技创新对文化创意产业的支撑力度

未来首都文化创意产业的新的增长空间将主要依赖于科技支撑力提升。文化创意产业是文化与科技融合的产物,科技是文化创意产业发展的重要支撑。鉴于传统文化产业增长空间受限,未来,首都文化创意产业的新的增长空间将主要依赖于科技支撑力提升,文化与科技创新资源互动衔接将有效带动首都创意产业的进一步发展。其中,"互联网+"是文化创意产业增长的新动力,首都文化创意产业的进一步发展提升,有赖于云计算、大数据、4G网络等新技术在产业内部的广泛应用,文化创意产业领域科技创新的快速发展,将不断为产业发展注入新的动力。

源源不断的科技创新与文化创意的结合,必将不断催生文化创意新业态,创造新的增长点。而首都科技创新飞速发展,也为文化创意产业提升科技支撑力提供了现实基础。2016年,科技创新对北京经济增长的贡献率超过60%。北京市高技术产业、信息服务业、科技服务业实现增加值占地区生产总值的比重达到42%[①],成为促进首都经济平稳发展的中坚力量,也是文化创意产业赖以提升发展质量、加快发展速度的重要依托。预计软件、网络及计算机服务业和设计服务等与科技创新密切关联的行业产值比例将进一步提高。

---

① 《科技创新,首都的时代使命》,《人民日报》2017年8月7日第11版。

(五)引导增加文化消费,拉动文化创意产业发展

2015年和2016年城镇人均文化娱乐支出占城镇人均消费性支出的比重在降低,人均文化娱乐支出实际增速出现负增长,而近年来农村人均文化娱乐支出波动幅度较大,未出现连续增长的局面。与此同时,北京地区人均GDP和居民家庭人均可支配收入连续多年稳定增长,2016年人均GDP达到11.5万元,全市居民家庭人均可支配收入为52530元,比2015年提高8.4%。2017年上半年全市人均可支配收入为28566元,比2016年同期提高9.1%。

随着人均GDP和居民家庭人均可支配收入连续多年稳定增长,居民的购买力不断提高。而随着非首都功能疏解的推进,居民消费结构也会发生变化,消费层次进一步提高,全社会对文创产品的需求也会增加。居民购买力的提高和对文创产品潜在需求的增加,都为文化创意产业的消费提升创造了良好的经济基础。此外,随着对城乡公共文化设施的不断投入建设和维护,文化消费的硬件设施更加完善,有利于文化消费的进一步释放。

随着北京居民收入持续增加,基本公共服务体系不断完善,消费市场秩序不断规范,居民文化消费意愿和能力也将趋于稳定。再加上文化惠民政策的效应累积,将使居民的文化消费潜力进一步释放,从而形成对产业发展的拉动力量。

区域报告二

雄安新区文化产业发展报告

蔡晓璐[*]

"雄安新区"的设立是以习近平同志为核心的党中央作出的一项重大的历史性战略选择。雄安新区的建设,着眼于党和国家发展全局,立足大历史观,深入推进京津冀协同发展战略,探索人口经济密集地区优化开发的新模式,谋求区域发展的新路子,打造当代中国经济社会发展新的增长极。随着新区建设的有序进行,现有县域的产业形态、社会空间、生活方式、治理模式、文化生态、城乡风貌等各方面都迎来颠覆性的巨大转变,与之相应的是一系列亟待深入研究的重要议题及其理论的系统建构。

基于对雄安新区辖域内的雄县、容城县与安新县的实地调研,本报告从文化资源、产业基础与发展困境出发,系统梳理了雄安县域文化遗脉、产业结构与民生现状,并进一步提出了该地区的文化产业发展路径。目前,雄安新区面临公共服务落后、经济基础薄弱、利益主体多元等棘手问题。这需要在把握新区自身发展基础与发展特点的前提下,将雄安新区的文化产业研究,置于经济社会发展的宏观系统中统筹考量。

一、雄安新区文化资源梳理

雄安新区的历史使命与高点定位,决定了文化是立区之魂。雄安新区党工委书记、管委会主任陈刚在"雄安新区历史文化与遗产保护座谈会"上指出,"无文化传承,无雄安未来。在规划编制中体现文化先行的理念,把文化建设放在重要位置,努力把雄安新区建设成中华优秀传统文化传承示范区,守住安全红线、生态红

---

[*] 蔡晓璐,博士,中国传媒大学经管学部教师,中国传媒大学雄安新区发展研究院研究员。

线,更要守住文化底线。"①新区文化是城市文化精神以及城市景观的总体形态,保护与活化文化历史资源,让城市建筑环境传承历史记忆,形成连续性的城市记忆与城市文脉。

(一)历史古迹:让历史古迹成为新区文化地标

雄安新区历史文脉悠长,三县承载着超过千年的历史文化资源。雄县、容城、安新三县最早在汉代就已建县。2017年4月至8月,雄安新区共发现和确认各类文化遗存79处,新发现44处。其中南阳遗址考古工作获得重要发现,确定了南阳遗址东南、西南角城垣、南城垣和西部大型夯土区和陶业作坊区,南城垣长700余米。新发现遗址周边10处同时期文化遗存,形成以南阳遗址为中心、面积约18平方千米的东周、汉代遗址群,为确定南阳遗址性质和文化内涵提供了重要资料。容城、安新、雄县三县范围内战国燕南长城全线踏查工作完成,重新采集坐标点31处,核校燕南长城走向,复查长城保存现状。

表3-2-1 雄安新区国家重点和省级文化保护单位

序号	级别	名称
1	全国重点文物保护单位	宋辽边关地道遗址
2		南阳遗址
3	省级文物保护单位	留村遗址
4		梁庄遗址
5		陈调元庄园
6		山西村砖塔
7		陈子正故居
8		上坡遗址
9		晾马台遗址

雄县境内为古时雄州的边关要塞,宋军为抵御辽军修筑了堪称"地下长城"的大型地下防御工事,蜿蜒十几千米,气势恢宏如今依旧可辨。容城境内,商周时期的晾马台遗址、春秋战国时期的南阳遗址以及唐代晾马台遗址均保存完好,并出土大量陶器,具有重要的历史和学术价值;安新县内的"两塔一庙"历经沧桑,具有深

---

① 《雄安新区建设欲守住文化底线:无文化传承,无雄安未来》,中国新闻网,http://www.chinanews.com/gn/2017/06-27/8262749.shtml,检索日期:2018年4月15日。

厚的文化底蕴和光荣革命传统，如今此地已经成为爱国主义教育场所。每处历史遗迹都记录着千百年来这座城市的代表性场所，然而随着时空的变换，在不断的新陈交替与变迁之中，这些不同时代、不同维度的遗址构成了城市独特的魅力，并世代延续。

历经千百年时间沉淀的文化古迹不仅见证着这座城市的历史变迁，构成了这个城市的历史文化空间，还塑造了这座城市特有的文化基因，代表着城市独有的文化精神。正因为这样，更需要精心地保护文物建筑、历史城市，建设众多的博物馆来保护这些可移动的和不可移动的文物。雄安新区未来的城市建设，文化自然不能缺失，历史文化更要重点保护，而作为历史文化重要载体的历史古迹则应该成为雄安新区的文化地标。

（二）"非遗"传承：让"非遗"传统"活"在当下

雄安新区文化积淀深厚，一批各具特色的非物质文化遗产成为新区文化发展的宝贵财富。根据雄安新区非物质文化遗产结果显示，雄安新区共有非物质文化遗产212项，有210项呈活态存在。其中，雄县82个项目，全部活态存在；容城县40个项目，39项活态存在；安新县91个项目，90项活态存在。涉及民间文学、传统音乐、传统舞蹈、传统戏剧、传统曲艺等10个方面。

表 3-2-2　雄安新区国家级非物质文化遗产

级别	名称
国家级非物质文化遗产	雄县古乐
	雄县鹰爪翻子拳
	安新县圈头村音乐会
	安新芦苇画

然而随着雄安新区的建设，非物质文化遗产的保护必然会面临生存环境变迁、传承人断代以及外来文化的冲击等问题，这些问题的出现将对目前"非遗"保护带来一定的阻碍。就目前来说，雄安新区的非物质文化遗产保护存在着意识与传承主体两方面的问题。

首先，基层文化部门对于"非遗"的认识及重视程度有限，一些"非遗"项目或散落民间，或未能发掘。例如"容城八景"是挖掘出来的两处市级非遗项目之一。据《容城县志》记载，原为容城县的八处景观，现在流传下来八个传说，但该项目已没有传承人，只有三贤文化研究会的一些会员可以完整讲述这八个传说。除此之外，尽管还有一些类似于酒曲制造等地方特色传统技艺，但并未收录进非物质文遗产的名录。

其次,"非遗"的传承与保护主要由中老年人承担。例如容城的另一个市级"非遗"项目高腔戏,起源于清代乾隆年间,为叉会表演前奏曲目,代表作有《五鬼拿刘氏》等。但目前高腔戏的传承人年事已高,由于身体原因基本没有开展传承活动。在雄县,起源于宋元时期的雄安古乐是国家级非物质文化遗产,是研究民族古典音乐的宝贵文化资源。但在目前的表演队伍中,半数以上是年过半百的中老年人,年轻学员数量稀少。在雄安新区,曾经家家户户编苇席的盛况早已不再,编苇这项技艺甚至只有60多岁的老人们会。耄耋之年的老人仍然孜孜不倦地致力于非物质文化遗产的保护工作是再常见不过的现象,但随着传承人的逐渐老去,年轻的传承力量却出现了断代,为"非遗"保护工作带来了一定难度。

(三)红色文化:铭记红色历史,弘扬革命精神

雄安新区在中国抗日战争时期扮演着重要的角色,这片热土曾涌现出许多可歌可泣的人和事,镌刻着鲜明的红色印记,孕育了深厚的革命精神。在发展雄安新区的过程中,一定要将红色文化作为一个着眼点,将红色文化资源与其他的文化资源糅在一起,创造出雄安新区的文化名片。

总的来说,雄安新区的红色文化资源类型丰富且历史价值高、影响广泛、文化基础厚重。从历史价值层面来看,茂密葱茏的白洋淀里,一道道芦苇成了天然的"水长城",为过去抗击日寇侵略发挥了重要的作用。一支神出鬼没、来无影去无踪的队伍——雁翎队,智取十方院岗楼、夜袭大淀头岗楼、巧用矛盾端岗楼等对日抗战的英雄事迹至今广为流传。在白洋淀人民长期抗战过程中,逐渐形成了敢于斗争、机智灵活的雁翎精神,体现了中华民族的民族性格和民族气节。岁月磨平了多少当年曾辉煌一时的往事,而雁翎精神却伴随着历史的发展教育了一代又一代人。从影响范围来说,很多文学作品和影视作品,例如《小兵张嘎》《荷花淀》等,对历史上发生在白洋淀这片红色土地上的事迹都进行了很好的宣传。白洋淀既是革命胜地又是华北明珠,这些在碧波万顷的芦苇之间生长出来的红色文化,与绿色的绝美景致赋予了白洋淀文化更多的想象空间。

相比于其他文化,红色革命文化有更加特殊的意义,它带有鲜明的民族性、时代性与人民性,体现着中国文化的先进性,具有传承历史和教育人民的作用。对于红色文化的发掘既要做实体性遗产的保护利用,又要注重精神内涵的提炼升华。这些红色文化不只是被动地承载传统、反映历史,更要成为培育先进文化的酵母,直接为社会实践活动提供思想源泉、精神养分和创新动力。

（四）民俗文化：延续文化生态，为雄安留住乡愁

美国人类学家罗伯特·雷德菲尔德提出了"大传统"和"小传统"的理论模式，所谓"大传统"指的是一般所说的占统治地位的文化，所谓"小传统"则主要指的是民间文化、民俗文化。民俗与民众的生活须臾不可分离，是一种与生俱来的日常生活文化，展现了这个地方的民众生活智慧，传承了独有的文化基因。但同时，民俗文化又是一个城市、一个地区的根脉文化，为这个地方的精英文化、典籍文化甚至外来文化提供母体，奠定基础。雄安新区的人民长期以来伴水而居，加上相对封闭，生产生活方式都打上了浓郁的地方特色。

第一，民风民俗淳朴，文化发展方式传统。雄安三县历史悠久，早在新石器时代就有人类生息繁衍，在长期的生产生活中，民间形成了独具特色、丰富多元的民俗文化。容城县的民间花会年年举办；中元节时用荷叶或荷花制成河灯放在水中的习俗流传至今；捕鱼、织网、苇编和那些朗朗上口的鱼谚都表现着雄安新区与众不同的文化气质。

第二，传统观念影响深远，根深蒂固。这种情况在乡镇和农村地区表现较为明显。以白洋淀为例，白洋淀周边各村村民生活经营方式较为传统，主要以捕鱼、手工业、服装业为主，至今这片区还有水葬的风俗习惯。村民们的传统观念不容易改变。

第三，文化名人的精神影响世代传承。无论是来源于生活的传统民俗，还是植根于心灵的文化精神，在雄安新区这片热土上，都以其最淳朴的方式影响着祖祖辈辈生活在这里的人们。容城三贤之一杨继盛第十四代传人杨四合老先生曾为了感念祖先的无畏精神，号召组织村民捐款复原重建了杨继盛祠堂。之后逐渐受到政府和外界的关注，吸引全国各地的人到此。每月初一、十五，祠堂必有进香供奉，杨继盛的精神得以流传，渐渐成为容城这一方土地的文化象征。

一方土地对于我们而言，是可供居住和生活的场所，我国在城镇化发展的过程中取得了世界瞩目的成就，但也带来了许多问题：造城运动带来的农村空心化、传统民俗文化的大量消亡。雄安新区的城市建设，不能只看到未来，而抛弃过去，我们保护传承优秀的民风民俗，即使多年以后雄安人民也能感受到"乡愁"的温度。对于民俗文化的保护和传承，要遵循民俗文化发展的内在规律，在保护的基础上，对其进行合理利用，激活其内在活力和生命力，积极有效地融入当代元素，使民俗文化在活态传承中得到保护。保护和传承民俗文化，并不是"原汁原味"地将民俗文化作为标本进行保护，而是要保护其文化内涵、文化基因、核心工艺，把它们变为现代生活文化的一部分，变成"活"在我们身边的一种活态文化。

（五）文学流派：荷花淀派与白洋淀诗群

雄安新区坐拥着被称为"华北明珠"的白洋淀，既是华北平原水文湿地的自然遗产，也是在人类文明历史上人与自然和谐共处、相融相济的文化遗产。

以"荷花淀派"为代表的文学流派是新中国的第一个文学流派，在中国文学史上有举足轻重的地位。荷花淀即白洋淀，"荷花淀派"以孙犁为代表，起源于孙犁1945年写作的《荷花淀》。在创作上，"荷花淀派"主要描写白洋淀地区农村日常生活，语言清新、朴素，富有诗情画意，有"诗体小说"之称，主要作家还有刘绍棠、丛维熙、韩映山等。如今，孙犁已经成为白洋淀地区的文化名人，孙犁纪念馆也成为白洋淀地区的文化地标，完整收录了孙犁的主要作品、生平思想和创作历程，具有珍贵的文化遗产保护和研究价值。

"白洋淀诗群"为新诗潮的形成起了奠基作用，使安新县成为20世纪80年代朦胧诗全面复苏的发源地。"白洋淀诗群"形成于"文化大革命"时期，主要创作群体是1968年年底大规模"上山下乡"运动期间到白洋淀地区插队的北京知青，包括根子、芒克、多多、依群、方含、宋海泉、林莽等。他们自发地组织民间诗歌文学活动，其创作高度把"文化大革命"地下诗歌推向高潮，被称为新诗潮在潜流期最具典型意义的诗歌群体，为20世纪80年代朦胧诗的全面复苏唱响先声。

白洋淀不是独立存在的单一生态体，它令人心醉神驰的自然风光与浓重深厚的文化色彩，延续着雄安新区悠长的历史文脉，承载着新区的文化价值。这里是人文的热土，是历史的积淀，是创意的起点，如何在新区建设中雕琢这块瑰宝，使其在新时期绽放光芒，是值得深思的问题。

二、雄安新区产业基础与发展困境

雄安新区将成为"创新、协调、绿色、开放、共享"五大发展理念的集中施展平台。然而，目前雄安辖域整体业态发展水平比较低端，产业结构以劳动密集型为主导，使其在未来新区产业布局中面临巨大挑战。与此同时，新区建设也将为当地企业迎来产业转型升级，产业结构由劳动密集型向知识密集型、技术密集型方向发展的历史机遇。挑战与机遇的并存，正是当地产业生存与发展所面临的现实，也是当地民众心之所系。

（一）产业现状

雄安三县目前经济发展的主要指标在京津冀地区处于较低水平，发展差距明显。从发展指标来看，雄安新区三县总面积达到1576平方千米，占河北省总面积的0.83%；人口112万，占河北省总人口的1.5%；GDP为218.29亿元，占河北省

GDP 的 0.69%;工业增加值为 113.84 亿元,占河北省增加值的 0.98%。从人均水平来看,雄安新区人均 GDP 为 1.95 万元,是河北省平均水平的 45.77%;雄安新区三县平均 GDP 为 1384.56 万元,是河北省平均水平的 82.15%。如果与北京和天津相比,上述指标占比会更低。就雄安三县文化产业发展总体而言,经济体量很小,起点不高,发展基础薄弱,发展方式简单粗放,整体产业水平与河北大多数县持平甚至更低。

表 3-2-3 雄安新区三县经济发展数据对比(2016 年)

地区	生产总值 (亿元)	工业增加值 (亿元)	文化产业增加值 (亿元)
雄县	101.14	72.74	4.19
容城县	59.4	16.8	2.46
安新县	40.01(前三季度)	9.98(1—11 月份)	1.66

数据来源:根据相关资料整理。①

1. 雄县四大产业支柱:纸塑包装、乳胶制品、压延制革、电线电缆

雄县产业发展以民营经济为主。民营企业起步于 20 世纪 70 年代末 80 年代初,经过近 40 多年的积累发展,逐步形成了以塑料包装、制革、乳胶制品、电线电缆为支柱,箱包加工、制帽、机械制造等门类比较齐全的工业体系。目前全县共有民营经济组织 15723 家,从业人员 121020 人。2016 年,年营业收入 432 亿元,利润 43.2 亿元。其中规模以上企业 118 家,从业人员 7520 人,年营业收入 219 亿元,占当年总营业收入的 50.7%,利润 6.8 亿元,仅占当年总利润的 15.7%,这些数据切实说明雄县的民营经济是切切实实的富民产业。(见图 3-2-1、图 3-2-2)

图 3-2-1 2014—2016 年雄县民营经济组织营业收入

数据来源:根据相关资料整理。

---

① 雄安新区三县文化产业增加值及占比情况,由于缺少统计数据,暂根据国家 2016 年全国文化及相关产业增加值占 GDP 的比重为 4.14% 进行估算。

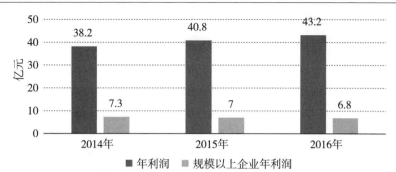

图 3-2-2 2014—2016 年雄县民营经济组织利润

数据来源：根据相关资料整理。

2016 年，雄县生产总值完成 101.14 亿元，年均增长 7.92%，超过全国平均发展水平；固定资产投资完成 69.86 亿元，年均增长 13.5%；规模以上工业增加值完成 72.74 亿元，年均增长 19.7%，发展快速。

2. 容城县：服装业

容城县共有服装企业 945 家，服装加工户 2000 余家，已经形成龙头企业带动、骨干企业支撑、服装加工户遍地开花的产业格局。全县年产各类服装 4.5 亿件（套），2016 年完成产值 256 亿元，产品涵盖衬衫、西服、休闲、棉服、内衣、裤装等六大系列上千个品种。服装企业引进了先进的专业生产设备，制作工艺达到国内一流水平。全县共拥有设备 7 万余台（套），95% 以上生产设备采购于日本重机、兄弟、德国杜克普、意大利及国内先进设备生产企业，其中国外进口设备 5 万余台（套），占设备总量的 70% 以上。在服装业的带动下，纺织、印染、拉链、制线、纽扣、包装、装潢等服装配套行业得到迅猛发展，服装产业化程度进一步增强，产业链条进一步延伸。2016 年，配套产业完成产值 65 亿元。

目前，全县初步形成了"一城、两园、三区"的发展布局，服装配套产业专业村建设成效明显，产业聚集程度进一步提高。规划占地 10.4 平方千米的服装工业园，一期工程已有 21 家企业入驻，大河服装工业园已有企业 60 家。通过实施"建名企、出名品、创名牌、塑名城"四名战略，全县涌现出一批省著名商标和省名牌产品。目前，服装产业拥有国家精品 1 个、国家免检产品 1 个、18 个省级名牌、25 个河北省著名商标，位居全省前列。容城服装产业被河北省政府命名为"十大特色产业"，容城被中国纺织工业协会和中国服装协会命名为"中国男装名城"和全国纺织产业集群试点，成为闻名全国的北方服装名城和服装出口基地，与浙江义乌、诸暨并称全国三大衬衫生产基地，行业内素有"南石狮、北容城"之誉。

3. 安新县：服装业与制鞋业

安新县的服装产业主要集中在大王镇北六村，不少村民利用自家大院四层高楼作为厂房进行服装加工生产;部分村民则作为雇工参与服装生产。作坊式的服装加工生产使得百姓早早地走上了致富道路。20世纪80年代初期,趁着改革开放的新机遇,北六村的服装产业迅速发展,全村进入服装生产行业。当时,主打产品是衬衣、裤子和童装,主要是背靠京津做内销。后来,随着中国与苏联关系的缓和,中苏边境贸易逐渐恢复和发展起来,此后中苏边境贸易遵循"自找货源、自找销路、自行谈判、自求平衡、自负盈亏、自主经营"的方针,步入了稳步发展阶段。从80年代末期到90年代初期,随着市场需求的增大,北六村乃至安新县服装产业逐渐走上规模化生产的轨道——以家庭作坊式为主开展大批量的订单贸易。现在村内有企业和工商户200多家,主要以家庭为手工作坊并向外地放活儿,生产成本低廉,形成了辅料、扎围、包装、缝、绣花、印花、制版产业链,发展势头良好,大部分产品远销俄罗斯、乌克兰和新疆等地。

安新县的另一个核心产业——制鞋业,主要集中在三台镇。从家庭小作坊逐渐发展成现代化的制鞋公司,这些企业主要经营外贸和内销,外贸产品主要销往中东、欧洲、美国、日本,给国外制鞋公司做生产加工。以欧洲为例,根据欧洲一些公司的要求,选购材料并按照对方提供的设计样式做好鞋子,之后出检测报告检验鞋子是否达到对方标准,再贴牌运回欧洲市场销售。当前,也有一些当地公司独立开发自有品牌和款式,例如华北地区的双星鞋基本都是由三台镇生产。

(二)面临困境

1. 领军企业:兴奋与隐忧并存

目前,雄安新区内代表性产业的装备较为领先,自动化程度也在不断提高,产业链条相对完整,领军企业也进行了管理变革,部分乡镇自发地成了产业集聚区,产品的国内市场占有率较高,在海外也有一定销路。然而,在一张张闪亮名片的背后,未来要适应雄安新区的建设目标,这些企业还面临着新区规划的诸多变化。对于这些领军企业来说,由新区建设所带来的机遇令它们兴奋不已,而与兴奋并存的则是对未来的隐忧。这些企业在新区产业格局中如何布局、其产业业态如何转型升级,也需要进一步思考。

首先,"高能耗、高污染、低投入"是河北目前经济运行的现实,也是以"塑料包装""乳胶制品""服装加工""制鞋产业"为主要产业的部分领军企业共同面临的问题,这与"构建蓝绿交织、清新明亮、水城共融的生态城市"目标,显然还存在着较大差距。基于此,这些企业势必要尽快做出相应调整。

其次,新区宣布成立后,对现有的建筑、户籍等进行了管控,尤其是基于拆迁的考虑,要求未完成的工程都必须停工,随之而来的就是订货单和生产能力的不确定性。在未来一段时间内,基于政策的不确定性,产业收益或将受到较大影响。

最后,当地部分领军企业虽然"摊子"够大,却管理混乱。主要问题是缺乏从全区产业系统的角度谋划,致使产业形态和产业分布都表现出散乱无序的状态,呈现出显著的乡土特征。这直接导致大企业内部缺少必要的合作意识,大型生产企业各自为战,难以形成推动产业有效升级和相互促进的机制。

2. 中小微企业:夹缝中如何生存

对于中小微企业来说,在雄安新区建设的关键时期,面临的形势则更为严峻。面对"疏解非首都功能"的战略新要求,中小微企业可能很难通过新区的产业和环境遴选标准。尤其是在当前新区的各项规划还不明朗的敏感时期,转型的路往何处走?这是当地中小微企业最为困惑的问题。

相较于当地的龙头企业,这些中小微企业大多以家庭小作坊式生产为主,资金流入少、产业链短、抗风险能力低,上有政策严密管控、大企业垄断市场,下有市场规模小、生产价值不大、市场控制力低,即使是微小的政策调整也会对其产生巨大的影响。中小微企业面对未来可能的厂房拆迁,一方面如果重租厂房,费用昂贵;另一方面如果放弃产业,则面临失业。搬迁过程中的赔损问题、企业的贷款问题、合同问题、土地问题等都需要政府站在新区发展战略的高度谋划全局。

3. 劳动密集型,品牌附加值低

雄安新区的主要支柱产业,如服装产业、制鞋产业、塑料包装产业等皆属于劳动密集型产业,存在产品科技含量较低、附加值不高、财富贡献率低的问题。以服装产业为例,当地的服装产业以贴牌、代加工生产为主,大多采取沿袭制造,几乎不存在真正意义上的自主设计,这就决定了当地服装产品的附加值极低,从而极大地压缩了产品利润。这样以"走量不走质"为主要特点的服装制造行业,面对着人口红利向东南亚的转移,其生存本身就面临挑战。特别是在雄安新区的建设背景下,低端的产业定位必定与新区发展格局格格不入。与之紧密相关的是人才问题,人才难留也是当地产业品牌附加值低的重要原因之一。无论是打造自主品牌的服装企业还是一流生产加工企业,都必须依托于人才。现阶段,雄安新区服装业从业人员规模庞大,但素质不高。一线员工受教育程度普遍在初、高中水平,设计人员更是形同虚设,多是负责打版、成衣等工作,基本不具备设计水平。雄安三县作为县级城市,在人才引进方面还有着诸多限制。

4. 面临失业的产业工人

产业的问题即"人"的问题,产业变迁与民生问题高度关联。以雄县为例,雄县目前有12万产业工人,占雄县总人口的32%,其中大多数都在中小企业工作。这些中小企业可能很难通过新区的产业和环境遴选标准,那么十多万的雄县产业工人面临失业、再就业、技能培训的问题,这将涉及雄县各家各户的家庭生计。尤其是对于当地许多从业者来说,在某一行业从事多年,也很难重新进入其他行业。安新县三台镇约有90%的本地人都从事跟制鞋相关的工作,同时雇用了大量外地人,外地务工人员主要来自河南和湖北两个省份,男工占到总人数的60%以上。一旦面临产业转移或搬迁,这些人群及其所在的家庭都将受到极大的影响。

三、雄安新区文化产业发展路径

(一)培育新型文化业态,打造现代文化产业体系

积极对接与引进京津优势创新资源,培育具有高技术供给及核心竞争力的内生性新产业体系,培育新型文化业态,打造现代文化产业体系。大力发展文化创意、文化融合、网络动漫、数字传输等新兴产业;注重培育新的文化产业增长点,形成一批特色鲜明的高端文化创新集聚区,促进文化产业升级,增强文化发展活力。有效发挥文化产业的引领作用,使文化价值、文化创意充分嵌入关联产业研发、设计与营销等各环节,提高关联产业创新创意能力,改变传统文化生产和消费模式,加速文化产业向产业链两端延伸、价值链高端攀升,增加产业文化附加值,提升文化产业竞争力,完善文化产业体系,为文化产业发展创造良好外部环境。

建立新型文化业态的培育激励机制,营造鼓励文化业态创新发展的社会环境和市场条件,打造现代产业体系。建立健全文化业态创新的鼓励政策和措施,构建对关联领域和文化企业的凝聚力,推动形成文化产业集聚,提高整体业态竞争力。以白洋淀特色文化核心,推动新区文化产业园区和示范基地的建设。从文化产业发展的实际出发,综合考虑经济基础、市场空间、消费水平、资源条件等因素,加强文化产业区域布局的统筹规划,推动容城县时尚文化产业创意园区等文化产业重点区块和基地建设,培育壮大骨干文化企业,并以这些大项目、大平台、大企业为依托,形成科学完善的文化产业链,推进文化产业项目开发建设。

(二)优化文化金融生态,构筑创客天堂

推动文化产业金融生态不断优化,实现文化和资本共舞。发挥金融对文化产业的重要助推作用,以产业投资基金为引导,以数字创意、智能媒体等新兴文化产业为重点,以服务创意阶层为中心,打造一个众多利益相关者共同创造和分享价值的开放型生态系统。完善文化产业和金融结合机制,拓宽社会资本投资渠道,积极引进社会资金,投资文化项目和企业,鼓励具有可观发展潜力的中小文化创新型企业发展。吸引全球顶级的孵化机构、创投机构、众创空间运营机构落户雄安,吸引全球精英集聚雄安,构筑具有全球吸引力的创客天堂。

设立文化产业投资基金。分期确定基金规模,采用直接投资与参股设立子基金相结合的运作模式,鼓励社会资本参与基金设立和运营,重点投向跨区域文化创新体系共建、公共文化服务智慧工程和信息系统共享、园区合作等领域。鼓励联合设立文化领域的政府和社会资本合作(PPP)项目中心。完善基金治理结构,构建基金支出监督和绩效评估机制,确保基金合理高效利用。

(三)创新公共文化服务供给,提升公共文化服务品质

推进基本公共服务制度化、标准化,创新基本公共服务供给模式,提升公共服务体系整体水平。积极引入市场机制,探索建立基本公共服务合格供应商制度,完善政府购买服务机制,推动基本公共服务供给模式和提供方式多元化。建立区域社会公共服务一体化发展机制,推动区域共建共享社会公共服务。建立公共文化服务基础设施网络。提供大型现代综合馆、中小型特色馆和文化服务中心、小微型社区综合活动中心,以及移动型文化设施、社会化合作型文化设施等不同规模、不同性质的文化基础设施。重视数字基础设施的硬件建设,重视大数据、5G、物联网、云计算、人工智能、虚拟现实等新一代信息技术的研发和应用,为未来提供多样化、多载体、多形态、多渠道、多方式的公共文化服务和产品。

创新供给多样化的公共文化服务产品。完善公共文化设施免费开放机制,深入推进公共图书馆、博物馆(非文物建筑及遗址类)、文化馆(站)、纪念馆、美术馆、科技馆等公共文化设施免费错时开放,推进大型体育场馆免费或低收费开放;逐步丰富数字流动文化站、公益性展览和讲座、公共空间文化活动、优秀数字电影放映等基础性公共文化服务。制订基础公共文化服务目录,建设文化服务"超市",推动服务供需对接。采用低价补贴、税收优惠等方式,支持各种性质的公共文化服务供应商,积极开发文化产品,为新区人民提供更多的增值性文化服务和精神食粮。

(四)加强文化遗产保护,推动"非遗"活化传承

加大文物保护,延续历史文脉。摸清文化家底,逐步完成雄安新区全域的考察调查工作,详细确定文物状况,了解文物年代和价值内涵,科学分类分级,建成新区文物考古数字化信息管理平台,建立基础数据库。编制《新区文物保护与利用规划纲要》,指导新区各类历史文物的保护与整治工作,通过科学的规划,促进新区文物的有效保护与有序利用。加快建设新区历史与文物的集中展示空间,逐步从行政保护转向法治保护。谋划编撰雄安区志,梳理记录三县历史,为未来的雄安留下最初的记忆。推动村史建设工作,支持三县群众的族谱编写,推进区内的乡贤文化建设。

挖掘文化内涵,拓展文物利用。积极从历史文物中提炼出典型性的文化要素,

把创新融入城市设计、建筑策划中,丰富新区文化内涵,彰显新区的文化特色。积极利用现代数字科技、虚拟现实、互动娱乐、数字典藏等高新前沿技术,使文物遗址实体展示与虚拟呈现相辅相成;并鼓励文物与旅游体验、教育培训等产业相结合,让"文物"活起来,逐步培育出几个新区的文物旅游品牌。

创新"非遗"保护工作模式,推动"非遗"活化传承。需要以人的培养为核心,以融入现代生活为导向,推动有效保护与活化传承。继续加大对新区"非遗"项目的保护与挖掘。高度重视"非遗"传承人的培养,针对新区当前年轻传承力量出现断代的情况,出台相关政策,通过传承补贴、创业资助、授予荣誉、研修研习培训等方式,增加年轻人从事"非遗"项目的吸引力。推动"非遗"项目与新区数字科技、旅游休闲、文娱活动等产业的有机融合,让"非遗"融入现代生活,形成自我造血的功能。

(五)加快文化协同与开放,塑造雄安国际知名度

推动与京津冀文化合作,实现一体化发展。以《京津冀文化产业协同发展规划纲要》为指导,根据雄安新区交通、区位优势,加快项目载体和产业基础设施建设,争取成为区域文化贸易、电子商务、现代物流的重要节点,成为立足京津冀、辐射中国、面向世界的文化贸易物流与协同合作高地,提升新区的服务与辐射能力。一方面,对接北京文化链条延展,承接产业功能转移,积极研究北京文化功能和文化产业方面的疏解,找准对接点,做好承接与拓展。另一方面,积极融入北京市大运河文化带建设,研究制订连通白洋淀和大运河水系的方案,推动在文化旅游等领域的合作发展。

同时,雄安作为"扩大全方位对外开放,打造扩大开放新高地和对外合作新平台",以确立全球文化传播交流重要节点城市为目标,全方位、多层次、宽领域开展交流与合作频繁的文化交流活动,寻找、发现和吸引一批享有国际声誉的文化艺术界人士,集聚文化跨国公司和国际组织,塑造独具雄安特色的区域品牌和文化实力。尊重传播规律,利用多元传播渠道,创新传播方式,借助国际平台,举办特色创意活动,强化城市形象定位,实现雄安故事的世界讲述。积极建设对外文化交流载体和重大文化节事赛事活动,推进文化的国际交流与合作,积极建设为区域链接世界的战略枢纽。积极搭建一批高规格、国际化文化艺术交流平台,开展文化交流主题系列活动、创意设计展、商贸洽谈会,推动雄安文化和世界的交流,努力使雄安成为北京国际文化资源交互的纽带和文化国际传播的窗口。着力塑造品质、智慧、现代化城市品牌,有目标、有步骤、有品质地推动雄安历史、"非遗"、文化"走出去",讲好"雄安故事",全面塑造雄安国际知名度和城市美誉度。

区域报告三

深圳地区文化创意产业发展报告

秦 晴[*]

2017年是承接"十三五"规划后的关键一年。作为中国改革开放的"试验田"和文化产业发展的"领头羊",深圳充分利用自身优势,以高度的文化自觉和文化自信,大力发展创意文化产业,深圳走出了一条"文化+科技"、"文化+金融"、"文化+旅游"、"文化+创客"等文化"走出去"成功发展之路。《"十三五"文化产业发展规划出台》后,2017年深圳文化创意产业占GDP比重达到10%,成为深圳的支柱产业。由深圳大学管理学院、深圳大学文化产业研究院联合发布的国内首个跨城市对比的文化产业竞争力指数《中国城市创意指数》显示,深圳文化产业竞争力从2012年到2017年连续六年排名全国前四。2017年,粤港澳大湾区规划的启动,给深圳文化创意产业带来了巨大的机会。从长远发展态势来看,深圳文化创意产业具有跃居首位的巨大潜力。同时,深圳市各区县也相继出台相关文化创意产业政策,引导发展具有当地特色的文化创意产业。

一、深圳市文化创意产业规模和发展态势

(一)文化创意产业整体发展状况

自2004年深圳提出"文化立市"战略以来,深圳文化创意产业保持了平均每年10%的增长速度,已成为我国文化输出的重要基地和主要口岸。2007年以来,深圳文化产品出口以年均12%以上的速度增长。2016年,深圳文化创意产业增加值1949.7亿元,增长11%,占全市GDP的10%。[①] 2017年深圳市文化创意产业增加

---

[*] 秦晴,深圳大学文化产业研究院教育培训部副主任。
[①] 数据来源:《深圳文化产业走向内涵式发展》,《深圳特区报》2017年4月10日。

值2243.95亿元,增长14.5%①。比上年增加294亿元,占地区生产总值的10%,比上年提高3.5个百分点。从产业发展状况看,2017年深圳市国内生产总值(GDP)22438.39亿元,增速为8.8%,而文化创意产业增速为14.5%,持续保持高于GDP的增长速度。深圳文化产业增加值在七大战略性新兴产业中位居第二。深圳文化创意企业近5万家,从业人员超过90万,其中规模以上企业3155家。

表3-3-1 2002—2017年深圳市文化创意产业增加值

年份	规模(亿元)	占全市GDP比值	同期增长
2002	55	2.5%	/
2006	382	6.7%	/
2007	465.5	6.88%	18.2%
2008	550	7%	15.6%
2009	637	7%	13.7%
2010	726	7.8%	12.3%
2011	875	8%	20.5%
2012 ②	930	7.2%	20%
2013	1357	超过9%	18%
2014	1560	9.8%	15%
2015③	1757	10%	/
2016	1949.7	10%	11%
2017	2243.95	10%	14.5%

数据来源:根据相关数据汇编整理。

(二)文化创意产业各业态发展概况

深圳文化创意产业发展实力全国领先。创意设计业优势地位明显,是中国现代平面设计的发源地,工业设计、室内设计占全国较大市场份额,2008年被联合国教科文组织批准加入全球创意城市网络,成为中国首个"设计之都"。深圳动漫游戏业起步早、发展快,文化软件服务、互联网信息服务、数字电视、数字音乐发展势

---

① 数据来源:深圳市统计局官方网站,http://www.sz.gov.cn/sztjj2015/xxgk/tjsj/tjfx/201802/t20180201_10762739.htm,2018年2月10日,检索日期:2018年5月20日。
② 数据来源:《去年深圳文化产业实现增加值930亿》,《南方日报》2013年2月6日SC12版。
③ 数据来源:《深圳市文化发展"十三五"规划》。

头良好,涌现出腾讯、A8音乐等一批知名领军企业,汇聚了大批文化创意人才。深圳文化旅游引领国内潮流,华侨城集团、华强文化科技集团是中国最具创意和创新能力的知名文化旅游企业。深圳还是中国最大的高端印刷及黄金珠宝生产基地,占据了国内60%以上的市场份额。新闻出版、广播影视、文化会展等行业也都在全国具有重要的影响力。全市建成市级文化创意产业园区(基地)62家,其中国家级文化产业园区(基地)达13家。2015年,深圳发布了《深圳文化创意产业振兴发展政策》,确定了深圳市文化创意产业重点发展的十大行业门类。

表3-3-2 深圳市文化创意产业十大重点发展行业门类及代表

序号	门类	重点内涵	代表发展区域	代表企业或园区
1	创意设计类	工业设计、平面设计、服装设计、城市与建筑设计、室内设计,以及广告创意与设计、品牌策划与营销等行业	福田区	平面设计之都
2	文化软件类	文化创意相关软件支撑技术和应用服务模式等	南山区	腾讯 迅雷
3	动漫游戏类	原创动漫游戏产品的创作和研发、动漫游戏公共服务平台、以动漫游戏内容开发的衍生产品和服务、网络休闲游戏、手机游戏和家庭视频游戏等	南山区	华强集团 环球数码
4	新媒体及文化信息服务类	包括手机报、手机网站、手机广播电视、网络广播电视、移动多媒体广播电视、数字高清电视、IPTV、电子报、电子杂志,移动文化信息服务、数字娱乐产品等增值业务	福田区 南山区	A8新媒体集团
5	数字出版类	教育类电子出版物、数字图书、互联网音像出版物、纸质有声读物、手机出版物等以数字化内容、数字化生产和数字化传输为主要特征的出版新业态,其他有特色的出版发行等	福田区	海天出版社 深圳新闻网
6	影视演艺类	影视剧创作、原创舞台剧、原创音乐、数字影视等	罗湖区	点石数码

续表

序号	门类	重点内涵	代表发展区域	代表企业或园区
7	文化旅游类	与主题公园、文化创意产业园区、人文历史等深度结合的旅游产业	盐田区 大鹏新区 光明新区	华侨城集团
8	非物质文化遗产开发类	利用优秀非物质文化遗产开发的文化产品和服务	龙岗区 龙华新区	甘坑客家小镇
9	高端印刷类	数字印刷、绿色印刷、立体印刷、快速印刷等相关产业	南山区	雅昌集团
10	高端工艺美术类	黄金珠宝、高档工艺礼品等	罗湖区	水贝珠宝一条街、艺展中心

总的来说,2017 年深圳市文化创意产业始终保持平稳增长,相对于前两年,增长速度较为显著,在规模效益和投资等方面保持了良好的增长态势,既真实地反映了深圳市"十三五"开局之年文化创意产业的发展成就和竞争力水平,也为未来深圳市文化创意产业的快速发展打下了坚实的基础。

二、深圳市文化创意产业的发展特征

作为全国较早发展文化产业的城市,深圳早在 2003 年就将文化产业列为与高新技术产业、现代金融业、现代物流业并立的四大支柱产业之一。自 2003 年确立"文化立市"战略以来,深圳文化产业一直保持着快速增长的态势,呈现出政策环境好、公共文化建设成果丰硕、文化体制改革成效显著、活动经济发展良好等特点。

(一)深圳文化创意产业政策环境良好

深圳市政府在文化产业中扮演着重要的角色,在加强政府引导、完善政策、法规建设,加强机制平台、项目平台等平台建设方面起到了重要的作用,积极当好"文化产业发展领头羊",释放强大的文化创造力。

深圳成立了市文化产业发展办公室这一市政府直属机构,专门负责推动文化产业的发展;政府部门制定相关的政策支持文化产业发展,不断完善产业扶持政策,产业发展环境不断优化。在资金支持方面,深圳的力度在全国排在前位。《深圳文化创意产业振兴发展规划》及配套政策在 2012 年全面推进实施,全年通过评审文化创意产业资金近 7 亿元,支持文化创意产业加快发展,打造知名文化品牌和龙头文化企业。此外,深圳市文体旅游局评选"年度10家优秀新型业态文化创意企业""深圳市文化出口企业10强""深圳市文化创意产业百强企业",以鼓励和推动深圳文化创意产业发展。

表 3-3-3 2014—2017 年深圳市文化创意产业政策汇编

年份	出台政策
2014	修订完善《深圳文化创意产业振兴发展政策》
	《关于促进对外文化贸易的若干意见》
2016	《深圳文化创新发展2020(实施方案)》(深文改〔2016〕1号)
	《关于加快构建现代公共文化服务体系的实施意见(2016—2020年)》(深办发〔2016〕9号)
	《深圳市文化发展"十三五"规划》
	修订完善《深圳市文化创意产业创新发展政策》
2017	《深圳市深化国有文艺院团体制改革实施方案》

(二)公共文化建设成果丰硕

文化激发城市活力,城市发展反哺市民生活,深圳近年在经济快速发展的同时,初步建立起设施齐全、产品丰富、机制健全的公共文化服务体系,率先实行零门槛的文化服务,培育特色公共文化服务品牌,丰富市民精神文化生活。2017年深圳"两城一都"(图书馆之城、钢琴之城、设计之都)建设硕果累累,基层文化设施网络日益健全,公共文化一体化加快推进,文化服务的便利性显著增强。文化惠民活动蓬勃开展,市民文化福利不断提升。

2017年是深圳深入贯彻《公共文化服务保障法》的一年。2017年年初,深圳市文体旅游局邀请国家公共文化服务体系建设专家现场解读《公共文化服务保障法》。深圳市在推动公共文化服务建设方面,主要有以下举措:一是推进落实市、区、街道、社区四级公共文化服务标准,夯实公共文化服务基础;二是加快建设基层综合性文化服务中心,年内在全市三分之二的街道、社区建成综合性文化服务中心;三是完善全市文化馆总分馆制,指导各区建立文化馆总分馆制;四是举办丰富多彩的文化艺术活动,深入开展文化进社区(校园、工厂)活动,举办外来青工文体节、鹏城金秋市民文化节及"美丽星期天""戏聚星期六"等品牌活动;五是加快推进图书馆调剂书库、文化馆新馆、美术馆新馆建设,进一步完善文化设施网络;六是丰富群众文化艺术资源数据库,完善数字文化平台、APP、微信客户端,推进文化资源共建共享;七是加快建立公共文化服务评价机制,开展绩效评估试点,探索建立评价文化领域的城市综合指数指标体系;八是完善全市文化信息综合发布机制,整合发布全市重要文化活动信息;九是拓宽文化志愿者服务渠道,完善激励机制,促进文化志愿服务。加快完善现代公共文体服务体系,扩大文体旅游服务和产品的供给,进一步增强城市软实力。

2017年深圳市政府在市、区公共图书馆、文化馆、街道文化站、中心书城"U站"等地免费派发3.2万册《深圳市公共文化服务指引2017》,引导市民更好地了解、享用现有公共文化设施。为丰富市民和外来工文化生活,鼓励社会力量参与文化建设,2017年深圳文体旅游局通过公开招标的形式委托54家社会机构承办299场次(项)公益文化活动。公益文化进社区活动从2017年3月到12月,持续十个月,主要面向文化资源匮乏的特区之外及偏远的工厂和社区,以推进实现公共文化的全覆盖和均等化。

(三)文化体制改革成效显著

2017年,深圳加快文化体制改革进程,认真贯彻国家"十三五"时期文化发展改革规划纲要,推动各项任务落到实处,见到成效。2017年7月,中宣部在深圳召开深化文化体制改革座谈会,为深圳深化文化体制改革重在实干、贵在实效指明了方向。

文化审批制度改革加快推进,市级文化审批事项由19项减少至8项,减幅达58%。社会资本进入文化领域的渠道不断拓宽,社会力量参与文化建设的积极性得到较好激发。文化志愿服务领域不断拓展,文化义工总数达1.7万人。事业单位法人治理结构改革深入推进,市属公共文化场馆全部组建理事会。深圳市连续四次荣获"全国文化体制改革先进地区"称号。2017年9月底,《深圳市深化国有文艺院团体制改革实施方案》获得深圳市委常委会、市委深改组会议和市政府常务会议审议通过并出台实施。11月10日,深圳市深化国有文艺院团改革动员会举行,正式吹响深圳市新一轮国有文艺院团改革的号角。国有文艺院团改革,是深圳学习贯彻党的十九大精神、推动社会主义文化繁荣兴盛的具体举措,也是落实《深圳文化创新发展2020(实施方案)》的又一崭新成果。

(四)活动经济助力深圳文化创意产业发展

2017年,深圳推出"深圳城市文化菜单",推出系列文化品牌活动,为广大市民送上了"民生文化大礼包"。作为深圳文化创新的重要创举,"城市文化菜单"将给这座城市带来更多的文化盛宴。

表 3-3-4　深圳市品牌节庆活动

时间	节庆
1—2月	"新春音乐会""春节大庙会""文化春雨行动""欢乐闹元宵"
3—4月	"深圳设计周""外来青工文体节""剧汇星期天""艺术大观""八厘米新戏剧之旅""四棋一牌""光明梦想秀""'一带一路'国家音乐节"
5月	"文博会艺术节""郎朗国际钢琴艺术节""大书城精英汇""东南亚风情文化节""深圳妇女沙龙""潮汕古村落的魅力及手工艺术珍品展"
6—9月	"中国国际新媒体短片节""博物馆文化遗产展""书画摄影双年展""文化遗产日展演""鹏城金秋市民文化节""深圳合唱节""深圳(国际)科技影视周""ATP深圳国际男子网球公开赛""深圳大剧院艺术节""深圳国际摄影大展""深圳动漫节""中国梦·中国故事——中国图片大赛""深圳国际友城文化艺术周"
10—11月	"钢琴音乐节""国际摄影周""乒超联赛""ITF国际元老网球巡回赛""读书月"系列活动、"中国国际自行车嘉年华""深圳(国际)科技影视周""社区邻里节""中国国际高新技术成果交易会"
12月	"创意十二月""公园文化周""客家文化节""WTA女子网球公开赛""深圳国际马拉松赛"

(五)一批文创企业推动深圳文化创意经济发展

腾讯、华强、雅昌等企业共同打造文化产业的"深圳质量"与"深圳标准",展示深圳这座中国文化产业发展先锋之城的新力量。近年来,优秀文化企业纷纷迈开上市的步伐:南山区上市文化企业已达20多家,成为全国文化产业的翘楚,冰川网络等公司已上市,高山水、盈富通、华曦达、嘉兰图等在新三板上市;福田区一批文化企业获得资本市场青睐,建艺装饰、亚泰国际等在深交所中小板上市,深装总装饰、东文传媒、中汇影视等在新三板挂牌;罗湖区推动企业上市融资,挂牌新三板企业达到4家。2017年,龙岗区政府、华侨城集团、深圳市甘坑生态文化公司总投资300亿元,联合打造"甘坑新镇"项目,建设一座融合文化、科技、生态、旅游于一体的大型文化创意产业新镇。此外,开心麻花华南总部也将落户龙岗,而腾讯集团是超级文化航母。华强文化科技集团第7次上榜"中国文化企业30强"。作为文化产业龙头企业,雅昌已经由一个传统的印刷公司变成了一个文化产业公司,雅昌为世界多个拍卖行、美术馆和博物馆以及10万个艺术家、5000个画廊和2000家出版社服务,打造了全世界最大的中国艺术品数据库,以数据为核心,充分挖掘艺术品的文化内涵,形成了全新的、高质量的文化产品,赢得国际市场的青睐。华侨城集团成立二十多年来,由深圳湾畔的一片滩涂起步,发展成为一个跨区域、跨行业经营的大型国有企业集团。华侨城集团全国发展的战略布局已经形成,培育了房地产及酒店开发经营、旅游及相关文化产业经营、电子配套包装产品制造等三项国内领先的主营业务。

（六）全国文化贸易重镇

近年来,深圳市文化贸易发展势头良好。据不完全统计,2010年我国文化产品出口贸易总值约为1116.88亿美元,而深圳文化产品出口比重占全国的20%,深圳已成为我国文化产品进出口的重要基地和主要口岸。2014年1月20日,深圳国家对外文化贸易基地揭牌,使深圳成为北京、上海后第三个获得基地授牌的城市。创建深圳基地,有利于推动珠三角制造业由"中国制造"向"中国创造"升级;通过品牌、信息、展示、交易等专业服务,提高我国文化产品和文化服务"走出去"能力。基地的创建,将利用深圳及前海综合优势,在文化进出口政策、文化科技、文化产权交易、文化金融等方面进行创新试点,成为部、省、市文化贸易政策创新试验田,并将集聚优质平台和资源,把深圳打造成为"海上丝绸之路"创意产业和文化贸易服务中心。2014年,深圳市文体旅游局制定《关于促进对外文化贸易的实施意见》并组织开展深圳市文化创意企业出口十强。

华强文化自主研发的环幕4D电影系统输出到美国、加拿大、意大利等40多个国家和地区,配套4D影片每年出口20余部,还研发了多个弘扬中国古典文化、传承优秀历史文化的主题影视项目。2017年,深圳对外文化交流兴盛。2017年"深圳文化周"亮相爱丁堡艺术节,2017年春节期间,深圳7个艺术团体将分赴法国、荷兰、比利时等多个国家,参与数十场当地的"欢乐春节"活动,以新春音乐会、艺术设计展、"非遗"文化展示等丰富多彩的形式,全面展示深圳的文艺力量,与海外民众共度欢乐中国年。

作为中国文化产业第一展,举办了十三年的中国(深圳)国际文化产业博览交易会成为我国文化产业发展的一个重要风向标和文化贸易的窗口,促进深圳乃至全国的文化产品和服务交易。2017年深圳(国际)文化产业博览交易会首设"一带一路·国际馆",美国、英国、以色列等发达国家和埃及、印度、马来西亚等"一带一路"沿线共计40个国家和地区117家海外参展商,重点展示其传统工艺美术、创意设计、非物质文化遗产、文化旅游及演艺等内容,共有20016名海外采购商参加,比上届增加493人,主要来自美国、英国等99个国家和地区。

表 3-3-5　2013—2017 年中国深圳（国际）文化产业博览交易会
文化产品出口交易额及海外参展情况统计

年份	交易额（亿元）	同比增加（%）	参展国家	海外参展机构	海外专业观众（万人）
2013	123.82	6.95	/	/	/
2014	161.38	30	22	45	16.20
2015	164.85	2.15	40	84	20.13
2016	177	7.35	98	115	20.79
2017	/	/	99	117	/

资料来源：参考深圳国际文化产业博览会官方网页，http://www.cnicif.com。

（七）文化产业人才与信息平台提供良好的配套服务

深圳市政府出台《深圳市产业发展与创新人才奖暂行办法》，建立健全"走出去"人才队伍建设体系，形成政府与企业"走出去"人才培养引进的良好互动机制。深圳建设关于国别投资环境信息库、境外合作项目库、国际承包工程招投标资料库、国际知名展览名录库、涉外知识产权维权援助数据库、建立风险防范数据库及其他相关"走出去"等信息资料库，为企业"走出去"提供公共基础信息服务。以上文化产业人才和信息平台的建设，为深圳文化"走出去"提供了良好的人才和信息配套服务。2017 年 11 月 1 日，全国首个以"人才"命名的主题公园深圳人才公园开园。

（八）中介组织发挥中坚力量

深圳市文化创意协会的成立对深圳文化产业发展起了很大的促进作用。此外，深圳本土拥有深圳文化产权交易所、中国文化产业投资基金两个文化产业投融资平台，为深圳文化产业提供良好的文化金融服务。2009 年，深圳市文化产品进出口行业协会成立，对深圳文化"走出去"起到了关键的带动作用。

三、"文化+"模式成为深圳独有的文化产业发展模式

过去十多年，深圳文化产业迅速崛起，依托市场、产业和科技优势，深圳率先探索出"文化+"的发展模式，使文化产业在促进经济转型升级和结构调整中发挥出重要的示范作用。深圳成功探索出"文化+科技""文化+创意""文化+旅游""文化+金融"等发展模式。深圳坚持创新驱动战略，打造领军企业和知名品牌，提升文化创意产业的发展质量，为供给侧结构性改革作出新探索。

(一)"文化+创意"

深圳"文化+创意"是最早出现的文化产业发展模式,起源于创意设计发达的福田区。全国设计看深圳,深圳设计看福田。如今,罗湖、福田和龙华三区成为深圳"文化+创意"的典范。

全国十大女装品牌企业其中有6家在福田区,与此同时,福田区汇聚了建艺装饰、文科园林、亚泰国际、珂莱蒂尔、华视传媒等一批建筑、景观、服装、广告设计行业的领军上市企业设计基地。中芬设计园,围绕"新材料""新科技""新思维""新业态"的新趋势,率先提出的"设计4.0"理念已成为设计行业标杆。田面作为设计之都创意产业园,让福田设计走向世界舞台。深圳市文化创意百强企业福田区有25家,已认定文化创意产业园区12个,其中国家级园区2家、市级园区达4家。

罗湖区文化创意产业发展的重镇为深圳工艺美术集聚区、深圳珠宝集聚区、深圳国家动漫画产业基地、深圳古玩城、广田装饰及梧桐山艺术小镇等。截至2016年,罗湖区共有文化创意产业企业(不含珠宝企业)4990家,全年实现营业收入313.51亿元。2018年统计数据显示,辖区规模以上文化企业近520家,占全市规模以上文化企业总数的12.74%。目前,罗湖在笋岗片区规划了超过1万平方米的视效创意产业带以深圳发达的科技产业、强大的创新能力为依托,发挥罗湖城区深港创意人才密集度高、配套服务成熟的优势。

年轻的龙华区同样力推"文化+创意",以"国服""国瓷""国椅""国画"为代表的四大文化品牌初见成效。从2014年亚太经济合作组织(APEC)会议各国第一夫人的"新中装",到2016年二十国集团(G20)杭州峰会元首夫人们午宴专用的"夫人瓷"与G20工商峰会开幕式主席台上的"首长椅",均出自于深圳龙华的匠人之手,这些文化产品在国际平台上不断争取话语权。文化产业载体建设同步升级更新,"国字号"文化园区层出不穷,版画、红木、陶瓷等传统文化产业不断升级。而随着龙华区位优势的充分凸显以及产业更新升级步伐的加快,创意设计、影视、时装、音乐等新兴文化产业也快速成长。

(二)"文化+科技"

在深圳乃至中国,"文化+科技"的发展模式始于南山。目前,南山已培育出腾讯、华强方特、迅雷、A8新媒体、环球数码等一批文化科技融合型企业。17家企业获评市"文化+科技型示范企业",占全市半壁江山以上。南山区副区长练聪表示,南山的文化领军企业有一个共同的特征——既是深入文化核心层的创业企业,也是运用最新科技手段的高科技企业,文化与科技、创新与创意实现深度融合创新。

作为深圳科技产业大区,南山和宝安无疑最具代表性。从国家级高新技术企业数量方面来看,截至 2016 年年底,南山区以 2223 家排全市第一,宝安区以 1493 家排全市第二。在发展文化产业上,南山和宝安不约而同打出"文化+科技"牌。随着 VR 时代的到来,深圳众多文化企业在"文化+科技"的道路上不断向纵深发展。2015 年上市的华夏动漫近年来与国内多个高科技企业合作,利用全息技术、VR 技术,打造出世界领先的 VR 虚拟现实主题乐园。

(三)"文化+旅游"

盐田、大鹏、光明三区,充分发挥自身山海资源、绿色生态优势,在发展文化产业方面祭出"文化+旅游"杀手锏。近年来,盐田区着眼于滨海资源的开发和水上运动产业的培育,利用辖区内得天独厚的山海资源和生态环境,创建"文化+体育+旅游+生态"的综合业态模式。其模式以海洋为载体,以经济、休闲、娱乐、探险、旅游为主要形式,不断引入国际高端赛事和会展,力争打造全国首个海上国民运动休闲中心。

大鹏是一个成立五年多时间的生态新区,有独特的山海资源、厚重的历史文化之根,可以开拓文化创意产业园区的旅游综合功能。五年来,大鹏新区"文化+旅游""艺术+自然"等业态不断涌现。其中比较有代表性的是玫瑰海岸婚庆文化旅游基地和通明瓷爱谷。2016 年,玫瑰海岸牵手横店圆明新园,投资 300 亿元,构建南北婚庆联盟,打造深圳—横店婚庆旅游平台,预计每年将为深圳与横店两地带动近亿元的婚庆消费。根据大鹏新区统计部门资料,该区目前共有文化产业类经营单位 200 多家,大中型规模企业 7 家,2016 年年产值达 3.53 亿元。

光明新区工业旅游发展空间巨大。2016 年 11 月,总投资逾 500 亿元的"光明小镇"项目签约,该项目以"文化+旅游+城镇化"战略为主线,由光明新区与华侨城集团共同打造,目标是建成集生态观光、度假休闲、文化体验、科技创意为一体的高品质生态文化旅游特色小镇。光明新区文化艺术中心于 2017 年 4 月 14 日开工建设,该项目将成为光明未来的特色城市名片和新的文化地标。近年来,光明新区为内衣、钟表、模具等传统产业注入创意元素,促进产业创新和结构优化,有效推动经济转型升级。区内各类大小工业园区,高新技术产业园区,以及内衣、钟表、模具三大产业基地的产业格局,为光明发展工业旅游带来了巨大空间。

(四)"文化+金融"

针对文化企业融资难问题,深圳独辟蹊径开创了"文化+金融"模式,为文化企业注入了强劲的生命力和创造力。目前,深圳文化产权交易所已陆续推出四大类六个创新业务交易品种,通过"创新竞价板"和"电子报价板"两层市场进行挂牌交易。招商银行推出"文创贷"产品,招行深圳分行将为市文体旅游局推荐的文化创意企业提供以"文创贷"产品为主的金融服务,计划到2019年年底前为深圳文化企业提供总额最高100亿元的授信。以上各项金融举措使深圳文化企业受到实质性的资助,在某种程度上助推了文化贸易的发展。

(五)"文化+影音"

龙岗区"文化+影音",吸引华侨城文化集团、开心麻花华南总部、深圳文交所等一批国内文创产业龙头企业落户,引进和培育了华夏动漫集团、叁鑫影视公司、大地动漫公司、迷笛音乐中心、乐杜鹃音乐节等一批具有一定影响力的影视、演艺、动漫类文化项目和企业。影视动漫和演艺音乐,逐渐成为龙岗区文化产业的重头戏。其中,开心麻花将在龙岗打造国家级的戏剧产业园区;华夏动漫收购日本世嘉游戏公司,打造全国最先进的室内数字游乐项目;迷笛音乐中心建设华南地区唯一的国家级音乐考级平台。2016年,龙岗全区文化创意产业产值营业收入达到895.97亿元,同比增长5.98%;实现增长值252.98亿元,同比增长7.55%。随着深圳国际大学园内国际名校逐步落成,东部人才高地正在崛起,对文创产业的人才、智力和项目支撑作用将逐步显现。

坪山的文化产业也在突围。坪山区在"雕塑坪山"专题活动中,邀请了国内外具有影响力的一批雕塑艺术家,结合坪山文化底蕴和城市发展规划,对坪山大道、中心公园、大万世居、马峦山等坪山重点区域进行定向创作,为坪山发展注入更多的文化内涵。作为未来五年深圳重点文化产业项目,华谊兄弟文化城将被打造成中国定位最高端、产业链最齐全、配套最完善的影视文化产业基地。由于该项目在功能规划上借鉴好莱坞电影产业模式,加上鹏茜矿国家一级地质公园,将打造中国的地上好莱坞、地下迪士尼。据有关方面预测,华谊兄弟文化城完工后,将每年创收约70亿元,可同时满足6部国际大片拍摄与制作,每年输出电影12—15部,庞大的影视文化产业链带动周边商业,可提供约6万个就业机会。依靠项目独特的影视文化旅游,每年还可吸引约300万旅游人群。

此外,深圳罗湖区大梧桐新兴产业带横向联动,大力发展高科技摄影棚和后期特效制作产业,补齐深圳影视产业发展中的短板。

(六)"文化+创客"

深圳就是创客的"好莱坞"。深圳作为中国创客集中的宝地,无论从国家战略还是城市发展实际来讲,创客应该会成为深圳将来创意经济、文化贸易的新亮点。

2015年,深圳智能穿戴产业迅速发展,目前已有500多家相关企业,同比增长400%。深圳约90%的创客企业从事以可穿戴设备为代表的智能硬件制造,以电商出口为主要创业方向。目前,深圳各区为鼓励辖区创客发展,均出台了一系列利好政策,如《关于促进创客发展的若干措施(试行)》和《促进创客发展三年行动计划(2015—2017年)》,设立2亿元创客专项资金,对创客空间、创客项目、创客服务、成果转化和创客活动予以支持。

深圳目前有各类创客超过1万人,各类创客空间107家,南山区创客云集,仅柴火创客空间、中科创客学院,就拥有国际国内创客超过100人。柴火创客空间发起人潘昊,同时掌管着全球第三大开源硬件制造企业矽递科技。这家创办于2008年的深圳公司已服务了全球约200万名创客,95%的客户来自国外,创客产品超过300种。3W创业咖啡、创新谷、孔雀机构等众创空间完成创业投资项目洽谈80余个。

(七)"文化+平台"

"市场化"才是让中国文化产品走出去的加速器和推进器,展会平台、金融平台极大促进了深圳文化产业发展。

深圳本土拥有深圳文化产权交易所、中国文化产业投资基金两个文化产业投融资平台,两大文化产业投融资平台奠定了良好的资金基础,为深圳文化产业发展提供了良好的文化金融服务。深圳文化产权交易所于2009年11月正式挂牌,以"文化对接资本、交易创造价值"为经营理念,是一个面向全国及全球的文化产权交易平台、文化产业投融资平台、文化企业孵化平台与文化产权登记托管平台。深圳文化产权交易所建立了文化产业多层次资本市场和金融服务体系,为文化与资本联姻提供广阔的平台。目前,工商银行已提供100亿元的授信额度进入深圳文化产权交易所的资金池,为优秀的文化机构和作品提供强大的资金助力;民生银行则已敲定为深圳文化产权交易所发行金融理财产品。各大创投、基金、私募也闻风而动,纷纷与深圳文化产权交易所洽谈相关的合作项目和方式。

至今已连续成功举办了十三届的中国(深圳)国际文化产业博览交易会是中国的唯一国家级、国际化、综合性文化产业盛会。它的成功创立和举办,不仅为中国文化产业发展搭建起一个高起点、高规格的展示、交易、信息平台,而且使大量资金、项目、观念、信息、技术、人才在深圳汇聚,成为推动深圳文化产业发展的助力器。十三年的文博会交易额累计超过15000亿元,中国文化产业第一展的地位得以进一步巩固。

表 3-3-6　深圳文化产业博览会历年交易额①

年份	总交易额(亿元)	同比增加值(%)
2005	31.36	/
2006	211.40	180.04
2007	499.13	287.73
2008	702.32	203.19
2009	877.62	175.30
2010	1088.56	210.94
2011	1245.49	156.93
2012	1435.51	190.02
2013	1665.02	229.51
2014	2324.99	659.97
2015	2648.18	323.19
2016	2032.00	-616.18
2017	2240.848	208.848
13 年累计成交额	15566.918	

数据来源:根据相关资料整理。

四、深圳市文化创意产业发展中的问题及对策建议

与市民日益增长的精神文化需求以及国内外文化创意发展先进城市相比,深圳文化建设与经济社会发展的整体水平和深圳市在全国的经济地位还不匹配,主要体现在以下几个方面:第一,公共文化服务的质量与水平仍需进一步提高,深圳目前尚缺代表国际城市形象的标志性文化设施,各区的文化发展欠均衡。第二,欠缺国际化、标志性的品牌文化活动和赛事。据了解,伦敦大型常设性文化节庆活动多达 200 个,中国香港有近 50 个,北京、上海也有 20 多个,而深圳大概 10 个,部分领域只有一些零散活动,不成体系。第三,缺乏文化艺术原创能力,深圳还没有在国内外有重大影响的文艺作品。第四,目前尚缺乏符合深圳文化产业发展的文化传播力和文化创新力,创新创意能力有待进一步地提高。第五,深圳文化创意高端

---

① 数据来源:http://www.cnicif.com,检索日期:2018 年 4 月 30 日。

人才比较缺乏,人才引进和发展环境有待优化和提高。

在未来的发展中,深圳可以从以下几个方面进一步加强和改进。

(一) 全面激发文化事业和文化产业的良性互动发展

深圳的公共文化建设已经有了良好的发展基础,在未来的发展中还应该加大公共文化投入,创新公共文化服务的内容和形式,继续办好常设性、有效果的公共文化服务活动,加快公共文化数字资源库群建设,满足日益增长的文化消费需求。提升公共文化服务质量和效能,引导健康向上、有质量内涵的文化发展,以推动文化事业和文化产业的良性互动发展。此外,要发挥深圳市文化创意产业发展转向资金的引导、孵化和催化作用,让资金落到实处,真正助力有特色、有潜力的深圳文化企业和项目的发展,着力提升深圳文化创意产业的整体实力。

(二) 优化产业空间布局,做大做强市场主体

目前深圳市拥有各类文化产业园区较多,比较分散,没有形成特色的集聚效应,在未来的发展中应该进一步优化产业空间布局,积极推进产业园区建设,有重点地发展特色园区,提升文化产业园区的管理水平和软硬件标准,形成特色鲜明的深圳文化产业集聚园区,打造集文化产品交易、研发设计、创业孵化、信息服务和总部办公为一体的功能齐全、服务设施完善的文化创意产业集聚园区和总部经济区。

此外,要发挥华强集团、华侨城集团等国有文化集团的引领作用,带动民营文化企业的发展。政府应资助掌握核心技术、拥有原创品牌、具有较强市场竞争力的龙头文化企业和企业集团发展。

(三) 办好活动经济

2015年,深圳制订实施了《深圳文化创新发展2020(实施方案)》。市委常委、宣传部部长李小甘在研究制订2020实施方案的过程中,提出要建立"城市文化菜单"。重点是通过"菜单"的建立,引进和培育一批新的国际化、标志性的品牌活动,在活动数量和质量上进行"双提升",力争形成"月月有主题,全年都精彩"的鹏城文化生活新格局。

深圳的活动经济已经有一定的基础,在未来的发展中应该突出品牌和质量内涵建设,打造相关国际知名的文化展会品牌。深圳的读书月、创意十二月等活动已经在全国形成了一定的品牌效应,还有"中国文化产业第一展"中国(深圳)文化产业博览交易会等。

(四) 完善国家级平台建设

目前,深圳拥有高新区国家级文化和科技融合示范基地、前海蛇口自贸片区等

国家级平台。

（五）大力促进对外文化贸易发展

深圳将有望打造成为 21 世纪"海上丝绸之路"创意产业和文化贸易服务中心，在未来的发展中应以国家对外文化贸易基地为载体，整合主要对外文化贸易企业资源，形成文化出口联合体，并通过搭建公共服务平台，吸引泛珠三角有关企业加入，建立泛珠三角对外文化贸易辐射圈。

此外，应加强国际合作，利用深圳—爱丁堡文化创业产业孵化中心、深圳—布里斯班联合孵化中心等海外合作项目，在运作模式、国际发展、海外市场方面，极大促进深圳文化创意产业提升和国际文化交流。

（六）粤港澳湾区建设助推深圳文化创意产业发展

"粤港澳大湾区"概念 2015 年 3 月首次提出，2016 年"粤港澳大湾区"被写入国务院《关于深化泛珠三角区域合作的指导意见》、国家"十三五"规划等重要文件。2017 年 3 月，国务院政府工作报告中首次出现"粤港澳大湾区"，要求推动内地与港澳深化合作，编制粤港澳大湾区城市群发展规划，发挥港澳独特优势，提升在国家经济发展和对外开放中的地位与功能。

深圳在"粤港澳大湾区"初现雏形的宏伟规划中再次迎来重大历史发展机遇，深圳文化产业与大湾区内优秀品牌项目加强合作，强化自身独特优势，助力城市升级巨变，推动大湾区城市形象升级和发展。粤港澳是文化创意产业的窗口，不仅是传统文化、现代文化的问题，更重要的是文化"走出去"和吸引国际人才进来的窗口。2017 年 12 月 7 日，深港政府高层会晤表示，将进一步加强在科技创新、文化创意、重大基础设施建设等领域务实合作，推进两地人流、物流、资金流、信息流更加便捷、高效，携手建设粤港澳大湾区，建设国际科技、产业创新中心。

"第 26 届世界大学生夏季运动会"的成功举办、深圳加入联合国"创意城市网络"、深圳前海深港合作区和前海蛇口自贸区的成立、粤港澳湾区建设等重大利好事件，给深圳的发展带来了巨大的历史机遇。

区域报告四

香港地区文化产业发展报告

林国伟　范斯欣*

中国香港是一个中西文化交融的国际化城市,中西荟萃的特色也体现在香港特区政府采用"文化创意产业"一词上。文化创意产业包括艺术、媒体、创新以及与文化相关的活动和产品等的集合产业。本报告试图以"文化产业"(内地较常使用)和"创意产业"(发源于西方)概念性的讨论为铺垫,进一步探讨香港的"文化创意产业",并回顾2017年所发生的重要事件。

一、从文化工业到文化产业

"文化工业"一词最早出现在第二次工业革命期间。1944年,德国法兰克福学派的麦克斯·霍克海默和狄奥多·阿多诺合著的一部片断性哲学论证文章集《启蒙辩证法》中提出了文化工业的相关概念以及批判思考。① 文化相关的商品的大量生产模拟了资本主义社会以商品生产为特征的生产方式,阿多诺却认为这是统治阶级以文化作为政治手段来控制和操纵人民。在20世纪三四十年代的极权政体的统治下以及恐慌的意识形态笼罩下,法兰克福学派引用"文化工业"这一词作为对于大众传媒娱乐的一种批评,甚至是对文化艺术商业价值的质疑。

法兰克福学派的学者们以更为直接的方式使用文化工业这个概念深入分析文化生产和分配中普遍使用的媒介和技术,认为这可能是最危险的政治宣传方式。而在欧洲和美洲文化的论述中,许多人担心紧随不可避免的"全球化"步伐,文化"美国化"的趋势会即将到来。相比于法兰克福学派认为文化工业扼杀个性和创意的悲观看法,"文化产业"在20世纪60年代作为更加正面的术语被广泛接受。

---

* 林国伟,香港中文大学文化管理硕士课程副主任,助理教授,博士生导师;范斯欣,香港中文大学文化管理硕士课程助教。

① Horkheimer, Max, Theodor W. Adorno, and GunzelinNoeri. *Dialectic of enlightenment*. Stanford University Press, 2002.

文化产业一方面接受了文化工业对资本主义的批判,另一方面也意识到资本主义能够提供更多的资源去发展创意。①

二、创意产业的崛起

正如约翰·赫特利所恰如其分地指出的,即使是在道德上中立地使用"文化产业"这一表述,但在政策背景下被认为是有局限性的,因为它没有将艺术与文化以及创造力有力地结合起来。② 如果人们没有充分掌握新兴技术,也没有充分理解对文化作出反应,一旦文化产业转变成为娱乐就会带来负面的影响。而就创意产业而言,在这个过程中,丰富多元而又切实可行的创造力被注入经济环境,当艺术文化与互联网和数字内容等新兴技术连接在一起,就会创造出令人垂涎不已的发展时机。

"创意产业"一般指的是对社会带来的积极影响。"文化产业"与"创意产业"的主要区别在于前者强调文化的政治力量③,后者则强调文化的经济力量④。费斯克探索了文化与经济的关系,进而提出了文化经济的概念。他认为,商品的无形文化要素,比如象征体系和美学价值比商品本身更为重要。创造力作为工具将不同的文化元素注入商品中,商品的文化元素越丰富,其经济价值越大。这也可以解释当今越来越多的国家利用创意产业推动经济发展⑤。在创意产业上,文化商品是为了丰富消费者的体验,消费者可以通过文化商品建立自己的社交网络,增强自信心。最重要的是,每一件被创造的新产品都受知识产权的保护⑥,因此创意产业更加强调创意和创新。

泰瑞·弗莱指出:"创意产业作为一个社会文化理论的概念在某种程度上是不寻常的,因为它起源于政策话语。"⑦1997 年,英国政府推进培养"艺术、媒体、设计

---

① Kong, Lily. "From cultural industries to creative industries and back? Towards clarifying theory and rethinking policy." *Inter-Asia Cultural Studies* 15.4 (2014): 593–607.

② Hartley, John. *Creative industries*. Blackwell Publishing, 2005.

③ Horkheimer, Max, and Theodor W. Adorno. "The culture industry: Enlightenment as mass deception." *Media and cultural studies: Keyworks*, 2006: 41–72.

④ Peter Jones, Daphne Comfort, Ian Eastwood, David Hillier. "Creative industries: economic contributions, management challenges and support initiatives", *Management Research News*, Vol. 27 Issue: 11/12 (2004): 134–145.

⑤ Fiske, John. "The cultural economy of fandom." *The adoring audience: Fan culture and popular media* (1992): 30–49.

⑥ O'Brien, Dave. "Creativity and copyright: The international career of a new economy." *Sage Handbook of Intellectual Property*. London: Sage (2015): 315–330.

⑦ Flew, Terry. *The creative industries: Culture and policy*. Sage, 2011.

和数字内容"联合的进程,这种强大的推动力包含了现有的文化艺术领域与快速崛起发展的互联网和数字领域。

当然,"创意产业"的概念也有明显的缺陷。泰瑞·弗莱认为,创意产业没有清晰的思路,把看似异质的部门联系在一起,不同部门之间的相融或是排斥也不断受到质疑①。有些学者认为"创意产业"的概念过于宽泛,同时也过于狭窄。此外,比尔顿和利瑞指出,英国文化、传媒和体育部对于创意产业的定义本身并不能解释其独特之处。因为几乎所有的行业都应该在一定程度上对创意进行评估,所以很难在没有创造性要素的情况下争论产品或服务。普拉特支持这样的批评并认为这将很难鉴定一个非创造性的行业或活动。

根据美国学者理查·佛罗里达的说法:"在全球范围内,发达工业国家的三分之一工作人员受雇于创意部门,从事科学与工程、研究与开发,以及以技术为基础的行业;从事艺术、音乐、文化、美学和设计工作或者从事保健、金融和法律为主的知识型职业。这个创意部门几乎占了美国一半的所有工资收入,就像制造业和服务业的总和一样多。"②

佛罗里达对创意阶层发表了自己的观点,"其成员从事的工作,它的作用在于创造有意义的新形式"③这一群人可能涵盖各式各样的职业,不只限于艺术家、演艺人员和设计师这些普遍熟知的群体,非小说类作家、编辑、文化人物、智库研究人员、分析师和其他选择者也是创意阶层的一分子。他们创作新的形式或设计,很容易被转移和广泛使用。利用创意提出的建议可以带来持久、积极的经济影响,这也是为什么创意的工作风格现成为经济主流的一部分。佛罗里达表明,一个更开放的社会更具创造性和多样性,因此可能会经历更好的增长。佩克并不赞成佛罗里达的主张,他认为这只不过是以创意为名的一种新自由主义战略④。创意变成可控和可计算的东西,也随时做好被仿效和转变的准备,好比你可以从任何一本书中借鉴参考并将其应用于一个国家的文化政策。换句话说,由于各国正在遵循相同的框架,导致地区独特性下降,创意不再具有创新性。

创意产业是由决策者因迫切需要解决实际问题而产生的。行业内的参与者需要正确地认识自己。因为观察仅仅流于表面,往往是不全面的总结。我们需要看到和理解的不仅是行业参与者之间的动态和相互关系,而且在这个话语下的具有

---

① Flew, Terry. *New media*: *An introduction*. Oxford: Oxford University Press, 2007.
② Florida, Richard. *Cities and the creative class*. Routledge, 2005.
③ Florida, Richard. "Cities and the creative class." *City & community* 2.1 (2003): 3-19.
④ Peck, Jamie. "Struggling with the creative class." *International journal of urban and regional research* 29.4 (2005): 740-770.

争议性的"创意"概念也是一个困境,文化部门中的创意创新与所谓的创造力是有差异的,总会存在"创意"成为另一个流行词的危险①。我们现在需要的是就艺术和文化的真正价值达成一致,对于文化和创新如何交织的讨论仍然很重要。但是,不能用货币价值去衡量文化的价值。

20 年前创意产业崛起后,大家普遍认为创意和创新一定是商业为了在这个新世纪中茁壮成长所需要做的事情。就政策而言,每个人都能够在文化与"创意"和"创新"相结合中受益。"创意"和"创新"这两个术语经常互换使用,实际上两者之间有一些重要的区别。大多数字典将创意这个词定义为思考新思想和创造新事物的能力;有些字典以相同的方式定义创新。在 *Innovation in Cultural Systems*: *Contributions from Evolutionary Anthropology* 一书中,创新的定义不仅不能提供信息的来源,而且缺乏识别和确认信息的渠道②。另一著作 *Leader Behaviors and the Work Environment for Creativity*: *Perceived Leader Support* 中提供了一个有效的框架以区分创意和创新。书中把创意描述为在任何学科中创造有用的新观念,并将创新视为成功实践创造性思想③。简单地说,创意不能被量化,但创新可以用产出衡量。

兰德利在《创意城市》(*Creative City*)的主张中也展现了讨论的多样性。兰德利认为,创意城市是在城市发展政策中鼓励创意创新的城市。除此之外,创意城市也会考虑内外部环境对创意的作用力④。创意城市的另一个关键特征是其长期规划以及为社会各方面和各层级的经济型企业提供创变。他还引入了尚处在研究阶段用以衡量城市的想象力脉搏的创意城市指标,创意城市涉及知识经济范式的转变。互联网的发展带来了思想体系和存在体系的转变。人类不再被视为统一的工厂工人,他们的城市不应单纯地把重点放在产品数量和生产利润上。相反,当代的城市必须创造出富有想象力的人才,激发他们的创新思维。这些富有想象力的知识驱动的人也被称为创意阶层(兰德利使用理查德·佛罗里达的概念),必须通过创新城市来增强他们的思维。富有活力的城市和全球性的交流平台应该能吸引创意阶层,以善于聆听的开放态度拥抱他们的想法。公民必须成为富有想象力的思想家,才能互相拥抱彼此的思想,为创意阶层提供根本的支持。

---

① Chris Bilton and Ruth Leary,"What can managers do for creativity?: brokering creativity in the creative industries", *International Journal of Cultural Policy*, 8:1 (2002): 49–64.

② O'Brien, Michael John, and Stephen Shennan, eds. *Innovation in cultural systems*: Contributions from evolutionary anthropology. MIT Press, 2010.

③ Amabile, Teresa M., et al. "Leader behaviors and the work environment for creativity: Perceived leader support." *The Leadership Quarterly* 15.1 (2004): 5–32.

④ Landry, Charles. *The creative city*: A toolkit for urban innovators. Earthscan, 2012.

包括创意阶层在内的公民不应该只是城市变化的被动接受者。相反,他们必须成为积极的参与者来实现创变。标准化的中心思想必须发展成为更加灵活多变和富有实验性的思维方式。因此,矩阵管理和利益相关者民主等新型经营与管理模式将用层级控制的精神取代领导管理。旧城市工程作为城市规划被重新思考,也应包含更多的参与性、社区性和开放性的哲学。一个城市必须拥抱和面对来自对立团体组织等的不同要求,从而在非常复杂的阶段进行试点。为了迎接新的思维方式,城市必须能够承担自我创新的风险,并对每个过程所需要的资源有深入的掌握。而且城市领导层应该拥有清晰的愿景,以简单的方式传达非常复杂的情况来激发和激励人们①。

三、提升香港地区文化创意产业的软实力

康奈尔大学、欧洲工商管理学院和世界知识产权组织共同发布的2017年"全球创新指数"表明,香港相比于2015年的第11位和2016年的第14位,下降至第16位②。该指数被高度认为是了解和比较不同国家和地区创新水平和产出的可靠参考,采用了5个输入量和2个输出量的指标体系。这7大指标体系被进一步分解为81个不同的指标,成为一个复杂而全面的评估准则。这些年前25位的国家和地区并没有太大的变化,发达的经济体在创新产出方面表现更好。这可以归功于这些国家和地区先进的基础设施、教育体系、研究和发展进程以及技术进步。

根据2017年的全球创新指数报告,在有效的监管环境、生态可持续性和市场成熟度的良好发展的支持下,香港在创新投入子指数中名列前十。但报告也显示香港在人力资本、科研和教育领域都有所下降,这或许说明了香港在创新输出指数中排名较低的原因。虽然这个城市已经建立了完备的框架以支持创意,但是并没有实质性的大量产出。

自20世纪70年代以来,香港一直在发展文化创意产业,积极地打造创意城市。面对去中心化的全球化背景的多重挑战和竞争,该产业被视为"新"和"有利可图"的选择。2015年,香港文化创意产业的本地生产总值逾1080亿港元,占本地生产总值的4.7%,文化创意产业对香港就业总人数的贡献为5.7%。③ 许多外国

---

① Landry, Charles. *The creative city: A toolkit for urban innovators*. Earthscan, 2012.
② 《全球创新指数2017年报告》,https://www.globalinnovationindex.org/gii-2017-report,检索日期:2018年4月8日。
③ 《香港的文化及创意产业》(2017年6月),香港统计月刊,https://www.statistics.gov.hk/pub/B71706FA2017XXXXB0100.pdf,检索日期:2018年4月8日。

和内地艺术家和设计师纷纷来香港发展。香港特区政府把文化创意产业划分为以下11个组成部分：

（1）艺术品、古董和工艺品；

（2）文化教育和图书馆,档案保存和博物馆服务；

（3）表演艺术；

（4）电影及录像和音乐；

（5）电视及电台；

（6）出版；

（7）软件、电脑游戏和互动媒体；

（8）设计；

（9）建筑；

（10）广告；

（11）娱乐服务。

（一）基础设施的支持

香港特别行政区政府尝试为文化创意产业提供基础设施支援,香港的创新中心和数码港是为支持本土设计和科技行业而设立的。创办于2006年的创新中心汇聚了这个城市有抱负和有才能的设计公司,为设计创造划时代的产品提供了理想的培育环境。数码港云集数以千计的数码科技公司,涵盖金融科技、电子商贸、物联网及可穿戴设备、大数据以及人工智能等领域,以促进香港发展成为智慧城市。2014年发布的上环"元创方"项目为本地的设计师和新进创作企业家提供超过130个工作室和展厅。[①] "油街实现"项目也把地处油街12号的二级历史建筑变成艺术展览项目的绝佳场地,促进当地文化艺术发展。[②]

此外,西九文化区是一个可能重塑香港艺术生态的重要项目[③]。1998年,香港特别行政区行政长官董建华最初为响应让本地居民拥有更多接触文化机会的需求,提出把西九建设成为一个世界级的艺术文化中心。此后经过几轮的规划和磋商,2008年正式成立西九管理局,并获得政府初步注资金额逾216亿港元。[④] 不过,西九的第一期工程计划推迟导致第二期及第三期工程的进一步延误。

[①] 元创方官网,http://www.pmq.org.hk/? lang=zh,检索日期:2018年4月10日。

[②] 油街实现官网,https://www.lcsd.gov.hk/CE/Museum/APO/zh_CN/web/apo/about_oi.html,检索日期:2018年4月10日。

[③] 西九龙文化区官网,https://www.westkowloon.hk/sc/home/home-page,检索日期:2018年4月10日。

[④] Du Cros, Hilary, and Lee Jolliffe. *The arts and events*. Routledge, 2014,检索日期:2018年4月10日。

西九戏曲中心将会是第一个落成的表演场地，拟定于2019年开幕。目前西九文化区是否能缓解香港表演场地短缺的现状仍存在不确定性。据报道，西九文化区有专门的艺术家驻场计划甚至还有驻团艺术中心。除了西九文化区外，政府在2014年提出东九文化中心发展计划，五个主要演出场地将于2021年顺利落成并投入使用，其中包括多功能演艺厅、三向式剧场以及三个分别为音乐、舞蹈及戏剧的小剧场①。未来几年香港演出场地的增多肯定会有更多值得期待的地方。

这些基础设施存在不足之处。由于不理想的投资环境，数码港从高科技中心沦为地产项目，因此成为香港鼓励科技发展的失败案例。元创方的工作室因为高额租金，受到设计师和艺术家的严厉批评，这样的租金成本对当地创意人才来说无疑是难以承受的。这些情况都无助于改善香港的创意环境。

（二）政策举措

为促进香港文化创意产业的发展，2009年商务及经济发展局成立了"创意香港"专责办公室，主要通过不同渠道提供设计支援：创意智优计划负责协调与创意项目相关的资助计划；创新中心的设计创业培育计划孵化新晋设计公司；香港设计中心致力于设计推广。② 这一系列的设计活动有助于让创意概念得到激发、培育、研究、推广、商业化和品牌化。此外，创意香港的电影服务统筹科为电影的拍摄提供多方面的协助服务；电影发展基金为香港电影业的发展提供财政资助。

"创意智优计划"设立于2009年6月，旨在为符合战略定位的创意项目的推动提供财务资助。该计划补助的项目各异，范围从实习和管理培训生项目，承担海外工作和学习的创意青年人才计划，创意中小型企业及创意人才参与内地及海外展览、比赛计划，到为新兴设计师举办签名活动、比赛奖励、展览、研讨会、工作坊等孵化项目，以推广香港作为亚洲的创意之都。此外，"创意智优计划"亦致力于鼓励培育创意人才，孵化初创企业及推广香港设计师及品牌，目的在于为资助的项目建立一个以培育为本的渐进式阶梯。截至2016年3月底，创意智优计划（设计业与商界合作计划除外）一共收到509份申请，其中270个项目已经获得批准，涉及5.7亿港元的资助金额。③

"电影发展基金"旨在鼓励更多商业资金投资香港电影拍摄，创造更多与电影

---

① 《东九文化中心奠基典礼今日举行》，http://www.lcsd.gov.hk/tc/news/press_details.php?id=10448，《香港特别行政区康乐及文化事务署新闻公报（2016年12月）》，检索日期：2017年8月15日。

② 创意香港官网，http://www.createhk.gov.hk/sc/home.htm，检索日期：2017年8月15日。

③ 香港便览：《创意产业》（2016年4月），https://www.gov.hk/sc/about/abouthk/factsheets/docs/creative_industries.pdf，检索日期：2017年4月2日。

相关联的活动以及增加就业机会,协助香港电影业进一步复兴和发展。电影发展基金从2007年开始实施时获得3亿港元的注资,发展到2015年,政府额外注资2亿港元。截至2016年3月底,共有51个电影制作融资、一项电影制作资助及151份其他电影相关计划获得批准,涉款金额为3.9亿港元①。

香港设计中心②自2001年成立以来,一直是政府推动设计的战略性合作伙伴。在政府的支持下,该中心由五个领先的设计专业团体组成,旨在把推广设计作为一项增值活动;提高设计水平和促进与设计相关的教育;提升香港作为创新及创意中心的地位。以设计创业培育计划为例,它旨在培育公司在发展的早期阶段和关键阶段应对各种挑战。所有申请成功者将享受一些支持性的服务,包括提供工作空间和财政补贴。

目前,民政事务局负责香港的文化艺术政策和资助。2005年至2007年,香港特别行政区政府不断检讨对本地表演艺术的文化资助机制,2007年年初十个演艺团体获得民政事务局的直接资助。十个艺团分别是香港话剧团、中英剧团、剧场组合、进念二十面体、香港管弦乐团、香港中乐团、香港小交响乐团、香港舞蹈团、香港芭蕾舞团以及城市当代舞蹈团。在2008年,剧场组合自愿退出政府资助计划,其后的架构维持不变,剩下的九个艺术团体被非正式地称为"九大"③。民政事务局每年都会直接资助"九大"演艺团体,希望其能为本地和国际观众带来高质量的演出,鼓励艺术团体作出长远的规划和积累以实现可持续发展。2017—2018年度预算资助金额达到3.346亿元。

香港特别行政区政府发展艺术的法定机构香港艺术发展局为"九大"艺术团体以外的艺术机构提供资助机会。作为一个主要的公共组织,香港艺术发展局为文化创意产业内的多种艺术形式提供配套服务和资助,范围涵盖视觉艺术(建筑、设计、电影、录像和手工艺)、文学艺术(出版)和表演艺术。创意产业和文化的分类确实是交叉的,政策的目标应该更加以文化为导向。因此,在2017—2018年度预算中,艺术发展局从民政事务局获得1.26亿港元的财政拨款。

(三)教育

越来越多的高等教育机构提供关于创意和艺术的各种项目和课程。举例来

---

① 香港便览:《创意产业》(2016年4月),https://www.gov.hk/sc/about/abouthk/factsheets/docs/creative_industries.pdf,检索日期:2017年8月25日。
② 香港设计中心官网:https://www.hkdesigncentre.org/,检索日期:2017年8月15日。
③ Cheng, Damien. "From Big Four to Big Nine." *Graduate Journal of Cultural and Creative Industries* 2 (2016): 60-64.

说,香港知专设计学院开设了高级文凭和学位课程,建构知识和发展专业,为产业提供优秀的人才;香港城市大学创意媒体学院因其优良的学习环境和尖端的教学设备而闻名,大部分课程将创意和艺术教育与商业目的相结合。此外,香港理工大学也试图将设计思维与商业结合在一起。

设计思维秉承着实验性的想法去改变创意产品的外观和体验。全球创新设计公司 IDEO 总裁兼首席执行官蒂姆·布朗表示,设计思维是一种以人为本的创新方法,设计师需要多方面考量融合人的需求、行为、技术可能性以及商业成功的必要条件。我们正在进入"设计创业"的时代。右脑技能与这些发展趋势的结合正在改变着工业、经济和社会环境。这种创业精神使下一代设计师能够在职业生涯中拥有更多的选择和多样性。

创业能力是关于商业触觉、战略思维和领导的能力。人们倾向于认为独立设计师和设计创业者拥有小规模的客户群不是最好的职业前景。但是,科学技术和社交媒体的兴起使世界的联系更加紧密,相互距离更加小,相比于应对小规模客户群的挑战更重要的是拥有创业精神。具有良好设计思维的设计师将能够看到商业潜力,开发新市场,制定有效的商业计划,进行市场调查,发现品牌的竞争优势,进行风险管理并做出决策。

香港演艺学院在表演、导演和剧场技术方面提供相关的本科和研究生课程。演艺学院自 1984 年成立以来专注于实践教育,香港很多剧场从业人士都毕业于香港演艺学院,在某种程度上促成了香港演艺学院毕业生形成强大支持网络,互相推动文化创意产业的发展。

四、回顾 2017 年香港文化创意产业

除了满足文化及创意产业的基础设施需求以及政策举措之外,不同类型的文化创意产业也面向公众组织了大量的创意活动。例如,由香港国际影视展、香港国际电影节、亚洲电影大奖、香港电影金像奖和香港亚洲流行音乐节共同组成的香港影视娱乐博览,为香港市民提供精彩的创意体验;香港设计年和设计营商周等其他活动也大力推动香港创意产业的发展。政府为发展香港成为创意城市提供了强有力的支持。2017 年,恰逢香港回归祖国和特别行政区政府成立 20 周年的特殊节日,为香港创意产业在人才与初创公司的培育、市场发展以及跨界别跨地区交流合作方面提供发展契机。

来自设计界、创新科技及数码系统界、文化艺术界、动画界、教育界、创科教育界、传媒界、印刷界及存仓界等的 10 家企业荣获 2017 第二届香港文化创意大奖。该奖项旨在表彰对文化创意企业有贡献的企业以及专家,并透过此过程发掘最具

潜力的行业新秀。评审大会以文创内涵、品牌概念及特色、品牌定位及文化连接性、品牌故事性及精神象征、产品美感及独创性、跨界整合、原创价值、产品发展潜力及销售方式等作为选拔标准,鼓励各界以香港为基础,共同携手发展亚太区的文化创意产业。①

(一) 电影

配合我国"一带一路"倡议的实施,电影行业在香港电影发展局和电影发展基金的各项支援计划下,与香港旅游发展局通力合作,邀请国际性和区域性的电视频道、客源市场的主要电视台来港拍摄,同时亦为来港取景的电影提供各方面的协助支援。政府也会组织业界代表团前往"一带一路"沿线具有市场发展潜力的国家和地区推广香港的后期制作和协拍服务。通过电视媒体和电影的庞大接触面,使香港拥有更多在国际影视行业曝光的机会,"创意香港"借助电影电视平台推广本地旅游业,宣传香港的多元文化,创造各种商机。② 同时电影发展基金电影制作融资计划在2017年仅批准资助一部港片,拨款约499万港元支持思以傲制作有限公司的《万水千山纵横》③,通过基金计划推动电影行业的发展和人才的培育。

(二) 设计

为庆祝香港特别行政区成立20周年,香港设计中心和创意香港在2017年6月共同主办的"Confluence·20+"巡回设计展香港站,邀请了20个活跃于香港及国际的设计单位跨界合作,此次展览以设计师为工具,把传统与创新的结合、东方与西方文化的交融、工艺与科技的交互呈现为一场视觉盛宴。④

"香港设计营商周2017"与合作伙伴意大利以"非同凡响"为年度主题邀请来自16个国家及地区的世界知名设计大师、品牌领袖和商界精英等不同领域的创意领袖全面探索设计、创新以及品牌趋势。除设计营商周峰会以外,还有覆盖全港的BODW X deTour城区活动,将设计的精神和力量渗透全城。香港设计中心的旗舰活动"香港设计营商周2017"作为亚洲瞩目的年度盛事,不仅吸引了超过12万参与者,也成为亚洲地区内商业和创意产业的世界级沟通枢纽⑤。

---

① Choi, Millie:《第二届香港文化创意产业大奖2017颁奖典礼》,《财通杂志》2017年7月28日。
② 香港特别行政区香港电影发展局(2017年5月)立法会八题:《鼓励外地电影及电视节目制作人来港取景》,http://www.fdc.gov.hk/sc/press/press_20170517.htm,检索日期:2018年3月22日。
③ 香港特别行政区香港电影发展局获基金计划融资名单,http://www.fdc.gov.hk/sc/projects/film_financing.htm,检索日期:2018年3月22日。
④ "Confluence · 20+"官网:http://confluence20.hk/vision/,检索日期:2018年3月22日。
⑤ BODW X deTour官网:https://bodw.com/sc/,检索日期:2018年3月22日。

（三）文化艺术

致力于推动艺术发展的两个机构——香港艺术发展局与香港赛马会慈善信托基金会，在 2017 年 9 月共同捐助了大型艺术盛典"赛马会艺坛新势力"，18 位名扬海内外的艺术家集合现代舞、音乐、剧场演出、媒体艺术及视觉艺术，通过公开预演、座谈会、分享会、工作坊、社区和学校活动把艺术带到香港各区。在鼓励支持香港艺术家走上国际舞台的同时，也让优秀的艺术家回馈本地，为艺术的发展注入新活力。[1]

香港艺术发展局 10 月再次组织超过 110 位来自香港表演艺术界的代表参加首尔表演艺术博览会，通过不同艺术团体的示范展演、摊位展览等形式展示香港优秀的艺术家及其戏剧戏曲作品，同时也为来自世界各地的艺术节总监、场地主管、节目代理人及艺术团体提供艺术交流的平台，并协助他们建立国际网络、拓展交流及演出渠道[2]。

由香港建筑师学会双年展基金会在 2017 年 12 月主办的创意盛事"深港城市/建筑双城双年展"，以"城市执生：留得青山在的传奇"为主题介绍了香港建筑城市规划及设计的智慧。该展览借助钢铁，串联香港本地 8 个城市闲置或共享空间和文化场所，加上深圳展场，其中部分的场馆以"城中村"作为展场，形成跨地区的城市展览馆。[3]

五、结语

在"创意"这个术语之后，对于创新的讨论越来越多。这主要是因为创新被认为是更加可量化的。凯特·奥克利在她的论文《消失的艺术》(The Disappearing Arts)中提出，把"创意"这个概念过于延伸和主流化，在总体上看，可能会事倍功半[4]。而创意本身可能即将成为一种有缺陷的文化规范和标准化。更何况，艺术和文化是否一定非得涉及"创意"和"创新"？

正如奥克利所指出的那样，每件艺术作品都在某些方面创造了一个独特的世界，将大量的传统题材与一些具有创新性的想法相结合。倘若没有传统题材，艺术作品就会变得难以理解；但若没有创新的想法，艺术作品也会显得平淡无奇、毫无

---

[1] 《"赛马会艺坛新势力"消息》，http://www.hkadc.org.hk/? p = 20038&lang = sc，检索日期：2018 年 3 月 22 日。
[2] http://www.hkadc.org.hk/? p = 20237&lang = sc，检索日期：2018 年 3 月 22 日。
[3] 深港城市/建筑双城双年展官网：http://www.szhkbiennale.org/，检索日期：2018 年 3 月 22 日。
[4] Oakley, Kate. "The disappearing arts: Creativity and innovation after the creative industries." International Journal of Cultural Policy, 15.4 (2009): 403—413.

特色。艺术最终影响人类和我们的文化。它培养我们的审美欣赏和创意表达,更是净化和宣泄的重要途径。追溯到启蒙运动,高雅艺术引发了公众的深入思考,并在此过程中提升个人的智慧。在社会层面上,艺术通过回应和记录重要的社会政治事件促进社会与公众之间的批判性对话。

  著名学者、作家李欧梵批评如今的香港利用文化创意产业作为提升香港的经济竞争力的工具,创意产业从工业变成商业[①]。如果评审创意城市的标准是剧院的数目、一年内艺术展览的数量、引人注目的世界级基础设施,香港并不难成为创意城市的一员。不过,如果以文化、艺术和创意如何融入公众的日常生活及对本地艺术家的支持和前景为标准来评估创意城市,香港仍然有很大的有待改善的空间。

[①] 《李欧梵访问片段》,https://www.youtube.com/watch?v=Z4i8zm2Xfek,检索日期:2018年3月22日。

区域报告五

台湾地区文化产业发展报告

潘 罡 于国华[*]

我国台湾地区的文化创意产业发展2017年进入新的阶段。主要原因是2016年台湾地区领导人更换,由民进党替代国民党执政。竞选期间,民进党推出文化施政小册子,避开自2002年以来使用的"文化创意产业"词汇,改为强调"文化经济"[①]。民进党当局上任后,文化主管机构负责人郑丽君在正式文书中,也经常采用"文化经济",对于既往的文化创意产业政策方向也重新调整。

"文化经济"与"文化创意产业"有何差异?

任何交易、生产、流通、资源分配的行为,都是经济行为的一部分;但所有的经济行为之中,未必具有"产业化"(industrialization)的事实或可能性。我国将具有公益与公众服务性质的文化活动相关事业体,通称为"文化事业",而将具有市场营利性质者称为"文化产业"。其间的区别,恰好对应着"文化经济"与"文化创意产业"的差异。事实上,文化事业与文化创意产业都属于"文化经济"范畴,因为文化事业经常不具有产业化条件,所以必须仰赖政府补助或民间赞助。

台湾地区从2002年推出"文化创意产业"政策,整合了"文化事业"与"文化产业"两者,但社会各界的认知无法一致。争议焦点即在"文化事业"与"文化产业"的区分与混淆,并且由此造成政策推动的困难。例如分布在北、中、南、东的五大文化创意产业园区,原本是文化创意产业政策推动的重要标杆,但对于园区经营应该朝向"文化事业"或"文化产业"的认知差异,导致舆论经常批评文创园区商业化。此外,台当局为支持文化创意的产业化,从台当局基金中匡列台币100亿元(约合人民币21.32亿元)作为扶植与投资之用;由于民间对于"投资"与"补助"的意义与目的缺乏共识,当局投资处处受限,以致绩效不彰。

---

[*] 潘罡,福建师范大学协和学院副教授;于国华,澳门理工学院副教授。
[①] 资料来源:http://nccwp.moc.gov.tw/issue_4,检索日期:2017年12月31日。

2008年,台湾再次政党轮替,国民党重掌政权,来年行政主管机构制订"创意台湾——文化创意产业发展方案",挑选台湾最具市场发展潜力的电视内容、电影、流行音乐产业、数字内容、设计、工艺,作为6大旗舰计划,预计5年投入总经费约262亿元新台币,预期效益包括提升家庭娱乐教育及文化服务支出比率至15%,6大旗舰产业之营业额至2013年突破1万亿元新台币等①。依据《2017年台湾文化创意产业发展年报》所示,这项预期目标并未达成。2016年,台湾文化创意产业总营业额约为8072亿元新台币,产业家数为63339家;2017年台湾地区收支调查发现,家庭消费支出自2009年至2016年大致呈现上扬趋势,但休闲、文化及教育消费的占比,则从2009年的11.04%,下跌到2016年的9.38%。这也显示出台湾地区文化产业发展,受到整体经济结构调整与消费条件变化牵制,成长幅度并不大。

2016年民进党再次执政,回顾自2002年以来的文化创意产业经验,政策方向经过检讨与调整。另一方面,虽然产值或营业额统计数字并不惊艳,从1995年以来,文化创意产业概念已经进入社会基层,许多精彩的创意与创业形式在社会不同领域发生。这是在产值追求之外,推动文化创意产业的另一种效益。而这些发展自民间的创意,打造更美好家园的努力,不但在台湾形成风潮,还在2017年为两岸年轻人创造了更为深刻的情感连结。

一、政权更迭与政策调整

2014年,柯文哲当选台北市市长,都市发展局局长、建筑师林洲民首先发难,指责前任市长郝龙斌任内落成的"台北市松山文创园区",乃至"1914华山文化创意园区"都图利特定财团、违反园区设立初衷②,掀起"真文创""假文创"争议。接着,郑丽君等多位民进党籍"民意代表",指责文化主管机构纵容华山等文创园区搞"假文创"③,一时间文化创意产业竟被污名化,成为以文化艺术包装商业行为的获利手段。2016年,当民进党再次得到政权,郑丽君受命出任文化主管机构负责人;发展"文化创意产业"虽然依旧还是文化主管机构既定政策,但"文化经济""创意经济"的名词用法,开始频繁出现在官方语言之中。

(一)从经济发展摆向文化发展

2017年,文化主管机构举行大规模文化会议,广征民意以形成未来政策。文

---

① 资料来源:《"创意台湾—文化创意产业发展方案"行动计划及中长程计划》,https://www.ey.gov.tw/News_Content.aspx? n=631B45FCB3FE2D7E&sms=4ACFA38B877F185F&s=A5B2903A6D935397,检索日期:2017年12月31日。
② 林采韵等:《谁是真文创?》,《两岸文创志》2015年第6期。
③ 赵静瑜:《文创园区走调,一个月内检讨》,《中国时报》2015年4月21日。

化会议从2017年3月至6月在台湾南、中、东、北、离岛地区举行多场分区论坛,9月2日至3日在台北市举行总会议。文化会议以文化主管机构负责人郑丽君提出的"21世纪台湾文化总体营造"和五大施政理念为基础,扩充为六大文化政策议题主轴,包括:

　　A. 推动文化治理变革与组织再造(文化民主力)。
　　B. 支持艺文创作自由与培植美感素养(文化创造力)。
　　C. 连结土地与人民历史、文化保存与扎根(文化生命力)。
　　D. 文化经济与文创产业生态体系的永续(文化永续力)。
　　E. 文化多样发展与交流(文化包容力)。
　　F. 开展文化未来:打造文化科技、跨域共创共享(文化超越力)①。

　　其中仅有D项与文化创意产业有直接关联,但强调重点并非产值或就业人口,而是"文化永续"。尤其考虑过去"文化政策过于偏重文创产业、竞争力与经济发展的连结,而忽略文化生态的平衡发展,以及文化多元价值内涵的重要性"②,势必对于2002年同样由民进党执政时提出的文化创意产业政策,做出相应的调整。

　　而后提出的修正思考包括几个方面:(1)当局各部门应扩大文化经济投资,活络艺术市场,振兴影视音产业,健全文化经济支持体系,建立文创投资合理回馈机制,平衡文化贸易与文化多样价值,让文创产业的利益挹注文化发展的基础建设与创作端。(2)策略面,建立媒合跨域艺文经济平台、艺文电商平台,壮大公共广电集团、人文出版与独立书店的补助,并且透过如文化内容策进院、国影中心以及视觉、表演艺术及出版等相关中介组织,投入文创人才培养力,强化文化内容研发。(3)跳脱文化工具性思维,让文化多样的内涵与经济发展的价值共荣、共存和永续发展③。

　　综观相关讨论内容,发现2016年以后的政策思维,响应民间对于文化创意产业倾向商业化的疑虑,做出了明显修正。在往后推出的措施中,可以看到逐渐放弃自2002年以来,透过文化创意产业,以文化与创意作为振兴经济与产业转型提升的政策目的,取而代之的是"文化事业"与"文化产业"区分的双轨路径。显然,台湾当局很小心地区别两者,保持不倾向商业化的政策基调,同时也加大力度于某些产业项目,希望达到刺激发展的目的。

---

① 资料来源:"文化会议"网站,http://nccwp.moc.gov.tw/schedule,检索日期:2017年12月31日。
② 资料来源:"2017年台湾文化会议及文化政策总说明",第1页。
③ 资料来源:http://nccwp.moc.gov.tw/issue_4。其中段落为笔者附加,检索日期:2017年12月31日。

(二) 空军"总部": 新型文创园区的实验

2017 年年底,台湾前空军"总部"原址再利用风波,反映了文化创意产业政策的方向转变。台湾前空军"总部"位于台北市中心精华区,紧邻著名的豪宅"帝宝";在机构迁移后,空出大片土地与闲置建物。台北市政府原计划在这里兴建社会住宅、照顾青年及中低收入民众,经过一番土地资源竞争角力,在国民党执政末期的 2015 年,确定以现况保留、低度使用,将全区委托"台北市电脑公会"代管,朝向数字内容、数字艺术与展演等文创用途发展,作为台北市除了华山酒厂与松山烟厂之外的第三处文化创意园区。

2017 年,文化主管机构重新提出空军"总部"使用计划,委由"台湾生活美学基金会"管理,营造成为"文化实验室",所有发生在此的展演活动与园区经营,都不再注重营利,专注于营造创意生态系统,以应用文化为内涵,结合科技与艺术,让创新构想在这里培育与孵化,形成未来的生活形态与模式。

过去文化创意产业园区的思维,由当局委托企业经营,透过商业投资与市场化操作支持文化创意产业发展,同时达到保存工业遗产、活化市区精华土地的目的。空军"总部"旧址的"文化实验室",成为由当局公家出资经营的园区,空间完全提供文化创意工作者与艺文展演用途,强调文化创新的价值,并且也不引入商业模式、不再委由企业经营。这样的转变,明显可以看出当前文化经济的价值取向,与以往的产业化思维有相当大差异。

(三) 设置"文化内容策进院"

面对台湾周边地区文化创意产业的崛起,特别是"韩流"风行草偃的成功,台湾民众对于振兴本地影视产业,有着强烈期待。文化主管机构负责人郑丽君针对台湾影视文化产业内容匮乏的现况,宣告以"2 到 3 年时间建构产业生态系统,提升生产质量为首要目标,以量变引起质变";她期待以当局资源投入,支持更多影视作品,在其中发掘好的故事与作品①。这项理念落实在政策上,就是"文化内容策进院"的设置。

国民党主政期间,曾依据 2010 年实施的《文化创意产业发展法》,规划仿照韩国"文化内容振兴院"设立"文化创意产业发展研究院",但该院设置条例迟迟未能通过立法机构审议。文化主管机构在 2017 年重新提出功能升级的"文化内容策进院",职责包括振兴影视音、出版等文化内容产业,发挥研发调查、人才培育、题材开

---

① 刘慧茹:《建构台湾文化产业生态系》,《镜周刊》,https://www.mirrormedia.mg/story/20180207 insight002/,2018 年 2 月 12 日。

发、建构文化金融体系、多元资金统筹及媒合、文化科技应用等功能，催生产业生态系，积极拓展通路，进行文化国际传播等①。"文化内容策进院"设置条例已经在2018年3月获得行政主管机构通过，即将交由民意机构审议。

此外，文化主管机构也争取到当局基金匡列台币60亿元（约合人民币12.8亿元）额度，用于支持文化内容投资计划，预计2018年4月投入，将聚焦内容产业，发挥点火功能，邀请民间更多资金投资支持内容产业，投资机制也会跟"文策院"结合②。

上述宣告与施政规划，回到了"产业化"精神，由当局带动投资，健全生产体系，开发文化消费与文化生产的"连续体"关系。显然在"文化事业"之外，针对须竞逐资金与市场的文化创意项目，打开了"文化产业"的管道，期待以更成熟的商业模式推进创作能量的升华。

二、大陆磁吸台湾文创人才

台湾经济发展近年陷入停滞，人均GDP从2011年的20983美元缓慢成长到2018年预估为25893美元③。其中15岁到29岁青年劳工初次就业薪资为25540元台币（约合人民币5700元），平均薪资为台币29427元（约合人民币6500元）④。

根据台湾卫生福利主管机构社会救助及社工司统计，目前台湾每人最低生活费为台币11448元，约占青年平均月薪40%；台北市最低生活费台币15162元，超过青年平均薪资50%⑤。然而最低生活费不包括购房贷款等支出，因此青年生活负担极大。台湾民众平均月薪为台币48790元（约合人民币10850元）⑥，薪资或可应付基本生活费用与购房贷款，但较难享有高品质生活。

工作机会方面，台湾目前平均失业率为3.63%⑦，但青年失业率更高；2016年

---

① 邱莉玲：《行政主管机构通过"文策院设置条例"草案 以中华台北概念进军国际》，《工商时报》，http://www.chinatimes.com/realtimenews/20180308002107-260410，2018年3月8日。

② 李欣芳：《"文策院"设置条例草案 政院通过》，《自由时报》2018年3月9日，检索日期：2018年4月18日。

③ 台湾统计资讯网，https://www.stat.gov.tw/point.asp?index=1。

④ 《15—29岁青年劳工就业状况调查统计结果》，https://www.mol.gov.tw/announcement/2099/31602/，检索日期：2018年4月18日。

⑤ 资料来源：https://dep.mohw.gov.tw/DOSAASW/cp-566-4981-103.html。此处福建省系指金门县与连江县，检索日期：2018年4月18日。

⑥ 台湾统计资讯网，https://www.stat.gov.tw/ct.asp?xItem=17269&ctNode=525，检索日期：2018年4月18日。

⑦ 此统计为2018年1月的统计，https://www.mol.gov.tw/，检索日期：2018年4月18日。

12月的统计,20岁到24岁失业率12.49%,25岁到29岁失业率6.63%[①]。大陆持续推出惠台政策,已经对台湾青年构成吸引力。此外,文化人才一向是大陆积极引进的对象,2017年,台湾文创专家陆续前往多省市举办讲座分享经验,甚或接受委托参与企业实务或地区建设,文创厂商也在大陆落脚扎根。

(一)社区营造人才落脚大陆

1994年台湾"文化建设委员会"首度提出"社区总体营造"施政方针[②],至今浮现出丰富成果,知名案例如桃米社区、白米木屐村等,不仅为居民带来经济产值,而且近年大陆相关领导前往台湾参访,这些社区营造个案经常成为考察对象。

台湾社区营造借鉴于日本。日本早年基于乡村人口外移、地方产业衰退,因而透过社造方式,连结人与在地情感,从自然生态与文化环境中,寻找振兴地方产业的方法,进而让乡村恢复生机;这样的过程,需要十足的创意。

台湾"文化创意产业发展条例"没有纳入社区总体营造,但"社区总体营造"却是台湾推动"文化产业"的源起。从20世纪90年代开始,当时还没有"文化创意产业"这个名词,分散各地的社区营造工作者,经常运用文化和创意策略,作为发展地方经济的内容与元素;例如将地方传统工艺或非物质文化遗产重新包装,吸引外来游客消费。在台湾,社区总体营造结合文创、文化资产保护、社会企业、精致农业、通信科技等策略,构成台湾"创新创业"的钻石模型(见图3-5-1)。

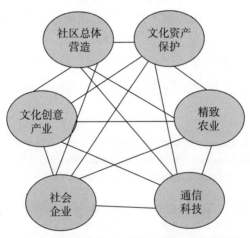

图3-5-1 台湾创新创业钻石模型(潘罡制图)

[①] 台湾主计总处:《历年年龄组别失业率统计表》,https://www.dgbas.gov.tw/fp.asp? xItem=40811&ctNode=3102,检索日期:2018年4月18日。

[②] 陈亮全:《近年台湾社区总体营造之展开》,《住宅学报》2000年第1期。

我国在2013年的中央一号文件中,首度提出建设"美丽乡村"目标,包括进一步加强农村生态建设、环境保护和综合整治工作。2016年7月,财政部等联合发出《关于开展特色小城镇培育工作的通知》,预计到2020年培育出1000个左右各具特色、富有活力的休闲旅游、商贸物流、现代制造、教育科技、传统文化、美丽宜居等特色小镇。

而我国台湾地区所实施的社区营造除兼顾生态建设与环境保护、带动地区经济成长外,还能把居民与土地、文化相连结。台湾在二十几年的社造过程中,培养出不少人才,这些人才与经验,对大陆建设"美丽乡村"与"特色小镇"都有帮助。

从2008年马英九担任台湾地区领导人、两岸恢复交流之后,台湾社区营造就开始影响大陆,如《南风窗》记者陈统奎参访南投桃米社区大为感动,辞去媒体记者职务,返回家乡海南荔枝村进行社造,并与桃米社区缔结为姐妹村①。2014年则出现第一个台湾人参与大陆乡村改造的具体案例:台湾青年孙向阳率领的"太御文创"借鉴桃米社区经验以及台湾社区营造理念,成功地把没落的苏州西巷村改造成一个热门旅游景点②。

台湾社区营造人才有拓展生涯、实践抱负、追寻个人成长等需求,而大陆亟须让农村脱胎换骨。双方的结合发展到2017年已蔚为可观,数个案例开花结果,获得媒体瞩目。

1. 何培钧与桃花源光点聚落

南投竹山的民宿业主何培钧2017年接受湖南方面委托,在常德5A级的桃花源景区,打造社区文创示范据点"桃花源光点聚落"③,将于2018年正式营运;另有位于奉化、宁波、长沙的3个项目在交流和筹备中④。

在台湾的社造范例中,何培钧是少数没有接受扶植的"个体户"创业者,他的初心与奋斗过程感动了很多人。当年刚大学毕业,只因被山里一栋废弃四合院所迷,跑了十几家银行,贷款新台币1500万元,整修完毕之后经营民宿。初期极为艰难,他另辟蹊径从食、宿、学、文出发,把"天空的院子"打造成地方文化振兴据点,打响知名度,进而从一个据点扩大到6个连锁民宿与餐厅。

何培钧发现竹山小镇的人口不断流失,他把竹山当成第二个家,思考如何让小

---

① 《孤身在上海奋斗5年后,他放弃一切回老家,种出最诱人的荔枝》,http://weixin.niurenqushi.com/article/2015-02-22/1567096.html,检索日期:2017年12月31日。
② 《台湾文创青年在苏州进行"乡村改造"》,人民网,2015年3月16日,http://tw.people.com.cn/BIG5/n/2015/0316/c104510-26700545.html。
③ 邢利宇、蒋雪林:《何培钧:带一处台湾小镇在大陆行走》,中新社2017年9月7日台北电。
④ 邱莉玲:《竹山小镇经验 打包输出海外》,《工商时报》2018年1月2日。

镇更美好,留住年轻人;并且透过自己经营的民宿推动"专长换宿",带动外界人才短期进入小镇参与社造工作。他与传统产业店家进行结盟,集思广益成立"小镇文创"公司,一起投入建设,带动许多人回竹山创业。

12年前,竹山民宿只有"天空的院子"一家,如今增加到十余家;茶艺、竹艺的后辈青年返乡经营文创商店,其中元泰竹艺社第三代林家宏返乡后设计出竹牙刷,一炮而红,最近更接获美国订单,月收入数十万元新台币。从台湾外地移居到竹山的"品研文创"创意总监骆毓芬,以竹山的竹子设计出竹椅,获得法国巴黎家具家饰展的亚洲新崛起人才奖,2017年获选为迪士尼艺术家,获得迪士尼价值新台币500万元的免费授权。

预计今年启动营运的"桃花源光点聚落",有位关键推手叫作冶青。这位内地女青年曾在北京景观建设公司担任高层主管,透过"专长换宿"来到"天空的院子",被何培钧的理念与做法感动,后来常德市官员咨询她为桃花源构思创意,她便提出将"小镇文创"的社造手法移植到桃花源。

"桃花源光点聚落"位于桃花源景区核心位置,该处原有60栋老旧民宅,居民已迁离,原址准备兴建饭店。何培钧团队与地方政府沟通后,整个规划2017年年初拍板定案,所有民宅全数保留并且重新翻修,未来将以"文创"为核心,驱动"食、宿、学、文"的复合社区产业发展,引领居民返回家园共创社区,并以观光客的消费来支持当地生活与产品。招商业态除了采用"社会企业"外,也将经营当地文创品牌,用当代设计打造常德湘绣、黑茶、貔貅饰品、餐饮等。

当地想创业的居民、大学生甚至外地人,未来都可申请加入营运,审核通过后,再由光点聚落陪伴孵化。何培钧会把自己在南投竹山十多年的成功经验,浓缩成速效教程与操作模式①。

2. 王冠伦与川沙新镇宿予民宿

2017年,上海浦东郊区的川沙新镇连民村落成十多栋特色民宿,每栋民宿都有一个文创主题。第一栋落成"烘培之家",里面设有比萨窑炉,还有一张大工作桌,房客入住之后可以亲手揉制饼皮,放进窑炉制作比萨。

此外还有陶艺之家、台湾故事之家、纺织之家等,依循同样的体验经济逻辑,比如入住陶艺之家后,可以学习捏制陶碗、陶盘;纺织之家的特色在于客家蓝染,台湾故事之家则主打天灯。

这批民宿的主要催生者之一为明珠富想川沙(上海)民宿文化有限公司总经理王冠伦。他出生于台湾,小学毕业后,举家移民加拿大,1997年起往返两岸经

---

① 邱莉燕:《移植南投竹山经验 食宿学文注入湖南桃花源》,《远见杂志》2017年9月号。

商,起初接受朋友委托寻找地点,准备把台湾夜市搬到上海,没想到2016年上海市政府颁布《浦东新区促进特色民宿业发展的意见(试行)》,川沙新镇人民政府邀请王冠伦参与,"宿予民宿"就此诞生。

明珠富想川沙营运总监廖友为在台湾有十多年的旅馆经验,在他建议下,"宿予民宿"采用"共好""尊重自然"的台湾社造精神。所谓"共好"就是让川沙新镇的居民可以共享开发成果,为当地创造新的就业机会,吸引外移人口回流,截至2017年年底共聘用了77位村民。明珠富想川沙公司租用民宅装修为特色民宿,除了付出远较居民年收入更丰厚的租金,装修费用也不需要居民负担,25年后整个还给对方①。

营运也结合当地产业,包括采用该村花卉作为装饰,餐点纳入该村蔬果,食材全部购自当地。明珠富想川沙整理美化区域景观,激发居民爱护家乡的意识。首批民宅主人全部来自台湾,带来台湾经验,培训当地居民参与营运。整个村庄转型为一个文化聚落群,形成互动式的文化体验平台,基本上移植了台湾的社造理念②。

3. 薰衣草森林与南京江宁

由詹慧君、林庭妃在台中新社乡创办薰衣草森林,由企业接手之后,开发成台湾知名的文创旅游体系,旗下共有八个品牌,包括经营民宿的"缓慢"系列、贩售自然香氛产品的"香草铺子"、开发地方文创商品的"好好"系列等,近年屡屡吸引大陆各省市领导前往考察,并提出合作邀约。

2014年,薰衣草森林成立华东事业处,执行长王村煌聘请曾在大陆工作多年的张伯超担任总经理,两人从400个合作案中选定4个,包括南京大塘金、湖州珀莱雅、温州太仁堂、北京圣露;薰衣草森林扮演顶层设计角色,提供规划与顾问服务,三年下来签约525万元人民币,2016年拿到大陆艾蒂亚奖的"最佳旅游规划设计奖"。

2017年,薰衣草森林决定在大陆落地生根,地点选在南京市江宁区观音殿,占地60公顷,为薰衣草现有面积的12倍大。地方政府希望把原有的农村生活改造为现代美好生活,未来园区轮廓包括商店街、幸福塾、餐厅与民宿等。

在社造理念中,"人"是最重要的核心对象,比如对地方观念与情感的升华、丰富地方知识内涵、主动投入生态维护等。循此原则,薰衣草森林在观音殿先设立

---

① 邱莉燕:《危楼翻修成豪华别墅 水乡升格"上海威尼斯"》,《远见杂志》2017年9月号。
② 《沪国际民宿大会将召开 宿予来了村里年轻人多了》,新华网,http://big5.xinhuanet.com/gate/big5/sh.xinhuanet.com/2017-06/15/c_136366559.htm,检索日期:2017年8月24日。

"幸福塾"与"幸福学院",招收大陆学员,进行民宿、体验设计、青年创业、服务意识的长期培训。

餐厅方面也将优先采纳当地食材,当地仍有20多名农民,薰衣草森林希望他们留下参与。原本观音殿有一间文创工坊,十位参加当地文创大赛的得奖者,也都被邀请参与未来的园区产业。

除南京观音殿外,薰衣草森林、温州永嘉旅游投资集团等业者,预计在温州市永嘉县的楠溪江,打造薰衣草森林在大陆第一个"缓慢"系列民宿,同时进行山景、水景、梯田、古村等景观营造,未来将邀请台湾设计人才,让古老事物与当代产生连结对话,赋予新意义,当地领导也寄望新的地方产业吸引年轻人回乡①。

4."打开联合"与福建古镇

由台湾建筑与空间设计师刘国沧所率领的"打开联合"工作室与事务所,近年在台南打造三个闲置空间再生个案,包括蓝晒图的艺术造景、荒废仓库蜕变而成的安平树屋以及佳佳西市场旅店,成为知名观光与休憩景点。

2014年福建省为复兴千年的嵩口古镇,邀请刘国沧团队进驻,担任"古镇再生总顾问"。刘国沧运用文创与社造手法,3年下来交出很好的成绩。2017年7月"打开联合文创"接到福建另一个千年古镇泉州洛阳镇的委托案,此外福建长乐市的琴江古村也在洽商中。

福建嵩口古镇原本是一处转运港,位于河运要道,因为货物运输改采陆运,短短五十年就全然没落。"打开联合"勘查发现160栋古厝衰败,几乎变成空城,环境脏乱,产业萧条。"打开联合"适当地透过设计,挑选重要节点先行整治,以恢复镇上居民宜居生活为优先,从环境整理到文化形塑并进,而非大量拆建和兴建新景区。

刘国沧团队所挑选的节点包括鹤形路、宴魁厝等,再把一栋破败旧屋改建成民宿,作为古镇复兴、生态活络的示范点,唤起民众认同。"打开联合"采社造手法的"人、文、地、产、景"五大构面切入,号召青年返乡,三年来有35位创客在嵩口创业;"打开联合"独资设立文创卖店,大量采购当地手工艺品;修复旧河道与古渡口,让水岸聚落重生;力推当地特产商品以及活用古建筑空间营造公共区域。预料这些策略,未来也会应用在泉州洛阳镇等案②。

5."意核设计"与玉环马道村

具有多年社造经验的台湾"意核设计",2017年7月组织彰化大叶大学、台北

---

① 邱莉燕:《薰衣草森林跨海播种 让"共好"理念扎根》,《远见杂志》2017年9月号。
② 邱莉燕:《人文地产景 再现古镇风华》,《远见杂志》2017年9月号。

教育大学的师生,前往浙江省东部县级市玉环,以45天时间替马道村一条街道构思出兼具历史特色、产业再造与生活美学的改建方案,打造"美丽乡村"示范点。

这样的安排是一种实习课程,却建构出一种模式,让台湾青年融入大陆的乡村蜕变。"意核设计"策略长李承翰引入台湾社造精神,邀请当地居民、学者和专家共建共创,为100米长的马道水街规划6栋民宿,还有瓦木工厂、创客公寓、文创小铺等,游客可以在街屋享受咖啡与当地特产麦饼。

学习设计的学生则从玉环的工业史中,撷取出元素,以"旧地筑新梦"手段,为当地打造特色商品。他们的设计包括废铁与瓦片制作的灯罩,以及水龙头造型的盆栽等。

立足于这次经验,"意核设计"正式启动"候鸟计划",组织台湾社造团队像候鸟一般往来于两岸,引导大陆乡村社造能力成熟之后交棒[1]。

(二)文创专家播种大陆

台湾文创专家学者到大陆分享台湾经验早已行之多年,2017年比较特别的案例包括前台北市副市长李永萍率团前往云南玉溪市考察,并与玉溪市政府合作设立了"玉溪文创学院",并于3月份挂牌,同时举行第一期课程,安排玉溪市地方干部学习乡村旅游、体验经济、创意街区等。

"小镇文创"何培钧除了"桃花源光点聚落"外,2017年受邀前往成都等地,分享他的文创与社造经验。台湾"顽石文创"总经理暨台湾文化创意产业联盟协会常务理事程湘如则总结多年设计经验,瞄准大陆市场,年底出版《土气变神气——打造"一带一路"中的一乡一品》一书,并在北京举行发表会与签名会。

三、结语

中国台湾地区从2002年提倡文创产业之后,历经十余年发展,以文化为重或以产业为重,始终是没有共识的讨论。文化创意产业的提出,曾经是整体经济发展政策的一环;文创产值的确也曾有一段高成长期,尤其马英九2008年担任台湾地区领导人之后,文创产值从2009年的6488亿元台币,2013年成长到7855亿元台币,增加21.07%,年复合成长率为5.02%;到了2015年,文创产值更增长为8339亿元台币。

然而和邻近的韩国相比,根据中国台湾地区文化主管机构《2016文化创意产业发展年报》的数据,2015年中国台湾文创产值不到韩国三分之一。台湾文创外

---

[1] 邱莉燕:《空间改造、再现传统手艺 马道水街找回乡村活力》,《远见杂志》2017年9月号。

销也呈衰退之势,外销收入自 2011 年创下 1252 亿元台币高峰后,2012 年至 2013 年衰退 9.28%;但同期的韩国出口增加达 1800 亿元台币,增幅 0.65%,马来西亚、菲律宾都成长超过 8%,大陆甚至增幅达 14.27%。

至于文创产业营业额占 GDP 比重,台湾"预算中心"统计显示,文创产业从 2010 年的 5.62% 下滑至 2015 年的 5%,反映出台湾文创成长速度明显落后于整体产业发展,对经济成长贡献呈现递减[①]。

台湾文创产业发展为何遭遇瓶颈,其中原因多种;不过抛开数字与产品销售迷思,即使成长率不佳,台湾社造对大陆所展现的软实力与品牌号召力,都有助于两岸改善关系,并在大陆民众心目中建立台湾地区优质生活的形象与魅力。此外,台湾本岛的社造还有很大进步空间,随着台湾产业条件的转变,以人民生活环境的改造提升作为发展人文旅游的资源,成为文化创意产业结合地方与小区的发展策略,是未来台湾当局可以更多着力之处。

---

① 以上数据来自台湾地区历年《文化创意产业发展年报》。

案例报告一

《王者荣耀》的品牌塑造与文创生态

李安琪　郁顺尧*

一、《王者荣耀》游戏

《王者荣耀》是由腾讯互娱天美L1工作室研发并运营的一款免费手机游戏,作为国内首批MOBA(Multiplayer Online Battle Arena,多人在线战术竞技游戏)手游的代表,2015年11月26日在Android及IOS平台正式公测。《王者荣耀》为用户提供自由公平的竞技环境、丰富的游戏玩法以及跨越地域限制的队友协同作战体验。

《王者荣耀》自上市以来,经历了新品上市期、市场推广期到稳定运营期的发展阶段。通过团队协作和社交理念、竞技体育精神以及传统文化"新触点"三种逐步深化的品牌内涵,树立品牌形象,提升品牌影响力。同时,《王者荣耀》也不断完善游戏本身的玩法与体验,构筑完整的电竞赛事体系,形成了围绕《王者荣耀》IP的繁荣的文创生态系统。

《王者荣耀》超越了以往手游缺乏竞技公平、游戏体验重复和游戏节奏过慢等局限。游戏中每个英雄角色都拥有固定的能力,游戏取胜的关键在于技术与团队配合,是否进行消费并不影响游戏胜败,实现了公平竞技。玩家可选择1V.1、3V.3和5V.5等对战模式,并选择相应的英雄角色,与队友默契配合赢得最终胜利,队友、英雄组合以及策略打法均为变量,因此游戏体验几乎不会重复。同时,《王者荣耀》革新了设计,每局仅需15分钟左右,极大地加快了游戏节奏,可以有效利用玩家的碎片化时间。

该游戏还拥有前后贯通、引人入胜的游戏故事,其中大部分英雄角色以中国历

---

* 李安琪,北京大学艺术学院艺术管理与文化产业方向2017级硕士研究生;郁顺尧,腾讯互娱游戏传播经理。

史人物或传统文学形象为原形,进行艺术加工再创作,结合人物或形象的精神内核,通过游戏这一"第九艺术"的形式,对中国优秀传统文化进行演绎、弘扬与传承。

《王者荣耀》的 MOBA 属性决定了其竞技精神和社交理念,多人实时作战的对抗模式倡导队友之间的默契配合、密切沟通与充分信任。在每局游戏中,从始至终的责任担当和团队配合是队伍获胜的决定性因素,这也正是电子竞技的根本理念所在。社交元素和关系链的加入则赋予了《王者荣耀》更为强大的传播能力。基于腾讯微信和 QQ 的天然社交网络优势,玩家基数大,匹配无障碍,线上、线下可随时开团,熟人玩家之间形成相互组团的习惯性与积极性,使得《王者荣耀》超越了游戏的范围,成为玩家的"第三款社交软件"。不仅如此,《王者荣耀》还开放了陌生人交互渠道,在 5V.5 大乱斗中,MVP、策略实施以及团队配合等行为,都能够培养陌生人之间的合作精神及队友情谊。加入 LBS 玩法之后,更增进了陌生人之间的好感,除了展示操作、走位与配合之外,玩家可通过地域和定位成为好友。以往的游戏只将社交视为增加用户黏性的手段,而《王者荣耀》则将社交作为游戏玩法的核心要素,使游戏与社交的结合上升到了新高度。

《王者荣耀》自推出伊始就不断完善游戏体验,扩充游戏内容。从新英雄到新皮肤,从新模式开放到地图场景优化,第一次"神秘商店的开启",第一款传说皮肤"狄仁杰超时空战士"的上架,第一个西游主题的上线,SNK 正版英雄宫本武藏、娜可露露、不知火舞等英雄的更新以及"战国争鸣""长城守卫军""峡谷起源",周年庆等版本的更迭,每一次进入游戏,玩家都能体验到《王者荣耀》更加好玩、更加有趣、有更多探索空间。正是内容的推陈出新,使得《王者荣耀》一直保持着旺盛的生命力,超越了一般手游的生命周期。对比上线之初,《王者荣耀》已经拥有更多的英雄、皮肤、玩法,也拥有了更多的用户和更高的热度。

《王者荣耀》于上线之日起,也正式开启品牌营销征途。在此后约半年之内,《王者荣耀》以"就近开团"和"无处不团"的产品口号进行品牌营销,并通过"团战之夜"等直播大事件,向用户传递团战的游戏玩法以及团队配合的正向精神。

在 2016 年年初的"团战之夜"营销事件中,《王者荣耀》官方邀请《万万没想到》剧组结成万星人战队与《英雄联盟》OMG 战队进行实战对抗,有超过百万的用户全程观看了这一"特殊"比赛。此次营销事件的成功,得益于邀请文娱明星组队来对抗已拥较高知名度的电竞战队的新模式,同时在游戏对战的直播过程中,双方在节目中生动幽默的对话内容、游戏外肢体上的打趣与互动、团队作战玩法的情景演绎都获得了玩家的喜爱和认可。通过这次直播事件,官方向玩家清晰地展示了《王者荣耀》这款 MOBA 手游的团战玩法和游戏趣味性、与亲朋好友共同作战的社交理念以及团战精神也得到很好的诠释。之后,《王者荣耀》又随春节营销节点获取了第一批活跃用户,为此后的口碑传播奠定了扎实的用户基础。

截至 2017 年 4 月,《王者荣耀》已有累计超过 2 亿的注册用户,其中未成年玩家群体约占四分之一。为了承担起应有的社会责任,腾讯在业内率先推出"史上最严防沉迷系统"——《王者荣耀》健康系统,限制未成年人的游戏时间,积极探索新途径,与家庭乃至全社会共同努力解决未成年人游戏沉迷这一社会问题。

自上线以来,《王者荣耀》深受玩家的认可与喜爱,长期位居安卓各大应用市场及苹果 App Store 免费游戏品类榜首。经过两年发展,无论总注册用户还是活跃用户,《王者荣耀》均以超出同行业产品的成绩稳居行业第一。《王者荣耀》的网民用户品牌认知度与喜爱度也都达到国内同行业产品的历史峰值。2017 年 5 月 App Annie 更新的榜单显示,《王者荣耀》仅凭 IOS 平台收入所得,已位列全球手游综合收入榜冠军,创造了国内手游前所未有的纪录。

凭借超强的影响力,《王者荣耀》曾先后获得 2016 中国泛娱乐指数盛典"中国 IP 价值榜—游戏榜 TOP10"、2016 年 17173 游戏风云榜"年度最具人气移动游戏""年度最佳竞技游戏"和"年度 17173 编辑推荐移动游戏"、2016 年度中国电竞年度盛典"移动类年度新锐电竞项目"以及"金翼奖之年度最具人气手机游戏"等多项荣誉。

二、《王者荣耀》电竞

《王者荣耀》游戏中防守、输出、控制、团战以及最终胜败等元素使其成为天然的竞技场,每位玩家都在游戏中拥有特殊的定位与需求。传统体育所崇尚的选手与观众的喜怒哀乐等情感元素,在《王者荣耀》游戏中也有鲜明的体现。同时,一批技艺高超的《王者荣耀》玩家也需要竞技舞台一展所长。

从 2016 年下半年到 2017 年上半年期间,通过在社交理念和团队精神之上增加产品的竞技属性,《王者荣耀》整个赛事体系得到全面推进,进一步扩大了用户群体,并积累了大批有观赛习惯的活跃用户。

虽然《王者荣耀》职业赛事(简称 KPL)在 2016 年下半年方才打响,但实际上《王者荣耀》对于整个赛事的筹备很早。得益于腾讯公司内外专业的赛事相关团队支持,整个电子竞技赛事布局顺利。

官方在《王者荣耀》游戏产品正式上线后半年左右,推出第一届《王者荣耀》职业赛事,并随后逐步完善电竞赛事矩阵,包括官方最高规格专业竞技赛事 KPL,针对大众用户及高校用户推出的《王者荣耀》城市争霸赛和校园赛,与地方企业、机构等合作推出的《王者荣耀》QGC、TGA、WGC和全民赛等赛事。这样,《王者荣耀》的电竞赛事体系最终形成。

回首《王者荣耀》的电竞之路,玩家属性不断变化,赛事策略也不断调整:第一阶段,聚焦头部,完成一系列赛事探索后,首先进行职业联赛体系的搭建;第二阶段,赛事下沉,不断扩大城市赛、校园赛、授权赛范围,获得更多核心竞技用户;第三阶段,尝试将电竞融入玩家生活,一方面通过明星和赛事话题撬动外围"粉丝"关注,另一方面进一步降低赛事门槛,吸引更多用户参与到赛事体系之中。

随着赛事体系的不断下沉,针对高校大学生用户的《王者荣耀》校园赛已成功举办三届,并落地多所高校校园,《王者荣耀》更与中国传媒大学等优秀高校合作,支持电子竞技专业教育,为电竞行业的蓬勃发展培养人才。

电竞赛事融入玩家生活也逐渐影响到《王者荣耀》的大众用户。大众用户通过观看比赛,不仅可以体验竞技比赛的观赛乐趣而且可以感受竞技精神所带来的正向价值观。选手、解说以及战队赛场内外的真实故事,让广大《王者荣耀》玩家体验到电子竞技与传统体育竞技一样,耀眼的冠军背后隐藏着无数的辛劳与汗水。

除了电竞赛事体系的建立之外,《王者荣耀》还扶持电竞俱乐部的建立与运营,目前,参加《王者荣耀》KPL职业联赛的职业电竞俱乐部接近百支。

不仅如此,与腾讯电竞发布的"黄金五年计划"相匹配,《王者荣耀》宣布成立职业电竞联盟,提出"收入分享"、"转会制度"、"三方经纪模式"以及"职业化培训"等创新模式,与《英雄联盟》系列赛事构成赛事体系的"双火车头驱动",共同引领电竞业发展。

随着中国电子竞技大环境的成熟,《王者荣耀》职业赛事KPL也一举成为中国电竞赛事的标杆,取得了显著的行业影响力。KPL屡屡刷新新兴体育赛事的线上线下影响力数值,截止到2017年12月,KPL职业赛事体系(包括KPL春季赛、《王者荣耀》冠军杯、秋季赛)的内容观看及浏览量已达103亿人次,12月23日在深圳举办的KPL秋季赛总决赛近万张门票于12分钟内售罄,同时在线抢票人数高达600万。

三、《王者荣耀》文创生态

进入2017年,《王者荣耀》已拥有中国最活跃的玩家群体。随着游戏影响力逐步提升,腾讯将《王者荣耀》定位为连接传统文化与现代生活的"新触点"。同时,《王者荣耀》的世界观和英雄角色基因也决定了其能够作为"新触点"。

《王者荣耀》积极探索如何基于游戏,衍生出更多的传统文化演绎形态,并将影响力辐射到广阔的文创领域。为此,《王者荣耀》不断尝试与不同领域的创意者合作,形成丰富的娱乐模式和产品体验,通过特有的方式向用户呈现传统文化,通过自身的影响力弘扬社会正能量。

《王者荣耀》官方于 2017 年 8 月 18 日在成都举办"《王者荣耀》势在·必燃文创共生行业发布会",首次提出中国优秀传统文化的"新触点"战略,公布了一系列文创领域的产品规划及战略举措,力求形成以《王者荣耀》IP 为核心的文创生态系统。倡导从三个层面着力:首先,从"传承"做起,使广大用户了解传统文化;其次,积极"赋能",创新文化表达方式,形成更广泛的影响力;最后,开放"共创",让更多人参与其中,创造 IP 新内涵。通过三重努力,将《王者荣耀》升级为具有中国文化精神的 IP,使其拥有持久的生命力和影响力。

与传统文化结合方面,《王者荣耀》于 2016 年首次将《霸王别姬》的京剧片段植入游戏,推出霸王别姬皮肤,通过台词和故事背景介绍等方式,让玩家体验京剧这一中国传统经典艺术。2017 年 10 月,《王者荣耀》在周年庆期间推出第二款传统文化皮肤——以昆曲《牡丹亭》杜丽娘为原型的"游园惊梦"甄姬皮肤,广受好评。其他融合中西特色的皮肤,如杨戬皮肤、女娲"古埃及"皮肤等,则力求向玩家展现世界各地的多元文化。

同时,基于对昆曲文化的阐释和传达,官方通过最新的定格动画形式,为用户还原经典昆曲爱情故事《游园惊梦》,自推出以来,该视频系列(预告片、正片和花絮片)在腾讯视频单平台的播放量已突破 800 万次。

在"文创共生行业发布会"之前,《王者荣耀》已于 2017 年 5 月通过"游戏+传统文化"的方式,在影视领域进行了极具创新意识的探索,推出了一档小而精的文化常识普及栏目《王者历史课》。挖掘《王者荣耀》游戏中的传统文化元素,邀请马东、窦文涛、马伯庸等文化名人客串历史老师,通过诙谐幽默的语言讲述嬴政、后羿、刘备、孙尚香等历史文化人物及相关故事,让用户多角度了解中国传统文化与历史。截至目前,《王者历史课》全渠道播放量已突破 1.2 亿,影响用户超过 1 亿人次,率先跨出国产游戏文化创新的第一步。

此外,《王者荣耀》于 2017 年 12 月推出了真人对抗电视综艺游戏节目《王者出击》,不仅真实还原了游戏场景、游戏人物、游戏内容,更延续了游戏基因,将团队协作与个体拼搏的游戏精神熔铸其中。节目选址格外精心,从敦煌古城到重庆地下核工厂,每期场景都带给观众截然不同的体验,小兵、野怪、红蓝 BUFF、大龙等 NPC 形象的服化道令人叹为观止,此外,还运用动捕技术,营造出令人惊艳的节目视觉效果。为了进一步还原游戏氛围,节目组特别邀请游戏原声配音演员献声,最大程度贴近游戏原貌。《王者出击》通过与综艺的跨界合作,使《王者荣耀》IP 得到有效扩展。

之后,《王者荣耀》官方还推出诗歌朗诵系列音频栏目《荣耀诗会》。选择与角色原形有关的诗词歌赋,邀请游戏配音师朗读,引导喜欢该角色的玩家学习并研究人物作品,激发玩家对深厚历史文化的热情,让年轻玩家领略传统文化之美。节目自播出以来,上线超过 15 期,总播放量超过 2000 万次,影响覆盖人数超过 5000 万人次,并征集到数千份玩家的原创诗歌朗读作品。

在社会公益方面,《王者荣耀》认捐近千米长城,正式加入"长城你造不造"计划,为长城修复尽一份绵薄之力。这意味着《王者荣耀》努力拓展自身的社会职能,从产品特性出发,寻求与社会公益的契合点。《王者荣耀》还将在后期向游戏玩家开放长城修复互动站,方便玩家参与长城修缮活动。同时,游戏内推出的全新系列英雄——"长城守卫军"已正式亮相。通过游戏中的英雄故事,以官方微信、视频等渠道向玩家传递长城这一文化符号背后的"守护信念"。

与此同时,《王者荣耀》作为大型公益文化纪录片《百心百匠》的独家冠名品牌,秉持"王者匠心,荣耀传承"的理念,深度参与节目的选题和制作,为传承传统文化助力。"非遗"作为中华文明的历史积淀,也是文化自信的重要来源,《百心百匠》通过明星探访民间艺人的形式,为广大玩家更加详细地展示"非遗"传承者的匠人匠心。

在"势在·必燃文创共生行业发布会"现场,《王者荣耀》宣布成立专家顾问团,希望联合专业力量,对《王者荣耀》的文化内涵及表达方式进行升级,激发更多的文化能量。中国社会科学院民族文学研究所所长、著名民族文学研究学者朝戈金,北京大学中文系教授廖可斌,北京大学历史学系教授赵世瑜,四川文艺音像出版社音乐总监、著名民族音乐研究者汪静泉,北京大学艺术学院教授、北京大学文化产业研究院副院长向勇等五位专家组成《王者荣耀》首批专家顾问团,分别从文学、民俗、历史、音乐、文创产业等维度,对《王者荣耀》进行专业指导,并开展一系列相关合作。

"创意高地"计划也在"文创共生行业发布会"现场首次亮相。该计划将《王者荣耀》这一 IP 与大众创作者分享,供其在"创意高地"平台上投递作品,官方筛选出玩家喜欢的优秀设计,并开发为周边产品,借助《王者荣耀》的自有渠道进行商业化,与创作者共享商业化成果,对其进行实质性回馈。除了官方自产的《王者萌萌假日》PGC 引导外,"创意高地"旨在激励玩家自行产出优秀同人 UGC,保持《王者荣耀》的社区活跃度。目前,"创意高地"已成功举办同人创作大赛,通过与万千创意者的灵感碰撞,《王者荣耀》缔造了一片品牌跨界与文创艺术共生的园地。

此外,《王者荣耀》推出多个 BD 合作推广项目,如招商银行信用卡、宝马 X1 汽车、雪碧瓶身宣传等,体现了《王者荣耀》全方位占领玩家群体的雄心。2017 年 11 月 28 日,腾讯还与故宫博物院联合举办"文化+科技"国际论坛,通过业界研讨会和数字科技展等形式,探讨如何借助科技,推动传统文化的数字化保护与发展。

综上所述,可以见到,作为 MOBA 手游成就辉煌的《王者荣耀》,不断突破游戏自身,成为电子竞技行业标杆和文化创新平台,引领了游戏行业文化创新之路,树立了传递社会正向价值观、弘扬民族文化精神的典范。腾讯"泛娱乐"战略在《王者荣耀》的品牌实践中取得了成功。《王者荣耀》IP 辐射到同人、漫画、音乐、视频栏目和周边产品等泛娱乐领域,奠定了《王者荣耀》作为大众娱乐产品的基石。在游戏生命周期得到延展之余,拓宽了产业的上下游,综艺、影视及动漫等各个领域联动,扩大了《王者荣耀》IP 的影响力,预示着品牌良好的发展态势和长久的生命力。作为文创生态系统存在的《王者荣耀》必将依靠强大的平台影响力,产生更优质的内容,实践更重大的社会责任。

四、《王者荣耀》案例分析

1. 作为现象级 IP 的《王者荣耀》①

IP 是"Intellectual Property"的缩写,可被译为"知识产权",本是法律意义上的专业术语。随着文化产业的实践发展,IP 不再仅是知识产权的简写。在承载形象、表达故事和彰显情感的文化生产过程中,IP 成为一种经过市场验证的情感载体,成为一种有故事内容的人格权。《王者荣耀》就是具有高曝光度、知名度和稳定"粉丝"群体的明星 IP。明星 IP 包含五项基本要素,其中价值观是核心,形象、故事、多元演绎与商业变现依次向外展开。

价值观作为内容基石,在 IP 传播过程中会对消费者的精神思想产生不可避免的影响,价值观是原创 IP 内容是否具有开发和传播价值的第一标准。"团队成就更多"的精神,承载着《王者荣耀》最为核心的游戏玩法和最为重要的游戏内涵。鲜明的形象作为基本单元,尤其是可视化的角色形象(无论是真人形象还是拟人形象),是潜力 IP 跨界开发的落脚点。根据文化产业 IP 开发的实践经验,文字、声音的多元利用率远远低于影像的多元利用率。形象需要时代化的个性予以支撑,需

---

① 以下分析参考向勇、白晓晴:《新常态下文化产业 IP 开发的受众定位和价值演绎》,《北京大学学报(哲学社会科学版)》2017 年第 1 期。

要与消费者的生活环境发生连接。《王者荣耀》游戏中大部分游戏角色以中国历史人物或传统文学形象为设计原型,进行艺术加工再创作。已经推出的近80个英雄,不仅有妲己、李白、雅典娜、亚瑟、孙尚香、女娲等东西方历史神话中的人物,还拥有以日系格斗游戏《侍魂》中娜可露露、橘右京为代表的IP角色,都具备极强的可视化形象,并且尝试贴近大众生活。

故事作为受众连结,是指IP能引起共鸣的内容表达。明星IP的故事都富含创意与情感,且打动观众的内容,可被改编或补充,能够在不同载体的转化下保持故事的延续性。在《王者荣耀》中,无论英雄人物还是皮肤原型,都拥有自己的背景故事,有些与历史挂钩,有些则直接跳出历史剧情,进行深度演绎。

多元演绎是优质IP在形象的基础上,在不同内容载体上对故事进行的延伸,通过持续建立情感连结来扩容受众,并将更多的受众转化成"粉丝",通过"粉丝"的忠实消费实现IP价值开发的最大化,进而延长IP的生命周期,增强其变现能力。以《王者荣耀》IP为核心,游戏本身、电竞赛事体系,以及后续文创生态系统构建即为对《王者荣耀》IP的多元演绎。

商业变现是指在商业意义上,IP是受法律保护的知识产权,具有可流转的财产属性。原创内容可以通过授权的形式在文化企业之间实现买卖,不同的文化企业通过对原创内容的多元演绎而生产不同的文化商品,借助原有内容的影响力来销售更多形式的文化商品,这样可在降低市场风险的同时扩大收益渠道。

明星IP根据内容生产的时间累积和影响力的持久性,可分为老经典(Old Classic)、新经典(New Classic)和快时尚(Fast Fashion)三种形态。

老经典指已经超过著作权保护期或作为公共版权的IP内容,一般来源于物质文化遗产、非物质文化遗产或自然山水资源,具有典型的民族个性和地方特色。老经典IP通常具有以下的受众价值:第一,民族文化认同;第二,体现人文情怀;第三,低认知准入性。

快时尚IP为当下文化市场时有出现的"现象级"产品,其内容受到著作权保护,能够在文化市场制造短时间内的强烈反响和爆款收益。快时尚IP能够满足的受众需求与经典IP具有显著差异,其文化基因的成分相对减少,而时代精神的成分明显增加:第一,娱乐解压作用;第二,满足猎奇心理;第三,社交素材来源。

从经典到时尚,呈现为商业维度的价值演进。经典作品向时尚作品的演进有两方面的驱动力:一方面为文化基因的原动力;另一方面为商业利益的驱动力。从时尚到经典,呈现为文化维度的价值演进。文化由经典到时尚的过程是可逆的,高水准的时尚文化可以经过历史时间沉淀而成为经典文化。

作为整体的《王者荣耀》IP 为快时尚 IP，英雄原型和皮肤原型则多为老经典 IP，所以《王者荣耀》IP 具有复合的受众定位和市场价值。诸多老经典 IP 在不断的演绎与改编之下，成为快时尚 IP 的组成部分，拥有强大的商业变现能力，《王者荣耀》文创生态系统的不断发展，表明作为快时尚 IP 的《王者荣耀》有望经过历史时间的沉淀而成为经典 IP，拥有持久的生命力。

2.《王者荣耀》IP 的文化资本属性与可供性场域

布尔迪厄认为存在两个维度的资本：一是象征资本；二是客观资本，包括经济资本、政治资本、文化资本和社会资本四种形态。其中文化资本又具有三种形态，分别为身体化的形态、客观化的形态和制度化的形态。

象征资本是特权、名声、神圣性或荣誉的积累程度，建立在知识、认知和认可的评价基础上，当我们通过感知范畴把握四种客观资本时，呈现的即为象征资本。象征资本不与客观资本处于完全并列的地位，但象征资本对于四种客观资本极为关键。首先，任何客观资本都可以由象征资本来表达，所有客观资本总有其象征的存在形式，而象征资本可以独立存在，不依赖其他客观的资本；其次，任何一种客观资本，一旦呈现为象征资本，即可被再生产，并转化为其他的客观资本，象征资本生产对所有其他资本都具有基本动力的性质。

各种资本之间的相互转换在场域中进行，场域可以被定义为在各种位置之间存在的客观关系的一个网络，或一个构型。处于场域中不同位置的行动者或机构把持了场域中利益攸关的得益权，形成了它们之间支配、屈从、对抗等不同的客观关系。每一场域都具有各自占主导性的资本，占优势的资本形式决定了场域的特有逻辑。这种占优势的资本的决定性因素包括资本的总量和资本的结构，也就是不同类型的资本在资本总量中所占有的比例。这构成了场域中不同的行动者以及它们不同的占位，决定了行动者在场域中处于统治地位还是被统治地位以及在面对具体事件时的态度和倾向。

布迪厄研究了许多场域，如美学场域、法律场域、宗教场域、政治场域、文化场域、教育场域。每个场域都以一个市场为纽带，将场域中象征性商品的生产者和消费者连结起来，每个场域都有属于自己的"性情倾向系统"——惯习，惯习是一种结构化的结构，被场域和社会空间所建构。惯习是由知觉思维、外部影响和个人行动组成的，印在个人内在属性的综合性系统之中。①

《王者荣耀》作为明星 IP，是一种特殊的文化产品（文化资本），因其受到著作

---

① 〔法〕布迪厄：《艺术的法则：文学场的生成和结构》，刘晖译，北京：中央编译出版社 2001 年版，第 276 页。

权法保护,既具有文化资本的客观化形态,又兼具制度化的形态。以《王者荣耀》IP为中心,文化创意机构等场域行动者通过跨界复制优质IP,不断增加象征资本,使《王者荣耀》可以累积更多的经济资本,也可以累积更多的文化资本,即象征性财富可以转化为更多的经济财富和文化影响力。

布莱恩·摩尔安在布迪厄的场域理论基础上,提出了"可供性场域"的概念。"可供性"可理解为一种相互作用,包括行动主体、客体特征和行为等三个要素,强调行动主体与客体之间的互动体验。例如,"坐"的可供性包括提供"坐"的物品的高度、宽度、支撑力度和平面光滑度等物理特征,行动主体具有"坐"的行为能力和信息接收能力,并可以发出"坐"的行为本身。可供性环路中包含着技术材料要素、社会要素、经济要素、时间要素和空间要素等。每一种要素都为文化生产场域提供一种可供性。包括文化企业、媒介平台和受众在内的多种场域行动者都被这些要素所影响,同时也在创造着新的可供性要素。①

优质IP在原生场域中有着自己的"粉丝"群,在IP流转的过程中,惯习的影响使"粉丝"不断追随新的IP产品。IP产品符合甚至超出了"粉丝"的期望值,则"粉丝"对该IP系列产品的忠诚度会得到提升。IP"粉丝"通过消费文化产品产生评价,这些评价信息又通过互联网平台反馈给文化企业,成为一种可供性要素,为文化产品进一步开发提供素材和方向。IP开发所获的经济效益和舆情口碑不仅取决于文化企业的管理,还取决于整个可供性环路内部的多种要素,这些要素共同影响着IP系列产品的水准和生命力,共同建构IP串联下的复合场域,进而共同创造IP的多元价值。②

《王者荣耀》在从手游发展到电子竞技赛事体系,再发展到文创生态系统的整个过程之中,多种场域行动者受场域内各种可供性要素的影响,运用专业的编码语言和编码方式,生产出以《王者荣耀》为IP的多种文化产品,即不断在场域内生产新的可供性要素的过程。同时"粉丝"对《王者荣耀》的关注也产生新的可供应,不断反馈给相关的场域行动者。正是由于诸多要素的共同作用,才成就了《王者荣耀》繁荣的文创生态系统。

复合场域可分为纵向延展型和横向整合型两种:其中纵向延展的IP多元开发为"一源多用"的商业模式,指在唯一IP的基础上进行多维度的改编和再创作,并对多种IP产品的传播和营销进行整合。在场域理论的视角下,一源多用中的每一

---

① 向勇:《文化产业导论》,北京:北京大学出版社2015年版,第192—193页。
② 向勇、白晓晴:《场域共振:网络文学IP价值的跨界开发策略》,《现代传播(中国传媒大学学报)》2016年第8期。

"用"都处于一个独立的子场域中,不同文化产品给消费者带来的不同价值,综艺、周边等衍生文化产品可以发挥自身优势,强化不同的文化体验,围绕内容开发多种产品,形成优势互补,实现产品周期的持久性。①

《王者荣耀》IP 的一源多用,即是对 IP 进行纵向延展的过程。与《王者荣耀》相关的不同产品属于不同的子场域,随着复合场域中的象征资本的不断增殖,《王者荣耀》的 IP 文化影响力不断扩大,经济资本转化率也得到显著提升,生命周期得到显著延长。

① 向勇、白晓晴:《场域共振:网络文学 IP 价值的跨界开发策略》,《现代传播(中国传媒大学学报)》2016 年第 8 期。

案例报告二

由《战狼Ⅱ》看中国电影产业的发展

田文聪*

经历过 2016 年的小幅度增长之后,2017 年中国电影总票房数又创历史新高。虽然为这一历史新高总票房贡献力量的影片为数不少——2017 年票房过 10 亿元的片子有 15 部之多,其中不乏《羞羞的铁拳》《西游伏妖篇》《芳华》《速度与激情 8》等观众期望之中的佳片,更有《摔跤吧!爸爸》这样横空出世的"黑马"。但是,如果 2017 年需要选出唯一一部代表本年度的影片,那绝对非《战狼Ⅱ》莫属。

就票房而言,《战狼Ⅱ》在中国影史上留下了浓墨重彩的一笔。《战狼Ⅱ》之前,中国票房最高的影片是《美人鱼》,总票房数为 33.8 亿元。而《战狼Ⅱ》上映短短 4 小时即票房过亿,最终票房更是达到了史无前例的 56.8 亿元,可谓是名副其实的"之间隔着一部《羞羞的铁拳》(票房 22 亿元,位居 2017 年电影票房第三)的距离"。更不用说其一系列的"辉煌战绩":上映仅 4 小时票房破亿元,76 小时破 10 亿元,最终票房超过 56 亿元,刷新了华语影史上多项票房纪录,进入 2017 年全球电影票房前三,仅落后于《神偷奶爸 3》和《银河护卫队 2》;同时观影人次超过 1.5 亿,超过《泰坦尼克号》,创造了全球影史单一市场观影人次的新纪录①。2017 年前 7 个月国内电影市场持续低落,国产片票房占总票房比例仅为 38%,而《战狼Ⅱ》却凭一己之力在整个暑期档弥补了国产片和进口片之间半年的"亏空",使国产片的票房占比反超为 53%②。同时,《战狼Ⅱ》票房也超越多部好莱坞大片,位列全球电影票房第 57 位,成为中国电影史上第一次进入全球历史票房前 100 位的华语片,更是其中唯一一部非美国电影。

---

* 田文聪,北京大学艺术学院艺术管理与文化产业方向硕士研究生。
① 源清智库:《弘扬主旋律激发人民爱国情——围绕〈战狼Ⅱ〉的热议和争论》,《经济导刊》2017 年 10 月。
② 周星:《中国艺术的创造性与内涵焕发——国产影片〈战狼Ⅱ〉的成功与启示性》,《艺术百家》2017 年 9 月。

以上《战狼Ⅱ》刷新各项历史纪录的票房成绩,无疑是其备受关注的根源,而且这种史无前例的票房成绩,打破了2016年中国电影市场"有高原无高峰"的状况。这样一部电影的出现,无疑是令人惊讶又振奋人心的。众所周知,《战狼Ⅱ》在发行方面采取了保底发行的模式,当时北京文化的保底金额为8亿元,可见电影发行方对于电影的预期值虽然有很强的信心,但是远远低于其最终的实际票房。因此,这样一部影片取得如此票房成绩的种种因素,以及给中国电影产业所带来的思考,更加值得探究。

一、匠心制作,影片质量才是生发万物之"道"

不同于前两年电影市场中出现的"烂片高票房"吊诡现象,《战狼Ⅱ》的品质是对得起观众的青睐的。在相关平台上,《战狼Ⅱ》的豆瓣评分7.2,参与评分人数51.8万;淘票票评分9.5,参与评分人数451.6万人;猫眼评分9.7,参与评分人数459.3万。由此可见,无论是在阅片量相对较多、对电影专业知识了解更多的"文艺青年"这一群体中,还是在普通观众群体中,《战狼Ⅱ》的口碑都很不错,其质量都是得到认同的。从专业影人方面而言,《战狼Ⅱ》自上映以来,就被很多影评人视为"中国电影工业的重大进步"[①]。而做到这种程度,离不开主创人员的诚意和工匠精神——电影仅筹备就花费了4年时间,拍摄则是1000多名工作人员在非洲历经了10个月的时间(一般情况下,一部现代戏电影的拍摄周期通常只有3个月左右)。《战狼Ⅱ》的预算是2亿元,不同于一些以"顶级流量、豪华的演员阵容"为卖点的商业大片,《战狼Ⅱ》的预算大部分都花费在了制作本身,除了耗时长,更是搭建了顶级的制作团队;影片开始的一镜到底的水下搏斗场面,由《加勒比海盗》水下摄制组原班人马完成;影片的武术设计同时聘请了《美国队长》的美国团队和《湄公河行动》的中国香港武术指导团队;音效剪辑和混音制作则由隶属新西兰维塔集团的公园路后期制作公司负责。顶配团队的精工细作,最终使得影片从叙事、剪辑、人物和情感等方面都有非常优秀的展现,从而为影片的成功打下了坚实的基础。

1. 类型化叙事、快节奏剪辑:技艺高超,夺人眼球

作为一部主旋律色彩明显的影片,《战狼Ⅱ》果断摒弃了之前主旋律影片一贯使用的宏大叙事,并没有直接从国家层面的使命感着手,而是采用类型化叙事。影片以一个没有任何"身份"的前特种兵为主角,而他之所以出现在非洲参与了这个事件,是因为他在寻找杀害他未婚妻的凶手。偶然被卷入了一场非洲国家的叛乱,

---

① 尹鸿:《工匠精神、主流价值与类型精品——对〈战狼Ⅱ〉现象的三点思考》,《上海采风》2017年9月。

后来请命单枪匹马进入战区去解救被困的中国同胞,理由也不完全是因为国家使命和军人荣誉,而是听说有机会可以找到杀妻凶手。在这里,国家的主题并没有淹没个人情感,是个人情感促使了对于国家使命很好的执行。无论是人物设定、戏剧冲突还是场景设置等方面,都不是在一个宏大的主题下展开,这使得整个故事情节和情感动机更加合理,也更能引起观众的共鸣。同时,纵观整部电影,故事结构其实非常简单,但情节却紧张刺激。虽然基本上从头打到尾,强情节一个接一个,但在观影的过程中却不会感觉到厌倦,还会有很多情节令观众眼眶湿润。这就是因为在类型化叙事的基础上,情感和逻辑会变得更加合理和具有说服力,作为主旋律电影的同时,也是一部非常成功的商业大片。

大片感同时也来源于《战狼Ⅱ》快节奏的剪辑。整部影片 123 分钟,一共 4077 个镜头(而国内一般的电影镜头是 1000 个左右),除了片头、片尾和第一个长镜头,平均一个镜头 1.6 秒左右。① 这么多数量的镜头,令影片对于两人之间的近身搏斗场景、多人的战争场面,以及特效画面进行连续、快速的剪辑,成为可能。快节奏的剪辑也让影片的运转变得更为高速,使观众在视觉上产生目不暇接的感觉,更加刺激了观众在观影时的内心情感,为观众带来了极致的感官体验。②

类型化叙事和快节奏剪辑,分别从故事构建和制作技术方面呈现了《战狼Ⅱ》精益求精的工匠精神,也令《战狼Ⅱ》甫一出现在大荧幕上就夺人眼球,赢得了观众的注意和青睐。

2. 人物鲜活、真情实感:引发共鸣,直抵人心

在前述类型化叙事结构的基础上,《战狼Ⅱ》对于人物的塑造也别具一格,无论是主角冷锋,还是仅仅出现几分钟的龙小云,都明快鲜活,有其独特的记忆点,令人印象深刻。先说冷锋,作为一名军人,他并非是一切听从指挥、大公无私的正面形象,反而经常因情而发,桀骜不驯,多次违反纪律。《战狼》中,他因为违反上级命令,坚持射杀穷凶极恶的制毒者,虽然结果完美,但还是因为抗命而受到处分,被"分配"到全是"刺儿头"的战狼中队。而《战狼Ⅱ》中,面对着强拆者对已经牺牲的战友的家庭的逼迫,在场的所有警察却不作为的情况下,他愤而起之,用自己的方法惩戒了作恶者。虽然这种行为是他作为一名军人所不被允许的,但是他依然遵循了自己的情感和行为方式,哪怕最后的结果是被解除军籍也在所不惜。冷锋的举动就非常贴近一个平常人的反应,而且《战狼Ⅱ》赋予冷锋军人和平民的双重属性,既可以摆脱宏大叙事的模式,又可以顺理成章地赋予他"个人英雄"的身份和

---

① 吴春集:《观众体验如何决胜市场——评电影〈战狼Ⅱ〉》,《中国文艺评论》2017 年第 9 期。
② 崔小娟:《主旋律电影商业化转型路径探索——以电影〈战狼Ⅱ〉为例》,《新传媒》2017 年 11 月。

更加鲜明的性格,这点也可以促进主旋律和商业化、类型化的融合。而电影中的另外一个角色龙小云,虽然在影片中只出现了短短几分钟,但她是推动整个剧情发展的人物。她的重头戏在于,冷锋被处分的时候却依然决定与他结婚,甚至"强迫"他在结婚申请上签字,戏份虽少,但是充分刻画了人物性格。这也使冷锋对她的情感之深刻,以及为她远赴非洲,为她在战乱中回到危险区这些行为非常有说服力,可谓是塑造得非常成功的推动性角色了。

人物性格的鲜明,也离不开人物情感的真实。影片并没有将"对祖国和人民的热爱"这样宏大的情感作为人物行动的促发因素,而是从对朋友和对爱人的深厚感情方面展开:被开除军籍是为牺牲的战友家遭遇强拆而鸣不平所致,而到非洲去以及在情况危急之下主动请缨回到危险区域去营救被困同胞、找寻杀害龙小云的真凶为龙小云报仇是根本原因之一。同时,作为一名特种兵,冷锋也是一个对于祖国和人民怀有深沉热爱的人,而这种热爱和他的个人感情并没有冲突和矛盾,反而相辅相成,最终推动他做出了只身前去营救的行动。相信在看到影片这一片段时,观众也会感同身受,能够理解冷锋的行动不是盲目冲动,不是逞个人英雄主义,而是他的经历和他对爱人、祖国、人民的情感,必然会让他做出这个决定。这是电影的根本逻辑,只有这一点成立了,后面的情节发展才会有说服力,才能让观众跟随冷锋的情感而不会因为频繁的打斗而感觉疲倦和出戏。

正是由于人物的塑造和人物情感的生发真实、有说服力,才能使观众在影院中与大屏幕中的冷锋产生共鸣,即使在影片发展中有一些情节上的逻辑漏洞,观众仍然能够完全融入影片之中,真正认同和喜爱影片带来的故事和情感体验。

二、生逢其时,国情市场共同造"势"

不得不说,一部影片获得历史性的成功,必定是多种因素的综合效应,天时地利人和缺一不可。对于任何一部影片而言,除了影片本身的拍摄制作之外,在上映档期的选择、宣传发行策略等方面都需要进行整体综合的考量,以求影片信息可以到达更多的受众,让更多的观众选择看这部影片,并保证排片量能够让观众在影院中看到适合自己的那个时间点的影片。《战狼Ⅱ》作为一部进入院线的商业大片,在这些方面也做出了相应的考量。但是除了以上比较"常规"的商业运作之外,《战狼Ⅱ》的成功,也得益于顺应了上映当时的电影市场环境以及国家和周边的政治局势,极大契合了观众的产品需求和情感需求,可谓生逢其时。

1. 观众品味提高,对于电影类型的选择更加多样化

前文提及,自从2012年起中国电影市场进入高速发展时期,观众的观影热情高涨,而当时的电影市场在复苏之时也出现了很多特有的现象,比如"粉丝"电影,

比如 IP 改编的电影,虽然质量并不理想,但是还是依靠明星和 IP 的巨大流量取得了相当可观的票房成绩。这种情况的出现并不奇怪,因为刚进入发展时期,观众的观影热情高涨,对电影的质量还并没有清晰的概念,所以一般就会容易受到明星,特别是自己的偶像,以及已经颇有名气的著名 IP 的影响,以此作为选片标准;同时制片方也没有做好准备。而逐利性是资本的根本属性,大量的资本流入电影市场,而观众的选片倾向又非常明确,因此从出品方到制作方,也都以观众的喜好为标准,并且用最短的周期制作影片在快速发展的电影市场上分一杯羹。但是当经过几年的充分发展,随着观众观影经验的增加,对于影片的鉴别能力也逐步提高,选片也逐渐脱离了"明星偶像"和"大 IP"这样简单粗暴的标准,逐渐多样化起来。2016 年电影市场增速大幅度下降就是这种变化在票房上的直接反映,而 2017 年的票房数据更加证明,流量明星和知名 IP 对于电影票房的影响已经急剧减弱,更多的院线电影,尤其是类型片,相较于"爆款元素的商业拼贴",取得票房成功更加依赖于精良的创作和制作,即电影本身的品质。

在这种市场背景下诞生的《战狼Ⅱ》,虽然影片中并没有所谓的流量明星,但无论是从影片质量还是影片类型方面都满足了观众的需求,从而顺其自然地进入了观众的视野,并依靠更多的有利因素成为影史上连破纪录的奇迹。反观同档期的《三生三世十里桃花》,男女主角都是当红的流量明星,IP 无论是从原创小说还是电视剧版,均影响力广泛,发行方也为影片做了 8 亿元的票房保底,而最终只收获 5.34 亿元票房。其根本原因就在于影片故事讲述不够清晰,即使是看过原著的观众在理解电影上也产生了一定的障碍,而同时观众对于玄幻爱情这类影片也已经感到非常厌倦,观影动力不足。同期上映的主旋律电影《建军大业》,则聚集了当下许多流量明星,但是票房也止步于 4 亿元,可见明星的噱头已经失去新意和作用。说到底,电影还是娱乐消费品,越"通俗易懂"和"新奇刺激"越能获得更多的观众;但这并不意味着单靠模式化、刷流量的热门 IP 就能稳赚,受众积极地以各种方式阐述自己所消费的材料,还是希望体验到真正有感觉、有创造力的东西。① 因此,两部影片相较之下,《战狼Ⅱ》自然更胜一筹,赢得了观众的青睐。

2. 契合观众的家国情感,引起广泛共鸣

在档期的选择上,《战狼Ⅱ》上映时间为 7 月 27 日的 8 点 1 分,这个时间的选择非常有意义,取自于 1927 年 8 月 1 日建军之日,而 7 月又是建党节。在此期间,国民的爱国爱军情绪高涨,无须再进行针对电影的培养,这相当于为《战狼Ⅱ》打下了相当坚实的情感基础。而且 7 月和 8 月是国产电影保护月,这段时间国外的

---

① 余燕梨:《"战狼热":主旋律电影的影像修辞及其困境》,《艺术广角》2017 年第 6 期。

大片无法进入国内市场,这意味着很多潜在的强有力的竞争对手全部退让,这使《战狼Ⅱ》的排片有很大优势。在档期选择已经拥有如此优势的大前提下,《战狼Ⅱ》上映期间还有以下的时间值得关注:为了庆祝中国人民解放军建军90周年,2017年7月30日,在朱日和训练基地进行了大阅兵和军事演习;由于边界摩擦,从2017年6月开始的中印洞朗对峙仍在继续。这两件事情无不令中国观众将注意力集中于国家的军力,同时爱国情绪高涨,此时《战狼Ⅱ》这一取材于也门、利比亚撤侨的真实事件的影片的出现,无疑成了这种情感的映射,这种情绪的出口。正如《战狼Ⅱ》主演、导演吴京曾对中央电视台的采访记者所说:"祖国强大了,中国崛起了,中国人为自己国家感到自豪,这个民族自豪感、爱国的这种情绪,这把干柴在每个人心里面已经晒得透透的,我只是往里扔了一些火柴,然后就是漫天的大火。所有的观众的爱国情绪才是真正的这部戏的成功之处。"这种在情感上的深度契合,必然在观影之后引起观众自发的讨论,并迅速传达到观众的社交网络的每一个人。这一点可以从影片的话题度看出来,《战狼Ⅱ》自上映次日,网络关注度就飞速上升。这一趋势从百度指数上可见一斑,如图3-7-1,自上映之后,其百度指数基本呈直线上升,虽然在工作日有略微下降,但是在上映第11天(2017年8月6日周六),因为突破票房30亿元大关又迅速创造了关注新高度,百度指数飙升至1741629。随着话题度不断增高,影片的口碑也一直在持续发酵,《战狼Ⅱ》的网络关注度与票房相互作用,形成网络热议,让票房不断增加,而高票房好口碑又不断增加话题度,带来舆论热度,这样就形成了良性循环,不断地推动票房的增加,直至一次次刷新纪录,创造历史。而观察媒体的报道则可以看出,媒体的反应是滞后于网络关注度和票房的,在《战狼Ⅱ》的票房迅速飙升、4天内连破多项纪录后,媒体报道量才开始激增,主要围绕主创采访、拍摄花絮、影片评论的报道才大规模出现。①

以上情况说明了《战狼Ⅱ》的爆红远在主流媒体的意料之外,也更加证明了《战狼Ⅱ》的成功,是因为影片顺应了当下的局势,与观众内心最为强烈的情感发生了共鸣,因此才吸引了超过1.5亿人次去观影,这其中必然包括常年不进电影院的人群。可以说,对于《战狼Ⅱ》而言,国家的形象是影片的灵魂,也是当下观众为之倾心的主要元素。

无论是从电影市场的需求方面,还是从观众的情感渴求方面,《战狼Ⅱ》全部都契合,而且还带给观众极致的视觉体验和情感体验,可谓是符合其上映时之局

---

① 源清智库:《弘扬主旋律激发人民爱国情——围绕〈战狼Ⅱ〉的热议和争论》,《经济导刊》2017年10月。

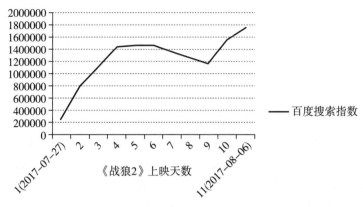

图 3-7-1　电影《战狼Ⅱ》上映 11 天全国百度搜索指数趋势

数据来源：百度指数：http://index.baidu.com/? tpl=trend&word=%D5%BD%C0%C72，检索日期：2018 年 3 月 15 日。

势，而这一点也为《战狼Ⅱ》"增势"许多，并推动其不断加速，最终达到了历史的高度。

三、《战狼Ⅱ》带给中国电影产业的几点思考

综上所述，《战狼Ⅱ》的成功是由多方面的因素叠加推动而成，虽然有些因素属于"恰逢其时"的"天时"，并不具有可控性，但是《战狼Ⅱ》的成功依然有非常重要的参考意义，可以带给中国电影产业一些思考。

1. 中国电影市场宽度可期，但影片品质最终会成为决定性因素

《战狼Ⅱ》创造了中国电影市场的奇迹，同时也测量出了中国电影市场的深度和广度。就本片所得的票房成绩来预测，中国电影市场的单片票房的极限值或超 100 亿元。① 虽然前景可期，但是什么样的影片可以成为真正卖座的影片，就目前电影市场的反馈来看，一定是有品质的影片——像之前那样只要有流量明星加持或改编自超级大 IP，加上优秀的营销和发行手段就能取得好票房的阶段基本上已经过去了。观众的"影商"已经觉醒，鉴别能力和审美情趣有了很大提高，对于高质量的影片的渴求也越来越强烈。2017 年 7 月下旬中国影协发布的《2017 中国电影艺术报告》显示，中国电影正在从市场的黄金时代走向创作的黄金时代，由靠改革带来的市场红利，靠互联网接入带来的渠道优势，靠资本带来的利益驱动，更多地回归到依靠电影的质量、依靠更多更好的优质电影供给的轨道上来。质量以外

---

① 刘正山：《〈战狼Ⅱ〉对主旋律电影市场化的启示》，《中国电影市场》2017 年第 9 期。

的元素对电影市场的影响大大降低,观众需要更优质的电影已成共识,中国电影的重心正在从市场向创作转移,质量才是发展的生命线。① 因此,作为电影的制作方,应该更加重视电影剧本的质量,为电影的拍摄搭建更加专业的团队,挑选最合适而非最"红"最贵的演员,最合适的形式表现最优质的内容,创作出优秀的电影作品,才能在现在和将来的电影市场上经受住考验,立于不败之地。对于目前中国的电影市场发展而言,我们有理由相信,好的影片一定不会被埋没。

2. 最好的商业电影一定是能够与观众产生情感共鸣的

著名导演詹姆斯·卡梅隆认为:观众到电影院消费他们自己的感情,为了消费他们的感情,观众首先在电影的刺激下产生这些感情,通过把奇观融入情节,导演必须组织电影,观众才会在他们能找到满足的情节模式中产生他们的情感。② 作为电影的受众主体,观众可以参与到影评形成文本意义的创造之中,然后基于自身的经历和情感,创造出自己的意义。因此,好的商业影片一定能够让观众产生情感共鸣,这样才能使观众深入理解影片构建的文本,并在此基础上生发出自己的文本意义,得到观影的情感满足。正如《战狼Ⅱ》强调了个人英雄和国家符号之间的融合性,观众可以从自身出发,进入冷锋的世界,而影片中对国家形象的构建,也恰恰满足了国民当时对于国家的期许和想象。这二者的重叠,使得观影者在过程中忽略了具体情节上的一些漏洞,并将自己的情感深深地投射在影片中,在情感上得到了巨大的满足,获得了观影的高潮体验。这也是《战狼Ⅱ》在网络上传播如此迅速而广泛的重要原因,因为在观影中被激发的情感,往往会在社交网络上进行抒发,而熟人的口碑推荐又往往是选择影片的重要参照,因此能与观众产生感情共鸣的商业电影,也肯定会在票房上取得相应的成功。

3. 主旋律电影也可以借助"类型商业片"的模式,更加贴近观众

《战狼Ⅱ》给予电影市场的一个重要的启示就是,主旋律电影不一定非要从家国这样宏大的角度入手,刻意营造一种崇高感;从个人化的角色和情感入手,一样可以刻意凸显家国情感,令观众产生对国家的热爱。同时,可以用贴近观众的事件和情节来传达主旋律价值观,而非只是运用台词宣扬一些空洞的口号。商业类型片只是影片的一种构成模式,在这种模式下也可以传达国家的价值观,而且能够使被接受者更加深刻地理解和认同所传达的价值观。

经过几年的野蛮生长,中国电影市场逐渐步入比较成熟的阶段,观众的观影标

---

① 徐健:《〈2017 中国电影艺术报告〉发布,中国电影的重心向创作转移》,http://www.chinawriter.com.cn/n1/2017/0728/c405171-29433599.html,检索日期:2017 年 10 月 21 日。

② 〔澳〕理查德·麦特白:《好莱坞电影——1891 年以来的美国电影工业发展史》,吴菁等译,华夏出版社 2005 年版,第 12 页。

准也发生了改变。在这种情况下出现的《战狼Ⅱ》无可否认已经成为历史奇迹,一定会在中国的电影史上留下浓墨重彩的一笔,而其最大的价值并非是做一个纪录保持者,而是为中国电影市场的发展做出一个预示,为中国电影的制作树立一个新的标杆。通过对于《战狼Ⅱ》的分析,影片的质量和情感共鸣是目前中国电影市场上成功电影所必备的两项标准,而能够做到这两点的影片还少之又少。希望在《战狼Ⅱ》的启示下,中国电影的每一个从业者都能够精心雕琢和用心制作属于自己的影片,为我国电影市场的发展助力。